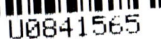

张振犁 编著

孟宪明 朱淑君 统纂

中原神话通鉴 · 第一卷

国家出版基金项目

河南大学出版社
· 郑州 ·

图书在版编目(CIP)数据

中原神话通鉴/张振犁编著. —郑州:河南大学出版社,2016.12
ISBN 978-7-5649-2603-8

Ⅰ.①中… Ⅱ.①张… Ⅲ.①神话—研究—河南 Ⅳ.①B932.2

中国版本图书馆 CIP 数据核字(2016)第 322453 号

策划编辑	陈林涛
责任编辑	李 云　谌洪波　杨凤华　屈琳玉　陈林涛
责任校对	夏新法　马晓燕　张 丹　胡睿玥
封面设计	翟淼淼

出　版	河南大学出版社
	地址:郑州市郑东新区商务外环中华大厦 2401 号　邮编:450046
	电话:0371—86059701(营销部)　网址:www.hupress.com
排　版	郑州市今日文教印制有限公司
印　刷	河南省瑞光印务股份有限公司
版　次	2017 年 2 月第 1 版　印　次　2017 年 2 月第 1 次印刷
开　本	787mm×1092mm　1/16　印　张　88.75
字　数	1740 千字　定　价　280.00 元(全四卷)

(本书如有印装质量问题,请与河南大学出版社营销部联系调换)

马克思神话见解管窥(代序)

——在云南大学少数民族民间文学学习师训班上的报告(缩编)

钟敬文

马克思与神话学。物质第一性，精神第二性。思维与存在的关系是马克思主义哲学的重要组成部分，也是他的重要贡献之一。人类的感觉、概念或科学理论都是客观世界在人们头脑中的反映。马克思在《资本论》中说："观念的东西不过是对抑制在人类头脑中并在人类头脑中改造过的物质的东西。"在《德意志意识形态》中说："意识在任何时候都只能是被意识到了的存在，而人们的存在，就是他们的社会生活过程。"神话是一种意识形态，是经过头脑加工的客观现实，它是客观世界的反映。所以神话是加工过的客观世界，是第二性的。马克思说，希腊神话是"通过人的幻想用一种不自觉的艺术方式加工过的自然和社会形式本身"，"虽然希腊人是从神话中引出其氏族来的，但这些氏族比他们自己所创造的神话及其神祇和半神祇要古老些"。(《摩尔根〈古代社会〉一书摘要》)先有氏族，后有神话。这是马克思认识论的重要原理。高尔基的《苏联的文学》中说，神话反映的对象有三种：一是自然现象，二是人与自然的斗争，三是社会生活。神话英雄的模特儿就是原始社会的能工巧匠、能干的人。总之，马克思的神话见解在认识论上体现了他提倡的唯物论反映论的思想。

马克思从史诗到后来不发展的原因，说到了神话的发展观。"希腊神话不只是希腊艺术的武库，而且是它的土壤，成为希腊人的幻想的基础，从而成为希腊艺术的基础的那种对自然的观点和对社会关系的观点……；任何神话都是用想象和借助想象以征服自然力，支配自然力，把自然力加以形象化；因而，随着这些自然力实际上被支配，神话也就消失了。"(《政治经济学批判·导言》)史诗的题材主要是神话。同其他事物一样，也有产生、发展和消亡的过程。它产生于人类幼年时代，到现代科学发展到一定高度神话基本上就不能与它们并存了。马克思讲的是总的规律，实际情形非常复杂。这种发展观不同于形而上学的事物一成不变，"万古如一"，"天不变道亦不变"的观点。人类的思维随客观世界的发展而发展。恩格斯在《路德维希·费尔巴哈和德国古典哲学的终结》中曾经指出："一个伟大的基本思想,即认为世界不是一成不变的事物的集合体,而是过程的集合体,其中各个似乎稳定的事物以及它们在我们头脑中的思想映象即概念,都处在生成和灭亡的不断变化中,在这种变化中,前进的发展,不管一切表面的偶然性,也不管一切暂时的倒退,终究会给自己开辟出道路。"恩格斯认为神往往与宗教有联系,而不像马克思是指神话的神。学习恩格斯关于神的见解,有助于我们理解马克思的话。他在《反杜林论》中说:"在原始人看来,自然力是某种异己的、神秘的、超越一切的东西,在所有的文明民族所经过的'一定阶段上,他们用人格化来同化自然力,正是这种人格化的欲望到处创造了许多神'。""只有对自然力的真正的认识,才把各种神或上帝相继从各个地方撵走。"神在一定条件下产生,也在一定的历史条件下消亡,神话也就不存在了。关于神话消亡的具体的时间问题,马克思认为:社会生产力发展了,人的思维科学化了,神就没有立足之地了。但具体过程是很复杂的。

鲁迅1926年写给北师大学生的信中,说到了神话在现代是否存在的问题。针对茅盾先生关于中国神话的研究,认为神是原始人心理、风俗、制度的反映,到了近代就不能存在的观点,指出神话在中国这样的社会,在近代还可能发生(如关于太阳的神话,在绍兴就有)。中国社会发展不平衡。故文人要么将神话历史化,要么对其乱批一气。而在另一部分人中间,不但继承了神话,而且还会产生神话。解放前,各种妖言,具有神话性质。现在还有没有?需调查。在生产力高度发展的欧洲,也有遗留下来的神话,也有迷信思想的遗留,另一方面是思维方式的遗留。这种遗留就有神话产生的条件和可能。

神话创作的特点是想象。马克思在《政治经济学批判·导言》中说:"希腊艺术的前提是希腊神话,也就是通过人民的幻想,用一种不自觉的艺术加工方式加工过的自然和社会形式本身。"在《摩尔根〈古代社会〉一书摘要》中还说:"在野蛮期的低级阶段,人类的高级属性开始发展起来。个人的尊严、雄辩、宗教的情感、正直、刚毅、勇敢,此时已成为品格的一般特质,但是残酷、奸险和狂热也随之俱来。在宗教领域中发生了自然崇拜和关于人格化的神灵以及大主宰的模糊概念;原始的诗歌创作,共同住宅和玉蜀黍面包——所有这些都是属于这一时期的。它也产生了对偶家族和组成胞族和氏族的部落所结成的联盟。想象,这一作用于人类发展如此之大的功能,开始于此时产生神话、传奇和传说等未记载的文学,而业已给予人类以强有力的影响。"在野蛮时期的低级阶段,神话已经产生,想象能力已经发展起来。神话是原始人创造出来的幼稚的艺术,是用不自觉的艺术方式加工出来的。"幼稚"即指创作的不自觉性。因为到了一定的阶段,创作就是有意识的了。原始人当时并未想到要创造艺术作品,完全是出于某种需要。

神话与宗教的问题,特别复杂。神话创作的心理基础是将自然或社会事物人格化,因为要讲故事,故事就得有人物。人格化前一点的就是万物有灵论

(AMMISM),这是泰勒发明的,他认为这是宗教神话的根源。一般的宗教学认为万物有灵是属原始的宗教观念,但英国有些学者也有不同意此说的。他们认为客观事物有一种莫明其妙的力量,正是这种力量产生了宗教。我们认为万物有灵是原始人的世界观,它是产生原始的思维的基础,宗教从这里来,神话也从这里来。万物有灵本身还不是一种宗教,因为宗教还必须有一定的向神乞求的膜拜仪式,甚至有偶像、巫师之类,但宗教无疑是从这里产生出来的。宗教产生之后,就要大量产生神话,因为宗教要发展,要使人相信,便离不开它。现在看来,有些神话是带有宗教色彩的,越到后来,神话就越宗教化。但原始神话却不一定是宗教的东西。要将宗教和神话截然分开确实困难,但认为一切神话都从宗教来也不对。以上是我从泰勒观点出发所作的假定,并非结论。

科学的想象和艺术的想象。想象在心理机能上不限于文学创作,科学工作、一般的政论工作也有想象,工程师搞设计也要想象。故马克思把想象看作对人类发展具有巨大作用的功能,人有了想象,就像有了翅膀,思想就能飞起来,没有想象力,就只能爬行。但对艺术创作来说,艺术的想象又是其主要心理活动,故马克思将其看作神话创作心理特点。神话中的想象往往非常奇特,非现实所有,如生活中的树也就是那么高,但神话中却有通天的,人可缘树登天,神可以从树上下来。原始人观念中,人可以变鸟,鸟可变人。因此,从神话看离奇的东西,就不感到不可思议了,因为它是由现实所提供的材料加工出来的。这现实的基础不外两点:①创造神话的思维的特点是由现实生活、由人与自然的关系决定的;②神话故事中的情节乃至细节,基本上又可在现实生活中找到影子。至于它取材于什么,那要看该氏族的具体情况。这里起决定作用的是生产力,但生产力又不是直接起作用,而是通过家庭形态、政治组织、人与人之间的关系,还有与其他意识形态的关系等等而发生作用。因此,要搞一个民族的神话,不同时调查民族的其他各个方面,就不容易将其解释清楚。

马克思一再指出神话的心理特点是想象。那么产生神话想象的是什么呢?就是我们刚才讲的万物有灵论,发展下去就是人格化。人格化是神话的想象特点。没有人格化,就没有神话的想象。希腊的神话价值很高,就因为它人神同形,即用人的形状、用人的生活方式去创造神。

"任何神话都是用想象和借助想象,征服自然力,支配自然力,把自然力加以形象化。"马克思这段话旨在阐明野蛮时期已产生了想象及其对人类的作用,也包含了对神话功能的看法。原始人创造神话的主观要求是要征服自然力与支配自然力。高尔基认为原始人创造神话的动机是为了减轻劳动,提高劳动效率和增加产品,还有防卫野兽和敌人袭击等。即利用神话与社会、自然进行斗争。这可以看作是对马克思意见的补充。马林诺夫斯基是功能派的代表人物,《原始心理中的神话》一书是其代表作。他一再认为:神话在社会生活中有一种严肃的作用,这种神话至少有三种妙处:①促进团结;②促进当地爱护心,即促进居民的方土观念;③促进宗教的感情。总之,对部落有很重要的意义。他在原始部族中呆了很长时间,有细致的观察,他的某些理论还是有创见的。原始人因生产低下受大自然的迫害,他们在神话中塑造出一些英雄来,这就可能加强群众的意识,就能起作用。如后羿的神话,虽然是观念的东西,但它能教育氏族的人民勇敢地去驱除猛兽。因此,我们既不能把原始人的愿望就当成事实,也不能否认其所起的实际的社会作用。

神话性质的民族差别。《政治经济学批判·导言》指出:"这是希腊艺术的素材。不是随便一种神话,就是说,不是对自然(这里指一切对象的东西,包括社会在内)的随便一种不自觉的艺术加工。埃及神话决不能成为希腊艺术的土壤和母胎。但是无论如何总得是一种神话。"这说明马克思分析事物的方法,既看到各民族神话的共同性,又看到其特殊性。现在,有一种偏见以为各民族的神话都是一样的。各族神话差别程度可能很大,也可能很小。云南少数民族许多都有开辟神话、洪水神话或祖宗来源的神话,但具体内容有差异。要研究这些不同点,共性是研究个性的结果。共性不能代替个性。希腊和埃及神话不同处,据一些学者研究,人神同形是希腊神话的特点。希腊人的神的人格化达到很高程度,而埃及神话,要么是动物,或要么是半人半动物型。从神话发展历史来看,埃及神话是较低级的、比较原始的。从内容来说,希腊神话既丰富,社会性也强。凡社会生产、道德观点、法律、生活的各个方面都有所反映,思想上则是现实的、爱美的。埃及神话则不那么美,多是动物,不管地位高低的神都如此。一些学者们认为这是图腾的遗留。从数量来说,埃及比较少,主要是太阳神话,再就是冥府神话和魔法神话。像希腊那样,把社会生活反映的那样丰富的比较少。有人说,埃及神话从人类学的角度来说是值得注意的,但从文学角度上讲,却没有什么文学美。但就其性质来说,确实不能与希腊神话相比。马克思在提一般事物的总的原理、原则的时候,总是辩证地注意到事物的特殊性。这在方法论上对我们也是一个启示。

希腊史诗产生在原始社会末期的奴隶社会过渡时期。距今已很久远。应如何认识在今天的意义?马克思说:"困难不在于理解希腊艺术和史诗同一定社会发展形式结合在一起,困难的是,它们何以仍然能够给我们以艺术享受,而且就某方面说还是一种规范和不可企及的范本。"这里所说的"范本"、"规范"主要指史诗。

今天神话学的任务。现在我们看到的神话资料已很丰富,我们不但要利用它的理论来研究,同时还要发展它。不能停留在前人已达到的地方,要以前人达到的地方为出发点向前走。

过去西洋人认为中国没有神话,甚至有人认为我们这个民族有某种毛病。实际上从我们一个国家来说,我们的神话真是太丰富了。如贵州编的民间文学资料,如落在外国人手里，一定可写出非常出色的博士毕业论文。去年年底在尼泊尔召开的东南亚国家教科文组织会议，他们要求与我们共同研究东南亚的口传文化，我们也派人参加了。他们知道我们手中有许多宝贝，很希望我们把资料翻译出来。所谓不利条件，就是我们多年来教条主义的学风，简单化。这对我们进一步发展神话学是很不利的。还有就是我们在这方面的传统较少。理论方面，"五四"以后有一些，如茅盾的《中国神话研究 ABC》等。第三是搞我们这行工作的同志的知识面比较窄，包括我自己在内。我们的同志觉悟高，工作态度也好，但光有这些还不够。没有一些必备的知识不行。一是理论，二是材料。日本人研究民间故事，既熟悉本国的材料，也熟悉中国、东南亚一带的。我们对外国的东西就了解得不多。

尽管有以上不利条件，但只要我们意识到了，又有决心，是可以克服的。尤其在当前的政治形势下，更有克服的可能。我们国家目前研究神话的专门人才少，研究工作还比较薄弱。但只要我们发扬有利条件，克服不利条件，前景是无限光明的。

一九八〇年六月二十六日

目　录

马克思神话见解管窥（代序） ……………………………… 钟敬文（ 1 ）

正　编

一、盘古 ……………………………………………………………（ 3 ）

   1. 盘古寺［济源市］ ……………………………………………（ 3 ）
   2. 嵩山的来历［登封市］ ………………………………………（ 12 ）
   3. 盘古开天［濮阳市］ …………………………………………（ 14 ）
   4. 盘古开天地［新乡市］ ………………………………………（ 16 ）
   5. 盘古开天辟地［武陟县］ ……………………………………（ 17 ）
   6. 黄河的由来［孟州市］ ………………………………………（ 18 ）
   7. 黄河的故事［范县］ …………………………………………（ 20 ）
   8. 盘古氏造世界［陕县］ ………………………………………（ 22 ）
   9. 盘古创世［汝州市］ …………………………………………（ 23 ）
  10. 盘古初分［栾川县］ …………………………………………（ 24 ）
  11. 盘古开天地的来历［新蔡县］ ………………………………（ 25 ）
  12. 盘古开辟天地［汝南县］ ……………………………………（ 26 ）
  13. 盘古的传说［南阳市］ ………………………………………（ 27 ）
  14. 盘古开天辟地的传说［社旗县］ ……………………………（ 30 ）
  15. 盘古爷和盘奶奶的传说［确山县］ …………………………（ 32 ）
  16. 盘古爷开天［新野县］ ………………………………………（ 34 ）
  17. 盘古爷和盘古奶的传说［社旗县］ …………………………（ 35 ）
  18. 天女散花［社旗县］ …………………………………………（ 37 ）
  19. 撒雪补北天［商城县］ ………………………………………（ 41 ）
  20. 盘古王和扁古王［新蔡县］ …………………………………（ 42 ）
  21. 混沌世界［桐柏县］ …………………………………………（ 43 ）
  22. 盘古请日月［桐柏县］ ………………………………………（ 45 ）
  23. 盘古降龙［桐柏县］ …………………………………………（ 47 ）

24. 盘古与野兽[桐柏县] ……………………………………（ 48 ）
25. 盘古与无花果[桐柏县] …………………………………（ 50 ）
26. 盘古分世界[桐柏县] ……………………………………（ 52 ）
27. 龙生盘古[桐柏县] ………………………………………（ 53 ）
28. 金线补天[桐柏县] ………………………………………（ 54 ）
29. 盘古开天[桐柏县] ………………………………………（ 56 ）
30. 张王李赵是一家[桐柏县] ………………………………（ 68 ）
31. 盘古不听老牛劝[桐柏县] ………………………………（ 71 ）
32. 盘古歌[桐柏县] …………………………………………（ 73 ）
33. 石龙救世[桐柏县] ………………………………………（ 74 ）
34. 人间的灾难是神给的[桐柏县] …………………………（ 76 ）
35. 盘古告状[泌阳县] ………………………………………（ 77 ）
36. 盘古得私雨[桐柏县] ……………………………………（ 78 ）
37. 人活七十古来稀[桐柏县] ………………………………（ 79 ）
38. 盘古和猴子[桐柏县] ……………………………………（ 80 ）
39. 捏面人[桐柏县] …………………………………………（ 82 ）
40. 盘古姐弟造人七千[桐柏县] ……………………………（ 83 ）
41. 人管天下[桐柏县] ………………………………………（ 85 ）
42. 盘古造水牛[桐柏县] ……………………………………（ 86 ）
43. 盘古的仨牲口[桐柏县] …………………………………（ 89 ）
44. 盘古造字[桐柏县] ………………………………………（ 91 ）
45. 盘古兄妹繁衍子孙的传说[泌阳县] ……………………（ 93 ）
46. 滚磨成亲[泌阳县] ………………………………………（ 94 ）
47. 盘古兄妹婚（一）[桐柏县] ……………………………（ 96 ）
48. 盘古兄妹婚（二）[泌阳县] ……………………………（ 97 ）
49. 盘古兄妹婚（三）[社旗县] ……………………………（ 99 ）
50. 盘古兄妹婚（四）[桐柏县] ……………………………（100）
51. 盘古兄妹婚（五）[桐柏县] ……………………………（101）
52. 盘古兄妹婚（六）[桐柏县] ……………………………（102）
53. 盘古兄妹婚（七）[桐柏县] ……………………………（103）
54. 盘古兄妹婚（八）[桐柏县] ……………………………（104）
55. 盘古兄妹婚（九）[唐河县] ……………………………（105）
56. 盘古生子[桐柏县] ………………………………………（107）
57. 盘古爷的俩娃儿[桐柏县] ………………………………（108）

58. 盘古奶跳水了〔桐柏县〕…………………………………（109）
59. 盘古死在大梁山〔桐柏县〕………………………………（110）
60. 盘古爷上天了〔桐柏县〕…………………………………（112）
61. 盘古爷抱太极图〔桐柏县〕………………………………（114）
62. 盘古醉童〔桐柏县〕………………………………………（116）
63. 盘古修炼〔桐柏县〕………………………………………（117）

二、女娲……………………………………………………………（122）

64. 女娲补天(一)〔济源市〕…………………………………（122）
65. 女娲补天(二)〔沁阳县〕…………………………………（126）
66. 女娲补天(三)〔淮阳县〕…………………………………（129）
67. 女娲补天(四)〔西华县〕…………………………………（130）
68. 女娲补天(五)〔西华县〕…………………………………（134）
69. 女娲补天(六)〔新安县〕…………………………………（135）
70. 女娲补天(七)〔西峡县〕…………………………………（136）
71. 女娲补天(八)〔范县〕……………………………………（137）
72. 补天的传说〔西华县〕……………………………………（139）
73. 为啥刮东北风冷〔驻马店市〕……………………………（139）
74. 太子沟女娲石像〔登封市〕………………………………（140）
75. 红裤子崖〔登封市〕………………………………………（141）
76. 风后岭〔新郑市〕…………………………………………（142）
77. 女娲名字的由来〔驻马店市〕……………………………（143）
78. 女娲娘娘〔淮阳县〕………………………………………（144）
79. 刮东北风为啥冷〔确山县〕………………………………（147）
80. 鳌鱼眨眼地翻身〔确山县〕………………………………（148）
81. 日月为啥东升西落〔确山县〕……………………………（149）
82. 太阳为什么东出西落〔西峡县〕…………………………（150）
83. 女娲炼石补天的传说〔河北涉县〕………………………（151）
84. 清凉山的传说〔安阳县〕…………………………………（154）
85. 杞人忧天(一)〔杞县〕……………………………………（158）
86. 杞人忧天(二)〔杞县〕……………………………………（162）
87. 杞人忧天的传说〔杞县〕…………………………………（163）
88. 女娲造人(一)〔遂平县〕…………………………………（164）
89. 女娲造人(二)〔南召县〕…………………………………（166）

90. 女娲造人(三)[舞阳县] ………………………………………（168）
91. 女娲造人(四)[安阳市] ………………………………………（169）
92. 女娲造人(五)[汝南县] ………………………………………（173）
93. 女娲造人(六)[濮阳市] ………………………………………（174）
94. 女娲造人(七)[淮阳县] ………………………………………（176）
95. 女娲造人(八)[濮阳县] ………………………………………（177）
96. 女娲造人(九)[豫中一带] ……………………………………（178）
97. 人祖造人[项城市] ……………………………………………（179）
98. 女娲捏泥造人畜[淮阳县] ……………………………………（180）
99. 女娲造六畜[范县] ……………………………………………（181）
100. 嵩山奶奶庙[登封市] …………………………………………（182）
101. 女娲的传说[豫中一带] ………………………………………（185）
102. 姓氏的起源[西峡县] …………………………………………（187）
103. 人祖奶奶[淮阳县] ……………………………………………（189）
104. 五谷的来历[新乡市] …………………………………………（192）
105. 女娲芘的来历[西华县] ………………………………………（195）
106. 四大怀药[武陟县] ……………………………………………（196）
107. 女娲城的传说[西华县] ………………………………………（199）
108. 思都岗(女娲城)[西华县] ……………………………………（202）
109. 思都岗的来历[西华县] ………………………………………（203）
110. 女娲练兵护王城[西华县] ……………………………………（204）
111. 女娲显灵[西华县] ……………………………………………（204）
112. 女娲移山的传说[安阳市] ……………………………………（205）
113. 女娲占地的传说[安阳市] ……………………………………（207）

三、伏羲 …………………………………………………………（209）

114. 伏羲老母华胥姑娘[淮阳县] …………………………………（209）
115. 人祖爷[淮阳县] ………………………………………………（212）
116. 伏羲的来历[淮阳县] …………………………………………（217）
117. 赶水鞭[淮阳县] ………………………………………………（219）
118. 伏羲降龙[太康县] ……………………………………………（220）
119. 东西南北的由来[郸城县] ……………………………………（221）
120. 伏羲教民[淮阳县] ……………………………………………（222）
121. 伏羲甩鞭[淮阳县] ……………………………………………（224）

122. 三皇与三弦［方城县］ …………………………………………（224）
123. 三弦与三皇［南召县］ …………………………………………（225）
124. 龙酒的传说［淮阳县］ …………………………………………（227）
125. 龙衣［淮阳县］ …………………………………………………（229）
126. 负图寺［孟津县］ ………………………………………………（233）
127. 负图寺的传说［孟津县］ ………………………………………（235）
128. 伏羲画八卦［淮阳县］ …………………………………………（237）
129. 八卦柏［淮阳县］ ………………………………………………（240）
130. 八卦坛［淮阳县］ ………………………………………………（242）
131. 白龟庙［上蔡县］ ………………………………………………（248）
132. 伏羲八卦拳的传说［淮阳县］ …………………………………（249）
133. 洛神宓妃［巩义市］ ……………………………………………（251）
134. 人祖坟的传说［淮阳县］ ………………………………………（253）
135. 人祖伏羲坟［淮阳县］ …………………………………………（254）
136. 太昊伏羲陵［淮阳县］ …………………………………………（258）
137. 伏羲墓［淮阳县］ ………………………………………………（259）
138. 苏小妹巾书陵前碑［淮阳县］ …………………………………（264）
139. 伏羲神话传闻（一组） …………………………………………（265）
140. 担经挑的来历［淮阳县］ ………………………………………（269）
141. 泥泥狗的传说［淮阳县］ ………………………………………（271）
142. 泥泥狗犁地［淮阳县］ …………………………………………（275）
143. 子孙窑［淮阳县］ ………………………………………………（276）

四、女娲和伏羲 …………………………………………………（280）

144. 莲生伏羲女娲［淮阳县］ ………………………………………（280）
145. 天地分［淮阳县］ ………………………………………………（281）
146. 伏羲的由来［淮阳县］ …………………………………………（283）
147. 人祖创世传说［淮阳县］ ………………………………………（284）
148. 人祖的故事［淮阳县］ …………………………………………（288）
149. 龙的传人［洛阳·龙门］ ………………………………………（291）
150. 船山［新密市］ …………………………………………………（295）
151. 虎为媒［新密市］ ………………………………………………（296）
152. 玄武、女娲、伏羲和黄帝［沈丘县］ …………………………（298）
153. 石狮子同伏羲和女娲［武陟县］ ………………………………（301）

154. 人从哪里来[武陟县]	（303）
155. 伏羲峰和女娲山[沁阳县]	（304）
156. 伏羲和女娲合婚[沁阳县]	（306）
157. 泥人场[沁阳县]	（307）
158. 龟为媒[信阳市]	（309）
159. 骚家伙龟[信阳市]	（312）
160. 女娲兄妹结亲的传说[涉县]	（313）
161. 伏羲和女娲（一）[正阳县]	（314）
162. 伏羲和女娲（二）[义马市]	（317）
163. 伏羲和女娲（三）[淮阳县]	（320）
164. 伏羲和女娲（四）[沈丘县]	（323）
165. 伏羲和女娲的故事[淮阳县]	（324）
166. 人祖爷和人祖奶奶[汝南县]	（326）
167. 姐弟成婚[沈丘县]	（329）
168. 女娲生子[沁阳县]	（330）
169. 女娲兄妹结婚的传说[西华县]	（331）
170. 太昊[西华县]	（333）
171. 人祖爷和人祖奶奶的来历[郸城县]	（334）
172. 人祖奶奶造人[郾城县]	（336）
173. 女娲兄妹的故事[封丘县]	（337）
174. 人祖爷捏泥造人[豫中一带]	（337）
175. 人祖爷（一）[西华县]	（338）
176. 人祖爷（二）[西华县]	（340）
177. 人祖爷（三）[项城县]	（341）
178. 人祖爷（四）[沈丘县]	（342）
179. 人祖爷（五）[沈丘县]	（343）
180. 人祖爷（六）[沈丘县]	（346）
181. 人祖的传说[项城县]	（347）
182. 人头爷[沈丘县]	（349）
183. 亚当和爱娃[沈丘县]	（351）
184. 兄妹成婚[息县]	（352）
185. 捏泥人[息县]	（354）
186. 磨为媒[息县]	（355）
187. 兄妹成婚[武陟县]	（356）

正编

一、盘 古

1. 盘 古 寺［济源市］

王屋山东边半山腰有座"盘古寺"。据说,这就是盘古出生的地方。

传说盘古没有爹,也没有娘。他是从一个混混沌沌的大鸡蛋里生出来的。

盘古在这个大鸡蛋里孕育成人以后,睡了一万八千年,才醒了过来。盘古心里憋得慌,浑身像被绳子绑着一样不好受。他想活动活动筋骨,于是胳膊一伸,脚腿一蹬,"咔嚓"一声,大鸡蛋就被蹬碎了。

盘古睁开眼睛一看,上下左右,黑乎乎的漆黑一团,四周八方没有一点亮光,啥也看不见。盘古一急,抡起拳头就砸,抬起脚就踢。

盘古的胳膊、脚又粗又大,像铁打的一样。他这一踢一打不当紧,凝聚了一万八千年的混沌的四周,都给踢打得稀里哗啦乱动。三晃两晃紧紧缠着盘古的混沌黑暗,轻的东西就慢慢地飘动起来,变成了蓝天;重的东西慢慢下降,变成了大地。天和地裂开了一条缝。

天地一分开,盘古觉得舒坦多了。他长长地透了口气,就一骨碌坐了起来。可是缝太小了,天在上边压着他的头,地在下边挤着他的屁股,站不起来。

盘古怕天地再合起来,就手撑天,脚蹬地,猛一使劲,又把天撑开了一截。盘古站直了,身子一天长一丈,天地也一天离开一丈。又过了一万八千年,盘古长成了一个高九万里的巨人,天地也被他撑开了九万里。这就是人们说的"九重天"的来历。

盘古开天辟地,耗尽了心血,流尽了汗水,不久就累死了。

盘古心眼好,临死前心里还想着:光有蓝天大地不行,还得在天地间造个日月山川人类万物。可是他已经累倒了,再不能亲手造这些了。最后,他只说了一句:"把我的身体留给世间吧。"然后就死了。

说也奇怪,盘古死后,他的理想就真的实现了。

他的左眼,变成了又圆又大又明亮的太阳,高挂天上,日夜给大地送暖;右眼变成了明光光的月亮,给大地照明。他睁眼时,月儿是圆的,眨眼时成了月牙儿。他的头发、胡子,变成了密密麻麻的星星,撒满蓝天,伴着月亮走,跟着月亮行。他嘴里呼出来的气,变成了风、云、雾,使得万物生长。他的声音,变成隆隆雷霆。他身上的肉,变成了土地,筋脉变成了道路。他的手足四肢,变成了高山峻岭,骨头、牙齿变成埋藏在地下的金银铜铁、玉石宝藏。他的血液,变成滚滚的江河,汗水变成了雨露。他的汗毛,变成了花草树木。他的精灵,变成了人畜鸟兽鱼虫。

从此,天上有了日月星辰,地上有了山川树木、人畜鸟兽,人们管理着万物,天地间从此有了世界。

盘古砸碎的那个混混沌沌的鸡蛋壳,被高山压在下面,日子久了,就变成了薄薄的、一层摺一层的石头。这石头,细腻光滑,做出砚台,不渗水,不渗墨,研一次墨,放一年也不会干。传说这就是孕育盘古成人的混沌鸡蛋壳变成的砚石。

后人为纪念盘古开天辟地、创造万物的功劳,就在王屋山东边的半山腰修建了"盘古寺",说这儿是他出世的家乡。年代久了,人们说转了嘴,就把"盘古寺"叫成了"盘谷寺"。

讲述人:程玉林,70岁,济源城关人,个体户
采录人:缪华　胡佳作

图1.1.1　太行山济源盘古(谷)寺一角
(1985年4月程健君摄)

图1.1.2 太行山济源盘古(谷)寺乾隆《盘谷考》碑(1985年4月程健君摄)

图1.1.3 太行山济源盘古(谷)寺鼓楼(1985年4月程健君摄)

【文献选录】

天地混沌如鸡子,盘古生其中,万八千岁。天地开辟,阳清为天,阴浊为地。盘古在其中,一日九变,神于天,圣于地。天日高一丈,地日厚一丈,盘古日长一丈。如此万八千岁,天数极高,地数极深,盘古极长。后乃有三皇。数起于一,立于三,成于五,盛于七,处于九,故天去地九万里。

(《艺文类聚》卷一引《三五历记》)

先儒说:盘古泣为江河,气为风,声为雷,目瞳为电。

古说:盘古氏喜为晴,怒为阴。

(《述异记》上)

图1.1.4 盘古像 出自明嘉靖《三才图绘》(孟宪明提供)

图1.1.5 盘古开天 出自清雍正《廿一史通俗衍义》版画(孟宪明提供)

武王克殷,欲筑宫于五行之山。周公曰:"不可。夫五行之山,固塞险阻之地也。使我德能覆之,则天下纳其贡职者迥也。使我有暴乱之行,则天下之伐我难矣。此所以三十六世而不夺也。"周公可谓能持满矣。(高诱注:"五行山,今太行山也。在河内野王县北上党关是也。")

（《淮南子·氾论训》）

太行山一名五行山。

（《丹铅录》）

太行即五行之名。

（《续博物志》）

天地之初,有混沌氏者出,为之治(注:即代所谓盘古氏者),神灵一日九变。盖元混之初,陶融造化之王也。《六韬·大明》:"召公对文王曰:'天道净清,地德生成,人事安宁。戒之勿忘,忘者不祥。盘古之宗,不可动也,动者必凶。'"

（《五德终始》之传）

钟山之神,名曰烛阴,视为昼,暝为夜。吹为冬,呼为夏,不饮,不食,不息,息为风。身长千里,在无臂之东。其为物,人面,蛇身,赤色,居钟山下。

（《山海经·海外北经》）

【方志选录】

太行山在河南彰德府城北二十里,其山绵亘数千里,峰谷岩洞,景物万状,为中州巨镇。

（《三才图会·太行山图考》）

太行山在怀庆府城北二十里,其山西自济源,东北接河内修武、卫辉、林县至磁州界。……《禹贡》:"太行、恒山至于碣石,入于海",亦相联属之意。

（《河南通志·山川》）

黑石岭郡南八十里,太行绝顶,登其上,中原在目矣。

（《古今图书集成·方舆汇编·山川典》第47卷）

【附录】

碑　　文

《盘古寺考》(节录):邑北盘谷(古)寺,旧有关圣殿一座,地宫母庙三楹,不知创于何时,至我朝高宗纯皇帝束为重修,有碑记可考,不复叙。迄今时远年烟,庙宇复为倾颓……佛殿一座。

光绪二十九年重阳

采录:河南大学"中原神话调查组"
采录时间:1985年4月13日
采录地点:济源县盘古寺内

关于《盘古寺》调查的信件(节录)

张老师:

你来新乡地区调查中州神话,我们很欢迎……

关于我们搜集整理的《盘古寺》一文,当时,胡佳作同志参加县文化馆的工作讨论,是我到街上趁赶集的群众空闲时,和几个老头儿在街头漫谈的。这几位老同志都是六七十岁的老人,其中程玉林老人谈得最多,有几个是三言两语敲边鼓似的插话谈的。他们有的是洛阳人,有的是济源乡下来赶集的。我没有一个一个地询他们的住址。故事是从盘古寺这一名胜谈起,联系到盘古开天辟地,盘砚的形成与盘古的关系,讲了很多。当时,杨建德老人也在场。我问他们还有人会讲故事吗?有人给我介绍了杨老人。晚上,我去拜访杨建德,又去了十几个老人。在介绍济源风景名胜时,他们又介绍了盘古寺。几个老人也陆陆续续提到这件事。因此,促使我整理了《盘古寺》的传说。

……

街头上座谈那几位老人,有卖烟叶的,卖菜的等。不方便一一询问人家姓名。现在要找,也较困难。程月英倒好找,是王屋镇上摆小摊的老婆儿,当时六十多岁。……你们要采访,可找她谈谈。

此致
敬礼

缪华
1985.4.13

盘古寺内题壁诗抄

一

今日游览盘古山，
山内好似滚油煎。
昔日圣地真名世，
今日荒凉更凄惨。
庙堂古久无修建，
寺内荒草瓦砾满。
要得重修盘古院，
流芳百世美名传。

（济源县康村学校李高升）

采录：河南大学"中原神话调查组"
采录时间：1985年4月13日
采录地点：济源县盘古寺内

二

久闻盘古风景好，
一心来游盘古山。
休息来到盘古山，
盘古风景真好看。
……
农业生产大跃进，
下次再游盘古山。

（无名氏）

三

太行山上白云飞，
盘古梭罗古到今。
寺院盘古多盘古，

不胜开天辟地君。

四

李愿隐居盘古山,
韩愈诗文赠友人。
八角亭上立一碑,
乾隆书写暖人心。
六五三十又立春,
三游盘古恋圣地。

(以上为沁阳县民兵团芝陵营一连)

采录:河南大学"中原神话调查组"
采录时间:1985年4月13日
采录地点:济源县盘古寺内

神话诗《黑暗传》选录

一

混沌之时出盘古,
洪蒙之中出了世。
说起盘古有根痕,
当时乾坤未成形。
青赤二气不分明,
一片黑暗与混沌。
金木水火土,
五行未成形。
乾坤暗暗如鸡蛋,
迷迷蒙蒙几千层。
不知过了多少年,
二气相交产生灵。
金木水火是盘古父,
土是盘古他母亲。

盘古怀在混沌内，
此是天地产育精。

二

盘古分了天和地，
天地依然是混沌，
还是天黑地不明。
……
见座高山毫光现，
……
盘古用斧来砍破，
一轮红日现出形。
里面有个太阳洞，
洞里有棵扶桑树，
太阳树上安其身；
太阳相对有一山，
劈开也有一洞门。
洞中有棵梭罗树，
树下住的是太阴。

（原始资料之七）

三

盘古得知天皇出，
有了天皇治乾坤。
盘古隐匿而不见，
浑身配与天地形。
头配五岳巍巍相，
目配日月晃晃明。
毫毛配着草木枝枝秀，
血配江河荡荡流。
头东脚西好惊人：
头是东岳泰山顶，
脚在西岳华山岭，
肚挺嵩山半天云，

左臂南岳衡山林，
右膀北岳恒山岭，
三山五岳才成形。

（原始资料之七）

四

阴阳五行才聚化，
盘古怀在地中央。
怀了一万八千岁，
地上才有盘古皇。

——节选自中国民间文艺研究会湖北分会编《神农架黑暗传》，1986年7月出版

（原始资料之一）

【点评】

  本篇是我国北方地区太行山一带流传已久并至今仍保存在群众口头上的关于盘古开辟创世神话的珍品。它是由我省民间文化工作者从济源县城关集市上个体商贩那里采访的优秀成果。对照徐整的《三五历纪》和《五运历年纪》记录，基本相符，但绝不是徐记录的盘古神话在民间的回流。原因有：①本篇说宇宙蛋壳被盘古蹬破后，变成被太行山压在下面的石质层，有确定的地方特色，徐记的却无标志。②本篇记载的天体宇宙九重天形成及日月运行的规律完整、形象、生动。而徐记的盘古神话却比较简单、文雅得多。前者系口头遗存的神话典型，而后者却是文人用文言词语，脱离了民间语言风格。③盘古神话是我国远古先民创世神话中阴阳五行观念的演化的产物。太行山与五行山同名，应源于此。关于五行山名称至少在商代以前就已出现（见《淮南子·氾论训》）。当地又把太行山叫"盘古山"。因此，本篇神话产生比徐记的盘古神话要早得多。④从盘古死后肢体化生"五岳"、万物来看，明显说明盘古神话产生、流传地点，最早在北方中原，而非南方吴地。⑤最近考察证明，徐整所记的盘古神话是从中原带过去的，而非从吴地产生，后又传到北方中原。对照《嵩山的来历》，同属北方中原"盘古创世"类型。地名的差异，有地方化的痕迹，也说明其与嵩山、太行山的关系极为密切。

  说《盘古寺》的"寺"的建筑源于佛教，就认定此神话产生晚，不科学。因两者不是一回事。神话产地，后人为纪念盘古生于太行山，创世有功，才建寺作为祭祀场

所。古代不论我国和世界文明古国，凡祭祀神祇的圣地，许多都叫寺，并非只限于佛教。"盘古寺"亦然。本篇及同类神话是我国"天体宇宙说"最早也是最原始的形象记录。它具有很高的科学价值。《盘古寺考》（碑文）说："盘谷（古）寺，旧有关圣殿一座，地宫母庙三楹，不知创于何时，至我朝高宗纯皇帝束为重修，有碑记可考……迄今时远年烟，庙宇复为倾颓……佛殿一座。"可见，原来最早的盘古寺里所祀神祇并无佛像，倒是在关圣殿外还有地宫母庙三楹。地母比释迦牟尼要早得多。原始神话中所说的"金木水火是盘古父，土是盘古他母亲"，敬地母倒直接与崇祀盘古关系密切。这又是说明"盘古寺"之名最早，最可信。

2. 嵩山的来历[登封市]

嵩山是中国五岳之一，位居五岳之中，便叫中岳嵩山。嵩是山高而大的意思。它的形成据说是上古时候开天辟地的盘古死后，他的头和身子变的。

那时，天地还没有开，宇宙是一片混沌，像个大鸡蛋一样。盘古就生长在这个混沌当中，经过一万八千年，混沌有了晃动，盘古在晃动中惊醒。他睁眼看看，眼前混沌一片，什么也看不清，他伸手乱挥乱摸，想把混沌驱散，顺手摸到一把利斧，向混沌猛砍起来，只听啪啪声响，眼见混沌初开，"大鸡蛋"中产生了两种气体：清而轻的升起来，变成了天；浑而重的沉下去，变成了地，天越升越高，地越沉越低，盘古在天地之间也越长越高大，简直像个顶天立地的大柱子。

盘古支撑着天地，始终不让它再合住。这样，又过了一万八千年，他实在太累了，看看天地早已经凝结牢固了，他便躺下来休息。可是他一躺下，便再也起不来了。他静静地死去了。他想：死有什么可怕呢？死还要让宇宙间更美好。他临死的时候，让口里呼出的气变成风和云，发出的声音变成雷霆，左眼变为太阳，右眼变为月亮，四肢身体变为广阔的田野和五岳名山——东岳泰山、西岳华山、南岳衡山、北岳恒山、中岳嵩山，血液变成江河，筋脉变成道路，肌肤变成沃土，汗毛变成森林，身上的汗，也变了雨露……

特别是他的头和身子，躺在那儿比四肢哪个部位都高大，因此变成了嵩山。又由于它在四肢中间，后人就叫它中岳嵩山。中岳嵩山的东西长四十里，南北宽三十里，上下高二十里，周围占地一百四十里。由于长时间的风吹、日晒、雨浇、雷震，他的身体肌肤也会塌陷，洞穿，所以到处沟壑纵横，大洞深穴遍布。因此，后人就把那穴室多而大的东段称为太室山，穴室少而小的西段称为少室山。

嵩山是中国的名山之一。从景观特色来看，虽然没有泰山那么雄伟，没有衡山那么秀丽，没有华山那么险峻，没有恒山那么奇特，但它是盘古的头和身子，内部构造都很复杂,会思想、会哭笑、会吃东西、会消化,不仅有奥妙无穷的美好风景,还有博大精深的古老文化,因此它的特点就是"奥"。人们看到它,就想到开天辟地的英雄盘古;人们学习盘古,又往往感到学无止境,面对中岳赞叹:"嵩山天下奥。"

(参阅《述异记·盘古化物》整理)

【文献选录】

首生盘古,垂死化身。气成风云,声为雷霆,左眼为日,右眼为月。四肢五体为四极五岳,血液为江河,筋脉为地里,肌肉为田土,发髭为星辰,皮毛为草木,齿骨为金石,精髓为珠玉,汗流为雨泽,身之诸虫,因风所感,化为黎甿。

(《绎史》卷一引《五运历年纪》)

盘古氏之死也,头为四岳,目为日月,脂膏为江海,皮毛为草木。

秦汉间俗说:盘古氏头为东岳,腹为中岳,左臂为南岳,右臂为北岳,足为西岳。

(《述异记》上)

(盘古)将身子一伸,天即渐高,地便坠下。而天地更有相连者。左手执凿,右手执斧,或用斧劈,或以凿开,自是神力。久而天地乃分,二气升降,清者上为天,浊者下为地,自此而混茫开矣。

(明·周游《上古开辟演义》第一回《盘古氏开天辟地》)

【点评】

本篇是中原"盘古开天地"的极重要的珍品。盘古肢体化生异文很多,但说盘古死后,化为"五岳"的说法在《述异记》里就有"秦汉间俗说"的记载。其情节是盘古的头为东岳,腹为中岳,足为西岳,左臂为南岳,右臂为北岳。在徐整的《五运历年纪》中也提到盘古死后化为"五岳"。可见,这些记录都肯定盘古化五岳神话产生和流传在北方。

本篇中说,盘古死后,头和腹变中岳,左臂变东岳。这种说法似更合理。流传在登封的这篇神话比起来,确是更具有说服力。

本篇与《盘古寺》除用斧劈开混沌气团,蛋壳变成太行山砚石质层外,其余基本相同,属河洛地区盘古神话类型。因此,它们都与徐整在《三五历纪》、《五运历年纪》所记录的基本相同。可以认定:徐记录的盘古神话原产生在中原河洛地区,而非在吴地南方。据最近的考证,吴越地区本无徐姓。江南的徐姓徐偃王是从中原河洛地区迁徙多次之后,才到达吴地的(见《浙江衢州徐偃王庙碑》)。徐整是徐偃王的后裔。他在江南异乡从回忆或长辈口中记下故乡盘古神话,有一定的乡情因素。加上他又是道徒,自然容易产生记录盘古神话的动机。如果不是这样,他怎么会记下盘古肢体化"五岳"的北方的此类神话呢? 江南吴地并没有"五岳",又何以这个神话产自南方吴地呢?

从《嵩山的来历》中记述的嵩山外形如卧的特点看,说嵩山"深奥",泰山雄伟,衡山秀美,华山险峻,恒山奇特等传统看法,有其很大程度的合理性。由于盘古的头和腹部结构复杂,才产生"嵩山天下奥"的公论。

嵩山的自然因素和文化因素特殊,与其位于中国远古文化"中心地区"的内在蕴涵至为密切有关。

从嵩山神话体系的包容来看,不论从创世神话、造人神话还是文化创造英雄神话传说等藏量来看,都居于中心向四周辐射的"母体"地位。

本篇在中国古代神话中是具有"根系"价值的经典名篇。

3. 盘古开天[濮阳市]

在很久很久以前,世界好像个大鸡蛋:没天、没地、没日、没月,也没黑、没明,整个世界昏苍苍的。

这个就像大鸡蛋的世界里头,有清、有黄,在清和黄的外面是一层很硬的外壳。也不知因啥缘故,里头孵出了个鸡头、龙身的人来。这个鸡头龙身的人在里边越长越大,整个身子就像蜷卧鸡儿一样,在里头蹲着。他闷得实在受不了啦,就把蜷曲的身子伸了伸,把蹲着的两条腿蹬了蹬,然后猛地一站,把像鸡蛋一样的世界顶了个大窟窿,钻到外边拿了把斧子,一劈,劈开啦,里边的清和黄都流出来了。清飘到了天上,变成了天空;黄落在了下面变成了土地。那些劈碎的硬壳有的崩到了清里,有的崩到了黄里。崩到清里的小碎块,变成了星星,还有两块大的,一块变成了太阳,一块变成了月亮。崩到黄里的都变成了石头,大的变成了高山。

从此,世间便有了天地、日月、高山、河流。

这个劈开天地的鸡头龙身的人,因为他在里边像蛇一样盘着,人们就给他起名叫盘古。

盘古活了十万八千岁,死了以后,身子变成了昆仑山,魂变成了雷公,您见过雷公像吗? 上面画的就是个鸡头龙身的人。

讲述人:魏世敏,男,60岁,完小,汉族,农民,西八里庄村人
采录人:魏盼先,女,30岁,中专,汉族,县文化馆干部
采录时间:1990年6月

采录地点：濮阳县西八里庄村

图 1.3.1　豫北浚县泥塑《盘古开天》（程健君摄）

【文献选录】

盘古之君，龙首蛇身，嘘为风雨，吹为雷电，开目为昼，闭目为夜，死后骨节为山林，体为江海，血为淮渎，毛发为草木。

　　　　　　　　　　　　　　　　　　（《广博物志》卷九引《五运历年纪》）

天人诞降大圣，曰浑敦氏，即盘古氏，龙身人首，神灵，一日九变，一万八千岁为一甲子。荆湖南以十月十六日为生辰。有初地皇氏，初人皇氏。

　　　　　　　　　　　　　　　　（《古今图书集成·岁功典》卷83引《补衍开辟》）

（盘古）龙首人身。

　　　　　　　　　　　　　　　　　　　　　　　　　　　　　（《地理坤鉴》）

雷泽中有雷神，龙身而人头，鼓其腹，在吴西。
《山海经·海外东经》：雷夏泽在濮州雷泽县郭外西北。

　　　　　　　　　　　　　　　　　　　　　　　（《史记·正义》引《括地志》）

【点评】

流传在河南濮阳的这篇盘古神话，除盘古巨人蹬开宇宙蛋一个窟窿出来用斧子劈开蛋壳有了天地、日月外,主要特点有:①蛋壳里的巨人是鸡头龙身,像蜷曲的蛇一样,盘卧在里面,所以叫"盘古"。这与濮阳一带远古先民普遍有龙的观念与信仰有关。濮阳市西水坡墓葬中发现"中华第一龙"和这一带"龙"姓特多,便是有力的证明(甲骨文中"共"、"龚"同为"龙")。②盘古用斧子劈碎的蛋壳,其中清的变成天,黄的变成地,蛋壳碎后,崩到清里变成了星星、太阳、月亮;崩到黄里,变成了石头、大山。从此有了世界。③盘古身躯在他活了十万八千年后死了变成昆仑山,而不是他的肢体变成宇宙、日月星辰万物。这是另一种类型。④盘古死后,身体变昆仑山,魂变成了雷公——鸡头龙身的人。这里存在的问题,就是盘古为何又是雷公的形象呢?主要与濮阳雷泽有雷神(雷公)以及关于龙的信仰有关。最近一些学者考证:濮阳雷泽与伏羲母华胥氏履巨人迹怀孕生伏羲有关。而这个巨人就是雷神。这里正是伏羲文化发祥地的中心地带。因此,与雷神龙身鸡头的形象有密切关系。它有明确的中原伏羲文化的地方特色,其他地方就不会出现此类神话遗存。由此更可以得出盘古神话产生于中原的看法。

至今,不论济源、登封,还是濮阳的盘古神话都是它产生、流传于中原的重要证明。而这几篇神话都不可能产生自江南吴地。相反,徐整记录的盘古神话,有很大可能产生在中原。

4. 盘古开天地[新乡市]

人们常说:"自从盘古开天地,三皇五帝到如今。"那么盘古是怎样开天辟地呢?

相传在很久很久以前,既没有天又没有地,宇宙就像一个大鸡蛋。久而久之里面孕育出一个巨人。他盘踞在里面呼呼地酣睡,一睡就是一万八千年,由于年代久远,后人就把他叫作盘古。

当他醒来时,发现到处是漆黑一团,什么也看不见,并且感到非常憋闷,于是大怒起来,挥起巨掌猛力一劈,就听"轰隆"一声巨响,大鸡蛋破裂开来,其中轻而清的东西徐徐上升变成了天,重而浊的东西渐渐下沉,变成了地。盘古站在天地之间,长长地吸了一口气,感到非常舒心清新,于是他又猛力往上顶了十八顶,往下蹬了十八蹬,顶一顶多出现一层天,蹬一蹬多出现一层地,这就是上有十八层天,下有十八层地的来历,最上层叫天堂,最下层叫地狱。

天堂是神仙居住的地方,地狱是鬼蜮们住的地方。人若积德行善,死后便可变成神仙升入天堂,人若一生作恶多端,死后便被打入十八层地狱,变成永世不能翻身的苦鬼。盘古最后长了多高呢?据说是九万里,正好是天与地的距离。

天地是开辟出来了,但盘古也为此而耗尽了自己的全部精力。后来他的全身突然起了大变化，呼出的气变成了风、云、雾，流出的汗水变成了雨露，左眼变成了太阳，右眼变成了明亮的月亮，头发、胡须变成了星辰，身和四肢变成了五岳，血液变成了江湖，筋脉变成了道路，肌肤变成了肥沃的田地，牙齿、骨干、骨髓则变成洁白的玉和地下无穷的宝藏，周身的汗毛变成繁密的树林，他的精灵魂魄变成了万物之灵的人类。

讲述人：马如心，男，50岁，上过私塾，农民
采录整理：马安中，男，33岁，高中文化，教师
采录时间：1986年8月
流传地区：新乡一带

【点评】

本篇系流传在豫北盘古神话类型的异文。其中主要情节，除与济源的盘古神话相同外，出现了"天堂地狱""善恶报应"的思想、信仰、观念，说明在传播过程中，随着时代的变迁，渗入了佛、道的生死轮回，惩恶扬善的教训的功能：善者为神，恶者为鬼。

从其变异的形态来判断，本篇当系汉、唐以后，佛教传入中原洛阳、豫北等地才出现的复杂因素的混合体。

从本篇盘古肢体化生方面来看，也出现了灵魂变化万物之灵的人类的观念，也比较古老。这与《五运历年纪》中的盘古的"身之诸虫，因风所感，化为黎氓"（氓，农夫），显然有所不同。灵魂变人类的"原始人的心智"是进一步的发展。所谓"人乃万物之灵"，比起"身之诸虫变人类"，当时已是很普遍的北方中原先民的"灵魂信仰"，在本篇表现得十分具体。这也是豫北太行山一带的共同的信仰观念的体现。

这与新野的盘古身上的虫子（虱子、跳蚤）变成了动物（包含人类）的观念稍有不同，它已经把人与动物区别开来，有人的价值的认识了。这确是一大进步。

从本篇中同样透露出了盘古肢体变五岳的信息，这是很重要的足以印证徐整记录的盘古神话产生于中原的证据。

5. 盘古开天辟地［武陟县］

很早的时候，天地还没有分开，整个宇宙像一个大鸡蛋，盘古就睡在这个大鸡

蛋中。

突然有一天,盘古醒了,睁开眼一看,周围却是黑暗一团,什么也看不见。他心里一气,抓起脚下的一把大斧,朝四周狠狠地劈了一下。只听山崩地裂般的一声巨响,大鸡蛋裂开了一道缝。这缝越裂越大,上面的往上升,下面的往下沉。上升的成了天,下沉的成了地。

据说大虹桥乡的北古一带,就是当年盘古抡大斧开天辟地的地方。人们为了纪念他,将这个地方取名盘古,只不过把盘字念串成了"北"字。

讲述人:王百贞,1907年生,阳城乡南关村农民
采录整理:王广先

【点评】

本篇流传在武陟县,是豫北太行山区盘古神话类型。但从用斧子开辟宇宙蛋来看,应是新石器中晚期的生产工具的特点。其与济源的同题神话相比,似乎时间稍晚些。

没有盘古肢体化生情节,仅有天地初分,证明此时尚未涉及盘古创世、造宇宙万物,比较单一。这和栾川的《天地分》比较接近,应是盘古神话最原始的形态。

本篇的地理位置明确,盘古就在武陟县"北古"。这地名原叫"盘古",后人把音念转了,才叫"北古"的。这也足以证明:豫北太行山区是盘古神话产生的地区之一。

此篇与武陟的《石狮子和伏羲、女娲》有关,其中盘古生了九千九百九十九个儿子。盘古每天带领他们上山干活,只留伏羲、女娲在家看门。天塌后,盘古和儿子们都死了,只有伏羲、女娲因躲在石狮子肚里活了下来,后来成了夫妻。这样,就把盘古神话与华夏族系的种源联系在一起了。这同样体现了盘古开辟天地神话在太行山区的完整性和系统性。

太行山盘古、女娲神话群的出现,及其在中原神话中的地位,也是一个有力的佐证。而这一切又都是河洛文化区蕴藏的重要珍品。

6. 黄河的由来[孟州市]

相传,在盘古开天地的时候,中原大地上并没有黄河,只有一望无际的草原和

森林。西边很远很远的地方，有一座大山，山里住着一个修炼万年的黄龙，每逢春暖花开，便驾着祥云到东方来游玩。

这一年，他又来到东方，低头一看，大吃一惊，茂密的草原、森林，一片焦黄，土地干得裂成一道道宽缝，人死得十有八九。黄龙很想搭救这一方人，去找东海龙王为这地方行雨，东海龙王说："这是玉皇大帝的旨意，我怎敢私自降雨。"

黄龙驾云上天去找玉帝，谁知玉帝连眼也不睁一睁，训斥了一番："小小童子，擅敢上天庭为人间求情，速速回山修行去吧，不必多管闲事！"

黄龙闷闷不乐，回到山间，一心想为一方生灵消灾解难，他还没有练成行云降雨的本领，可也使动风婆雨神了。他用尽浑身解数，刮起了巨风，把云烟雾气推到中原上空，降下了瓢泼大雨，直下得沟满河平，横水遍地。

东海龙王知道了，连滚带爬，跑进天宫，告了黄龙一状。玉帝听了勃然大怒，立即命天兵天将捉拿黄龙，说："捉不到黄龙，你们统统不要回天庭来，叫你们化为土石，永留人间。"众神仙吓得只有奋力拼杀。黄龙抵挡不住，掉头往东方逃，他所经过的路上，出现了一条滚滚奔腾的黄河。

玉帝一见，气得七窍冒烟，派兵前后堵截，黄龙见势就东转西转，直来到太行山下。太行老君受玉帝之命，摆开八百里山石，想困住黄龙，黄龙一转身又向南跑了。玉帝催老君设下龙门，想把黄龙卡住，黄龙一用力，轰隆一声，连龙门也冲决了。

跃出龙门的黄龙更凶，玉帝又派出两条巨蟒下凡来，对黄龙南北夹击。北蟒追黄龙到孟县城西五里的地方，忽然见一老一少两个人在那里看小孩儿斗鸡，很是自在，心想在天上也没有这样逍遥，干脆黄龙我也不追了，也不上天了，于是停了下来。南蟒见北蟒不追了，也停下来，就变成了南北蟒岭。

后来，刘秀进洛阳，因为被王莽撵怕了，害怕两个蟒岭对他有威胁，把蟒岭改作邙岭。

讲述人：刘清顺，80岁，孟县农民
采录人：马久智

【点评】

本篇系中原北方黄河的解释神话，属盘古神话的间接延伸，而非本体。
西方大山的黄龙当是它的形成的解释。
黄龙开黄河的过程，是与玉帝及天宫诸神斗争的人格化的产物。
此神话虽与道教神谱关系密切，但与原始先民在中原与大自然斗争的生活直接相关。因其鲜明的地方特色,也有相应的文化价值意识。

结合黄河两岸中原的山水(龙门口),孟县的邙岭地理特征,幻想构拟出黄河的奔腾之势,符合中原先民的心愿。可作为研究中原神话的参考。

7. 黄河的故事[范县]

天上有银河,地上有黄河。传说,地上黄河的水是从天上银河里流下来的。

天上有玉皇,地上有盘古,玉皇称天神——老天爷,盘古是地神——老地爷。

原来盘古也在天上住着,他看到地上一片荒凉,就下界到地上来,盘古是人世间最早的一个人。

盘古下界来到地上,见地面光秃秃的,寸草不生,又热又闷,混混沌沌,连水都没有,人没法生存,盘古又来到天上,想把银河扒开让水流到地面上来。

管理银河的是王母娘娘,银河是她游玩的地方,整天带着仙女坐船玩,跳舞、歌唱,畅快自在。

盘古来到天堂宝殿,求见王母娘娘,王母说:"你往地上去,为啥又回来了?"

盘古说:"地上没水,干裂火热,人们不能生活,我想借点银河水,灌大地。"

王母娘娘瞪着眼:"哪有恁便宜的事,你借走了银河水,我怎么游玩呢?"遂把盘古赶出了宫殿。

盘古犯了愁,出了宫殿,来到银河边转悠,面对银河,愁眉苦脸的,"没有水地上怎样生活呢?"

这时走来一个守卫银河的小伙子叫李于,见盘古愁眉苦脸就问道:"老伯伯有啥犯愁事?"

盘古说:"地上干旱,我来借银河水,王母娘娘拒绝了。"

李于想了想,说:"老伯伯,别犯愁,我有办法。"盘古连声赞好。

管银河钥匙的是王母娘娘得力的丫环名叫黄河,很厌烦天堂生活,和李于早有了交情,想离开仙界,到人间来过自由自在的幸福生活。

李于领着盘古找到了黄河,盘古要求黄河姑娘行行方便,开放银河水,救救地上的人们。

黄河犯了犹豫,放了银河水,王母怪罪不光受刑挨打,连性命也难保住。李于说:"不如咱一同下界到人间去。"

盘古笑道:"下界我让你俩结为夫妻,祝你们生活美满。"

李于、黄河你看我,我看你,两人都笑了。

在一个夜里,黄河拿着银河的开河钥匙,偷偷地放开了天河,水哗哗地流向地面。

黄河也随银河水下了天堂,来到了大地,银河水变成了河流,盘古命名叫黄河。

王母娘娘知道后,气炸了心肺,派天兵天将,捉拿黄河、李于。黄河已下界,拿不住了。李于迟了一步,被王母娘娘抓住,绳捆索绑押到殿门外,把心扒了。李于的心,放在桌板上,还照样跳动着,王母娘娘大怒,派天兵天将把李于的心扔下天堂,落到地上河里,黄河接住,哭得死去活来,一会儿,李于的心停止了跳动,这就是常说的:"不见黄河不死心。"黄河捧着李于的心,放在水里,祷告着:"李于,你快快活了吧!咱同在这里过美满的生活。"待了好长时间,李于的心又活了,变成了鲤鱼,在河里欢跳着,黄河也喜了,同在一起谁也不愿离开谁。"鱼儿离不开水","鱼水之情"已成俗语。

银河开了口,王母娘娘慌了,忙脱下银衫来堵河口,银衫上有些胡椒小眼,从眼里还滴滴答答地往外流水,出来的水,照常还往黄河里流着,都说黄河水流不断,原是黄河跟天河通着哩。

笔述:崔金钊
采录整理:荆耕田

【点评】

本篇为流传在濮阳市范县的关于盘古开天辟地延伸的次生神话,而非原始神话本体。它已非盘古开辟宇宙,化生万物的主旨,而是神人创造世界的类型。

盘古已成为与玉皇并列(玉皇管天、盘古管地)的天地主神,一为老天爷,一为老地爷,这是道教的神谱定位。因此,它已非原生神话。

此篇盘古为了让地上有水,就要求玉帝把银河水借来人间。玉帝反对,令李于看守银河,管银河的是黄河(女孩)。二神苦闷天宫生活又相爱,结果开了银河,准备同下人间。王母管银河,捉住李于杀了,其心不死,被扔下人间,被黄河接住,却又停止跳动,后经黄河祷告又活了过来,变成了鲤鱼,"不见黄河心不死"的俗语便以此产生,"鱼儿离不开水"、"鱼水之情"等语亦从此始。

此神话既向宗教(道教)化演变,又向世俗化(爱情主题)演变。

此篇是中原盘古神话的变体,它在某种程度上反映了先民的"心态",其中的文化内涵也进一步复杂化。这符合我国古代神话在封建社会演变的规律。同时,也证明中原神话生命力的强大。

盘古神话在中原的产生、演变已形成完整的系列。

黄河是中华民族的母亲河,此篇神话具有典型意义。

8. 盘古氏造世界[陕县]

盘古氏睡在蛋窠瓢里,醒来伸伸胳膊,蹬蹬腿,蛋窠瓢破了。盘古氏立起身,蛋青上去,成了天,成了云。蛋黄沉下,成了地。

时间稍长些,盘古氏有些孤寂,有些着急,撒泡尿,圪蹴下和成泥,照着自己捏伴儿。地是蛋黄,土是黄的;人是土捏的,也是黄的。出了汗,身上就能搓下泥卷儿,总也搓不完。

捏乏了,盘古氏滚地歇息,一滚下就睡着了,翻翻身,伸伸胳膊腿儿,贴身的伴儿就撞坏了,人群里就有了憨、傻、呆、痴、瞎、聋、哑、瘸、跛……

盘古氏再也没有醒来,骨头成了山,血脉成了江、河、湖、海,毛发成了草木,呼出来的气是风。

讲述人:刘小锁,1929年4月生,张茅乡白土坡村农民,小学文化

采录整理:刘邦项

【点评】

本篇是流传在陕县的一个盘古神话。它的主要特点是:①主要不在盘古死后肢体化宇宙万物的情节。②盘古在宇宙蛋壳里睡醒后,蹬破蛋壳,上半个皮上升为天,下半个皮下沉为地,而非蛋里的清混黄白气体所变。这就和我国古代天文学上的"盖天说"相吻合。"盖天说"当是从此类神话中演变而成理性思维的产物。从天文学角度来看,此篇就具源头的价值。③突出人类起源。

本篇是中原神话中唯一关于盘古捏泥人的珍品。以往中原人类起源神话大多追溯到女娲、伏羲捏泥人,后来的洪水神话也大多如此。而本篇却上溯到盘古。这就进一步说明:盘古神话不仅创世而且造人,是女娲造人的先行者。同时,它同样反映了黄河流域中下游的黄土地带农业文化的滥觞和源起。值得注意的是,盘古捏的泥人不是子女,而是自己的伙伴。捏的方法是盘古自己尿尿到地上,把土和尿和成泥来进行。捏的泥人活起来,不是靠吹气等巫术手段,而是用他自己身上的尿来和泥,泥人就可以活,这也说明其中有"肢体化生"的含义。盘古的身体内分泌物尿也具有肢体机能的内涵。人群中有残疾是盘古休息时撞坏的,而非因雨淋坏

的。

我国上古先民之所以是黄种人,就因为宇宙蛋破了以后,下沉的蛋黄是黄的,土地是黄的,所以,捏的泥人也是黄的。这就是对中华民族种源的解释。

盘古不是用身体撑天地累死的,而是捏泥人累死后才肢体化生万物的。而人却不在化生之列,很值得研究。

9. 盘古创世[汝州市]

起先,宇宙间一片混沌,只有一个黑乎乎的像鸡蛋卵似的东西。

不知道过了几多时,几多日,这个黑乎乎的东西里生成了一个奇形怪状的人。又过了不知多长多长的时间,这人越长越大,终于有一天,他想伸伸胳膊,伸伸腿,想站起来,想使住的地方扩大一些,于是,他就使劲地往外撑,撑啊撑,终于"砰"的一声炸开了,轻的东西向上飘,形成了天,重的东西朝下沉,变成了地。

天地造成了,但天和地并没有完全分开,有些地方还是连着的,而且天也不够高,于是,他就造了一把大斧,天天砍这些连着天和地的地方,经过好多好多的日子,终于把这些地方都砍断了,天向上飘去,地朝下沉,成了现在的天和地。

可是由于劳累过度,他呢,倒下了。他的血管成了地上的河流,骨骼形成了地上纵横的山脉,他身上的肉成了肥沃的土壤,他的左眼,变成了明亮的太阳,右眼成了皎洁的月亮,他的汗毛,变成花草树木,汗水成了雨露,他的精灵,变成了人畜鸟兽鱼虫。

从此,有了天地,天上有了日月星辰,地上有了山川树木,人畜鸟兽,人们管理万物,天地间从此有了世界。

采录人:王欢迎
采录时间:1989 年 10 月 7 日
采录地点:汝州市薛庄乡徐洼村

【点评】

本篇是流传在平顶山薛庄的盘古神话。它和豫西嵩山、陕县等地的同题神话属同一类型。其特点:盘古在用身躯撑破宇宙蛋的过程中,分两个程序,先是撑开天和地;因其间还有未断的粘连之处,才造一大斧继续把它劈断的。明显透露出此时已开始制造斧子等生产工具和劳动时的想象。这一点不同于其他同题异文,产生时间就稍晚些。

在本篇神话里,并不以创造天体宇宙的日月运行为主,而是侧重有意识地开创宇宙裂开的过程。

在肢体化生时,无造人的细节,只描述天地日月星辰、山河、树木、鸟兽,从此有了世界,但又明确提出人管天地万物的观念。可见,此时人已意识到自己脱离于自然界之外。这种人为万物之灵主宰世界的观念,应是新石器时代人类可以自觉创造工具的灵长的特殊时期。比起新野等地的"人是盘古身上诸虫虱子、跳蚤变的",显然要进步得多了。

因此,在中国,不同的盘古神话的异文,反映的不同时代的思想虽有差异,但却是原始意识的完整形态。

本篇神话的价值就在于对人的价值的认可和肯定:人管天地万物。比起单纯的盘古"肢体化生",明显大大前进了一步。

10. 盘古初分 [栾川县]

来先是混沌,只有一个卵。在阳气作用下,卵慢慢长大了,卵里头出一个盘古。盘古在里头一拱,卵就大一点儿,一缩又小一点儿。时间长了,他一拱一拱,最后使劲一拱,卵一下开了。拱上去的是天,踩在下的是地。天地就成了。

讲述人:赵某某,74 岁,医生,上过 7 年私塾,会讲许多"瞎话"
采录人:陈连山,河南大学中文系教师
采录时间:1987 年 2 月 27 日
采录地点:栾川县漫寺头

【点评】

本篇是流传在豫西栾川县的盘古开天地的最原始的神话遗存。其中透露的盘古形成是由于阴阳二气的作用,使宇宙卵日渐长大,成为巨人盘古,正是我国原始先民的宇宙本原和天体演化的"阴阳相交而生万物"的观念的反映。这是东方宇宙学初形的观念。因此,也体现了我国盘古神话的本体意识。这种中原本体神话意识,根在本土,而非外来文化的舶来品。尽管宇宙蛋天体观非中国所独有,但本土的民族特色却是不可取代的。

以往虽从理论上有所阐述,但在神话遗存中很少见到。湖北《神农架黑暗传》里曾有关于盘古开辟创世是由"阴阳五行聚化"的文献记载,如说"阴阳五行来聚化,盘古怀在地中央","金木水火是盘古父,土是盘古他母亲"等等,但却未见到民间有关此类作品的活态流传。本篇虽极简短,却十分重要。它说明道教神谱中所吸收、改造的盘古等神话早已传播在豫西民间。

此篇可为盘古神话产生于中原本土的有力的佐证。特别是,盘古出世是由自身努力"一拱、一拱"出蛋壳之后,有了天地的,而非用斧劈,更加原始。

11. 盘古开天地的来历[新蔡县]

远古时代,天和地还没分开,世界混成一团啥也看不见,好像一个大鸡蛋。这里面有一个人,他就是人类的老祖宗盘古。盘古呼噜呼噜地睡在里面,一下子睡了一万八千年,长成了一个巨人。

一天,盘古忽然睡醒了。他睁眼一看,周围黑乎乎的一片,简直要把人闷死,他使劲一伸懒腰,就听轰隆一声巨响,大"鸡蛋"裂开了。

打那儿以后,清气慢慢上升,就成了蓝天;灰尘渐渐下沉,就结成了大地。

天地开辟后,盘古怕它再合上,就挺直腰杆站在当中顶着。他每天长高一丈,天地之间的距离也增加一丈。盘古在天地间顶了一万八千年,成了顶天立地的巨人。他身高增加到九万里,把天顶得极高,把地踏得极厚。从此天地再也合不上了。

后来,盘古呼出的气就变成了风云,流出的汗变成了雨露。他的左眼变成了太阳,右眼变成了月亮,头发和胡子变成星星,声音变成了雷霆。他的肌肉变成了泥土,汗毛变成了花草树木,血变成了江河,四肢变成了大地四角的支柱,身体变成了五岳名山,牙和骨头变成了金属玉石。

盘古贡献出了自己的一切。

讲述人:刘义,男,76岁,农民
采录人:刘国富
采录整理:龚国强,男,文化局干部
采录时间:1987年9月5日
采录地点:新蔡县棠村乡

【点评】

　　本篇是流传在河南新蔡县的盘古开天神话,除与济源等地的情节基本相同之外,明显不同之处在于:①盘古没有倒下死去然后肢体化生天体日月星辰万物,而是在他站在天地之间时慢慢变化为世界万物的。②宇宙蛋破以后,清气上升为天,灰尘下沉为地,而不是浊气或蛋黄。③盘古的四肢变为天地四角的顶天柱,而不是"四岳"。这显然与女娲补天立四极之论相合。④盘古的身体变成五岳。这与另一种说法盘古的头面分五岳之说有关。

　　本篇是中原又一篇证明盘古死后变"五岳"的口承神话遗存。它进一步反证徐整在《三五历纪》和《五运历年纪》里所记的盘古神话产生在北方中原。

　　本篇的主旨说明:天体宇宙、世界万物和盘古实为一体。他本身就是整个天体宇宙的物质结构。这一点正与明代李梦阳在《大复少赋》中所说的相一致。其中开头说:"昔盘古氏作山用宅,……若其势磅礴,逆折状若胎簪,嵩首殿其北,荆沔包其南,右枕熊耳之巅,左朝桐柏之山。"不仅肯定了盘古神话产自北方中原,化为五岳;而且说明盘古不仅没有死,他本身就是宇宙天体、万物世界的整体的表现。他的身体和灵魂就是宇宙万物的基本构成因素。

12. 盘古开辟天地[汝南县]

　　很久很久以前,天地是连在一起的,混沌一团。那时候有个叫盘古的巨人,就生长在这里面,睡着一动不动。

　　后来过了十万八千年,盘古一觉醒来,睁开双眼,看看四周,漆黑一团,觉着心里烦闷不安,一气之下,挥动巨臂,举起巨掌,向眼前的混沌黑暗猛劈过去。就听一声巨响,天和地慢慢裂开了,多少年一动不动的混沌黑暗被搅动起来,这里面轻的东西慢慢上升变成了天,重的东西沉下来变成了地。盘古站在天和地的中间,脚踩着地,手托着天,他的身子也慢慢地越长越高。他日长一丈,天和地也日离一丈。就这样,又过了十万八千年,天升得极高极高了,地也变得很厚很厚,盘古的身子也长得很高很高了。打这儿以后,天和地再也不会合在一起了。盘古因长久支撑天地,耗尽了自己的精力和心血,后来就死去了。他临死时吐出的一口长气,变成了风和云雾,吼声变成了雷声,圆睁的双目变成了太阳和月亮,血管变成了江河,筋脉变成了道路,肌肉变成了土地,牙齿骨头变成了玉石宝藏,汗毛变成了庄稼青草,头发胡须变成了森林,汗水变成了雨露。就这样,一个无限美好的人间诞生了。至于人,是后来女娲才造出来的。

讲述人:李建国,男,45岁,中专,汉族,马乡镇农机站站长
采录人:李超,男,18岁,汉族,马乡高中学生
采录时间:1987年6月
采录地点:汝南县马乡镇农机站

【点评】

本篇是流传在河南汝南县的盘古神话,与其他中原同类神话基本相同。其特点主要在于盘古肢体化生中,没有人的出现,而且肯定盘古与造人无关,造人是后来女娲的事。这是个问题:盘古肢体生,没有人类出现,怎么叫"创世"?可能传播时间有误。

13. 盘古的传说［南阳市］

人们常说:盘古开天辟地。盘古是谁?为啥要开天辟地,这到底是怎么一回事呢?传说很早很早的时候,在一座秀丽雄奇的山的山脚下,有姑表兄妹两个。因为两家住得很近,两个孩子的年龄又差不多,所以,兄妹两人从小就在一起玩耍,青梅竹马,形影不离。年岁稍长后,又经常一起去山上砍柴采果,去河里捉鱼捞虾,帮助家里做些力所能及的活儿。

在通往山里的崎岖小路旁,卧着一头大铁牛。这头牛粗短粗短的嘴,细长细长的角,一双忽灵灵闪着光的大眼睛,神态比活的还逼真。因为年深久远,日月相照,风吹雨打,铁牛身上溜光溜光的;牛背更稀奇了,还会冬暖夏凉。滴水成冰的十冬腊月,只要你往上面一骑,身上就会暖烘烘的;赤日似火的中伏天,只要你往它背上一骑,霎时身上就会凉爽爽的。所以,兄妹俩每次进山回来,路过这里,累不累,都要放下担子,歇一歇,爬到铁牛背上玩一玩,然后才肯离去。春夏秋冬,习以为常,久而久之,兄妹俩就和这铁牛结下了不解之缘。

一天,兄妹俩进山回来,见铁牛的眼睛瞪得圆圆的,望着他俩,嘴张得大大的,不时的一开一合。天真稚气的妹妹把头一歪说:"哥你看,这铁牛想必是饿了,咱们给它点东西吃吧?"哥哥出于好奇,就说:"好!"说着,两手往筐子里一插,抓一抬儿鲜艳香甜的山果填到了铁牛嘴里,还调皮地说道:"铁牛大哥,请吃吧!"不料,话音

刚落,铁牛将嘴一合,"呱咚",把一掐儿子山果咽了下去,还点了点头,表示谢意。兄妹俩见了真是又惊又喜。

从此,兄妹俩进山时,就将馒头留下几个,回来时,又将山果美味捧上几捧。冬去春来,夏过冬至,不知过了多少个年头。

有一天,他俩进山回来,见铁牛两眼泪汪汪的,心想:以往总是喜气洋洋的,今日为何满眼落泪呢?便问道:"铁牛大哥,你饿了?"铁牛摇了摇头。

"你渴了?"铁牛又摇了摇头。

"不渴,不饿,那你为何伤心?"

铁牛抑泪哽咽道:"人类要遭大灾难了!"

"什么?"兄妹俩一惊。

"是的,天神和地神就要打仗了。他们一打,互相残杀,就要把天地给搅乱。到那时天地要混为一体,地球上的生灵要横遭涂炭,人类就要遭到毁灭……"

铁牛还没说完,兄妹俩早已吓得脸色苍白,魂飞天外,抱着头"呜呜"地哭起来。

"小弟弟,小妹妹,不要悲伤。记着,听见天空中发响,天色变红,就赶快来找我,到那时,我会救你们的。"

兄妹俩谢过铁牛点化之恩,怏怏不快地回到家中。

第二天正当午时,天空中果然发出"咯吱咯吱、咔咔嚓嚓"的巨响。一刹时,漫天通红,愈铺愈旺。兄妹俩不敢怠慢,撒腿就朝铁牛跑去。铁牛嘴一张,舌一伸,把他俩接到了自己的肚子里。兄妹俩到了里边一瞧,咦,真是另一番天地,就像是进入了大雾弥漫的一个巨大的峡谷,灰蒙蒙的,啥也看不清楚,朝脚下一摸,全是山珍美果,还有馒头哩!兄妹俩心花怒放,从此,便在这里安下身来。

那兄妹俩在铁牛肚里生活了多长时间,多长岁月,谁也没法考究。反正有这一天,果子完了,馍也净了,兄妹俩正在为以后的生存问题发愁,铁牛嘴一张,"阿嚏!"一个喷嚏把他们送了出来。他们定神一看:天地不分,浑黄一体;到处是灌木荆棘,郁郁葱葱,人类、村庄、田园、飞禽、走兽,什么都没有了。兄妹俩看了,茫然不知所措,止不住泪如雨下。铁牛说:"小弟弟,小妹妹,你们是现在天地间唯一的两个生灵了。上帝已将开天辟地,创造人类的大任托付给了你们。你们应该勇敢而顽强地活下去,完成这一光荣使命。"接着,又附耳低语了一阵,然后身体一晃,变成了重峦叠嶂的一条大山脉。这山脉,后人传说就是八百里伏牛山。

兄妹俩强忍着和铁牛分别的悲痛心情,拖着沉重的双腿,踏着荆棘蔓生的山峦,趟过大浪滔滔的洪水,艰难地向前奔去。他们走啊,走啊,渴了,去涧里喝点泉水,饿了,在乱荆棘丛中寻点野果;累了,就躺下来歇歇再走。也不知走了多少天,跑了多少路,这一天,兄妹俩来到一座高山脚下,抬头一看,见这座山中间凹,两头高,一山两峰,犹如牛头上的两只尖角,直插云端。心想,或许就是铁牛的头顶吧?

兄妹俩不顾疲劳,爬上去一看,果然不错,两个山峰顶上分别有上下两扇石磨,就各掷一扇,同时向山沟滚去。说来也真巧,两磨从山顶滚到山沟里时,应应地合在了一起,上面还刻着"磨为媒"三个大字。于是,兄妹俩便在石磨旁撮土为炉,插草为香,对天盟誓,结成了一对恩爱夫妻。

后来,兄妹跟前有了一个孩子。这孩子长相很丑陋,一身是毛,还长着两只角,简直像个野怪。俗话说:儿子是娘身上掉下来的肉。尽管相貌丑陋,夫妻俩仍然爱如掌上明珠,细心精意进行抚养。孩子也真像水泡豆芽一般,一天一个样儿。可是,好景不长。孩子刚刚懂事,爹妈便都死去了,他就开始独立生活。

这孩子勤劳、勇敢、聪明、智慧,很快就学会了攀藤、跳崖、捕鱼、采果的本领。这天,他来到一个陡崖边上,见崖上生着许多果子,又大又鲜;因为荆棘丛生,费了很大劲,也没摘下来,还差点跌进山涧里边。他又气又怒,跑去找了一块大石头,"扑扑嚓嚓"就把棘丛砍了。奇怪,荆丛一倒,眼前一亮,天和地分开了。他高兴极了,心想:父母在世时,一再嘱托,希望把混沌的天地分开,造福于人类和生灵。既然荆棘一倒,天地就能分开,我何不赶快把它们全部砍去,让浑浑噩噩的天地分开,让生灵复苏呢!想到这里,他抢起石片就砍。说来也怪,这孩子力大无穷,站在山顶上,一片石下去,可以砍倒一架山的荆棘;站在山沟里一片石可以扫平一道山沟;站在平地上,一下子就可以横扫方圆千里。他砍着,走着,走着,砍着,终于把所有的荆棘全部砍光,使天和地重新分开,恢复了光明,复活了生灵。

这孩子是谁呢?

他就是后人传说中的盘古。后来,盘古到了北方,和一个猿结了婚,从那时起,才开始了地球上真正的人类生活。后人说,人是类人猿进化来的,大概也就从这儿说起。

讲述人:邱海观,农民,70岁
采录整理:李明才
流传地区:豫西南阳地区

【点评】

本篇是流传在河南南阳地区的神话,不属于中原同类型的盘古创世神话,而是属于"灾后兄妹婚再殖人类"型的"灾难重演"型神话。这类神话在中原地区流传相当普遍。本篇中兄妹成亲的保护神是铁牛,并没有以"滚磨成亲"作为征得天意的情节,而是兄妹自己将磨滚下的。

本篇的特点之一是铁牛变成了伏牛山,兄妹就住在山上,地域特色鲜明。其他同类故事,保护神多无此情节。用伏牛山纪念兄妹婚,意义深远。

本篇劫后的混沌世界,经兄妹生的丑陋孩子——盘古,用大石头又砍倒遍山沟的荆棘丛,天地又分开了。他与一猿结婚,生了真正的人类。这是对人是从猿进化而来的观点的解释。这是两个类型神话的复合。但与大部分中原盘古开辟神话不是同一系统。恐与南方苗瑶族的人与猴子结婚的神话有关。而盘古创宇宙、天体、人类、万物的神话,与"洪水兄妹婚"神话并不是一个时期的神话遗存。它带有一定拼凑的痕迹,讲的也有一定程度的随意性。

本篇也反映了中原与南方楚文化相交流的痕迹,有一定研究价值。

14. 盘古开天辟地的传说[社旗县]

早先,天地不分,像个大鸡蛋,盘古爷就睡在正中间,后来,盘古爷睡醒了。他伸了个懒腰,把天地给撑开了。他嫌地方太小,就把身子往上伸。伸一回,天就往上升一丈,地就往下落一丈。他的身子越长越长,天就越来越高,地就越来越厚。

老天爷见盘古开天辟地有功,就叫他的三闺女下凡给盘古做伴。三闺女下凡以后,认盘古当哥哥。盘古是个实在人,待三闺女比亲妹子还亲。有一天,三闺女对盘古说:"哥,咱俩成亲吧?"盘古说:"那会中?哪有当哥的跟妹子成亲哩?"三闺女是个妮儿们家,也嫌赖①,就没再往下说。又过了一段时间,三闺女想想没个小孩儿,到老了咋办?又给盘古说成亲的话,盘古还是不吐口。三闺女为这事儿很发愁。后来,她上山去挖野菜,见南山顶上有扇公磨,北山顶上有扇母磨,回来给盘古说:"哥,咱俩滚磨吧!"盘古说:"滚磨整啥?"三闺女说:"南山有扇公磨,北山有扇母磨,咱俩一齐往下滚,要是两扇磨能合到一坨儿②,咱俩就成亲。"盘古说:"要是合不到一坨儿呢?"三闺女说:"合不到一坨儿,咱以后永不提成亲的事儿。"盘古说:"那好,南山坡陡我上南山。"三闺女说:"我上南山。"盘古说:"你不听我的话了不滚。"三闺女没法,只好说:"中,你上南山,我上北山。你喊声一二,咱俩一路儿往下滚。"盘古说:"中,咱说一句当一句!"说罢他俩就走了。盘古脚大有劲,走得快,一会儿就到了山顶。三闺女脚小走得慢,干急走不到。盘古等着急了,喊着:"快些!我可滚哩。"三闺女失急巴慌地跑到山顶,刚把磨扇掀起来,盘古就把磨扇推了下去,还故意往一边歪。南山坡又陡又短,磨扇滚得快,不大一会儿就滚到了底;北山

---

① 嫌赖:宛东方言,意为害羞。
② 一坨儿:宛东方言,意同"一块儿"。

坡平还长,三闺女那扇磨滚得慢。谁知道该是夫妻了劲儿大,盘古那扇磨在山底下南滚滚、北滚滚,就是不往下倒,一直等到三闺女那扇磨滚到跟前倒下,盘古那扇磨才停稳。只听"咯噔"一下,两扇磨不偏不斜合了个严丝合缝,盘古没话可说,只好跟三闺女成了亲。

他俩成亲以后,忙了干活,闲着没事儿了就捏泥巴人儿。今儿捏,明儿捏,越捏越多,房子圆圈摆得到处都是。有一天,天上下起了血雨。盘古和三闺女怕泥巴人淋坏了,先用手拿,后来拿不及了就用扫帚扫。有的碰坏了胳膊,有的碰断了腿,有的碰破了头,有的扎坏了眼,谁知泥巴人一沾血雨都活了。扎坏眼的成了瞎子,碰破头的成了秃子,碰断腿的成了瘸子。没碰坏的成了好人。打那儿起,世上的人一天一天多了。

讲述人:王庚有,男,28岁,汉族,饶良乡文化站专干,高中毕业,故事是其幼时听奶奶讲的
采录人:乔天义,男,33岁,田庄乡文化站干部
采录时间:1986年2月
采录地点:饶良乡崇子营村

【点评】

本篇是流传在河南社旗的盘古开辟创世神话,属盘古开天地与"洪水后遗民再殖人类"复合型神话。这类流传与桐柏山周围地区的盘古神话体系有共同特点。

此类神话的盘古分天地与豫北、豫西的同题神话相同,但无肢体化生天体日月星辰、山川、万物的创世情节,却与豫西、豫中、豫南的劫后兄妹婚联为一体。这种演变自然的延伸,留下创世造人的缺口,就使原型盘古开天的不合理性,由道教神谱中的天爷派三女儿下界与盘古成婚造人来弥补。其主要问题是原始神话向"世俗化"和"道教化"演变的特点,在中原已明显表现出来了。这种演变在济源还只是到肢体化生万物、创造世界的程度。在武陟就进一步说盘古生了九千九百九十九个儿子,每天还到山上干活。而真正出现"洪水后遗民再殖人类"的则是盘古的小儿女伏羲和女娲。这种不同异文和各地区的认识不同有关。而其他地区则完全与开辟神话脱离,进入完全"世俗化"阶段。正是这种演变的错综复杂情况构成了中原此类神话的宏大、完整的开辟创世和遗人神话的体系。其价值就在于其中展现了中原此类神话的演变规律。

本篇"洪水后兄妹婚"神话不像其他地区都有保护神出现,本篇中老天爷派三

女儿与盘古结合做伴,并由盘古与三闺女自己决定"滚磨"测天意即可成婚。

本篇盘古夫妻捏的泥人获得生命,不是靠吹气等巫术的力量,而是由于天降"血雨",泥人才活起来的。这种原人生殖意识直接与人类血缘的遗传意识密切相关。这与太行山区女娲欲使泥人活起来,因泥人太多,吹气来不及,就唤来大风吹活泥人的传说相比,自然是又向前进了一大步。

15. 盘古爷和盘奶奶的传说[确山县]

很古很古的时候,一家人有一男一女俩孩子,长得聪明伶俐,女孩儿是姐,男孩儿是兄弟。这小姊妹①俩每天上学、放学都要从一个大石头狮子跟前过,姊妹俩很喜欢这个石狮子,上学放学走到石狮子跟前总要跟它玩一会儿,亲亲它的嘴,掰掰它的牙,摸摸它的眼,拍拍它的头,有时还骑到它身上,一天不给狮子玩,就觉得没趣。时间一长,这个大石狮子被姊妹俩磨得起明发亮。

一天,姊妹俩又给石狮子玩,石狮子突然说开了话。这姊妹俩跟石狮子玩熟了,也不觉得害怕。石狮子说:"要不多久要天塌地陷,人间有大灾大难,从今儿起恁姊妹俩天天拿馍放到我嘴里,我给恁攒住,等以后还给恁俩吃。这事儿只能恁俩知道,亲爹娘也不能说。等到啥时候,恁俩看见我的俩眼红了,就是要天塌地陷,我张开嘴,恁俩钻到我肚里藏起来,我就能救恁俩。记好,千万别忘了。"姊妹俩也怪听话,这事儿谁也没说,天天往石狮子嘴里放馍。放进去,石狮子就咽肚里去了。

这样过了很长时间。有一天,姊妹俩又去放馍,见石狮子俩眼红了。石狮子见他姐弟俩来到跟前,连忙张开大嘴,让他俩钻到肚里,"哈吞"合住了大嘴,再也不张开了。这时,就听"咔嚓"一声,天塌了,地陷了,房倒屋塌,齐哭乱叫,到处是水,到处是火,世上的东西全毁完了,世上的人也全死光了,就只剩下这姊妹俩。

再说这姊妹俩钻进石狮子肚里。看见原先放到石狮子里的馍都在那儿攒住哩。他俩听见外面天塌地陷,开始很害怕,后来啥声音也没有了,也不觉得害怕了,就俭省着吃馍。开始一天吃一个,后来两天吃一个,日久天长,六天才吃一个馍。当姐的懂事儿些,兄弟六天吃一个馍,她七天才吃一个馍,想着俭省点多吃几天。据说现在男的不吃不喝能活六天,女的不吃不喝能活七天,就是从那时起传下来的。

也不知道过了多长时间,馍刚吃完,石狮子说话了:"现在天和地都长好了,恁姊妹俩出来吧。"说完张开了嘴。姊妹俩从石狮子嘴里钻了出来。出来一看,啥都

---

① 姊妹俩:方言,泛指兄妹、姐弟、姐妹俩。

不是原来的样了,到处是荒草湖泊,也分不清哪儿是哪儿,一个人也没有。为了活下去,姊妹俩饿了就采些野果子,渴了喝点河里的水。可身上的衣裳见风都化,他俩只好拾些树叶,穿起来围在身上。后来又薅点儿茅草,在大树上搭了个草棚子,暂且住下,算是个家。那时候野果、野庄稼到处都是,河里的鱼成疙瘩打蛋,伸手就逮一条。

吃的是不愁,可是没人成个啥世界呀。一天,姊妹俩又来到石狮子跟前。石狮子说:"现在世上就剩恁姊妹俩了,要叫世上有人,只有恁姊妹俩成亲,繁生后代。"姊妹俩一听,都不愿意。哪儿有亲姊妹俩成亲的呀!石狮子说:"这样吧,前面两座山顶上各有一扇子石磨,恁俩一人站在一座山头上把磨轱辘下来,如果两扇磨合不到一起就算了。如果合到一起,就是天意,恁俩就得成亲。"姊妹俩一听,也只好同意了。他俩各自爬到一座山头上,果真是各有一扇磨,他俩就从对面把两扇磨向山沟里轱辘。两扇磨轱轱辘辘地滚到山沟底下,一翻身,合在了一起,男的一扇在上面,女的一扇在下面,你说巧不巧?他姊妹俩一看这样,才只好成了亲,生儿育女,从此,世上才有了人。

这姊妹俩就是盘古爷和盘古奶奶。现在咱这儿有时还称两口子为姊妹俩,就是这个讲究。

讲述人:何宪荣,女,汉族,78岁,不识字,农民,石滚河乡辛庄村黄湾人
采录人:杨建军,男,汉族,37岁,大学文化程度,县文化馆干部
采录时间:1987年3月
采录地点:确山县盘龙镇

图 1.15.1　舞钢盘古山(2011年程健君摄)

【点评】

　　本篇盘古神话,属豫南桐柏、泌阳县交界的盘古山周围(含南阳、确山等县)地区盘古神话系统的遗存,其情节大体相同。从主人公来说,灾后遗民都是盘古兄妹。

　　此类神话在河南其他地方,如淮阳周围各县及豫北、豫西,又多为伏羲女娲,其主要情节皆与此相同或相近(如"滚磨成亲")。因此,从这个主题来说,都属于洪水"灾异"后时期的作品,似为北方盘古开天地神话不同时期的民间神话产品。盘古与伏羲似乎同一(或相近)的后世作品("灾难重演型")在其他中原地区的主人公无名姓。可见,中原洪水神话的多元结构是突出特点。

　　盘古山的神话主要也不属宇宙开辟型的产物,大部分都是世俗化、道教化了的混合物。

　　真正的盘古开天地神话在河南中西部和北部的嵩山和太行山区。这是一个值得认真研究的课题。

16. 盘古爷开天［新野县］

　　相传,很早很早以前,整个宇宙就像个大鸡蛋,蛋清儿蛋黄儿混合在一起,不分浆,一片混混沌沌的。大鸡蛋里的榆钱儿①,慢慢变成一个人,他就是盘古。盘古蜷曲在鸡蛋壳儿里沉睡了几万年才醒。他睁眼一看,四周一片黑暗;伸手一摸,身子包在一个硬壳儿里。他烦躁憋闷得不得了。伸了个懒腰,一下子把鸡蛋壳儿撑破了。鸡蛋清儿轻些,慢慢地分离出来升上去,成了蓝天;鸡蛋黄儿重些,沉到下边成了大地。

　　天地初分,空间还不大,盘古连身子都站不直。他伸开胳膊使劲一撑,就把天撑高一截子,他成了个顶天立地的巨人。后来,盘古的身子天天往上长,天就越来越高。又过了几万年,天才变得和现在这样高。天地之间的距离到底有多大呢?灶王爷在每年的腊月二十三夜里,骑着灶马上天宫,向玉皇爷禀报下情,直到正月初一五更才回来,一来一去整七天。灶马是神马,一天一夜能跑一万八千里。由此推算,天地之间足足相隔十多万里。想想看,盘古的身子该有多高。

　　盘古后来死了,倒在地上,头和四肢化作三山五岳,身子化作沃土,血脉变成河

---

①　榆钱儿:即鸡胚胎,因形似榆钱儿,故名。

流,骨头化为各种矿石,皮毛变成草木。他的两只眼变成了太阳和月亮,呼出的气变成了风云,出的汗变成了雨露,发出的声音变成了雷霆,头发和胡子变成了星星,身上长的虱子、跳蚤变成了各种动物。从此,世界上就慢慢热闹起来了。世上万物中,只有人的样子最像盘古,也只有人最聪明最能干,人成了万物之灵。

据说南阳盆地就是盘古的肚脐眼儿化成的,所以圆圈儿高,中间低。而新野县就处在这个大肚脐眼儿的中间,所以土地又平展又肥沃,成了有名的贵地。

讲述人:曹学典
采录人:曹宝泉

【点评】

本篇是流传在河南新野县的,说明盘古开天地后,死了变成三山五岳来源的神话。

其主要特点是:①盘古在宇宙蛋里,由一个"榆钱儿"(鸡的胚胎)变成了巨人盘古。其中对"鸡"的神圣观念与濮阳的同题神话中盘古的"鸡头龙身"形象相符。"鸡"所具有的开辟创世功能,在我国相当普遍。盘古的胚胎是典型的神话源起之一。②从南阳盆地地貌来看,先民联想为盘古死后肢体变"三山五岳"的腹心部分脐眼,同样是盘古神话产生于北方中原的力证之一。③用灶神上天一周返回,和神马(鸡)一天一夜行一万八千里,推算出天地之间十多万里的距离,不仅说明"鸡"的神圣功能,而且用民俗推测天地距离,同样是中国天文数学的奥秘和发现。④本篇的天地初分,和济源的情节相同,都是用手脚击碎宇宙蛋的,而没有借助斧子劈开天地,理应是最原始的神话思维特点。⑤本篇与同类作品相比,都说明天体构成的起因与盘古身体与日俱增直接相关。与《盘古寺》的"九重天"的来历,可互相印证:没有盘古肢体增长和支撑也就没有天体的出现。这是原始先民的最伟大的神话构想。而这一点,在中原神话中是相当普遍的。

17. 盘古爷和盘古奶的传说[社旗县]

很早以前,人比现在还多。父母不要儿子的,儿子媳妇不管爹娘的,坑害朋友的,拦路劫抢的,烂破鞋害丈夫的,做生意短尺少两的,贪赃枉法坑害老百姓的,啥号人都有。老天爷听说以后很生气,一心要把世上的人都毁了重开世界。他叫太白金星下凡,在普天底下访那十八辈子积福行善人家生的小孩,留下一男一女人种,别的一个也不留。

太白金星下凡跑了半年,也没访着一家儿。这天,他来到山西洪洞县,跑得累了,正巧路边有一棵大柳树,他就躺在树底下歇息。谁知道一躺那儿就睡着了。这时候,从庄上过来一个小孩儿,提着一罐饭,后头跟着一个小妮儿,提了几个馍。那小孩儿一见太白金星,只当是要饭的饿晕了哩,忙喊着那小妮儿。两个小孩儿一个托着太白金星的头,一个从罐里倒饭喂。其实太白金星早醒了,知道这俩小孩儿要干啥,就想试试俩小孩儿的真心,装着真是饿晕了,一气儿把那一罐饭喝完,才慢慢坐起来,问那小孩儿叫啥。那小孩儿说叫盘古。又问那女孩儿,那女孩儿说是她妈在路上拾的,没名儿。太白金星又问:"你俩干啥去哩?"那小孩儿说:"上地送饭。"太白金星说:"叫我把饭喝完了,恁家大人咋办哩?"那小孩儿说:"回家再做。""回家挨打不挨?"那小孩儿说:"不挨打。俺伯俺妈时常往外舍饭舍衣裳。"太白金星看看盘古,又看看小妮儿:"再停七七四十九天,叫恁妈给恁俩蒸两大锅馍。啥时看见西北角天黑了,恁俩背着馍就往正东跑。早晚看见一个铁狮子,就照它头上拍三下,它一张嘴,恁俩就往它肚里拱。"说完,他又问盘古:"我说的你记着了吗?"盘古说:"记着了。"临走,太白金星又嘱咐他俩:"记好!我说的话可不能给别的人说。"

转眼四十八天过去了。这天,盘古和他妹妹正在家做饭,忽然看见西北角天黑得像锅底一样。他俩就背起他妈给他们准备好的馍,往正东跑去。跑着跑着,前头出来两盏红灯笼,到跟前一瞅,原来是铁狮子的俩眼。盘古慌忙照铁狮子头上拍了三下,那铁狮子果真张开了嘴。盘古先把他妹妹推进去,又把馍递进去,他才往里爬。这时候,只听"咯嚓嚓"一声响,天塌了,地陷了。

他俩也不知在铁狮子肚里过了多长时间,只知道进去时候还是小孩,等铁狮子张开嘴叫他俩出来,一个成了大小伙儿,一个成了大姑娘。他俩出来一看,除了山,就是水,旁的啥也没有了。没有吃的咋办哩?老天爷怕他俩饿死了,就派五个仙女给他俩送来一筐麦、一筐谷子、一筐绿豆和一筐苞谷。他俩除了吃的,又一样儿种一片。

有了庄稼,吃的不发愁了。可他俩长大了,盘古为他妹子找不着婆家、他妹子为哥哥找不到媳妇发愁了。这时候,太白金星又来了,还是那身打扮。盘古和他妹妹一见,喜欢哩不得了。太白金星说:"恁俩都不小了,也该成亲了。"盘古他俩说:"世上没旁的人咋办?"太白金星说:"找不到别的人,恁俩就成亲嘛!"盘古说:"咦,你胡说,哪有当哥哥的娶妹子哩?"太白金星说:"你俩又不是亲兄妹俩,怕啥?"盘古说:"那也不中!"太白金星说:"世上确实没人了,当初老天爷叫把恁俩留下就是叫当人种哩。"盘古说:"你咋说也不中。"太白金星说:"这样吧,恁俩一个上南山,一个上北山,一齐往下滚磨,要是磨能合到一块儿,恁俩就成亲;要是合不到一块儿,恁俩想咋办就咋办,我也不再说了。恁看咋样?"盘古没啥说了,只好同意滚磨。他叫妹子上南山,自己上北山。等他妹子把磨扇向北滚下来,他才掀起那扇磨也向北滚下去,心想着两扇磨隔座山,看它咋往一起合。谁知道太白金星把袖子一摆,盘古那扇磨顺山腰滚回来,一直滚到他妹子那扇磨跟前,"咔嚓"一声合在一起了。太白金星说:"这是天地造化,恁俩该是夫妻。拜拜天地成亲吧。"盘古见他的磨从山北坡滚到山南坡,也很惊奇,只好跟他妹子拜了天地。

盘古和他妹子成亲以后,没事儿就捏泥巴人玩。谁知道这些泥巴人都活了。据说现在人身上的灰搓不完,就是因为祖先是泥巴人的缘故。

讲述人:杜建堂,男,62岁,汉族,苗店乡杜岗村民,文盲
采录人:肖长山,男,41岁,苗店乡杜岗村农民
采录时间:1985年11月
采录地点:社旗县苗店乡杜岗

【点评】

本篇是流传在社旗的盘古神话,是完全道教化的典型。

其主要表现为:①将盘古置换变形,从开辟宇宙的大神,易位为一般的普通人家的子女,后来成了洪水灾异后的"遗民"。玉皇大帝成了至高无上的天神。②把洪水灾害的原因,解释为地上人都变坏了,只有盘古兄妹是好人。因此,玉帝要降灾害毁灭人类。把自然灾害的原因,变化为人"恶"引起玉帝的"惩恶",才造成灾异。灾前人类世界已是文明社会,此番灾异属"灾害重演"的性质。这是神话学中的原形"置换变形"和"神格易位"。③在本篇"洪水后遗民再殖人类"神话中的保护神"二元化",即:石狮子帮助盘古兄妹避过灾异,完全是道教神国的神祇太白金星,暗中帮助兄妹俩结成夫妻。④把开辟创世的远古洪荒之世移到山西洪洞县大槐树下的环境,这是时空错位和随意性。⑤太白金星让天上五仙女给盘古兄妹送五样粮食种子,让二人种出粮食。玉帝的神格远远高于盘古。⑥盘古兄妹"滚磨成亲"并把石磨人格化,使之代表"天意"的情节,全由太白金星指使。⑦本篇反映了古代神话的演变特点和规律。

18. 天女散花［社旗县］

盘古有两个儿子一个女儿。他开天辟地以后,叫他的大儿子管天上事,人称玉

帝;叫他的二儿子管地上事,人称黄帝;叫他的女儿管百花,人称花神。

盘古开天辟地用力过猛,伤了五脏六腑,他快死时,把女儿叫到跟前,拿出一包百花种子说:"这是一包百花种子,交给你了。你要往西走二万二千二百二十二里,那里有净土山一座,你可取净土一担,摊在天石上,把这百花种子种在净土里。你再往东走四万四千四百四十四里,日头洗澡的地方,那里有一潭真水,不蒸不发,你可取真水一担,灌浇百花种子,百花种子就会生芽出土。你再往南走六万六千六百六十六里,那里有善水一潭。你可取善水一担,对花苗喷洒,花苗结出骨朵。然后,你再往北走八万八千八百八十八里,那里有美水一潭,你可取美水一担,用美水滋润花骨朵,会开出百样的花朵。你用这些花给你大哥点缀天庭,给你二哥江山增色。"盘古说完,两眼一闭就死了,尸体即化作一座盘古山。

花神按父亲的嘱托往西走了二万二千二百二十二里取了净土一担,摊在天石上,播上了百花种子。向东向南向北取来真善美三潭里的水,精心育花。果然,这天百花怒放,好看极了。她喜气洋洋地报给玉帝。玉帝便随着妹妹来看花,大喜,说道:"妹妹不辞劳苦,在天上育出百花,用百花美化天庭,天庭不就成我的御花园了吗?"

花神说:"当初父王开天辟地,让你管九霄,让我二哥管九州,让我育出百花给你点缀天庭,给二哥江山添秀。如今,我已把百花育出,哥哥可助我一臂之力,把这些百花撒向人间。"

玉帝答应,立即送出一百名仙女,说:"我封你们为百花仙子,受花神管。你们可随意采花,采牡丹的是牡丹仙子,采荷花的是荷花仙子。把你们采来的花撒向人间。"

百花仙子听罢,手托花篮,在御花园中穿梭往来,采各自喜爱的鲜花,片刻功夫,花篮就取满了,然后一手托花篮,一手抓花,飘飘撒向人间。

天女散花,飘落九州,落地生根。从此,人间有了百花。

搜集整理:杨东来

【点评】

本篇是流传在河南封丘、汝南、社旗的关于花神的神话,是我国古代神话中有名的、带有一定哲理性的神话遗存。它不仅在河南,而且在全国都是家喻户晓。它也是盘古创世美好理想的象征。盘古死后,把他开天辟地创造的世界让玉帝管天,次子管九州,让一个女儿从四方远处取来的净土、泉水种出百花,玉帝派百花仙子遍撒百花，让世界无限美好。这完全是原人哲学思维的理性世界的化身。这个理性的理想世界里，只有真、善、美，不存在假、恶、丑。这也正是希腊最早的"隐喻派"（或"寓意派"）对远古世界神话的理解。

本篇中说盘古在开天地之后，累死了，变成了盘古山。中原地区的河南有三处盘古山：登封的嵩山、豫北济源的太行山和桐柏的盘古山。其中尤以桐柏的盘古山影响巨大，至今庙会仍很盛行。说明盘古死后，肢体化生的神话最早、最集中产生在北方中原。

至于盘古死后变五岳，头腹在登封，世称中岳，不仅有可靠的文献证据，在神话中也有丰富遗存。因此，中原远古先民把中州解释为"真、善、美"的理想世界，自然是最早的原人哲学思维的体现。

【附录】

天女散花［汝南县］

从前哪，有一个很伟大的人物——盘古，他有三个孩子，两儿一女。一天，他聚集全家商讨开天辟地造福人类的事。责任到人，尽职尽责：大儿子管天上事，人称玉帝；二儿子管地上事，人称黄帝；女儿管百花，人称花神。

开辟天地的时候，盘古用力过猛，伤了五脏六腑，临终把女儿叫到跟前，拿出一包百花种子说："这是一包百花种子，交给你。你要往西走二万二千二百二十二里，那里有净山一座，你可取净土一担，摊在天石上，把这百花种子种在净土里，再往东走四万四千四百四十四里，也就是日头洗澡的地方，取一担善水喷在花苗上，再往北走八万八千八百八十八里，取美水一担。你要用这些花给你大哥点缀天庭，给你二哥江山增色。"说完就死去了，尸体化作一座盘古山。

花神遵嘱父亲遗言。果然，百花争艳。她请求哥哥把它们撒向人间。于是玉帝派一百名仙女飘来撒花于人间。从此人间有了百花。

讲述人：申汪让，女，80岁，驻马店市汝南县人
采录整理：张丽卿

花　　神［封丘县］

盘古有两个儿子，一个女儿。他开天辟地后，叫他的大儿子司管九霄，为万神

之尊,人称"玉帝";叫他的二儿子司管九州,为人间之祖,人称"黄帝";叫他的女儿育出百花,给天地增美,人称"花神"。

盘古开天辟地用力过猛,伤了五脏六腑,他在将死时,把女儿叫到跟前,拿出一包百花种子,说:"这是一包百花种子,交给你了。你要往西走二万二千二百二十二里,那里有一座净土山,你可取一担净土,摊在天石上,把这百花种子播种在净土中。然后,你再往东走四万四千四百四十四里,那里有一个真水潭,不会蒸发,你可取一担真水,灌浇百花种子,百花种子受真水滋润就会爆芽出土。然后,你再往南走六万六千六百六十六里,那里有一个善水潭,你可取一担善水,对花苗喷洒,花苗得善水就会生长,结出骨朵。然后,你再往北走八万八千八百八十八里,那里有一个美水潭,你可取一担美水,滋润花骨朵,那些花骨朵得美水滋育,就会开出千艳百娇的花朵来。你可用这些花给你大哥点缀天庭,给你二哥江山添秀。"盘古说罢两眼一闭,立即化作一座盘古山。

花神接受了父命,按着父王的嘱托往西走了二万二千二百二十二里,取了一担净土,摊在天石上,播了百花种子;然后向东、南、北取回真、善、美三潭之水,精心育花。果然,这天百花怒放,千姿百态,万紫千红,好看极了。她喜气洋洋地报与玉帝,说她所育的百花开放了。玉帝听了便随她来观看,见了百花争艳的奇景,龙颜大喜,说道:"御妹不辞劳苦,在天上育出了百花,美化了天庭,使整个天庭变成为兄的御花园了。"

花神说:"当初父王开天辟地,让你司管九霄,让二哥主宰九州,让我育百花给你点缀天庭,给二哥江山添秀。如今,我已把百花育出,请哥哥助我一臂之力,把这些洁净美丽的百花撒向人间。"

玉帝应允,立即选出百名美貌仙女,说道:"我封你们为百花仙子,受花神所管。现在你们可以随意择花而采,采牡丹者为牡丹仙子,采荷花者为荷花仙子……。把你们各自所采之花撒向人间,陶冶人的情操,使人间向真向善向美。"

百花仙子听罢,手托花篮,在御花园中穿梭往来,按各自的喜爱采起花来。片刻工夫,各家仙子都把花篮采满了,然后一手托花篮,一手将花向人间撒去。

天女散花,飘落九州。因此,人间有了花。

讲述人:王又凡,五十多岁,初中语文教师,封丘县人
采录人:王海燕,河南大学中文系八六级四班学生,曾是王又凡老师的学生,此篇根据王老师讲述记录整理
采录时间:1989 年 12 月 16 日

19. 撒雪补北天［商城县］

传说，盘古开天以后，天又塌了几次。他东补西填，累死了。

盘古再度转世时，他母亲整整怀了十三年，还没能把他生下来。为啥？北边的天塌了，他在娘肚子里使法术补天呢！

又过了十三年，母亲怀盘古怀急了，终于忍不住地说："这孩子咋还不出来呢？"

盘古一听母亲问，就在娘肚中说："娘，你看北边天补上没有？补上了，我就出来。"

他娘不加考虑地说："补上了！"

盘古一听北天补上了，喜得在娘肚子里蹦了起来，却不料碰断了他娘三根肋巴骨，从胳肢窝里跳了出来。接着，传来了母亲"哎哟"的哭叫声。盘古一看，母亲的胳肢窝有个窟窿，正在流血，心疼得随手掂起地上的一把松毛往母亲胳肢窝堵。窟窿堵住了，血也不流了，松毛也就长上了。从那时起，人们的胳肢窝就有腋毛了。

可是，盘古往北天一看，北边天根本没补住，就说："娘，北边的天没有补住呀！"

母亲说："孩子，你抓把冰雪补一补不就行了吗？"怪得很，盘古抓把冰雪使劲往北天一撒，只听"喀嚓"一声巨响，北天立时就补好了。

从此，北边就是冰天雪地了。

讲述人：曹元凯，男，66岁，农民，商城县汪桥乡人
采录人：朱大应
采录时间：1989年8月
采录地点：商城县汪桥乡

【点评】

本篇是流传在中原东南部商城县的远古"灾难重演型"的典型神话遗存。这是"盘古开天"神话的延伸。

盘古转世投胎补天，明显受佛教"转世"观念的影响。虽是盘古转世，已非盘古原型。盘古在娘肚里补天，已是超自然的法术的功用在产生影响。盘古从母亲胳肢窝冲出，并为母亲用松毛草堵上，人从此有了胳肢窝毛，成了人的起源神话解释的变体。

本篇虽属中原流传的"补天"的神话遗存,但非原型,利用佛法转世的手段(观念)使盘古出世补天,应属衍生神话一种类型。

中原普遍流传的"老子出世补天"传说,完全属于道教徒将此神话"移花接木"的赝品,其目的在于为道教教主树碑立传,以提高老子的神圣地位,扩大影响。《老君修天地》即属此类作品。

本篇在研究神话演变问题上,有重要参考价值。

本篇也是解释天象西北气候严寒的神话。类似此类现象,在西华的《女娲补天》中也有体现。

20. 盘古王和扁古王 [新蔡县]

天是盘古王开的,地是扁古王开的。他俩在动工前,订了个条约,说谁先开完谁是大哥,后完工当弟弟。

两人动工了,盘古以为自己比扁古能干,一定比扁古先完工,大哥是当定了的,就干一会儿睡一会儿。

扁古王人老实,晓得盘古王看不起自己,心想这回一定要争口气,就拼命地干,没几天就快完工了。

盘古王看到扁古王快完工了,就生了个坏主意,等扁古王睡着了,就请来一个叫"赶出篙"的人,叫他把扁古王开的地赶成和天一样大。赶出篙拿起山竹连赶几下,把扁古王开得平展展的地堆成了几座大山,地和天大小一样了。

扁古王第二天起来,看到他开的地和天一样大小了,知道是盘古王整了他。天黑后,扁古王请来一个叫"铁竹竿"的人,叫他把盘古王开的天戳烂。铁竹竿拿起家伙,把天戳了不知多少个窟窿,后来这些窟窿就成了星星、月亮和太阳。

以后,盘古王和扁古王就不再开天、地了,天地就成了现在这个样子。

讲述人:杜程氏,女,68岁,汉族,农民
采录人:杜小喜,男,21岁,初中毕业
采录整理:龚国强
采录时间:1987年9月5日

【点评】

本篇是关于天地、日月、山川解释性的神话遗存。盘古开天地衍生盘古、扁古赌气比胜的喜剧。盘古开天完成时间迟了,就找"赶出篙"把地赶皱、赶小,和自己开的天一样大。扁古找"铁竹竿"把天空戳出大小窟窿,成了日月星辰。

本篇是"世俗化"(生活现实化)衍生的次生神话。它已脱离"宇宙蛋"盘古肢体化生的思维模式,将"混沌"开辟变化为兄弟二人同时开天地的神圣创造世界的结构模式。

世界上不少民族的创世神话,是皆由神人开创天地日月的神话。中国的少数民族(如苗、瑶、侗等)也是如此。这些创世人物都有巨大的力量和智慧,因此,才能完成创世之功。本篇亦属此类情况。这些创世巨人就是至高无上的神圣,而不需受命于天帝、玉帝的命令才开启天地日月山川。

在本篇的传播过程中,没有受"宗教"的影响,比较单纯、朴素。造天地宇宙、补天之功的过程,比赛的喜剧情节,在中国的神话传说中也并不罕见,如"女娲造城"、"黄帝修城"等都有此类情形。

21. 混沌世界[桐柏县]

盘古兄妹有神斧,又加上和怪牛结友,什么兽怪都不敢和他们斗。

老天爷恼了,派了九条龙,到盘古山闹腾起来。那么多龙,气势很大,就是不敢挨边儿,害怕盘古兄妹的神斧,还怕牛牛。它们离得远远的,朝大地这个包包子周围吐云浆,喷雾液,把他们三个生灵全罩了起来,想把他们困死在里面。

时间长了,九条龙喷的雾液成了大球球,风吹进不去,太阳也照不进去。整个大地成了混沌,这就是混沌世界。

讲述人:王延平,男,73岁,退休工人,住河南桐柏县南关居民区
录音:马卉欣

图 1.21.1 1984年12月,中原神话调查组踏雪登上盘古山考察,远处山顶为当年的盘古庙(程健君摄)

图 1.21.2 1984年12月,中原神话调查组在盘古山盘古庙抄录碑文,图中左为张振犁教授,右为马卉欣先生(程健君摄)

图 1.21.3　1984 年 12 月，中原神话调查组在盘古山盘古庙附近的擂鼓台村采录盘古神话故事（程健君摄）

【点评】

　　本篇解释混沌气团是由于天爷派九条龙来惩罚盘古兄妹，因他们有神斧和怪牛相助，所以九条龙包围了盘古兄妹，用喷的云雾把二人周围变成混沌世界。
　　此篇显然与《盘古出世》相矛盾，也和宇宙蛋无关。
　　本篇中天爷惩罚盘古兄妹，主要是因为盘古兄妹胜过玉帝的权力，才进行报复的。此明显为道教化严重的产物：人绝不能胜天。

22. 盘古请日月［桐柏县］

　　盘古造了人，大地还是昏昏沉沉的，说黑又不黑，说亮也不亮。人们看个啥也看不清，连盘古也整天着急呀！
　　一天，盘古见东方有一线光亮，他就顺亮光走去。走到一个大山峡里，看到了两个漂漂亮亮的小姑娘。一个长得白浓浓的，一个长得红扑扑的，长得白浓浓的那个是姐，叫月亮；长得红扑扑的那个是妹，叫太阳。她们两个穿的是闪光发亮的银纱和金纱，把这个地方照得亮通通的。盘古高兴极了，开口请她姐妹俩站在高山上，把大地照亮。她俩答应了。盘古说："姐妹俩一起出去，没忙没闲，咋歇晌儿呢，一个一个地上山吧！"

月亮说:"人们这时都正干活儿,我是姐,我先照着他们干吧!等人们都歇息了,妹妹再出来照着大地好吧?"

太阳说:"我胆小!人们都睡了,我再出来,没个伴儿,多害怕呀!再说,我喜欢看热闹哇!"

盘古说:"姐姐说了,妹妹也说了,让我也说说吧。"

姐妹俩说:"你咋说我们咋办!"

盘古说:"就依太阳的吧!"

太阳高兴地就要上山,可又拐了回来。她说:"不行啊!人们都在看我,我怕羞!"

月亮说:"太阳妹妹,我有一把金针,你拿着,谁敢看你,你就扎谁的眼睛!"

太阳接过金针,又和姐姐商量,每年十月一儿姐妹相会。说罢,就告别盘古,上山了。

从这儿以后,一个白天放光,一个夜里放光,把大地打扮得很美很美。每年农历十月,日月相会。会面后,太阳总要送月亮一段路。不信吗?每到十月,你站到盘古山和太白顶的峰上就能见到姐妹相别、日月升平的奇景。要说她俩送别时站有多远呢?一个站在你左眼边儿,一个站在你右眼边儿,最多只有丈把远。

讲述人:王明菊,女,桐柏县毛集镇王湾村人
采录人:王玲,女,15岁
采录时间:1986年3月

【点评】

本篇是桐柏山区盘古开辟创世神话中的关于解释日月的天象神话。这类神话不仅在中国普遍流传,在世界范围内也很广泛。为了解释太阳和月亮运转的天象,原始先民都十分重视日月对人类、世界、万物的极端重要的价值。因此,世界各地都有这类神话的产生和流传。国际著名神话学家[法]克·列维·斯特劳斯曾为此写了一篇《太阳和月亮的性别》的文章,是解释日月的特点、运行规律的"人格化"了的优美神话。日月的化身不同,有说姐妹的,有说姑嫂的等等。

我国各地都有关于日月的神话在民间流传,中原各地尤为突出。不过以往在文献上记载的有关羲和、常羲的日月神话,多为羲和在扶桑生日等情景的,很少有日月谁在白天升空、谁在夜里升空的情节纠葛。相反,在民间的此类神话又很少从文献上找到印证。从目前看,只有在盘古山周围发现日月神话与盘古大神之间的

密切关系。

本篇所讲,直接与盘古创世神话融为一体,即:盘古开天地之后,因世上没有光明,人们无法生活,他才从世界东方大山峡里(可能为扶桑)请来太阳、月亮姐妹出来照耀世界,并根据太阳和月亮的不同特点(太阳光强,月亮光弱)商量让太阳在白天升空,月亮夜里升空,十月一儿姐妹相会。太阳妹妹因怕人们都看她害羞,姐姐月亮送她金针,保护自己,谁看她,就可用金针刺谁。从此天空的日月运转有了正常的秩序。这个盖世之功,也是由盘古创造的。因此,追本溯源,这篇盘古创世神话就具有了更高的文化品位和价值。这里不是盘古眼变日、月,而是请日、月。

本篇的主旨符合"巨神创世型"的特色和文化内涵,同样具有天文学上解释日月运转天象神话的理性思维的源起意义,这在神话学上具有突破意义的科学价值(如同《女娲补天》是最早解释天体日月运转的天文学现象的源起一样)。

23. 盘古降龙［桐柏县］

盘古开天辟地不多长时间,洪水遍地,盘古细查了一下,发现天下有九条龙作怪。盘古兄妹决心斗龙治水。

妹妹有智谋,用葛条扭成绳,拴着一条一条的龙。盘古有神斧在手,又力大无穷,把九条龙全坐在屁股底下。

龙被降住了。妹妹四处察看水情,看看哪里水还没消下去。

妹妹走远了,不知走哪儿去了。盘古一个儿坐在龙身上,不知想看看洪水消得咋样呀,还是看看妹妹跑到哪儿去了,盘古一起身,"轰隆"一下子,九条龙都跑光了,八条龙跑远了,一条龙往南跑到大腹山肚里藏了起来。原来,大腹山比石狮子山还矮三尺,这条龙钻进山肚里一拱啊,山腹撑大了,山顶也高了。后人叫它为大腹山(又名太白顶)。千里淮河就是从这儿流出来的。石狮子山呢,人们也叫九龙山了。

讲述人:刘国山,男,51岁,住盘古山脚黄楝沟村
采录人:马卉欣
采录时间:1984年11月
采录地点:桐柏县二郎山乡李沟村

【点评】

　　本篇属桐柏山盘古征服洪水灾害的原始形态遗存。盘古创世的巨大功业之一，便是与洪水斗争。洪水是原始先民面临的最大的自然灾害之一，它具有世界性特点。

　　水的灾害，在我国集中表现为龙的肆虐，为害天下百姓。"降龙"便是治服洪水的象征。盘古治水和大禹治水不同，前者更具有幻想性的思维特征。

　　本篇虽简单，却显示出了"人定胜天"的特殊表现形式。盘古可擒住九条龙并压在屁股底下，其威力可知。盘古大神在原人心目中有崇高地位。虽因盘古察水情，八条龙逃跑，但中原水患终于平息。

　　在另一异文中，则增加了盘古妹妹一道治洪水的宏大气象。被捉住的一条龙，藏在太白顶山腹中，从此，此山因被这一巨龙拱动，高过盘古山三尺。自然灾害平息后，人们便把"太白顶"叫"大腹山"，"盘古山"也叫"九龙山"。两山命名来源于盘古治洪水的神话。盘古山盘古神话，主要特点是盘古创造世界，请日月、除蛟龙、治洪水等等。这是豫南盘古神话体系所决定的，也是不同于豫北、豫中盘古神话的明显区别之一。

24. 盘古与野兽［桐柏县］

　　盘古爷、盘古奶在山上住着，也没得庄儿，也没得房子。住在山上雀鸟给他遮住荫，遮住露水。狼虫虎豹卧那儿给他暖着。没衣裳，披树叶儿。把野兽拦着，就把它打死，把兽皮给他俩做衣裳，穿着暖和。

　　末了，时间长了，狼还是想着：吃四两还半斤。所以狼总想吃人。狼多得很。

　　教师教两个学生，送他俩回去，怕狼吃了。他俩就在那儿算账哩！谁谁争（欠）多少，谁谁争多少，争四两肉，说："老师，你还争（欠）四两肉哩！"老师怕狼吃了。第二天，学生上学去了。老师问："你两个在路上见的是人呢？还是啥？"学生说："是两个人。""他俩说啥？""他俩会算账，拿着条子'吃四两还半斤'。你还争他四两肉哩！"

　　老师很害怕，黑了，整夜不敢回去。一出来解手，上去捞一爪子，还了四两肉。

　　讲述人：曹衍玉，女，60岁，不识字，务农，擅长讲故事
　　采录人：马卉欣　程健君　张振犁
　　录音：河南大学"中原神话调查组"

采录时间:1984年12月19日
采录地点:桐柏县月河乡郑庄

图 1.24.1　桐柏太白顶盘古洞标志碑(程健君摄)

图 1.24.2　桐柏山盘古洞(桐柏县旅游局供稿)

图 1.24.3　传说中的盘古磨(桐柏县月河镇政府供稿)

图1.24.4 桐柏太白顶淮汉鸳鸯池,传说清水池为盘古爷还愿桐花和柏子之地,浑水池为桐花之妻投水处(程健君摄)

【点评】

本篇是桐柏山区盘古创世的原始神话遗存。其中反映洪荒时期,盘古夫妻衣不蔽体,食不果腹,与禽兽杂处的艰苦生活情景。他们为了生存,把周围的野兽杀掉,食其肉,着其皮为衣的原初生活细节。其中的社会学价值,十分突出。同时,人与野兽之间的共处已为对抗所代替,狼虫虎豹也开始了报复食人的情景:"吃四两,还半斤。"人兽斗争已不相容。

本篇的另一要点是人类社会初期的教育活动的萌芽。那时的教师还要送两个学生回家,可见生活的艰辛。

狼可以变人的观念比较明确。这是原始的观念。因此,狼可以变人,计算那个教师还欠它四两肉,才抓他一爪子。

本篇在原始人类学和民俗学方面具有相当重要的科学价值。而这些又都与几千年来桐柏山区的封闭状态密切相关。这里山高林密,交通闭塞,社会生活、文化生活落后,因此,才能有像本篇所表现的神话遗存和有关的习俗、风情。

25. 盘古与无花果[桐柏县]

盘古兄妹开始生活,浑身没有一线衣服。一日,二人走到水边,看见自己水中的影子,觉得很丑,又没有什么办法。正在这时,树上落下几片叶子,贴在妹妹身上,又飞下几片叶子,护在盘古身上。盘古用七片叶,妹妹用九片叶。二人都用葛条缠了一缠,从此,盘古兄妹有了衣服。

盘古兄妹有衣服了,很感激这种树,想让这种树赶快结果,可这种树就是不开花。盘古着急地说:"多懂人情的树,快结果吧!"话音一落,树真的结果了。妹妹又高兴又奇怪地说:"这是无花果呀。"

从那时起到现在,无花果不开花授粉便结果。

讲述人:方家义,男,71岁,农民
采录人:马卉欣,男,35岁,桐柏县文化馆干部
采录时间:1980年
采录地点:桐柏县城东

【点评】

本篇体现出盘古山区原人开始从自身与自然不分到意识到人与自然分离开来的人的自觉意识的产生和形成的过程。亦即人开始有了美、丑观念的自我感觉。他们从水中自己的影子上发现了丑的感觉,这便是人与禽兽不同的特点之一。而在偶然的机会下,树上掉下几片叶子遮住身体,并在用葛条缠好的过程中,也就形成了人类穿衣服的进步认识。这是人类最初文化发明创造的开始。

其中,这个偶然的机会的到来,在原人看来是不可理解的。于是便把它看作是神秘的把自然"人格化"的"懂人情"。当盘古兄妹对树盼望结果时,果然不开花就结了果,于是就叫"无花果树"。原始人的崇拜自然的原始信仰、观念也就从此开始形成。

原始神话中的"自然崇拜"便是原始宗教观念的萌芽:即对原人有益处的或有保护作用的"自然物"(动物、植物、天象等等),便逐渐成为自己的保护神,以至于成为氏族崇拜的图腾的出现。

本篇虽与《圣经》中伊甸园里亚当和夏娃的神话有类同之处,但不一定是受它的影响。因为世界各民族的初期,解决衣食问题是人类生存的第一要义。自然就有共同的遭遇和心理,这种"原人心智"是共同的。本篇的盘古兄妹的衣食问题的进步,自然也不例外。

26. 盘古分世界［桐柏县］

盘古爷和盘古奶造人,人又繁人,盘古山的人多得盛不下了。盘古爷和盘古奶一核计,就分起来了。

盘古爷和盘古奶开始分世界,咋分呢？大儿往东,二儿往北,小儿往东北,东南住长媳,二媳往南方,小儿媳呢？说是小儿媳妇没和小儿在一块儿住,而分到西方去了；盘古奶往西南方去了,盘古爷往西北方去了。为啥这样呢？东方甲乙木,由长子去；北方壬癸水,由二儿去；东北丑寅艮,由小儿去；东南辰巳巽,属木,由长媳去；南方丙丁火,由二媳去；西方庚辛金,由小媳去；西南呢？未申坤,大地由老母掌管,盘古奶往西南；中央戊己土,土中生万物,天地已造成,万物四处生,盘古奶离开中央土了,盘古爷也要挪了,西北戌亥乾,金地归老公,乾卦象天,坤卦象地。盘古奶在西南,盘古爷就往西北去了。这就叫盘古爷分世界。他这一分呀,把个世界给占严了。

讲述人：史海惠,男,68岁,和尚,当过道士,懂医,住桐柏县洪仪河乡清泉寺
录音：马卉欣
采录整理：马辉岐
采录时间：1990 年 7 月 13 日

【点评】

本篇为桐柏盘古开天之后,家族繁衍,世界需要人去管理的自然和社会发展的必然和具体操作的过程。

盘古和盘古奶加上三个儿子、三个儿媳,分别按照八卦方位及五行观念,将各个人分管一方。西南为地,地为坤,坤为妻,盘古奶为地母,去西南。西北为乾,乾为夫,盘古去西北。

本篇明显为后世依据阴阳五行分八卦方位的方法移植在盘古世系身上,作为盘古创世功勋的附会传闻,而非本体神话原型遗存。乾为大,自然为盘古应居住之位。

另一篇《盘古分九州》说盘古居中央,八个儿子居周围八方,可供参考。

27. 龙生盘古［桐柏县］

天有九重。最高的地方住着九条龙：三条黑龙，三条白龙和三条黄龙。这九条龙轮流盘卧，孵俩龙蛋。龙蛋圆得很，就像个大圆球。孵蛋那条龙盘成一圈卧在那里，正中间是龙蛋。孵到八千年的时候，那个大一点的龙蛋裂纹了；孵到九千年的时候，那个大龙蛋裂开了口，显露出两个小龙角。那条老龙正在高兴哩，蛋壳里却长出一神人，头生角，手执神斧。他就是世上第一人——盘古大神。老龙吃惊，尾巴一鞠拢，碰着了神斧，老龙痛滚，盘古趁势下到地上。

下第一次，他不敢下，把腿收了回去。老龙说："我要吃了你！"盘古又下第二次，尽是云彩，咋站呢？他又把迈开的腿收了回去。老龙真的张着嘴扑来，盘古跳入云彩里。老龙欲追盘古，又见第二个龙蛋正在咔咔嚓嚓地裂纹，忙转来等着第二个龙蛋裂口出儿。

盘古手拿斧子到了云海中，见面前有个大包包，飘来飘去。他就站到了那个大包包上。风也大，站也站不稳。他用斧子砍呀砍呀，总算稳住了。

他砍的凹凹成了江河，那些凸凸，成了大山和小坡。他实在太累了，就躺下休息。

盘古一觉醒来，面前站了一个身材细条的女子，向他打招呼："盘古哥哥！"盘古奇怪，问起她的来由。

这个身材细条的女子，是九重天上的第二个龙蛋孵出的第二个人。这女子一出世，老龙愣了半天，不知道这两个龙蛋怎么都没孵出龙来。发愣时，这个女子叫了声"父王"。老龙得到了这个声音，也变成了人，这就是以后的老天爷。世上最厉害的是老天爷。老天爷是世上第一女神嘴里喊成的。老天爷说："这两个龙蛋变人就变人吧！你也随你哥到地上去吧！"说罢，老天爷一挥手，这女子就下地上来了。

盘古很高兴，问："你叫啥？"那女子说："咱俩都叫盘古。"

盘古兄妹刚见面不久，老天爷就放来怪妖怪兽，要吃掉他兄妹俩。

盘古兄妹持神斧战胜了恶魔，又与一怪牛结成了朋友，这三个生灵成了大地上的主人。

讲述人：刘太举，男，29岁，初中文化，住河南桐柏县二郎山乡（盘古山南麓）
再述人：姚义亮，男，66岁，私塾两年，桐柏县朱庄乡民医
录音整理：马卉欣
采录时间：1989年6月

【点评】

　　本篇为桐柏山区盘古出生的"人类起源"神话之一。说是九重天上的九条龙，把老龙生的龙蛋孵出来后，成了盘古兄妹。盘古在空中游荡，用斧子砍破大气包，有了地球。中原地区北方多为宇宙蛋里长出巨人盘古，肢体化生，创造世界。似与龙的观念和信仰无关。但是，在濮阳、新野的宇宙蛋里的盘古却都是"鸡头龙身"。可见，同样有关于龙生盘古或盘古为龙体的观念，这应属于中原地区原始先民对龙图腾信仰的认同和崇拜。而本篇则直接将盘古兄妹说成是龙蛋中所孵出来的开辟创世大神。

　　本篇主旨在于解释盘古出世乃玉帝的子孙，龙王则是龙族的最大的先祖。这无疑是使原始宇宙开辟大神盘古纳入道教神谱的又一例证。这种改造在湖北《神农架〈黑暗传〉》中最为详尽、系统。道教要将中国古代的神祇通统纳入道教神国的企图就不仅毫不掩饰，而且大肆渲染，使之既成事实。这便是道教徒要"一切诸神咸所统摄"的动机和用心。然而，在民间仍有大量非道教化的比较接近原始形态的神话遗存流传在群众口头上，便是有力的证据。

28. 金线补天［桐柏县］

　　盘古兄妹在天底下不知过了多少年，天塌地陷了。

　　这对老祖先命大呀！天还没塌，石狮子就给他俩透气儿了，让他俩躲在石狮子肚里了。

　　盘古兄妹齐说："多亏你搭救，要不，哪里还有俺的活命呀！"

　　石狮子说："要想永远活下去，还得把天补好！"

　　兄妹俩问："用啥补呢？"

　　石狮子说："盘古的斧子把儿，能当补天金针，这山顶上的葛藤就是补天的金线。快补吧！再停停水就淹着山尖了！"

　　盘古和妹妹听了，往石狮子背上一站，顶住狂风，一人拿针，一人扯线补了起来。补啊！补啊！从这边补到那边，尽管天破得窟窿巴叉的，总算补好了。补过的地方，一个针眼，就是一个星点，天河上密密麻麻的星点，就是盘古兄妹补天的痕迹。

　　讲述人：黄发美，43 岁，农民，桐柏县固县镇黄畈村人
　　采录整理：马卉欣

【点评】

　　本篇属"洪水后遗民再殖人类"型神话遗存。同时,也是关于天空银河、星象的解释神话遗存。

　　其中所说的保护神石狮子,并非一定是在汉章帝时,西域疏勒国来中原献狮子之后的事。不过,中国的狮子名字不同,原叫"狻猊"罢了。不然无法解释此类神话大量出现的原因。

　　本篇的另一特点是透露出了原始先民盘古兄妹用金线(葛条)和金针(盘古的斧子把)补天的信息。兄妹二人是在石狮子的启示下,站在石狮子背上用斧子把顶住金线补天的。此处说明,天塌地陷后,并非用石补天,而是用线补天。天空似乎就是幕布一样,用葛条穿在斧子把上补好的。这种补天的方式,都是原人"用想象征服自然"的神话意识,不存在用线补天就科学,炼石补天就不科学的是非问题。有的学者认为,中国古代没有天石观,因此只能用骨针穿葛条补天幕的破烂之处,于是得出女娲炼石补天的不可能或不科学。这种看法是站不住脚的。况且,中国古代并非没有天石观。例如,唐代诗人李贺的"石破天惊"诗句,儿歌"清石板,板石青,青石板上钉银钉"以及"天塌地陷时,天上石头砸得石狮子都顶不住了"的洪水神话等等,都说明中国古代天石观很普遍。

　　本篇所说,盘古兄妹补天之后,在天上留下无数针眼和天河上的无数星点都是证明。这里说明盘古兄妹创造世界的力量是巨大的。这是对劳动人民的创世之功的崇敬和赞颂。

　　更可贵的是,本篇还保存着原始形态的古朴特质,没有受到道教思想的渗透和改造。这在中原神话中也是极有价值的一部分珍品。

　　本篇的异文《化雪补天》虽说人名不同,兄为盘安、妹为盘玉,实际仍是盘古和盘古妹的异名。他们补天用河里冰块补住,不过是用另一种方式,同时,也是为了解释为什么刮东北风就冷的自然现象罢了。

【附录】

化雪补天[桐柏县]

　　天下都是洪水,盘安和盘玉在石狮肚里钻了七七四十九天,水消了后,盘安从石狮肚里出来一看,只有石狮子的头露在外面,妹妹盘玉也从狮子嘴里爬出来。妹妹望望哥哥，哥哥望望妹妹，俩人眼里都挂着泪水儿。他俩跑到山上，在坑坑洼洼里捡一些野果子吃起来。

盘安和盘玉正在山上玩哩，盘玉指着东北角儿，说:"你看那边的天还没长好呢?"盘安说:"我有办法。"说着，跑到河边揭了一块冰凌，补到天上，把没有长好的天补好了。就是一点儿，一刮北风，天就冷，就下雪。冰凌在空中被北风一刮，东撞西碰的，碎了，成雪了啊!

讲述人:王桂有，男，40岁，农民
采录人:吴传丽　鲁安振
采录整理:李修对
流传地区:桐柏泌阳一带

29. 盘古开天［桐柏县］

很早很早以前，早在天地没分的时候，天上有个叫盘古的大神，披着驾云衣，穿着登云鞋，走出南天门，在云彩里游玩。游来游去，面前飘来个大气包，大气包飘来飘去，挡住了盘古，他没法往前游玩了，一气，用常带在身上的斧子把气包砍开了。大气包一破，跑了气，往下落，盘古追上去，站在了这个大圆疙瘩上。这个大气包包的圆疙瘩是大石头，盘古站在上边站不稳，就用斧子砍了些凸凸凹凹，盘古站稳了。

劳累太很了，他睡下歇息了。

也不知过了多少年，盘古醒来了，登云鞋没见了，衣裳也化了。原先砍的凸凸子成了大大小小的山，凹凹子成了河。遍地绿实实的，比天上还美，盘古高兴极了。他往远处一看，来了个年轻的姑娘，这姑娘喊了声:"盘古!"盘古觉得奇怪，就问:"你是谁呀?"姑娘说:"我是老天爷的三妮儿，我父亲见你开天辟地太劳累，一个人又太孤单，叫我来认你当哥哥，过日子，你愿意不愿意?"盘古笑着说:"愿意!"

从这儿以后，盘古和老天爷的三妮儿成了兄妹。

盘古和老天爷的三妮儿成了兄妹后，老天爷叫风婆刮了一阵大风，吹掉了他俩身上的仙气，忘掉了天上的一切，开始了人间生活。

盘古兄妹开始人间生活后，浑身没挂一线儿。一天，走到水边一看，水影中的自己很丑，又没有办法。正在这时，树上落下几片叶子贴在了妹妹身上，又飞下几片，护在了盘古身上。盘古用七片叶，妹妹用九片叶，都用葛条缠了一缠，打这儿，盘古兄妹有了衣裳。

盘古说:"多懂心思的树啊,快结果快传开吧!"话音一落,树没开花就结了果,妹妹真高兴,她说:"这是无花果呀!"

从那时到现在,无花果树不开花就能结果了。

盘古兄妹在山上走哪儿住哪儿,鸟和野物(野兽)护着他俩。夜里,他兄妹靠着大树睡觉,鸟儿站满枝丫遮露水,野物卧在身边挡着风,堵着寒。盘古兄妹挨着野物睡,很暖和。白天,鸟儿还为盘古兄妹遮太阳、挡雨。

一次,一只虎拦着了一头小牛。眼看小牛抵挡不过,就要成为虎食儿,盘古上前隔开。猛虎不服,与盘古斗起来,盘古力气很大,又有神斧,那只老虎败阵逃走了。以后,虎用吼声唤来了成群的野物,成天(整天)围着盘古兄妹转来转去,盘古兄妹不得安生。

盘古兄妹用树枝和野草搭成了茅庵,又费了七七四十九天的工夫,做了一个又大又威风的石狮子,放在山顶上,还把这个山起名叫石狮子山。这一带有了石狮子镇守,没有妖怪和野物打扰了,他俩的日子也好过了。

盘古每天外出摘野果,捋草籽,妹妹在家做饭。

盘古每到石狮子跟前,总要围着玩一会儿,摸摸狮子的身子,亲亲狮子的脸。

有一天,盘古兄妹一块儿来到山上,石狮子咋说起话来,石狮子说:"天底下只有你们二人,最多能活一万八千岁。要是不结为夫妻,延续后代,多孤寥哇!"

兄妹俩把脸一扭,说:"不中!不中!"石狮子说:"咋不中啊?"

妹妹笑了笑,盘古说:"妹妹,千万不能答应啊!"妹妹又笑了笑。

盘古生气了。他猛一转身,乌龟绊了他一跤。盘古一恼,拿起一块石头,把乌龟的壳砸碎了。

妹妹很心疼乌龟,哭了起来。盘古想了想,说:"这吧,乌龟能再活了,兄妹就成亲。"妹妹哭得更伤心了。

石狮子说:"别哭了,你就把乌龟壳对拢起来吧。"妹妹把大小四十五块乌龟壳对在一起,石狮子一跳,泥土溅在龟壳上,龟壳沾在一起了。从此,乌龟壳上就有一块一块的花纹。

按理说,乌龟能活,兄妹就该成亲。盘古又说:"不行啊!还得让我们滚石磨,山上滚到山下,两扇石磨能合起来,兄妹就成亲。"石狮子说:"天上裂缝都补住了,滚磨成亲还能不中!滚吧!"

盘古兄妹各掮一扇石磨,一个站在东山,一个站在西山,石狮子点了点头,两扇石磨一起滚下山来。石磨轱轱辘辘地滚着,天空起了一道虹。说也怪,这道虹像花带子一样,连接着兄妹二人。

虹一起,他俩的石磨一齐滚到石狮子面前,"咔噔"一声合在一起,磨盘合拢,虹散了,地上开满了鲜花。

盘古兄妹高兴极了,一齐跑下山来,在百花中跪到石狮子面前,磕磕头,结为夫妻了。石狮子说:"今后,你夫妻二人好好过日子,后人会永远供奉你们。"

盘古兄妹成亲后,先后生了八个儿子,取名东、西、南、北、东南、西南、东北、西北。

八个儿子长大了,盘古叫他们到八个方向去过日子。八个儿子去八方,盘古在中间,一共九个地方。以后划分天下为九州。

八个儿子出外不到一百年,都死了(比起盘古夫妇的寿命,一百年也是短命)。盘古很伤心,到处寻找八方儿子的灵魂。

盘古走遍了天涯海角,天南地北,把八个儿子的灵魂全部找回,埋在石狮子山南边。现在,盘古山以南三十里的"八子山"还在。还能分清哪儿是盘古的大儿、二儿、三儿,一气到第八个儿子的坟头。

盘古埋了儿子后,很伤心,日子孤寥,夫妻俩就捏起泥人了。今儿捏,明儿捏,捏了成千上万,晒了满场满院。

盘古把泥人一摆弄,泥人就能走会跑了。妹妹朝泥人一吹气,泥巴人就会说话了,又喊爹,又叫妈,盘古夫妻心里乐开了花。

这一天,盘古夫妻商量,打算给每个泥巴人起个名字,泥巴人听盘古的吩咐,一个个从场院里跑出来。有的爬到桃树上,有的爬到梨树上,有的坐在石头上,有的站在河边上。盘古说声:"好!大家都有名字了!爬到桃树上的叫桃,爬到梨树上的叫梨,坐在石头上的就叫石,站在河边上的就叫河……"

这些泥人跟着盘古夫妻学了好多本领,盘古夫妻就把泥人的名字当姓,送往各地过日子去了。他们有的到平地种田,有的去深山打猎,有的到河边捉鱼。

年长日久了,盘古生活居住的石狮子山被后人叫作盘古山。山上修有盘古庙,塑有盘古像,盘古爷和盘古奶的故事在各地传开了。

讲述人:姚义雨,男,33岁,桐柏县安棚乡人
　　　　郑昌寿,男,70岁,县文化馆原馆长,已退休
　　　　黄发美,男,45岁,桐柏县固县镇人
　　　　陈鸣声,男,48岁,桐柏县文化局局长,原籍大河乡(盘古山南麓)
　　　　刘太举,男,桐柏县二郎山乡人(盘古山南麓)
　　　　胡安辰,男,泌阳县陈庄人(盘古山北麓)
　　　　方家义,男,74岁,随州市小林镇人
　　　　曹衍玉,女,64岁,桐柏县月河镇金桥村郑庄人
采录整理:马卉欣

【文献选录】

泌（沘）阳故城，城南有蔡水，出盘古山，亦曰盘古川。西北流注于泌（沘）水。

（《水经注》，见蒋廷锡《古今图书集成·山川典》"泌水条"汇考）

昔盘古氏作，兹焉用宅①。是以浊清判，三纪揭，颃洞开，明划日月。厥山既形余乃发，故尔上冠星精，下首地络。聚膏山以为崇，渗泄以成川。窍若浮肺，万谷瀵漩，神瀑涌焉。飞流崩崖，走壑蹴石。喷雷钉钟，砮砑铿鈎。迅霆击虹，震于太空。若其势磅礴，逆折状若胎簪。嵩首殿其北，荆沔包其南。右枕熊耳之岭，左朝桐柏之山。……

（李梦阳《大复山②赋》节录）

图 1.29.1　桐柏大复山盘古仰卧像（2007 年程健君摄）

---

① 用宅，为安居之地。
② 大复山即桐柏县和泌阳县交界处之盘古山。据尚熙编著《河南地名漫录》："桐柏在西汉时置县，名复阳。复阳原山名，是桐柏山的支脉，在今县城的西北面。因县治在大复山之阳，故曰复阳。"复阳山的南面为淮河发源地。由此可证大复山即盘古山。

图1.29.2 桐柏盘古庙牌坊(2013年程健君摄)

图1.29.3 桐柏盘古庙(2013年程健君摄)

图 1.29.4 桐柏盘古庙摩崖石刻(2013年程健君摄)

【方志选录】

盘古山,在泌阳县南三十里,蔡水出焉。本名盘山,后讹为盘古山,因建盘古氏庙。

(《泌阳县志》)

【附录】

盘古山习俗

要说这盘古山吧,我从小就听说,盘古山光有盘古爷,没有盘古奶。过去盘古山有会,山顶有戏,山下赵庄儿也有会。当小妮就没有看过。解放后,没有再会过,也没再上山上去过。听说,盘古爷在这儿哩,盘古奶西山。他俩分居住着哩!

讲述人:李蓉芙,女,60岁,当过妇联主任
录音:张振犁 程健君 马卉欣
采录时间:1984年12月22日
采录地点:泌阳县陈庄乡大磨村

图1.29.5 九龙山(盘古山)盘古寺匾额(1991年程健君摄)

图1.29.6 农历三月三盘古山盘古庙会唱大戏(1991年程健君摄)

盘古庙习俗

盘古后代为纪念人根之祖盘古爷,就在盘古山的高峰处修建了盘古庙,庙内正殿塑有盘古像。盘古像一代传一代,山周围的人们都能说出盘古爷的样子:盘古爷个子有一丈多高,脸盘是四方的,眼睛又圆又大,头上长有两只角,身上是葛条缠树叶,也没有鞋,打着赤脚。

盘古山周围的人经常来庙上烧香祭祖先。每逢三月三,庙上还起会。正会那天,各地的响器班子自动到山下会首那里集会。然后,会首领着,响器班子吹着走着,后边还跟着来烧香祭祖的人群,一齐上山朝拜盘古爷,给盘古爷烧香、磕头、供祭品,以示怀念盘古爷。然后,两台大戏唱起来。说起来也怪,每逢大戏唱过后,总要下一场雨。据当地人解释说:"这是净山雨,盘古爷爱干净嘛!会一罢,人一散,下场雨洗洗脚上的脏物。"

盘古山北半坡有个村子叫盘古村。再东走三里地还有个村子叫大磨村。大磨村里有一扇大磨,据传是当年盘古爷、盘古奶兄妹结婚时从山上滚下来的。这一带遇旱天,只要把这扇磨支起来,不过三天,准能下一场雨。

采录人:马卉欣

【点评】

本篇是桐柏盘古山神话的有代表性的整理稿。它是将各种原始讲述的记录稿,加以联结而成的既系统又完整的比较接近原始形态的该地区的精品。它具有科学性的特点。

桐柏盘古山盘古创世神话,不属于流传在中原北、中部的"宇宙蛋和盘古肢体化身型"开辟神话。它的主要特点是盘古开辟天地是由盘古用神斧砍破地球的前身大气包里的石头来实现的。这个过程也是神话向"世俗化演变"的结果。天体、日月、星辰、万物等,不是由盘古自身转化的,而是由他实际开创出来的。天爷的三闺女和盘古从天上下来后,先失去仙气,成为世间凡人之后,才开创世界的。

本篇不同于其他"洪水后遗民再殖人类"型神话的地方,在于盘古兄妹没有经过洪水等灾害的情节,结婚生子、捏泥人也都是中原同类"兄妹婚神话"的异文。

本篇中盘古兄妹生八子、管九州、定姓氏等,都是强调盘古世系的延续,从而构成盘古山(桐柏)神话体系的独特风姿。

本篇的问题也表现在它是综合其他地方同类神话复合而成(如《石狮子与盘古》《捏泥人》《姓氏的来历》等)。因此,本地区的独特之处就不突出了。本篇的盘古兄妹与淮阳的伏羲、女娲兄妹,明显雷同。似乎盘古与伏羲的所处时代成了叠压状态。这样,更显出河南北、中、西地区神话分布的价值的珍贵。

图1.29.7 盘古山盘古庙(2006年程健君摄)

图1.29.8 盘古山的盘古殿(2007年程健君摄)

图1.29.9 盘古山盘古庙内的送子娘娘(1991年程健君摄)

图1.29.10 给盘古爷请炷香(2006年程健君摄)

图1.29.11 农历三月三盘古庙内排队等候朝拜(2006年程健君摄)

图 1.29.12　农历三月三盘古庙会朝拜盘古爷的香火（2006 年程健君摄）

图 1.29.13　农历三月三盘古庙香客们用香灰烧鸡蛋吃（2006 年程健君摄）

图 1.29.14　农历三月三盘古庙虔诚的香客（2006 年程健君摄）

图1.29.15 赶三月三盘古庙会的香客大多要求一红丝带系上,以求吉祥
(2007年程健君摄)

图1.29.16 桐柏丁亥年祭祀盘古
(2007年程健君摄)

30. 张王李赵是一家[桐柏县]

……姐弟俩结婚后,一连生了四个儿子,起名叫"张、王、李、赵"。后来又生了四个闺女。

姐弟俩为了有后代,就让他们的四男四女配婚成了家。

至今,人们还有张王李赵是一家的说法,这四姓的人还可与同姓人结婚。

讲述人:魏向兰,女,51岁,农民,桐柏吴城乡人
采录人:王荣林

【点评】

本篇虽无明讲姐弟俩是盘古兄妹,实际仍是盘古兄妹婚异文。

同时,本篇亦可作为姓氏起源的解释神话遗存。

在泌阳的《百神庙》中说盘古兄妹生了两个肉疙瘩,其中各有男女百人,成婚繁衍人类。而本篇却是说盘古姐弟生了四男四女婚配后,成了四大族姓(汉族)的先祖。这是中原传统的族姓称谓特点。从中可以把中国华夏族系的种源追溯到盘古夫妇。这与《述异记》中"盘古氏夫妻,阴阳之始也"的记载相吻合。

本篇与《百神佑子》集中反映吴楚传说,盘古兄妹婚异文之所以在桐柏山区流传广,是另一盘古神话体系构建的特色。而其他中原地区则少见。这对认识和理解豫南接近楚文化有直接关系。历史上,北方商文化与楚文化交往频繁,互相交流,互相影响。这在盘古山神话的多元结构体系反映也相当集中、突出。

从地理上看,中原与楚文化接合带的桐柏山区的文化成因当是主要特色。这是进一步认识和理解盘古山神话体系的钥匙。中原其他地区与豫南的文化差异是如此,神话差异亦然。

【附录】

盘 古 像

盘古庙中有尊塑像,还有盘古画像。

盘古像一代传一代,山周围的人们都能说出盘古爷的样子。盘古爷个子大大的,有一丈多高,脸盘是四方的,眼睛又圆又大,头上长有两只角,身上是葛条缠树

叶,也没有鞋,打着赤脚。

盘古时代的人,头上长角有两个作用:一是人和野兽搏斗时,当辅助武器用;二是对人发出死亡来临的信号。平常的人忙着寻食打猎,可一摸头上的角发软发虚,就不干活了,等着死哩。一时软角的人多了,干活的人少了。老天爷派天兵天将下凡,把角都收了。那时候,下界的人少,一夜间,人角就被收走了。

桐柏一带流传着"没角捏"的俗话,典故就在于此。人们头上"没角捏"以后,都开始忘我地劳动。即使在生命垂危的时刻,也辛勤地为生活而卖力!

图1.30.1 盘古庙内的盘古头像(1984年12月程健君摄)

图1.30.2 盘古山盘古庙内的盘古塑像(1991年程健君摄)

图1.30.3 桐柏大复山盘古庙的盘古塑像(2007年程健君摄)

图 1.30.4　桐柏大复山盘古坐像（2007 年程健君摄）

石　狮　子

在盘古神话中，有匹威武雄壮、神通无比、能拯人危难的石狮子。

这匹石狮子现仍立在盘古山以南三十里处的桐柏大河乡石门村的一架山坡上。它是我们祖先为降服野兽和妖怪而制作，这匹青理石石狮子呈后卧仰视状，两腿粗壮，身高一丈有余，阔嘴大张，胸脯花纹纵横，头像碾盘一样，浑身毛发卷披，真是一匹活灵活现、形象逼真的石狮子呀！也可以说它是人类祖先建造的第一件艺术珍品。

这匹石狮子会显灵说话，预报大自然将发生的灾难，它能动、会走。最奇怪的是，我们祖先的婚姻大事是它做媒而成的。

经过千秋万代的风雨雷电，石狮子仍然屹立在桐柏山区。这一带的群众都会讲石狮子与盘古的神话故事。

图 1.30.5　盘古山盘古神话中的石狮子(任达提供)

31. 盘古不听老牛劝[桐柏县]

　　天地鸿蒙时代,一个大气球里包着两个人和一头牛。这两个人一个是盘古爷,一个是盘古奶。他们三个走遍这个大气球,什么也见不到。饿了,随地抓把泥,就能填饱肚子;渴了呢? 脚下就是水。天咧,老是昏昏沉沉的。这就是混沌世界。

　　一天,盘古爷对盘古奶说:"就咱们两人多孤独啊!"盘古奶说:"往哪里弄来人呢? 除非咱们捏泥巴人!"于是,两人便捏了起来,盘古爷比着盘古奶的样子捏女的;盘古奶比着盘古爷的样子捏男的。两人捏了十对,晾了起来。那个气球里见不到太阳,再晾也干不了;气球里还不透风,就那不会干。

　　一天,盘古奶对盘古爷说:"大气球包着咱,泥人咋会干呢? 干脆用斧子把包砍开,泥人能晾干,咱也透透气呀!"盘古爷一点头,二人就要动身把气球砍开,老牛不愿意了。牛说:"哎呀! 这个世上,就咱们三个,多自在呀! 饿不着,冻不着,不给人争,不和人闹。要是天一砍开,太阳一晒,风一吹,万物皆生,就不安生啦!"

　　盘古爷和盘古奶不顾老牛劝告,硬要把气包弄破。盘古奶在前划了一道印,盘古爷照着印砍。砍够一圈,大气球成了上下两片。上片搭在他仨身上。盘古爷和盘古奶搭起人梯,举着头上的那片气包往上送,让它飘上去。气包片太大,梯低,鼓不起风,飘不起。二人搭着人梯站到了牛背上,又站到牛角尖上。气包一鼓一鼓地飘上去了,成了青天,下半片成了地。

从此,大地上有了太阳,大地上有了风。盘古爷和盘古奶传起后代了,后代越来越多,世间越来越热闹。

> 讲述人:李新超,男,27岁,初中毕业,河南桐柏县二郎山乡田口村人
> 　　　　李明松,男,59岁,文盲,河南泌阳县盘古村黑山沟组人
> 录音:马卉欣　殷润璞
> 采录整理:马卉欣
> 采录时间:1989年农历三月三
> 采录地点:桐柏山盘古庙会盘古神话说讲会(由桐柏县二郎山文化站李修对组织)

[附记]1991年6月4日,史海惠和尚补述:河南省舞阳县北牛犄街正中心有一节牛角从地下露出膝盖那么高。那是上一次混沌后留下的。混沌前,这一牛救过盘古爷和盘古奶。洪水下去,淤泥将这头牛埋在地下,仅露出这节角了。早几十年前,人们不信这一说法,想把这一牛角挖出。越挖,露出的角越粗,挖出的土也没地方堆了。结果,又将土填上,牛角恢复原状。

【点评】

本篇是宇宙蛋创世神话的变体。宇宙蛋中不是孕育一巨人,而是盘古爷和盘古奶二人和一个牛。这和桐柏盘古兄妹成亲后生两个肉蛋怪胎中有百男、百女并各自成婚有传承关系,很值得重视。不论中原宇宙蛋里孕育几人,似乎与生理生人中的同一衣胞有密切关系。这与中原其他地方的肉蛋中孕育有七男七女,或一男一女,其观念的相同是明显的。不过都是世上兄妹二人。这里升格为盘古兄妹创世神话的神格易位却是值得重视的。

本篇中把牛也置于大气球里(另一神界的象征),居于与盘古兄妹同样的地位,应是中原农业文化初期与主要畜力资源的开发,关系至为密切。在这方面,中原神话中牛的特殊地位与其为农民取得天上粮食种子和它全力帮助农民耕种等等神话都有密切关系。至于牛在气球里劝阻盘古兄妹用斧劈开气球的"理由",即不需再打破气球让透进空气,让风吹干捏的泥人,是个玩笑插曲,也透露出天牛的憨愚性格特色。

本篇的捏泥人是在气球里进行的。这与豫中有的兄妹在石狮子肚里捏泥人属同样的情况。这说明气球、石狮子肚里都是另一宏大神国世界,是能避开灾异的特殊幻想景象。

本篇关于盘古兄妹砍开气球后,站在牛身上、角上把天撑起的想象,是盘古开天的另一特殊形体。特别是牛对盘古开天的重大作用,说明远古农业社会的出现,牛与人们相伴的重要意义。牛是农民的亲密伙伴:从开天地,到作为重要生产力的一部分(主要),以及生活中的时刻相伴等等,都很普遍。

本篇的发现,为研究中原神话又拓展了新的领域。

32. 盘 古 歌①[桐柏县]

想当初无天无地一片混沌,
李老君开天辟地才有如今;
人称是盘古爷姐弟②两个,
从昆仑来桐柏滚磨成亲;
盘古山分左右大磨摆定,
天意缘磨合严姐弟成亲。
到后来有儿女百双百对,
先有名后有姓各自生存;
当年人俱都是一母所养,
到现在干何事都该一心;
当年人全能活三百往上,
如今人修行好寿活百春;
盘古歌当初是先人所编,
唱一代传一代后世之根。

采录人:马卉欣

---

① 根据桐柏县著名皮影戏艺人岳秀良供稿整理。
② 传说中,有兄妹和姐弟两种说法,此处尊重原貌,未作改动。

【点评】

　　本篇是民间说书艺人一直传唱的盘古山神话遗存。它虽简短,却生动、集中地叙述了盘古姐弟创世造人的神话故事。

　　它从李老君开天辟地说起,把盘古姐弟降格为一般人间人物,这无疑是道教徒的有意篡改和颠倒黑白、是非。其用心无非是为道教领袖树碑立传。同时,也淡化乃至消灭盘古在桐柏山区的影响。这是鄂北武当山道教文化产生影响的明证。

　　本篇的盘古姐弟从昆仑山来桐柏滚磨成亲,繁衍人类的创世之功与伏羲、女娲为占卜成婚,一同去到昆仑山向天祈祷,颇相近似。实际上,这里的盘古姐弟就与伏羲、女娲混而为一了。盘古开天地的意义已不存在。

33. 石龙救世 [桐柏县]

　　盘古爷小些,盘古奶比他大岁把儿。他俩在天塌地陷以前,每天要到盘古山西的响水坡去上学。路上有条石龙,每次走到那里,他俩总要抚摸抚摸这条石龙。谁知一天石龙说话啦,它说:"学生,我饿了,饿得很。以后每天往我嘴里塞块馍。"盘古爷说:"中啊!"于是,就天天往石龙嘴里塞起馍来。姐姐看不惯了,给老娘说了说,盘古爷他娘说:"别拿了,石头龙会吃?糟蹋了。"

　　盘古爷又到石龙跟前,把姐和妈的话说了说。石龙说:"不拿就算了,回家赶紧蒸馍,三天以后就天塌地陷,洪水漫地,你们挑馍往我肚子里倒。"盘古爷点了点头,回家了。

　　盘古爷回去把石龙的话给他娘和姐一说,全家人都蒸起馍来了。三天一到,姐弟俩和他娘挑的挑,扛的扛,往石龙跟前跑。跑着,天变了,变得快呀!大白天,就快啥也看不见了。姐弟俩跑得快,把两挑馍倒进石龙肚子里。他娘也没赶上,大水就上来了,盘古爷和盘古奶赶忙钻进了石龙的肚子里。

　　大雨过去,大水下去,盘古爷和盘古奶就从石龙肚子里出来了。世上啥也没有了,二人连衣裳也没有了,原来穿的衣服,往石龙嘴里爬时,也脱落在外边了。

　　盘古奶先找点大叶子葫叶,用葛条穿了穿,二人有衣穿了。这还不行啊!世上没人烟啦,咋办呢?盘古奶大点,先说:"干脆咱俩婚配吧,不哩没法繁衍人烟哪!"

　　盘古爷就依了他姐的话。

讲述人:刘中林,男,59岁,文盲,住河南桐柏县洪仪河乡南棚村

录音：马卉欣　殷润璞
采录整理：马卉欣
采录时间：1989年农历三月三
采录地点：桐柏山盘古庙会盘古神话说讲会

[附记]在1989年农历三月三的盘古神话说讲会上，黑山沟农民李明樾也讲了和这则类似的神话。区别在于救世主不是石龙而是狮子。盘古兄妹进狮子肚里前，石狮子让拿一些馍，掂壶茶，带两个红枣。一百天后，洪水过去，他俩出来，两个红枣成了仙果，各自吞一个，可防洪水里的毒素。然后，滚磨成亲，遇猴子踩磨而合严。

【点评】

本篇是中原地区仅次于洛阳龙门流传的《龙的传人》、《洞房的来历》的又一篇龙作为"洪水后遗民再殖人类"型神话保护神的珍品。这样，中华民族是龙的传人的远古神话遗存，在中原就发现了两篇极有价值的科学资料。

所不同的是，洛阳龙门的《龙的传人》中的保护神黄龙，从始至终都以龙父的身份出现，帮助伏羲、女娲避难，主持婚仪，轰击石洞等，成了兄妹的先祖。而本篇石龙仅救助盘古兄妹避难。以后，盘古兄妹结婚是在无任何思想障碍的情况下实现的，根本无需举行任何婚仪（占卜）。因此，它应属于族内兄妹婚时期的神话遗存。因此，它的价值同样珍贵。

结婚是由盘古奶提出，盘古爷毫不迟疑地就同意结婚了。以后就姐弟成为夫妻，繁衍人类。

本篇的保护神是石龙，可见龙的形象早已出现。据说在西汉章帝时，疏勒王从西域到中原进贡后，才有狮子出现。虽然有人认为中国原有狮子，叫"狻猊"，但毕竟不为广大群众所熟悉。而龙就地地道道是中原乃至中国所共知的神物。因此，在洪水神话中出现龙的图腾保护神，就极具有文化内涵的特殊意义。

总之，本篇在中原神话华夏族系种源的意义上是罕见的珍品。它同洛阳《龙的传人》一样，都具有很高的科学价值。

从洪水神话类型看，"灾害重演"一类，似已属有相当文明社会的文化特征。

34. 人间的灾难是神给的［桐柏县］

盘古那时候，人类没有个啥病，人人都很幸福。天上的神也分个好神和赖神呀！赖神见到了人们过得好了就气得慌。一天，那个赖神请一个工匠喝酒。喝到二八板上，他命工匠捏一个像漂亮姑娘的泥人，再做一个里外不透气的箱子。不一会儿，工匠捏了一个漂亮的泥人姑娘。又过一会儿，工匠又做好了一个里外不透气的箱子。这个赖神送给这个泥人姑娘了生命，赖神对姑娘说："天下很好，我给你这个宝箱子当礼物，你好到天下去享福吧！"姑娘看了看这个箱子，就想打开看看里边装的是啥礼物，赖神不让打开，他说："在天上一打开，啥都没有了。"

姑娘就要走出南天门，一个好神对她说："姑娘啊，你下凡后，要和人祖结婚，要不，就没幸福，记住，你千万莫打开这箱子呀！"

姑娘下凡后，真和人祖结了婚，两个人真是幸福。后来天下的人都仿着他俩一对一对地结了婚。

一天，姑娘咋会又想起了这个箱子里有礼物。箱子光亮亮的，到底装的啥呢？就把它打开了。

箱子一打开，里面冒出了一股黑烟，又熏眼，又呛人，味儿古怪得很，这烟就是传病传灾的种子。烟出箱子后，飘到四面八方。从这儿以后，人间就有了灾难。

讲述人：张传旺
采录整理：马卉欣
流传地区：桐柏县迥龙山区

【点评】

本篇属原始灾异来源型神话遗存。希腊神话中的潘多拉就是散布罪恶的神。她到人间把一个箱子打开后，箱子里的罪恶像蜂一样飞向人间，从此人间有了苦难和罪恶。盘古山的这个神话与之极其相似。这不是巧合，而是原人对善恶开始在人间出现的社会现象来源的理解共同心理的反映。

不同的是，本篇是"赖神"让工匠做出一泥人姑娘把一只箱子（中有灾难、疾病）带向人间。因泥人姑娘不听好神的劝告，打开箱子放出灾难。这种嫁祸于人的赖神的恶毒做法，更阴险毒辣。而这又是与盘古兄妹直接相关，其罪恶目的更阴毒。

这是盘古神话中唯一的一篇假借盘古妻子向人间传播灾难的作品。

在远古神话中出现是非、善恶并进行斗争的故事，是人类社会发展阶段的产物。中国的此类神话中的玉帝、王母等是因人间的百姓都变坏才发洪水毁灭世界的，而本篇却相反，是因为人间生活幸福，才引起"赖神"嫉恨而借泥人姑娘之手，向人间散布瘟疫病害的。手法虽与希腊的潘多拉不同，其效果却是一样的。

35. 盘古告状［泌阳县］

在河南省的泌阳县和桐柏县之间，有一座山，叫盘古山。过去，从盘古山上流下一股泉水，常年不断地流入山下一个很深的水潭里。山下的人都吃这潭里的水，用它浇灌庄稼。

有一年，泉水断流了，潭里没了水。旱得地上裂了缝，庄稼卷了叶。人们上山去找盘古爷，看他有啥办法没有。

盘古爷一听山上的泉水断流了，感到很奇怪。因为这股泉水是玉皇大帝给盘古爷的，专供他在山下种田的子孙们使用，连龙王也无权过问这股泉水。如今咋会断流了哩？盘古爷越想越气，拿起他开天辟地时用的斧子，攀着葛条，向山顶泉眼那儿爬去。

他爬啊，爬啊，终于爬到了泉边，只见一条小龙用身子挡着泉眼，在那儿戏玩。盘古气愤地说："是谁叫你到这儿来，坑害山下人们的？"说着，举起手中斧子就要砸那小龙的头。小龙一见是盘古爷来了，吓得赶紧求饶："盘古爷爷，不怨我呀，是龙王叫我来了。"原来，山下的人们因有泉水浇地，很少去求龙王。龙王生了气，就派小龙来把泉眼堵住，想把山下的人们置于死地。盘古爷听了，饶了小龙一命。小龙一走，泉水又流了起来。

泉水虽然流了，盘古爷对龙王还怒气不息，于是，就上天庭找玉帝告状了。

盘古爷来到南天门，守卫的天兵赶紧报给玉帝，这时玉帝正在龙床上做梦哩，一听是盘古来了，慌忙一骨碌爬起来，出门迎接。

盘古爷来到灵霄宝殿，对玉帝说："龙王妄想置人于死地，你说咋办？"玉帝忙问咋啦，盘古爷把小龙堵泉的事讲了一遍。玉帝听后，暗暗埋怨龙王，你真有眼无珠啊，这盘古连我都得让他三分，是你随便惹的吗？惩治你一下吧，我于心不忍；不惩治你吧，又不好收场。玉帝想了想，对盘古爷说："这样吧，除了那眼长流不息的泉归你外，再给你行三场私雨的权力。龙王的事，由我处理。行吧？"盘古爷听了说行，就回来啦。

从此，盘古山一带年年风调雨顺，五谷丰登，没有一个愿搬走离开盘古山的。

现在这里还有一句俗语:"东南西北搬,离不开盘古山。"

  讲述人:秦道山
  采录人:冯天佑

【点评】

  本篇属盘古大神作为本地区、本部族的保护神,与恶龙控断水源造成旱灾作斗争的神话遗存。

  恶龙占据水泉,造成本地区的灾异,是自然灾害的象征。盘古向恶龙斗争,便是原人向大自然灾害的斗争。

  盘古可来往天人之间,在天国得到最高天神的支持,他是人祖,又是大神。其天人之间的融合意识,便是中国传统文化中"天人合一"观的体现。

36. 盘古得私雨[桐柏县]

  一年,盘古山一带大旱无雨。盘古爷和盘古奶为找水跑遍天下,眼睛就要急瞎。天上知道后,老天爷亲自下来看看,见地上谷无苗,树木旱死。老天爷说:"天不可无云,地不可断水呀!"盘古爷说:"你让龙专门儿管雨,它光让人敬它,就是不下雨,俺这儿咋有水呢?"老天爷说:"这里有两颗宝珠,你们二人吞下后就能入地上天,龙不下雨,一年我给你下三场私雨的权。人能呼风唤雨吧!再要有难,还能到天上找我。"盘古爷和盘古奶说:"中!我们把九条龙分到天下九个地方去,哪里旱涝不均,我俩就到哪里去治它们!"

  人们都知道:盘古爷一年有三场私雨。从那时起,盘古山祖祖辈辈风调雨顺不绝粮。真是:走到天边儿,不胜盘古山圆圈儿呀!

  讲述人:周化党,男,72岁,农民,桐柏县二郎山乡四里冲人
  采录人:周化北

【点评】

  本篇属桐柏山区盘古向自然灾害作斗争的神话遗存,具有地方色彩。

因九条龙分布太乱,旱涝不均,经常造成自然灾害,天帝给盘古掌管下雨的权限,他和盘古奶将九条龙派到九个方向下雨。实际上,盘古不仅是雨神,而且是这一地区人民的保护神。天帝给盘古有下三场私雨的权力,才使盘古山一带不会遭旱灾。因此,本篇还是盘古山对自然天象解释的神话。

本篇的"天人合一"的原始观念和信仰十分明显。天帝给了盘古夫妻宝珠,吞下去可以自由来往天上地下,与天帝议事,但又是人祖,常居民间。其中的原始人的心智就在于通过幻想方式实现为民请命,为人类造福的神话主体意识。

37. 人活七十古来稀[桐柏县]

盘古开天辟地后,带着马、牛、狗到天上找老天爷赐岁。

盘古在老天爷面前请给后代人赐岁。老天爷说:"给人二十岁!"盘古问:"人干啥?"老天爷回答:"啥都干呗!"盘古说:"老天爷!人在世上啥都干,才活二十岁,少了吧!"老天爷没吭气儿。

马请老天爷赐岁。老天爷说:"给你四十岁!"马问:"干啥?"老天爷说:"跑呗!"马又问:"吃啥?"老天爷说:"人吃饭,你吃料!"马想:就这样还跑四十年!它就对老天爷说:"多了。"老天爷说:"嫌多就给人匀二十岁!"

牛请老天爷赐岁。老天爷说:"给你四十岁。"牛问:"我干啥呀?"老天爷说:"拉呗!"牛又问:"吃啥?"老天爷说:"人吃饭,马吃料,你吃草!"牛想:就这样拉四十年呀!它就对老天爷说:"多了呀!"老天爷说:"多了就给人匀二十岁。"

狗请老天爷赐岁。老天爷说:"给你二十岁。"狗问:"干啥?"老天爷说:"咬呗!"狗又问:"吃啥?"老天爷说:"人吃饭,马吃料,牛吃草,你吃屎!"狗气了,说:"我活二十年,多了!"老天爷说:"狗的年龄再给人十岁!"

盘古一算:人的年龄是二十,加上马给的二十岁,够四十,牛再给的二十够六十,狗再给十岁够七十。盘古对老天爷说:"我活一万八千岁了,人才活七十岁。这叫人活七十古来稀吧!"老天爷说:"稀就稀吧!"

世上有"老狗"这个说法了,意思就是说,人活到七十岁,就活到狗的年龄了。

(选自《河南民间故事集成·桐柏县卷》)

讲述人:杨培义
采录人:马卉欣
流传地区:河南南阳一带

【点评】

　　本篇是解释人的起源及生命历程的神话。其中反映了人与动物不分或互转、人可与动物同寿的观念。

　　盘古带领马、牛、狗向天爷请求赐寿,说明玉帝高于一切。盘古开天后,造人畜,却不知各自的寿限能有多久。

　　人得到二十岁,和狗的寿限相同。可见当时人还和动物没有什么区别。只是因为马、牛、狗嫌自己苦,不愿活那么久,各让出自己原有岁数的一半,如马、牛原来得到四十岁,各让出二十岁,狗原要活二十岁,让出十岁。人得了马、牛、狗的五十岁。这个解释说明:人比马、牛原要活的岁数都少,仅被给二十岁。在世上又要什么都干,还吃饭。而马吃料,牛吃草,狗吃屎,都嫌又苦又受罪,不愿多活。盘古向天帝求情,人才活七十岁的。

　　本篇反映的人与动物之间,并无多大区别,这是动物与人互转的神话,也说明古时人的生长期短暂,平均寿命短少的生理的特点。

38. 盘古和猴子［桐柏县］

　　盘古爷和盘古奶滚磨的时候,山摇地动,轰轰乱响。

　　这时候,一个老母猴和一个老公猴领着一群小猴正在山上转,一听到这轰隆的声音,一个个都捂着耳朵,吓得围到老母猴跟前。老公猴一看,是两盘石磨在往一处滚,滚到了一起,还待合不合的。这个老公猴叫这些小猴们跑去看磨。到了磨停的地方,这个站这边,那个站那边,踩着磨乱蹦乱跳。一会儿,两磨"咔噔"一下合住了,合得严严的。

　　这两扇磨一合,二人结为夫妻,一块儿开天,一块儿造地。猴子跟盘古爷盘古奶是近邻,都在这一片山上住;猴子因合磨又成了盘古爷盘古奶的大媒,两下相处很好,经常在一起。

　　老公猴和老母猴原住在天上,公猴原是天将的一个娃,老母猴是天将的一个姐。他俩违犯天条,偷吃了灵丹妙药,被罚到地上。他俩偷吃的药一直藏在各自的胆内。为了不让这些灵药消化,他俩薅了猴毛在嘴里含了七七四十九天,化作猴娃,为他俩采摘山楂、人参、山草药,还有别的野果。吃足吃够,气码十足,就把那些灵丹吐出来,放在树洞里。

　　那时候,猴子经常看到好多龙来和盘古爷盘古奶斗。盘古爷盘古奶和龙在山上斗,在水里斗,就是不离开这盘古山。一次,一只龙的爪子抓伤了盘古爷的背。盘古奶干急,没办法。猴子知道了,就带着那点灵丹妙药来给盘古爷治伤。

猴子是被贬到这里的嘛,总想在天底下办点好事。先前是无意中为盘古爷盘古奶做了媒,这又遇上恶龙欺侮他们,猴子想在除恶扬善中帮盘古爷和盘古奶一把,就赶紧把药从树洞中拿来。

他们找些山草药和灵丹一起嚼,嚼得稀糊糊的,biá(方言,无字,意为"贴")在了盘古爷的伤处,又 biá 糊子,又喝点草药,还没全好。老公猴生怕盘古爷的伤不全好,龙再来咋办呢?要是龙占了天下,遍地成水,猴咋办呢?为了让盘古爷早日痊愈,就把自己的胆汁吐了出来,让盘古爷喝。盘古爷张开嘴让老公猴为他注入胆汁。从此盘古爷的病情渐渐好转,老公猴的身体渐渐不行了。

九条龙又下来,知道了盘古爷的外伤和内伤都是猴子帮忙治的,就喷火扯闪,烧了这道山沟。这道沟全烧成了黑乎乎的。现在,盘古山以南还保留着"黑山沟"的地名。

猴子呢?跑的跑,死的死。两个老猴从火中跑出不远老公猴就死了。盘古爷和盘古奶为了不忘老公猴的大恩,用土把老公猴的尸体盖了盖。后人称这座山叫"猴山"。

九条龙恶得厉害,吸来好多水,盘古山下边成了一片汪洋。

盘古爷伤好以后和盘古奶一起斗龙,老母猴胆内完好,没伤元气,还很有力,也一起斗龙。盘古爷拿神斧,盘古奶拉藤条,老母猴还骑到龙尾巴上乱咬。盘古爷一气之下,把九条恶龙都捆起来,坐在屁股底下。这座山既叫盘古山,又叫九龙山。盘古爷在这座山降住九条龙嘛!

讲述人:李天刚,男,22岁,中专文化,教师,住河南桐柏县二郎山六里村上褚组
录音:马卉欣　殷润璞
采录整理:马卉欣
采录时间:1989年农历三月三
采录地点:桐柏县盘古山盘古神话说讲会

[附注]李天刚住在盘古山南山脚下,该故事是他小时听他爷讲的。当初他爷主要是介绍周围几座山,如黑山沟、猴山、盘古山的来历时讲的这则神话。

【点评】

本篇系远古洪荒时期盘古兄妹婚的转型过程。盘古兄妹原在高山丛林修炼,

互不相知。各自从所在云端下来在森林合处。各自滚下坐的石磨,自然相合。猴子相助,使二人成婚,共同战胜恶龙,过上人的生活。

本篇比较原始,盘古二人并非在灾难后的结合。猴子起了帮助二人结婚的保护神的作用。

本篇是兄妹婚的异体。当时,还是处于兄妹族内婚向族外婚自然过渡的形态,滚磨即有实现占卜天意的内涵。

总的看,盘古创世是在天帝意旨下进行的,其中道教神格易位十分明显。这一中原神话演变的特色的突出,值得探索其间的规律。因为这是我国中原地区魏晋以后道教盛行的大文化环境决定的。

39. 捏 面 人［桐柏县］

很古很古的时候,天上下来一男一女两个人,在大地上扎根立业,创造了世界。那么大的地方,只有两个人,咋能管得过来呢?他俩捏了些面人在锅里蒸起来。第一锅,他俩生怕蒸不熟,火大了一点,把面人蒸成黑的了,第一锅面人落地就成了黑种人;第二锅,他俩生怕再蒸过火了,就少蒸了一会儿,锅盖一掀,面人还没变色,第二锅面人落地,就成了白种人;第三锅,他俩用小小的火多烧了一会儿,一掀开锅呀,他俩高兴极了,一个抱男的,一个抱女的,落地就会喊爹叫妈。这第三锅面人呀颜色不黑也不白,黄澄澄的,就和仙女一样色,这就是黄种人。二人只顾照管第三锅出世的黄种人哩,黑种人和白种人生气地跑远了,居住到很远很远的地方了。

讲述人:朱学顺,男,31岁,农民,初中文化,住河南桐柏县城郊乡
采录整理:马卉欣

［附注］《捏面人》并不古老,"锅"就是见证。据河南新郑市博物馆收藏的出土文物证实,早在裴李冈文化时期,锅的雏形——陶缶已经出现。这就可以见证,这则神话产生的地点不是在国外,而是在中国的中原。其理由一是作品是以"黄色"为理想肤色,如果是产生于非洲沙漠地带,肯定以"黑色"为理想肤色。二是作品中"天上下来一男一女"的说法与中原盘古山神话是一致的。三是桐柏山现在仍有蒸面人的习俗。如:某家丢了贵重东西,失主认为是近邻某人做了贼,就蒸一面人,放在十字路口,对准被怀疑为"贼"的方向,用开水边浇边骂,如准,做贼人三天内身上起泡。

【点评】

  本篇为桐柏山区盘古造人的另一变体和异文。

  兄妹二人"捏面人"是"捏泥人"的异体。它说明能用锅蒸面人有两层文化含义：一是面人被蒸后就可活起来，这是和吹气的功用一样，是原人巫术观念的产物。它可以用某一超自然的手段产生非常见的奇幻效果：面人被蒸熟就活了。二是在生活中出现锅这种生活用具，最早在新石器时代的文化水平的情况下才有可能。这里反映了原始先民的物质文化的发展程度。

  本篇男女二人出现，应是兄妹婚（如盘古兄妹、伏羲女娲）的族内婚时期的作品。

  此神话中解释不同人种来源于蒸面人时的火候不同的原因，有其自然物质的因素，也有原人用火蒸面食的技术成熟程度的因素，也是北方中原以面食为主的生活习俗的特点。

  本篇中对黑、白、黄三种种族人的形成原因的解释，自然是随意幻想的结果。更值得注意的是，对于世界上几大洲人种肤色的差异的认识，应是中外交通比较发达的近世的事情。因此，在原始社会，中国居住的人不可能知道世界各民族的肤色特征。因此，本篇显然是在近世演化中出现的，带有附会的因素，其中心应是中国黄种人的自尊心。把中原说成是世界各地人种起源的中心这一观念，并不科学。

40. 盘古姐弟造人七千［桐柏县］

  盘古爷姓古，叫古瑞，他姐叫古凤。他俩小时候上学，就是一起去，一起回。学校离他们住那个村有二三里路，中间隔一个大坡。一个夏天，下了一场大雨，山也被大水冲垮了。山一垮，露出个大大的石狮子。多大呢？半间屋子那么大。卧着，头朝下边望的架势。狮子头前边有条小路，很窄。他姐弟俩上学总得路过那里。路窄，得侧着膀子过，招呼不好得摔跤。他们两个走到石狮子跟前，恐怕把路踩垮了，就绕着走，说："别把路踩坏了，一坏呀，石狮子就坐不稳了。"还说："绕路得走快点，免得耽误功课，老师不喜欢，对不起妈妈。"

  一次，突然石狮子说话了，它说："慢！走近路吧！路宽了。"话音刚落，小路变宽了。盘古爷姐弟俩，赶紧跑到石狮子脸前，作了个揖，并说："谢谢狮子公公！"石狮子说："别谢！天底下好心人要得好报应。你姐弟俩就是最好的人。天马上就塌，地立刻就陷。这九天里你们忙往我嘴里放馍、倒粮食，见我两眼球一红，就叫你全家进到我肚里。"

盘古爷姐弟俩照办了。石狮子眼球发红的时候,找不着他妈了。一个庄儿,就他一家,往哪儿去找呢?找着、找着,石狮子发出了好大、好大的叫声。天也黑了。盘古爷姐弟俩赶紧往石狮子跟前跑,刚钻到肚里,大水可上来了。

他俩在石狮肚里过了一百天,大雨停了。石狮子把他俩吐出来,还吐出些粮食籽儿,还说:"你们拿上我的两只眼珠,啥就不怕了。"

盘古爷姐弟俩拿着粮食籽儿和两只红宝珠往狮子背上一站,见盘古山下边,他们原来种地的地方,有九条龙在翻滚。他俩把宝珠一亮,九条龙就趴下去不动了,变成了山包。

他俩拿着石狮子爪子当工具种地,还有粮食籽儿当种,又重新生活起来。

盘古爷姐弟俩一饿不着了,就开始造人。一气造了七千。一半男的,一半女的。为啥造七千呢?世界上七大洲,每个洲分去一千呗。造着造着,风来了;造着造着,雨来了。姐弟俩忙往屋里收,收慌了,碰的、挤的、摔的,残疾人也出来了。

盘古爷和盘古奶把两只红宝珠化成水,往泥巴人身上一洒,灵气都有了。跑啊,喊爹喊妈呀,都成真人了。

讲述人:刘国山,男,60岁,农民,小学文化程度,住桐柏县二郎山李沟村黄楝沟
录音:马卉欣 殷润璞
采录整理:马卉欣
采录时间:1989年农历三月三
采录地点:桐柏县盘古山盘古神话说讲会

【点评】

本篇系桐柏山区盘古兄妹"灾难重演"后繁衍人类型神话遗存。其中所说二人一同去学校上学,就是灾前已是文明社会的标志。这类神话,在中原相当普遍。

石狮子作为兄妹保护神(或图腾,这里的石狮子给兄妹修塌的山路,要二人在肚子里避灾,其眼珠红是信号),让二人在洪水到来时,藏在它肚子里,出来时,给二人粮种和眼珠;这红眼珠可以制服九条龙兴起的洪水灾害,二人捏了七千泥人,二人把狮子红眼珠化成水,往泥人身上一洒,泥人就都活了。石狮眼珠的巫术性能很强。

盘古兄妹造的七千泥人(男女各半),分到世界上七大洲去生活。从时间上讲,恐怕在人们知道世界有七大洲之前,不可能有此情节。这同通过"蒸面人""捏泥

人"解释世界不同人种肤色的说法,应该都不是原人的知识和思维模式所可能具备的。它显然是后来人的衍化、演义。实际上,在神话的演变过程中,经常渗入后来不同时期的思想、观念、信仰、事物等,都是正常现象。

本篇是由原始术数观念、文明社会的事象(学校教育),又由近代的人种和地域观念等等组成的混合物。

41. 人管天下[桐柏县]

古时候,人王和雷公、金龙、老虎是兄弟,雷公排行老大,人王是老二,虎是老三,龙是老幺。起初,兄弟四人互敬互爱,和和睦睦过日子。后来,食物享用不均,闹翻了脸,一个不服一个,争着掌管天下,争来吵去没法了,就找天神评理。天神叫他们在山顶上盖间草屋,弟兄四个都住在草屋里,哪个能把那三个赶出草屋,就算他的本事大,天下让他管。

幺弟龙朝着雷公喊:"雷大哥,你是长兄,带个头,先来比试一下。"老虎一听心里着了慌,他想:雷公本事比自个儿厉害,先让他动手,不是该他坐江山了嘛,哪里还有我的份呢!先下手为强,要是一下子赶走了他们仨,天下就归我了。主意拿定后,老虎一跃身子,抢先跳出了门,在门外用爪子"唰唰"抓墙壁,又摆着尾巴,把门拍得"啪啪"直响,还吼叫着,震得耳朵发麻。三兄弟没被老虎赶出来,还哈哈大笑。老虎没法了,只好气鼓鼓地钻进草屋。

雷公对老虎说:"你这算啥本事!"说着,他蹦出草棚,腾云驾雾,打着雷,扯着闪,雷声震得屋子乱晃,闪电照得人和老虎眼都花了。雷公下这么大的劲儿,也没有见谁从屋子里跑出来。

第三个显本事的是金龙。他二话不说,身子一伸,出屋了。雷公和老虎知道金龙有两招儿,都有点怕,人还是坐在那儿像没事一样。金龙跑得老远老远,运足气,接二连三地吹几口大气,一时狂风四起,遍地飞沙走石,那间草屋震得要塌,金龙又飞到天上,张开大嘴一吐,大雨哗哗啦啦地泼了下来。狂风把草屋吹得破破烂烂,遮不住风,也挡不住雨了。老虎的毛被雨水淋透了,夹住尾巴钻到桌子底下;雷公也慌了手脚,躲到了墙角起。人呢,一点害怕的劲儿也没有。金龙这样闹了一大阵,得意地回到草屋里,一见弟儿仨一个也不少,倒把他累得缩卷着身子瘫在了地上。

最后轮到人王了。人王站起身来,准备往外走,雷公说:"我和金龙、老虎都不行,你这个最小的个子还能比俺们强!别瞎费力气了。依我看,我们四个平分天下吧!"人王没搭腔,只是笑了笑。他走出门外,捡来一捆一捆的柴火,堆在屋子一圈,掏出两块小石头,用力擦了几下,冒出了火星子,柴草燃着了,烟也大,火也大,不大一会儿,一团一团的火苗直往屋里窜。草屋烧着了,老虎烧得毛焦火辣,窜了出来,跑到深林子里。雷公不怕烧,也被浓烟呛得睁不开眼,喘不过气儿,跑出草屋,腾云飞到天上了。幺弟弟金龙能忍耐一些,过了一阵子,火越烧越大,烧得他鳞片都卷了起来,只好摇着头,摆着尾巴出了门儿,一头扎进了深潭。

四兄弟争天下,最后还是人王赢了。天神哈哈大笑,就把管理天下的大权交给了人。

讲述人:刘昌国(刘英的父亲),农民
采录人:刘英
采录时间:1986年2月7日
采录地点:桐柏县吴城乡阎庄村

【点评】

本篇属桐柏山区带有寓言性质的原始神话遗存。它反映了原始社会人与自然(含野兽、神祇)斗争获胜,成为人类社会主宰的深意。

原始社会初期人与鸟、兽、虫、鱼杂处,尚不能与自然区分开来。因此,人兽不分的观念很普遍。人可以变兽,兽也可以变人。人兽之间没有什么界限,兽、神都可以人格化,可以交流语言。人之所以驱使、食用动物,主要取决于人的智慧和能制造工具。在这个漫长过程中,人成了世界万物之灵长和社会和自然界的主宰者。天神用比智慧进行裁决,实际是客观规律的形象化。

人到了这样的时期,才从动物和自然中脱离出来,从而逐步认识了自己存在的价值。这便是人为万物之灵的物质基础。

在安阳《清凉山的传说》有关女娲造人的神话遗存中,最后天帝传旨:神主宰天宫,人主宰社会生活,龙主宰地下,从此,人成了一切的主宰,万物(兽类、龙鱼等等)都为人服务和驱使、享用。本篇的深层含义与之十分相似,都属人的起源的民间神话遗存。

42. 盘古造水牛[桐柏县]

相传,盘古开天辟地以后,有个叫田的人来找盘古奶。

盘古奶说:"田啊,找我有啥事儿呀?"

田说:"你驯的牛,在水田不能使呀!"

盘古奶说:"要能在水里使的牛?"

田说:"嗯!"

盘古奶闭上眼,想了想,说:"去,下田里搬乌泥来。"

田下田里搬乌泥,搬了七七四十九趟,堆了好大一堆。

盘古奶说:"好了!我来捏一头水牛吧!"她抓起乌泥,先捏了个牛头,再捏牛身子,又捏了四条粗壮的牛腿,最后又捏了一条尾巴插到牛屁股上,捏呀捏呀,捏捏毁毁,毁毁捏捏,捏了七七四十九次,一头大水牛捏成了!

盘古奶左看看,右看看,好像还缺点啥,她想:要是猛兽来了,只是两只短角,水牛不能抵挡啊!她又用硬泥捏了两只长长的角。捏呀捏,两只角像两根直直的木桩子,安在了牛头上。

田问:"盘古奶,水牛咋不会叫呀?"

盘古奶说:"从嘴里掏出点泥,有了喉咙就会叫。"

田说:"我来掏吧?"

盘古奶说:"中!"田掰开水牛嘴,盘古奶说:"忙掏!"田为了记住盘古奶的话,边掰嘴边掏泥,念叨说:"忙——忙——忙——"一疙瘩泥掏出来。水牛"哞——"的一声叫起来。水牛会叫了,叫声惊天动地哩!水牛就是不会动。盘古奶急得直冒汗,一滴滴汗珠子掉到了牛鼻子上,直到现在,水牛鼻子还是湿漉漉的。

这时,盘古爷从外边回来了。他一看盘古奶急的样子,就问:"急啥哩?"

"捏了个水牛不会动。"

盘古爷顺手取下一条葛藤鞭,噼里啪啦打三鞭,水牛扬了扬头。噼里啪啦又打了三鞭,牛"呼隆"站了起来!盘古爷一扬鞭,啪啪啪又是三鞭,大水牛"哞——"的一声,窜了丈把远。

天下有了水牛,个子又高又大,腰有磨盘粗,四蹄赛石墩。叫一声,山摇地动,把人们的耳朵都震聋了。人们可害怕它呀!听见它的吼叫都捂上耳朵,看见它来了,就慌忙躲起来。谁想驯服它,它就晃着两只角迎上来。

人们都找盘古爷和盘古奶诉水牛的苦。

盘古奶说:"这水牛力大能干活,要是一抟顺①就好了啊!"说着,她就去抓牛,水牛不服,角来回晃起来。盘古奶说:"是我!是我!是我!我我……"水牛一听是造它的盘古奶,就老老实实地不敢动了。至今,人让牛站住时还"我!我!我!"地叫着。

---

① 抟顺:方言,乖乖依从的意思。

盘古奶一见水牛站住了,就念咒:"六、五、四、三、二、一,水牛由大变小的。"话一落地,大水牛真的变小了。

水牛变小了,两只角还是多粗多长,水牛的习性还没有变。盘古爷从外边回来,上去抓住水牛角,使劲一窝,水牛又"哞哞"地吼叫起来,连盘古爷也嫌水牛叫声太大。盘古奶抓了两把乌泥,塞到水牛嘴里,想把水牛的粗喉咙堵细些。盘古奶又用一根白布条儿一勒,泥疙瘩固定了。至今桐柏山的水牛脖子上还有一道白印子。白布条儿勒好后,盘古爷问:"塞几下儿了?"盘古奶说:"贰儿!"盘古爷没听清,又问:"几下儿?"盘古奶一连说了几个"贰儿"。她这一说,水牛学会了,现在水牛叫唤还是"贰儿、贰儿"。

盘古奶从头上拔下金簪子,一下子把牛鼻子攥了个眼儿,站在一边儿的田忙折了个树枝儿,捏成三角形穿到水牛鼻子上,绑上了一根绳子,能牵着牛鼻子,让牛老实地跟着人走。至今人们牵牛,还是牵鼻子。

盘古爷力气大,抓住牛角窝了好一会儿,等穿好牛鼻子后,松手一看,把那又粗又长的水牛角也给窝弯了。

盘古奶拍拍水牛,说:"去吧,好好和人做伴,听人们的话,去喝田水、吃田草。"

水牛听走了音,把盘古奶的话当成了"喝甜水,吃甜草",高高兴兴地跟着田走了。

讲述人:王王氏,九十四岁,桐柏县毛集镇人
采录整理:甘心田

【点评】

本篇属桐柏山区盘古创世造物,驯养野牛的文化英雄神话。

盘古造水牛是长江流域楚文化特色的反映。桐柏山属淮河流域稻作水田农作物的文化环境。

水牛是水田耕作的主要生产力的一部分,因此,原人盼望解释水牛如何驯养及其特殊性能。

本篇通过从幻想中创造水牛的形体特征、叫声等构思出来水牛的文化价值:没有水牛,便没有稻作的发展。

本篇所采用的让盘古奶用稻田的泥捏造水牛的简单形体特征,盘古让水牛活起来,并使其形体更适合水田作业,实际也是牲畜如何适应特定地区生产活动需要的过程。

水牛能活起来和盘古用神鞭发挥巫术的作用密切相关,其中的原始神话意识十分形象、具体。

盘古的形象,除了具备开天辟地的伟大力量和智慧,同样也是文化创造的英雄。这是桐柏盘古神话体系的独具地域色彩的神话遗存。

43. 盘古的仨牲口 [桐柏县]

盘古开始种地时,没有牲口使唤。一天,盘古爷见一只老八子①打食儿,就问:"老八子!你干啥呀?"老八子说:"我打食儿呀!"盘古爷说:"你要给我拉犁耕田,我就管你吃,管你喝。"老八子一听就答应了。

老八子干活很掏力,耙呀、犁呀都中,时间一长,就受不了啦,干着急,没法对盘古爷推辞。

那一天,老八子累得受不了啦,就扯故上山玩玩。它说:"盘古爷呀!这两天我想上山打点食儿,改改胃口儿。"盘古爷答应了。

老八子正在山上转着玩哩,咋见了恁大个东西,它上前搭话,说:"喂!你叫啥呀?""我叫老水牛!""咦!肯定力气比我大,咱俩拜个弟兄吧!"水牛说:"中!"这一攀,那一攀,老水牛成了大哥,老八子成了八弟。老八子放心了,它想:我让它到盘古爷那儿替我,肯定中,恁大的个儿,盘古爷肯定要它。

老八子对水牛说:"水牛大哥,你在深山野洼里多孤寥哇!咱到盘古爷那里玩玩,中吧?"水牛说:"中!"

不大一会儿见到盘古爷。老八子说:"盘古爷呀!我大哥来替我来了,它来捎个信儿,家里的妻子老小让我回去看看再来!"盘古爷一看水牛那个子,就答应了。他笑着摸了摸水牛,说:"你八兄弟回去看看,你先干几天,吃的、喝的你别愁!"

盘古一松口,老八子哧溜儿窜进林子里了。从那儿以后,老八子见人就躲,有人说这是怕人还拉它干活;有人说老八子论理,给人当过朋友、搁过伙计,就不会害人。现在,人在深山林子里哼着路戏儿走路,老八子背着你跟着听戏,也不露面叫人害怕。它卧在路口,行人猛然碰见它,也莫害怕,只要说:"八大哥呀八大哥,我让路,你别咬我。"它就不咬你,还让路,可通人性啊!

老八子走后,盘古爷看着水牛犯了愁:那么大的牲口,我招呼不住咋办呢!他砍了个尖棍子,趁水牛不防,在它鼻子上攮了进去。后人称这是"牛鼻圈子"。

一天,老水牛在山边吃草,看见了老八子,就说:"八兄弟呀八兄弟,这样重的活

---

① 老八子:豹子的俗名。

你不干,让我落个牛鼻圈儿。妈——"叫着蹿了上去。老八子一爪子跳过山涧跑了。一直到现在,老八子还怕老水牛,哪怕是听见放牛娃吹水牛角,就吓得跑。水牛"妈——"的这声,是带着怨气骂的,声音大得很,大得啥劲呢?老天爷下来看景致,看到高兴时,这一声把他给吓死过去了。这咋办呢?王母娘娘在天上打了个喷嚏,知道老天爷在下边有难,眨眼工夫到了这里,治好了老天爷,王母娘娘知道是怨水牛叫声太大,就解开裹脚把水牛脖子缠了一下。打这儿,水牛脖子上就有一道白印,叫声也小多了。

老天爷和王母走后,盘古爷过意不去,就差水牛到天上去赔个不是。水牛到天上去给老天爷赔礼,见了恁多黄牛,就上前搭话,说:"咱都是牛,是一家子,一块儿到天下去玩玩好吧?"水牛还说:"天上都是神,牛是下力的多苦哇!天底下的,是槽上吃食儿,橛上蹭痒儿,铺的黄胶被子,还吃甜草,喝甜水,得劲①极了。"黄牛答应了,跟着老水牛,来到地上了。

老水牛对盘古爷说:"盘古爷!俺弟弟来帮忙来了!"盘古爷照样给黄牛攥了个鼻圈子。

盘古爷说:"水牛请来了黄牛有功,从今以后不上大坡吃草,就在河边、田边吃吧!"一直到现在,水牛很少上山吃草。黄牛干了几天后,才知道水牛是找自己替它干活哩,哪里有黄胶被子呢?铺黄胶被子就是卧在黄胶泥窝里呀!哪里是甜草、甜水呢?甜草、甜水不就是田里的草和水嘛!槽上吃食儿,橛上蹭痒不就是整天得拴着怕跑了吗!直到现在,黄牛还好长出一口气,"哼——"的一声才卧下。

讲述人:刘中林,男,56岁,农民,桐柏县洪仪河乡仓层村人
采录整理:周君立
采录时间:1986年8月30日
流传地区:桐柏一带

【点评】

本篇是盘古山动物神话遗存。其主旨在于表现原人为了发展农业生产,如何驯养牲畜,开发畜力资源的艰辛。同时,从驯养耕地的豹子、水牛和黄牛的过程中,体察它们的形体特征、习性、功用等,使之逐渐起到提高生产力的作用。

本篇从把动物人格化的社会人际(含牲畜)关系的描述,到展现社会世相的面

---

① 得劲:舒服的意思。

貌,完成表达深层蕴藏文化价值意识的任务。

本篇虽然表现了盘古大神创世和发展生产的艰辛,但却不是以神祇的身份和面目出现的。它的"世俗化"特点突出,没有涉及与神国天帝的纠葛,比较接近原始动物神话形态。

这是一篇盘古山盘古神话珍品。其中在洪荒时期,部落酋长为开发生产表现出巨大的毅力和智慧;禽兽终于在人类面前被驯服,并为发展生产起到重要作用。人和动物的区别,就在于人能制造工具,改造世界,而驯服禽兽也是极其重要的内容。其中朴素的唯物辩证法的思维能力就显得极为可贵。

44. 盘古造字[桐柏县]

当初,盘古出世那时期,男女还不知道婚姻嫁娶。男女双方见了面,彼此爱慕,没法表达心事,男的就两手一举,大喊一声:"挼(ruá)"!女的如果点头同意,就可结为夫妻。

后来,男的觉着喊叫不方便,就只用手向女方比划一下希望结合的手势,女的只要同意,就可成亲。

再往后,男的见了女的,既不喊叫,又不比手势,只在地上画一个"㜎"①的符号,女的点头同意了,二人就可结为夫妇。这个"㜎"符号念"ruá"!就是人类的第一个字。造这个字的人就是盘古。

讲述人:陈鸣声,男,45岁,桐柏县文化局长
采录人:马卉欣,男,40岁,桐柏县文化馆干部
采录时间:1985年11月
采录地点:桐柏县文化馆

【点评】

本篇属原始文化创造神话遗存。它是桐柏盘古山区神话系统的组成部分之一。

本篇从最早的文字创造过程中,表现出原人潜在的不自觉意识。第一,是从基

---

① "㜎",甲骨文为"申",与"神"通。此字涉及婚事,乃人生第一件神圣大事。

于原人生存、繁衍的实用功能出发,产生男女结合的需要成了文字创造的第一原因。第二,从最早的呼喊征得女方同意即可结合,到以手势代替喊声,最后采用画符号征求女方同意结合。其内在心理的表现方式的变化,正显示了人的审美思维的情感发展特征。第三,最早出现这一求婚的字所具有的原人生殖意识是人类生存、发展第一需要的内涵。字形就表示互相同心相联结的深层含义。第四,从字形看应是最早的象形文字的萌芽。第五,这第一个字从甲骨文中知道是"申""神"的严肃、神圣的含义。人生最神圣的事当首推婚姻。人类出现文字的过程,实际也是后来结婚仪式演变的萌芽阶段。男女婚仪的产生,在文明社会,逐渐成为部落、家族中的社会生活的一部分。

第一个字"✦"字的出现,实际是中间介绍的"媒红""高媒"的开始。以后媒的出现,就是保护神产生的缘起,像洪水神话中的龙鱼、石狮、天神等等,到了后来,就形成了一套完善的婚嫁习俗、婚媒介绍、写婚书、送婚期、迎娶等程序,婚姻始趋于完备。因此,探索此字出现的文化价值很高。以后的仓颉造字,基本也是如此。

【附录】

人类第一个字[桐柏县]

人在最早的时候,女人很少,男人见到女人很稀奇,见面时发出一声惊叫:"挼(音ruá)——"

喊叫"挼"的同时,手势是双手从心口往两边一挥,就往前靠拢。女方要是对这个男子有结合的兴儿,一点头,男女就同居了。

时间长了,有的男子不想让别人听到男女要接触的喊声,有的是嗓子有了毛病,见了女子不再喊挼,在地上画个符号,代替"挼"的声音。女人见到这个符号要是点点头,微笑一下,也算二人行了。

这个符号是"✦",发音是"挼ruá"。从字面上看是有勾扯和纽带联系的意思。这样,就产生了人类历史上的第一个字——"✦"。

讲述人:汪连成,男,72岁,离休老师
采录整理:马卉欣

45. 盘古兄妹繁衍子孙的传说［泌阳县］

远古时候,天底下只有盘古兄妹二人,除了他二人没有男女姻缘,更不会发展人类。玉帝破例让他们兄妹结婚,兄妹不允。玉帝就派天神下凡,让其兄妹滚磨成亲,结为夫妻,繁衍子孙。所以至今夫妻间还称为姊妹。

他们住在盘古山顶,在山下种了许多五谷杂粮。在农活闲暇之时,他们还想办法制造些生产工具。由于兄妹辛勤劳动,日子过得十分美满。可是,天地之大,竟无人耕种。他夫妻二人膝下又无子女很是着急。一日盘古奶腹中酸痛难忍,就要临产。盘古爷喜出望外,采集了很多鲜果给盘古奶吃。待盘古奶产下一看,原来是一个肉疙瘩。盘古兄妹都很丧气。盘古一怒之下将肉疙瘩背到北山坡下挖窑埋了。回来后一边安慰盘古奶,一边调养她的身体。俩人同心协力继续在山上种树,在山下种粮,在水边种菜。时间一晃又是一年,盘古奶已怀孕十来个月,又将要临产了。这时盘古夫妇又喜又怕。喜的是要添儿女了,怕的是再生一个肉疙瘩。心里像十五个吊桶打水——七上八下。俗话说:"怕处有鬼。"盘古奶真的又生了一个肉疙瘩。她羞愧地想:近亲结婚真不好,一气之下自己跑到西大山去了。这就是近亲生怪胎的缘故。

盘古寻思:这是什么怪物如此欺人,把妻子也给气走了。他边想边拿来砍柴刀,朝肉疙瘩用力砍去。这一砍不要紧,一窝白胖的女孩,活蹦乱跳地窜出来。盘古爷惊喜得发狂,不多一会儿,一群小姑娘都会说话了。她们上前拉胳膊扯腿,围着盘古叫爹闹娘,盘古喜得合不拢嘴,一个一个地数了起来,没整没零的一百个。盘古用秤一个个地秤了一遍,每个女孩都是十斤。他心中一合计,一百个就是千斤,演变到今,人们都叫女孩为"千金小姐"。

盘古后悔第一个肉疙瘩不该埋掉,他随即到北山坡把第一个肉疙瘩从地底下挖出来,也用柴刀划开。一看,里面是一群男孩,盘古一数也是一百个。盘古随即说道:"这些男孩能活到现在是'百神'相助吧!"从此在这里盖了个"百神庙"。百神庙村也由此得名。

这一百对男女孩子,很快就长大了。他们主动要活干。盘古爷把他们分配成一百对。有看杨树的,有看桃树的,有看石头的,看菜的,也有管河、管湖的……这一百对孩子,谁看管什么,就叫谁什么名姓,由此产生了"百家姓"。

盘古爷至今还在关怀着山周围的人们,每年他要为这里的百姓降三场私雨。据传说,凡是不打雷的雨,都是盘古爷下的私雨。有了盘古爷的私雨,这里庄稼没有绝收过。过去四面八方来逃荒的人总是来这里讨饭。因此,人们流传着:"出门走一千,仍回盘古山。""紧搬慢搬不能离开盘古山。"这里是气候温和,雨水调匀,旱涝保收的好地方。

讲述人:王礼卿,男,58岁,汉族,县科协主任
采录整理:刘广启,男,31岁,汉族,陈庄乡文化站专干

【点评】

  本篇是泌阳地区流传的兄妹婚繁衍人类的单一型神话遗存。其中主宰人类繁衍的是玉帝。盘古兄妹虽不愿意近亲结婚,但天意难违,滚磨成亲,便是"天意"(人类本身生存、发展的需要)。玉帝介入,起到保护神作用,可以看出道教思想渗入的事实。
  本篇的盘古奶生怪胎,被解释为近亲结婚之弊,恐非本意。盘古奶出走,另外的异文说成兄妹婚违背人伦害羞才去西大山的,比较可信。实际是一胎多子的特殊现象。"百神佑子",有了百对男女繁衍人类,从此有了百家姓,这是中原地区的人种起源的观念。
  对生怪胎("肉疙瘩""肉球"等)不应认为是对兄妹婚乱伦的惩戒,而是带有肯定婚姻史上"族内婚"的合理性的事实,是自然发展必经的进程。而这种观念又是通过"百神佑子"的超自然力的实现来确定的。
  本篇中关于姓氏确定方式,以各自从事的生产对象的不同而定的情节与西南苗瑶的婚俗相近,很可能是在民族迁徙中,从中原带往各地的。
  本篇繁衍子孙的特点,属人类正常生育现象,而不是通过巫术手段捏泥实现。可见其更加人情世俗化和现实化,不属于远古比较原始的神话遗存。从本地区存在的捏泥人生育观来看,应该是多元的。
  本篇的语言不是口头语言,明显有知识分子的语言(文言语词)习惯,自然有失去民间风味的不足之处。

46. 滚磨成亲[泌阳县]

  一天晚上,兄妹二人在草棚外乘凉,从东南方向飘来一朵白云,心感惊奇。只见这朵白云金光闪闪,越来越近,渐渐地看清了上面站着一位身穿蟒袍、头戴红缨帽的大将,兄妹吓得战战兢兢,忙跪倒在地上不停地磕头。惊恐间,听到人语:"我

乃石狮也,奉玉帝之命再次下凡传旨,命你俩成婚,繁衍后代,让子孙传遍世界,主宰世上万物。"

盘古一听,十分生气地说:"让我们兄妹成亲,断难从命!"

石狮子说:"盘古呀!天地之大,万物之多,没有不死之树,也没有不谢之花;没有长生之人,更无不败之家。万物都得生生死死,新陈代谢。天地之间,只有你兄妹二人,孤阴外不生,孤阳外不长。只有阴阳相配合,子孙才会满堂。你兄妹成亲是玉帝的旨意,不然的话,人类就得断绝。再说你兄妹到老年也需有人服侍呀!"

盘古兄妹听罢,勃然大怒:"兄妹本是同根生,同胞成亲理不通,宁愿世间人断绝,想叫成亲万不能。"

天将道:"世人大理有经传,认定死理有缺陷,为人若不长打算,落得老年后悔难。"

哥哥认为石狮子说的话似有道理,便说:"石狮相劝是良言,打破常规美名传,生下儿女膝下站,到老孝敬靠儿男。"

妹妹说:"兄妹结婚世间丑,何必苦苦劝不休,哥哥同意我不愿,何必惹我皱眉头。"

"我奉玉帝敕旨来说合,此事天意难违,于己不祥,望你俩三思。"说罢,石狮子上天宫回复玉帝去了。

第二天狮神手托两扇石磨来到盘古山顶,按落云头高声喊道:"玉帝有令,命我把这两扇磨交给你兄妹二人各一扇,你们分别站在东西两个山顶,听我口令一齐放手,让石磨自动滚下山去。两扇磨若合在一起必须成婚,若不合在一起,任你们挑选。"盘古兄妹暗想:两扇磨相距那么远,滚下去各自要经很多的沟坎,想使两扇磨合在一起,没有那么巧的事,勉强同意了。

中午,盘古兄妹各托一扇磨,分别站在两个山头上,石狮子在山上高声喊道:"放!"兄妹一齐放手,两扇磨从两个山头滚下,很快就走在同一个山谷。说也奇怪,两扇磨忽而靠近,忽而远离,一前一后地滚,滚着滚着并排前进,一直滚到盘古山东北角的小河边稳稳当当地合在一起了。妹妹气愤地看着两扇磨说:"这是你们利用神的骗术欺人,还配得当神仙吗?"说罢一脚把一扇青石磨踢出十万八千里。这扇磨落的地方起了一座大山。盘古妹妹也跟着石磨到西大山住了下来。石狮一看大怒:"你等小辈,竟敢藐视神仙,来!来!来!我与你同见玉帝!"盘古吓破了胆,忙跪下来求道:"仙人饶了妹妹吧,我一定想办法创造人类,主宰万物。请狮神回禀玉帝放心。"狮神想了一会儿,才愤愤地回天宫去了。

这时,盘古妹妹已去西大山居住,与盘古遥遥千里。这里盘古一人,非常孤独、伤感,想起了造人的事,便慌了手脚,苦苦思索繁衍后代的办法。

讲述人：陈绪堂，男，80岁，汉族，官庄乡陈楼村农民
整理：佘建方，男，54岁，汉族，县电影公司干部

【点评】

　　本篇是泌阳《盘古兄妹繁衍子孙》的另一类型。石狮子代表玉皇大帝强令兄妹滚磨成亲，从而失去原有的民间风格。

　　本篇完全为道教思想所浸染。石狮子也不为人们所喜爱。其中的语言如大讲阴阳相交有万物、有人烟的理性思维语言，也都是整理者的代言。

　　本篇中说，盘古奶坚决反对结婚，磨合也不能约束她，她把磨踢向千里外的西大山后，离开了盘古山。这和桐柏的记录说盘古兄妹婚后生子女，孩子大了问盘古奶自己的来历，盘古奶害羞才走开相比，不如后者的原始记录更合情理。

47. 盘古兄妹婚（一）[桐柏县]

　　我当小孩的时候，老辈子往下传哩。听说，盘古那时候，天塌地陷。说是天塌地陷，咋会天塌地陷呐？是因为下红雨，下了七七四十九天，这里下得没人烟了。

　　咱这儿的人是从哪里来的呢？是从山西洪洞县迁来的。

　　有姊妹俩在山上，下这么大雨，他们知道，在一起生活。

　　后来，姊妹俩说成亲，不兴成亲。那就滚磨定亲，搭顶往下滚，石磨到山底下，"啪嚓"，合住了，就成亲，合不住不成亲。那一扇滚到陕西去了，这一扇滚到大河南这儿村儿。这个村就叫大磨。一盘青磨很大，下面刻的还有花儿。

　　人们说：大磨并排过两辆车，又是怎样，传得可远了。姊妹俩没得叫成亲。

　　姊妹俩在山上咋治哩！没人烟了，就做泥巴人，往下传。这是小时候听说的，不假么！

　　做泥巴人，下雨了，拿不及，有的眼碰烂了，腿碰瘸了。所以世界上有这些人。

　　盘古山，每年三月三古来大庙会，外地来的人拧成绳往上上，打着旗，像树叶子一样，吹着响器，一班离不了一班，打着锣。再多的人，上去几十万，地方不大，再多都得下了。

　　山上盘古庙，盖的有闪棚，有卷棚，有大殿，两边有廊当，顶梁柱是石头造成。前头没墙，三间大殿，里面有盘古的像，又大又胖，泥塑的，身穿葫叶，腰束葛条，光脚丫没鞋。穷人多，没啥穿么！

讲述人：席志有，男，70岁，粗通文字
采访：河南大学"中原神话调查组"
录音：张振犁　程健君　马卉欣
采录时间：1984年12月22日
采录地点：泌阳县陈庄乡大磨村

【点评】

　　本篇是泌阳县兄妹婚的原始记录（录音）稿，属"洪水后遗民再殖人类"型的神话遗存。"灾害"原因是"下红雨"。滚磨成亲后，捏泥人，因下雨淋坏泥人，有了残疾人。

　　本篇介绍的"大磨"物证真切。盘古庙建筑和盘古像均比较原始。盘古庙会民俗翔实具有研究价值。

　　其中所说的大磨分为两处的原因，在另篇异文中认为是盘古把一扇扔西大山去了，盘古奶也离开这里走了。它反映对族内婚的非议。本篇的讲述也有矛盾。既然滚石磨合一起结婚，又说另一扇石磨滚到西大山去了。这可能与讲述人记忆有遗忘有关。另外异文的讲述更合情理。主要应是盘古奶婚后子孙问他们的父母时，她害羞，才去西大山了。

　　本篇说的"下红雨"可能与沙尘暴有关。

48. 盘古兄妹婚（二）[泌阳县]

　　古时候大磨人说，盘古从很小时候上学。有一天，走到石狮子跟前，石狮子跟他说："要天塌地陷，恁回去要让恁妈烙馍，拿来搁我这儿。天塌地陷了，恁钻我这肚子里好吃。我给恁攒着。"

　　时候长了，盘古爷给它拿的馍也不少了。回回拿，回回拿。天塌地陷了，石狮子张开嘴，他姊妹俩也钻到它的肚里去了。

　　天塌地陷之后，石狮子说："天塌地陷过去了，恁俩出来吧！"

　　盘古爷姊妹俩出来了，没人烟了，就他姊妹俩。姊妹要成亲。说是：有两盘磨，咱俩把磨滚到一块儿合住就成亲，滚不到一块儿，合不住不成亲。那一扇磨滚到陕西去了，这扇磨滚到大磨去了。这他姊妹俩算成了亲了。

　　后来，姊妹俩就捏泥巴人儿。天阴了，有的上午翻，往屋里搬。有的没有翻。

眼看搬不过来,就往一堆儿扫起来了。后来,世上好人,才是完全人,都是搬扛的;不好的,瞎的,瘸的,罗锅腰子,都是后来雨下大了,搬不及、扛不及了,用扫帚扫的人儿。

如今所说人是灰人儿,灰人儿,凭咋洗也洗不净,就是因为人原先是泥巴捏的。

以后,每年在盘古山三月三有庙会。都说盘古爷是人根之祖。会上人多得很,热闹。车从马杆岭可卸到老车场。唐县、桐柏、泌阳各县的人都来赶会。

盘古山上会时有戏,烧香的、看景致的人可多了。

天旱了,大磨街把大磨一支起来,盘古就可以下三场私雨。会罢山上有屎、尿很脏,要下一场净山雨。唱十年戏,不下雨最多三次。

讲述人:石太秀,男,66岁,识一些字,农民
采录人:马卉欣　程健君　张振犁
录音:河南大学"中原神话调查组"
采录时间:1984年12月22日
采录地点:泌阳县盘古山北麓擂鼓台村

【点评】

本篇是《盘古兄妹婚(一)》的异文,内容基本相同,采录地点相去不远。不同之处,是有了盘古兄妹上学,石狮子保护避灾,兄妹给石狮送烙馍,烙馍符合北方中原食麦子习俗。

本篇与中原其他地区一样,都属于"灾难重演型"神话遗存。此类型十分普遍,足见流传之广。

本篇所说盘古山一带雨水充足,是盘古行的私雨,说明盘古对这一带有感情。

介绍盘古山庙会后,下净山雨,应是附会演绎的情节,因为盘古爱干净。它是人们心理的表现和想象。

本篇中保护神石狮子,没有帮助兄妹滚磨成亲。对婚姻也很少有具体描述,好像不存在明确强调"测天意"的观念,只是例行习俗。

本篇在泌阳很典型。其突出特点是从内容看,与豫北、豫中等地的人祖爷与人祖奶洪水神话完全一样,只是将遗民"兄妹二人""姐弟二人""伏羲女娲"等换成了盘古兄妹罢了。这里涉及"盘古时代"与"伏羲时代"等有叠合的痕迹。似乎盘古与伏羲并无时代先后的区别。

因此,桐柏山的盘古神话具有与其他地区相同的洪水神话相融合的迹象,而与

豫北、豫西盘古神话相比,明显在时间上滞后。

49. 盘古兄妹婚(三)[社旗县]

每先时候,有个小孩儿见天上学。到半路上,见一个石狮子站在那里,张着大嘴。小孩儿说:"石狮子,你是不是要吃我?"石狮子说:"我不吃你。"小孩儿问:"那你张着嘴干什么?"石狮子说:"你只要往我嘴里放个馍我就合住了。"真个哩,这个小孩连忙把自己带的一个馍放在石狮子嘴里,石狮子的嘴也就合上了。

停了好长时间,小孩儿他姐见这个小孩儿见天多拿一个馍就不依他了。他姐嚷他说:"你见天多拿个馍给谁吃了?"小孩儿没法了,只好说:"我给了石狮子吃了。"小孩他姐又问:"石狮子还会吃馍? 我不信!"于是小孩儿就把当时情况说了一遍。他姐给他说:"你明天去了,问问它为啥吃个馍!"真个哩,小孩儿第二天上学去,在半路上见到石狮子张着口,就问:"你见天吃个馍干啥哩?"石狮子说:"再停一百天就要天塌地陷了,你谁也甭给别人说。我现在吃你的馍,都在我肚里存着哩,到一百天头上,吃了清早饭,你赶快跑来,钻到我肚子里,就不会死了。"

小孩儿回去把这话给他姐说了说。姐姐叫给她也拿去个馍。真个哩,这小孩儿见天拿去俩馍。他还有一个后娘,见天虐待他姊妹俩,他们没给她说。真个哩,到一百天头上,吃了清早饭,他俩就跑。他后娘不知是咋回事儿,就在后头撵。到石狮子跟前,小孩儿抓着拱了进去,他姐也跟着拱了进去,等到他后娘也去拱时,石狮子抓住(马上)把嘴合着了。霎时间,天咕咚呼呼塌下来了,地也陷了。他后娘也叫砸死了。

这小孩儿他姊妹俩在石狮子肚里住着,里面也有一处院子,他们拿的馍也都在屋里放着,有好馍(白馍),有花卷,也有黑馍。他们啥都吃,没事了,就用泥巴捏人玩。里面也会刮风下雨,一变天,收不及了,他们就用扫帚往屋里扫,有的眼扎瞎了,有的扫得缺胳膊少腿的。

等住了一百天,石狮子的口开了,他们往外一瞅,天也长好了,蓝丝丝的,地也长好了,平展展的。他们就出来了。出来了,也没人烟哪,咋过哩? 石狮子给他们一本书,翻开一看,上面说找个好日子叫他们结婚。兄妹咋结婚呢? 书上说弄两扇磨,东山一扇,西山一扇,往一块儿滚,要是能合住,就结婚。真个哩,他们跑到东南山(站在社旗的方位来说)弄磨一滚,真个合着了,于是他们就结婚了。一结婚,就开始生育。由于他们从前做的泥巴人啥号哩都有,生的人也各种各样,于是人又多起来了。他们俩是人类的老祖先。人们叫他盘古爷、盘古奶。

讲述人：赵成先，男，20 岁，河南大学学生
采录时间：1982 年 5 月
采录地点：南阳社旗县

【点评】

本篇除与盘古山区同类作品在内容上相同外，有以下特点：①石狮子作为盘古姐弟的保护神更明确。除帮助姐弟避灾外，还帮助二人结婚。②"测天意"的婚仪，全照石狮子送二人的书上讲的进行。③姐弟二人在灾难后共同造人，后人尊姐弟二人为人祖爷和人祖奶。④本篇是一般"灾难后人类再生型"神话与盘古神话黏合的遗存，很近于《天书像》。

50. 盘古兄妹婚（四）[桐柏县]

很早以前，有俩上学的是姊妹俩。老大是个小儿，老二是个妮儿。后来，时候长了，俩人上学走的路上，有个石狮子。他们经常走来走去。石狮子只见了他姊妹俩会说话儿，见了别人不会说话儿。

后来，石狮子跟姊妹俩说："将来有一天要大灾大难哩。到时候，恁俩藏在我的肚子里头。将来为了恁吃，这会儿要经常给我拿点馍，将来恁俩好吃。"

姊妹俩可听话儿，每天上学偷块馍，偷了一块儿都放到狮子肚里。时间一长，堆的馍也不少，数也没得了。

这一天到了，他俩就从石狮子的嘴里钻到肚子里了。后来天下大雨，没钻的人都淹死了，所有的动物都不存在了。水消了以后，只有盘古爷和盘古奶两个人。

以后，他俩在大山上度日，吃的是茅草根，穿的是葫叶，对对乎乎能穿到身上。腰里束的葛草根，叫起（勉强）能维持住生命。

后来，不对呀，世上没人了。还时盘古爷提出要求说："干脆咱俩成亲算了。"盘古奶奶不愿意。盘古爷说："那就算了。咱弄上一对磨扇子，我拿一扇从这山头上往下轱轮，你拿那一扇子从那山头上轱轮。中间一道沟，往下滚，合住了就成亲，合不住，就算了。"

两人费了很大气力，把磨弄到山脊上。弄好以后，就一路往下轱轮，到底下以后，看好合得应。两人就成亲了。

二人成了亲以后，照常度日。可是，两个人生太慢，生得快也不中。那得生多

少人!二人干脆捏泥巴人算了。

两人在盘古山上面,捏了许多人,院子里晒的都是人,整个山尖上到处都是泥巴人。突然刮大风,下大雨啦!开始没下雨,还是一个一个往里挪。这时挪不及了,没法了,就用扫帚扫。一扫扫成堆,有的胳膊扫断了,有的眼睛扫瞎了,有的腿断了。现在的瞎子、瘸子等等都是扫的了。

讲述人:刘太举,男,23岁,初中毕业,大队团支书
采录人:马卉欣　程健君　张振犁
录音:河南大学"中原神话调查组"
采录时间:1984年12月22日
采录地点:桐柏县盘古山南麓黄楝沟

【点评】

本篇除与《盘古兄妹婚》其他记录相同外,提出了一个新问题,就是原人的生殖意识除生理上男女交配生人繁衍人类外,捏泥人同样可造人类。而且不需要施加超自然的巫术外力就可让人活起来。这两种生殖功能并存的原因应是从捏泥人到男女生人逐渐过渡时期生殖意识的反映。

其中占卜天意的阻力并不太大,不像大磨村盘古兄妹非议兄妹婚的意识强烈。

51. 盘古兄妹婚(五)[桐柏县]

古时候,兄妹俩上学。天塌地陷。石狮子救盘古兄妹。

盘古与妹妹滚磨结婚时,石磨滚下去迸有火花,碰到哪里,都开花。

当时,石磨没有合严,一只乌龟走过来一碰,就到一起了。

盘古还是不答应成亲,一生气,抡起一扇石磨就扔到陕西西大山去了(有的说扔的地方是西峡、鲁山)。

盘古当时怪乌龟多事,就把龟盖砸碎了。三姑娘一见乌龟被砸了,就大哭起来。

原来,石狮子说媒,想叫盘古与妹妹结婚。盘古对妹妹说:"你能把烂龟盖兑起来,就结婚,兑不起来,就不结婚。"

果然,后来三姑娘忙了一晚上,就把乌龟盖兑成了四十五块。乌龟又活了。

这样,盘古兄妹就成了亲。

如今,人们到四十五岁,就回避,原因就是如此。

讲述人:姚义雨,男,40岁,桐柏县安棚乡农民

转述人:马卉欣,桐柏县文化馆工作人员

采录人:张振犁　程健君

录音:河南大学"中原神话调查组"

采录时间:1984年12月22日

采录地点:桐柏县招待所

【点评】

本篇与同题神话中所说的保护神石狮子(媒人),只做了部分活动,即让二人滚石磨。石磨一时合不住,是另一保护神乌龟,让石磨合一起的。

当时,盘古还不愿成亲,把一扇石磨扔到了陕西西大山(一说扔到西峡或鲁山,似更可信)。他因为怪乌龟多事,就把乌龟盖踩成四十五块。盘古妹大哭。盘古又因石狮的功劳,又提出妹妹如能把乌龟兑好就结婚,妹妹用一夜兑好龟盖四十五块,二人结了亲。

本篇保护神有两个,明显是淮阳、信阳和豫西、豫北等地以石狮和乌龟为保护神的"复合"。从中可看到桐柏此类神话的异文之间的交融痕迹。同时,也反映出人们对族内婚的态度和感情的转化过程:自然结婚→开始有→有的同意有的不同意→坚决反对。从中可以看出人类早期婚姻演变的过程。而促成这个转化的超人力量是从石狮或乌龟异议到石狮、乌龟同时参与。这种保护神的出现,乃各地异文影响的结果。这个情节移植、交叉,在盘古山出现,正是中原(豫中、豫北)与楚(信阳、淮阳)结合地带的自然产物。

本篇异文的出现具有科学价值。

52. 盘古兄妹婚(六)[桐柏县]

盘古的妹妹,原来是玉皇大帝的三女儿,见盘古开天辟地很辛苦,一个人很孤单,就下凡来到盘古山,做了盘古的妹妹,补天,一块儿过日子。

原来,天上有一个天将想娶玉皇的三姑娘为妻。玉皇三女儿不答应,倒下凡走

了。天将很生气,想惩罚盘古兄妹。

一天,这个天将趁玉皇大帝不在,就约一道人撕破天河,用洪水淹没了世界。

因此,盘古兄妹才补天的。

讲述人:黄发美,61岁,男,善讲故事,桐柏县人
转述人:马卉欣,桐柏县文化馆工作人员
采录人:张振犁　程健君
录音:河南大学"中原神话调查组"
采录时间:1984年12月22日
采录地点:桐柏县招待所

【点评】

本篇是盘古山(桐柏)盘古兄妹补天、结婚、造人神话原始材料之一。其中用天宫玉皇大帝神殿天神的恩怨之纠葛,解释天塌地陷灾害之由,乃一天将要报复玉帝三女儿和盘古,约一道人撕破天河淹没世界。这很像希腊神界爱情纠葛的纷争。

本篇把洪水灾异的出现归于道家的超人巨大影响,明显是道徒篡改的产品。这是这一地区神话的又一特色的证据。

53. 盘古兄妹婚(七)[桐柏县]

盘古爷和盘古奶成亲了,捏了好多泥人。后来,泥人都活了,就问盘古奶奶人的来历。

盘古奶奶害羞就走了。

盘古奶奶去西大山走时,前边有蛤蟆、长虫磕头送行。

据说,盘古山上有一条朝西方向的路,就是盘古奶奶下山时走的路。

讲述人:楚新余,二郎山乡文化站大河文化员
转述人:马卉欣,桐柏县文化馆工作人员
采录人:张振犁　程健君
录音:河南大学"中原神话调查组"
采录时间:1984年12月22日

采录地点:桐柏县招待所

【点评】

本篇为桐柏盘古山盘古神话的原始采录资料之一。主要解释盘古奶与盘古婚后生子,当后人问她人的来历时,她因害羞离开盘古山的问题。它反映了"族内婚"观念的演变过程:为了人类生存,当滚磨合一起时,遵"天意"成婚,但又觉不合规矩,(族内婚)有违伦理,于是采取出走的办法。

盘古山西面的一条路就是盘古奶走过的遗迹。当时,还有蛤蟆、长虫送行等遗闻,似为后来人们的附会演义。

54. 盘古兄妹婚(八)[桐柏县]

盘古兄妹上学,路上见一石狮子。

一天,石狮子叫兄妹给它带馍。二人答应,每天带两个馍放到石狮子嘴里。

过了好久,有一天,石狮子给兄妹说:"赶快钻到我的肚里来吧!要天塌地陷了。"盘古兄妹钻到石狮子肚里,每天吃过去放进的馍。

洪水过后,石狮子让二人出来。

天下这时没有人了。盘古的妹妹说:"咱俩成亲吧?"盘古不答应。他们问石狮子。石狮子让二人滚磨成亲。盘古见两块石磨合在一起了,很恼,掂一扇石磨就扔到西大山去了。

盘古兄妹成亲后,为繁衍后代人烟,就捏泥人。泥人长大了,就问人的来历。盘古奶奶害羞,不好意思说兄妹成亲,就一个和盘古爷爷分开去陕西西大山走了。

有的说,盘古奶奶去南召、鲁山了。也有的说,盘古奶奶去了豫西嵩县石门乡。那里的石磨和大磨村的磨正是一对儿。那里的人还专程来大磨村查对过石磨的情况。

每年三月三日有三至五天庙会,十分隆重,人山人海。

讲述人:马献占,男,65岁,农民
采录人:马卉欣 程健君 张振犁
录音:河南大学"中原神话调查组"
采录时间:1984年12月21日

采录地点:桐柏县盘古山南麓黄楝沟

【点评】

本篇属桐柏盘古山盘古兄妹婚原始录音资料之一。

篇中内容除兄妹为盘古兄妹外,其余几乎与豫西流行的同类神话一样。

其中所提的盘古奶出走的原因是害羞(兄妹不能成亲),去的地方又有西面南召,也有说是豫西嵩县的石门乡,那里的一扇石磨与桐柏大磨村的石磨正好是一对儿。这种神性传闻仅可供参考,终非盘古神话的本体特质。

盘古奶对兄妹婚的认识,从同意到害羞,正是对"族内婚"观念理解的映照。

55. 盘古兄妹婚(九)[唐河县]

人多压塌地。

从前有个时候,人很多,多得连鬼也没有了,神也没有了,什么都没有了。到处都是人,差不多和现在一样。

有一家,姐弟两个。弟弟上学,姐姐在家。

这一天,弟弟去上学,走到半路上,被一个铁狮子拦着了。铁狮子说:"你得每天上学走这儿,给我拿个馍,我给你说啥时候天塌地陷。"

弟弟不吭气,铁狮子又说:"你不答应我,你今儿不得走。"

弟弟只好答应了。

以后,弟弟每天上学都偷偷地揣个馍,给铁狮子吃。

时间一长,姐姐发现了,就问弟弟说:"你见天(每天)吃得饱饱的,为啥还偷馍?给谁拿哩?"

弟弟说:"我自个晌里饿了吃。"

"老师叫你吃?"

"我偷偷吃,不叫老师知道。"

"馍凉吃了光生病,以后不得吃馍。"

弟弟被逼得没法了,只好说一个铁狮子拦着路叫他给它拿馍吃,它好给他说啥时候天塌地陷,不哩,不叫他走。姐姐不信,说:"明儿你多拿点馍,我也去。"

到了第二天,姐弟俩都去了。铁狮子说:"啥时候我眼里流血,啥时候天塌地陷。"

谁知这话叫杀猪匠听见了。杀猪匠不相信,心里说:我弄点猪血抹到它的眼上,看会不会天塌地陷。于是,他就弄了点猪血抹到铁狮子眼上。

弟弟一见,赶紧跑回家,拉着他姐姐就跑,边跑边说:"到时候了,要天塌地陷了。"

跑到铁狮子跟前,铁狮子张开大嘴,弟弟拉着姐姐的手爬了进去。杀猪匠跑来也要往里爬,铁狮子的嘴合住了。

这时,天可就烂了。"扑嗒!""扑嗒!"一块一块往下掉。地也化成了水。杀猪匠也陷到地里去了。别的人也陷到地里去了,啥都陷到地里去了。

姐弟俩在铁狮子肚里,饿了啃馍吃。原来,铁狮子把馍都藏在这里预备着。

不知过了多久,姐弟俩问:"地紧(结)着没有?"

铁狮子说:"研(没有)。"

过了一会儿,姐弟俩又问:"地紧着研?"

"研"。

又过了一会儿,姐弟俩又问:"地紧着研?"

"紧着了,就是北边还有一块研紧着。"

"拿冰块堵住算了。"

于是,北边就比南边冷。

姐弟俩出来以后,地上什么也没有了,就用刺把树叶穿起来当衣服穿。没有东西吃,就吃野果子。

后来,山上刮起了大风,树碰着树,磨出了火,烧着了树,也烧熟了果子。姐弟俩捡起烧熟的果子吃,觉得比生的好吃。又用水煮,觉得更好吃,就把火藏起来,学会了用火。

地上没有人,姐弟俩就用泥捏,捏了很多很多人。把长得好的配成一对,把长得赖的也配成一对。

刮风下雨了,人推人,人挤人,争着往屋里跑。结果,踩断了这个胳膊腿儿,踩瞎了那个眼,碰坏了那个脸。人们就成了瘸子、瞎子、麻子。

人还少。盘古奶要姐弟俩也配成夫妻。弟弟不同意,说:"哪有姐弟俩是夫妻的哩?"

姐姐就想了个主意,说山上一盘磨,从山上往下推,要是两扇磨滚到山下合到一起,姐弟俩就配夫妻,要是合不到一起就算了。

弟弟想:"恁高一座山,恰好就合到一起了?!"于是就同意滚磨了。

姐弟俩一人推一扇磨,弟弟滚上扇,姐姐滚下扇。两扇磨骨碌碌从山上到山下,"呱嗒"一声,整整齐齐合到了一起。弟弟一看,没什么话说了,也就和姐姐配成了夫妻。

盘古爷怕地上人多了,再天塌地陷,就把一扇磨扔到大磨山(村),一扇磨扔到了陕西,要人间夫妻分离,少生点人。人们到东南山上去拉柴,就能看到大磨山那扇大磨,可是谁也数不过来有多少齿齿。

讲述人:申凤芝
采录人:张明理
采录整理:马卉欣
采录时间:1986年7月14日
采录地点:唐河县

【点评】

本篇属桐柏山区"洪水后遗民再殖人类"神话遗存的变体:①灾难的原因是地上人太多,盛不下了。因此,属"灾难重演型"遗存。②灾难来时,天烂成一块一块往下掉,化成水,造成洪水,天塌地陷。③姐弟避灾的保护神是铁狮子。灾难到来的信号是铁狮子眼红。杀猪匠用猪血涂红狮子眼,灾难到来。④地上没人了,盘古奶叫二人滚磨成亲。捏泥人。⑤盘古怕人多了,把石磨扔向西大山。

盘古姐弟又像保护神,又像已成了上一代的灾难后的遗民。本篇很像两次灾难的遭遇者。

这种变体,在中原是唯一的一篇,也可能是记忆的错乱。因为盘古在这里并不能代表灾难的制造者(如玉帝)。这对构成桐柏盘古神话的多元性有重要意义。

56. 盘古生子[桐柏县]

盘古生了八个儿子,分为八方之主,盘古为中州之主,共为九州。

后来,盘古的儿子死了,盘古又把儿子的魂收回来,埋在八子山。今天还可以看出长子、次子、三子……的记号。

讲述人:陈鸣声,男,40岁,桐柏县文化局长,童年生长在盘古山附近
采录人:马卉欣,男,37岁,桐柏县文化馆干部
采录时间:1982年
采录地点:桐柏县文化馆

【点评】

本篇是桐柏山区盘古神话世系的解释神话遗存。

其中所讲盘古与八子分管九州,他居中州,这是盘古神话产生于中州的又一佐证。这与中岳嵩山为盘古的头腹,新野的盘古神话说当地是盘古的中心脐眼等,都可证明盘古神话产自中原。

盘古与八子掌管中国的九州,正是中国后世划分九州(如禹划九州)的先河。这也正是中国传统文化中九州、八方观念的滥觞。具体的划分可能不同,但确定国土方位的观念,却是东方宇宙论的重要表现之一。如同"女娲补天"确定方位和"原始盖天说"的形象描述一样,都具有原始科学内涵,同样是中国远古神话遗存的珍品。

57. 盘古爷的俩娃儿[桐柏县]

盘古爷和盘古奶捏了好多泥巴人儿。正晒哩,天下大雨了,他俩慌着往屋里捡。捡不及了,就用扫帚扫,有两个泥巴人扫不动,盘古爷和盘古奶就用扫帚戳。一戳呀,这两个泥巴人儿成大屁股眼儿了。

泥巴人儿都成人了,这俩大屁股眼儿的人有个好放屁的毛病,人们就叫他俩张大屁和李大屁。他俩整天不歇劲儿地放,臭得盘古爷和盘古奶连气儿就不敢吸。有一回,他俩的屁一齐放,把盘古奶熏晕了。盘古爷一恼,把张大屁和李大屁赶到老远的深山里去了。

两个大屁到了大山涧里,苦恼极了,光埋怨盘古爷对不起他们,再回去吧,又怕盘古爷头上的俩长角,那角抵着谁,谁就活不成,就是抵不着你,角上的光气也把人冲好远,不回去吧,在这深山老林里,啥也见不着,简直快把他俩急死了。

两个大屁一商量,一个对天喊老天爷,一个对地喊阎王爷,叫他们说服盘古爷,还收他俩回盘古山,回到有人群的地方去。

张大屁对天喊老天爷,老天爷不理;李大屁对地叫阎王爷,阎王爷不应。俩大屁恼了,又一商量,一个对天放屁,一个对地放屁。

张大屁对天一放屁,把天崩了个窟窿,大水"哗"的一下子下来了,洪水漫地呀!

李大屁对地一放屁,把地崩了个窟窿,天上下来的水,一下子都灌进阴曹地府了。

老天爷不愿意了,谁把天崩了个洞呢!阎王爷也不愿意了,谁把阎王殿淹了呢!

老天爷派天将下凡查访去了。阎王爷来天上找到了老天爷,阎王爷说:"老天爷呀!你咋会把天弄个窟窿啊?地下阎罗殿进满了水呀!"老天爷说:"我已派天将查访去了,是谁把天弄破,我惩罚谁!"说着,那个查访的天将来报明了情况。

老天爷一听,就对天将下旨:把盘古爷头上的长角截一节,免得后代人怕他;把张大屁和李大屁变成大嘴蛤蟆,有气儿从嘴里出。

从这儿起,盘古爷头上的角短了,张大屁和李大屁一个"嗯",一个"啊"地叫起来了,下雨天叫得更厉害,生怕雨下得太大了,老天爷再罚它俩。

讲述人:陈鸣声
采录整理:马卉欣

【点评】

本篇是桐柏山区盘古造人所表现的巨大力量的神话,也是动物(蛤蟆)神话之一。

盘古夫妻捏泥人时,因风雨,用扫帚戳了两个泥人屁股,两个泥人放大屁,可以崩破天,崩破地,产生洪水灾害,使天帝、阎王为之震恐。可见盘古兄妹之巨大威力,颇似盘古"肢体化身"中盘古的气成雷电的情景。

两个放屁的儿子被盘古赶到深山,感到苦恼,呼天不应,叫地不灵,一怒便用屁崩出天塌地陷,颇似"反抗英雄"神祇的神圣威力。

天帝终于使二人变成大嘴蛤蟆,将肚里的气,从嘴里对天呼出,这便是人变动物的神话的来源。把动物特征、习性人格化,易展现盘古创世功业的煊赫,这是世界许多民族原始神话的重要类别。

本篇是比较独特的神话遗存之一。

58. 盘古奶跳水了[桐柏县]

盘古爷和盘古奶成亲以后,有了好多好多的后代。后代人好问:"世上这么多人是咋来的呀?"盘古奶说:"你们都是泥巴人呀,是盘古爷我们俩捏的。"过一些天,又有别的人问盘古爷:"世上这么多人是咋来的呀?"盘古爷说:"是盘古奶我们俩从河里扒出来的呀!"今天这样说,明天那样说,谁也弄不清世上为啥会有人,盘古奶觉得没法回答了,就告别盘古爷,说要走远点,不想住这儿了。说罢,她一下子跳进水里不见了。盘古爷抓了一下,把她的尾巴抓掉了,盘古爷喊人们来打捞。他对后人说:"咱们都长有尾巴,你们盘古奶的尾巴被我拽掉,她跳水里了,大家快捞吧!"

捞啊!捞啊!人们只见一条没尾巴的青黄蛇,别的啥也没见。盘古奶跳水时,穿的是青树叶和黄树叶编的花衣服。人们就说:"这青黄色的没尾巴蛇是盘古奶变的。"这蛇不咬人,见人总是点点头。

从那儿以后,人们一见这样的蛇就说是见到盘古奶了。人们一见到那水里有这种蛇,就叩头作揖,喊盘古奶,一见这种蛇和别的蛇头斗架时,就把别的蛇打死或赶跑。

讲述人:姚义雨,35岁,男,桐柏县安棚乡人,离盘古山20里地
采录整理:马卉欣

【点评】

本篇是桐柏山区盘古神话中唯一的解释原始图腾信仰和非兄妹婚的神话遗存。

人的演变过程说明原来人从猿人脱离出来时,原是有尾巴的,后来退化了。本篇所说盘古奶跳水时,盘古爷拽掉盘古奶的尾巴,便是形象的记录。这是人种演化的解释神话。

盘古奶跳水,是因为儿孙问盘古夫妻人究竟是如何来的,二人说法不一,引起盘古奶对兄妹婚的烦恼才离开盘古山的。说明此神话产生于族外婚初期,人们对族内婚已有非议意识。

盘古奶跳水后变成一条没尾巴的青黄蛇。人们见了这种蛇(龙)便致敬。当这种蛇与其他的蛇相斗时,人们帮助青黄蛇,因为人们认为这种蛇就是盘古奶。说明青黄色蛇是盘古部族的图腾神,从而落实到中原华夏的"人首蛇身""人首龙身"的图腾崇拜上了。

总之,本篇是解释中华民族图腾信仰极有价值的神话遗存。对照濮阳神话中的盘古在宇宙蛋内是"鸡头龙身",进一步证明中原盘古神话原型存在的科学性。

59. 盘古死在大梁山［桐柏县］

大地上有了人类、兽类、鸟类,有了山河、庄稼、花草,比天上还美。

以盘古山为中间来说吧,东有了人,西有了人,南有了人,北有了人,东南有了人,东北有了人,西南有了人,西北有了人,天下有了九州。盘古为了后代,到过南,到过北,到过西,到过东,四面八方全到过。

一天,他走到梁山,咋会死了。那里没人烟。他头朝东,脚蹬西,一个人躺在了大梁山上,接着,老天爷刮了一阵大风,圆圈儿的大树一齐倒在盘古的身上,把他埋了起来。

据说,盘古死后,他的灵魂向家乡飞来,不少人在梦中见到了祖先。他在托梦时说:"我活一万八,死在梁山下,森林把我葬,八方是我家。"

盘古的后代四处寻找祖先盘古,见到的只是三山五岳、四大江河。

讲述人:卖艺盲人
采录整理:马卉欣

〔附注〕丙寅四月十九日上午,桐柏县招待所门口,有夫妇二位盲人唱孟姜女小调,又唱老君歌和盘古歌。唱毕,我随至街边。我说:"师傅,我想请教一事。"那个女的说:"不敢,说吧!"我问:"你唱盘古生,咋没唱盘古死呀?"那个男艺人忙说:"想听盘古死,我给你讲。"大概就是上述的故事。最后他还给我一本《江湖手册》,说是这本书上也有盘古的事儿。

我问那艺人的名字,他们一再拒绝,说是"卖艺不卖名"。最后,我只好掏一元钱,表示谢意。(马卉欣)

【点评】

本篇是桐柏山区盘古死后肢体化生的另一种类型的神话遗存。

盘古创世以后,人间美好。他的灵魂飞向四面八方,到处是家。他躺下死后天帝刮大风,树木被吹倒,把他埋了起来。后人找盘古,结果只见有三山五岳、四大江河。这是盘古的肢体变的。

这篇材料又一次证明:盘古神话产生在中原。同样,也证明盘古化五岳,不可能在南方。

值得注意的是,这篇材料是由一对盲说唱艺人从他们随身带的《江湖手册》中保存下来的。他们又在"卖艺不卖名"的前提下,给采录者唱了这个故事,足见其保存传唱的神秘、严肃的态度。这很像希腊荷马盲艺人的情况。本篇资料是从艺人师傅那里传承下来的。因此,其价值特别可贵。

60. 盘古爷上天了［桐柏县］

也不知是多少年前的事了。

天地分开时只有两个人，在地上的那个人叫盘古，在天上的那个人叫张天时。天张开时有的他嘛，就叫张天时。

张天时见地上不是盘古一个人孤独地过着，人多、花多、粮食多，一派好景，他有点气得慌。他一个人在天上独来独往太寂寞了啊！

一天，他从天上下来了。

那时候的人，都很勤劳，没有东游西逛的。天上下来的张天时，每到一个地方都没有人欢迎，成了地上第一个讨饭的，尽管人们不打发①他，他光闻闻饭味就能过了。

张天时走到一个大伯门儿上，说："大伯，今天我睡到你家吧，我还没过过这样的日子哩！"大伯说："我不收留东游西逛的小伙子，你走吧！"

张天时走到一个老奶奶门儿上，说："大奶，今天我睡到你家吧，我还没过过这样的日子哩！"大奶说："我不收留东游西逛的小伙子，你走开吧！"张天时急了，他硬直要往里进。大奶气了，手拿根棒子就往张天时身上打。张天时暗暗地说："我要在天上造一个得劲的天宫，那时候，我让你们尝尝我的厉害。"

张天时有个贵处，拉的屎是白的，四棱块子。人们见了这种屎，都很奇怪，不知是谁屙的，就经常访着。这个访，那个访，访到盘古山起会的那天，张天时看罢人间的戏，就在一个饭铺锅门儿上过夜。临睡时他说："铺的地，盖的天，不胜还回天上边。"说了这话过一会儿，几个人拿着棒子打他来了。张天时夺过棒子，两手一拄上天了。

张天时访了天下，回到天上，按照打听来的盘古造人法，在天宫造起神，造起天兵天将。张天时的名字，改成了天师。天上的师嘛！时间不长，天上住满了神，张天师开始对人们报起仇来了。

张天师今天让这里发洪水，明天让那里发天干。再等些时儿，他又派不成样的神下凡当人王帝主。

地上盘古爷本来能与大地共存，他为了让子孙后代过上好日子，把天上降的灾难收回去，就登天找张天师说理，劝他不要记那一星半点儿的仇气。

盘古爷还告诉后代人，称张天师为老天爷，每年都要敬他一敬。

---

① 打发："给"的意思。

人们听了盘古老祖先的话,也照着办了,年年敬老天爷,老天爷还不原谅他在人间,人们对他那个不尊重的劲儿,经常报复人们。盘古为了后代,就守在天上,和老天爷结为朋友,保护天下的后代人。

讲述人:李敬平,男,70岁,桐柏县二郎山乡人
采录人:李修平

图 1.60.1　盘古山盘古神话中盘古的石箱子(任达提供)

【点评】

本篇属道教徒美化张天师的赝品。其中把张天时(后叫"师")和盘古说成是天地开辟后仅有的两个人:张天时在天上,盘古在地上。

地上人多,繁华,天上寂寞。张天时下到人间讨饭,谁也不留他这个东游西逛的人,他生气要报复。他回天宫仿盘古造人法,造了各种各样的天神,天兵天将。张天时改名张天师。

张天师不是让发洪水,就是让大旱,或是派天神当人间帝王。盘古本在地上,为人们免受磨难,把地上的灾难收起来,带到天上与张天师辩理,让人们敬他为老天爷,并与他结为朋友。老天爷的名称即由此而来。

此类道徒伪造的传闻,不能进入神话之列。

61. 盘古爷抱太极图①[桐柏县]

　　塑盘古像时,人们总得让他抱个太极图。据说,他的太极图是老天爷赐给他的,既能照亮世间,又能晒干大地。那是因为九条龙在大地上闹水闹得多了,老天爷才赐给盘古爷太极图,好让他在地上生活。

　　盘古爷和盘古奶成亲以后,就捏了好多泥巴人。放在外面晒不行,不是被风吹倒摔瘸,就是被雨淋坏,或是晒裂成口子,捏了那么大几堆泥,也没造几个像样的人。一天,盘古奶正在屋里捏哩,那时候的屋是山洞,盘古爷回来了。盘古奶说:"忙把这些泥巴人抱出去,趁天好嘛!"盘古爷说:"不抱外边去晒了。"盘古奶问声:"咋?"盘古爷说:"你看!"说着,抱着太极图对准泥巴人绕(音:rào,方言,意为"照")起来。不多大一会儿,泥巴人就干啦!

　　太极图能绕泥巴人,世上人就多了,能婚配了,人就更多了。

　　天底下有个叫张天始的人,是老天爷的义子,没得着太极图这个宝物,怪生气,一心想法害死盘古的子孙。咋害呢?先给龙王串通不下雨,干死盘古的子孙。天下一旱,盘古不愿意,就上天找老天爷告状。一告,老天爷准啦,许给盘古爷三场私雨。不过,别叫龙王知道。现在,盘古山周围,每年就有盘古爷下的私雨。哪儿是的?再热的天,下雨不刮风,不打雷,不扯闪就是他的私雨。这一带风调雨顺。当地人说:"南迁北搬,不如盘古山。"

　　见盘古爷有了三场私雨不怕干旱,张天始就又生一计:发人瘟传人。传也不传多,光传妮子,让人不能再育。

　　这咋办呢?张天始的话也灵,说传就能传。好不容易有了那么多能生孩子的妮子,要是一发人瘟把妮子都传死咋办呢?

　　盘古奶说:"他灵你也灵,你不会把他的话岔过去!"

　　盘古爷一想,忙接着大声说:"传鸡子!传鸡子!"盘古爷一打岔,就灵啦!以后的世上,一传鸡子就难治。要不,妮子就糟了。

　　盘古爷岔话一灵,他就抱着太极图找张天始,收拾他。盘古爷抱着太极图,对着张天始的脸狠绕起来。总绕了几个时辰,一气把张天始的脸也绕黑了,黑得像锅底。桐柏盘古山的庙里,除了塑个盘古爷坐大殿外,还塑个不敢抬头的黑脸张天

---

① 太极图:民间此说与道教太极图有别,只含阴阳之功能,无八卦、五行之用途,乃原始太极。

始,坐在下侧的一角。

讲述人:刘国山,男,59岁,文盲,住河南桐柏县二郎山乡李沟村
录音:马卉欣　殷润璞
采录整理:马卉欣
采录时间:1989年农历三月三盘古庙会期间
采录地点:桐柏山盘古庙会

【点评】

本篇是桐柏盘古山(也是中原)唯一的一篇解释太极图来历的神话遗存。其中所说这太极图是天帝给盘古的,其功用主要是可以照耀世界,化育万物(阴阳交感而生万物),可起到超自然的巫术作用。当盘古夫妻怕泥人晒不干或被雨淋时,用太极图一照,便可立即干好。当张天始(师)要传瘟疫给人类时,盘古抵制,只能传鸡子,不传人。盘古用它把张天始脸照黑。太极图的功用就在于运用天体日月运转规律战胜自然灾害。

太极图的构造,就是阴阳鱼交互作用,是一年四时之内日月天体运转的特点和规律。它通天地的造化,滋育人畜万物,它是宇宙本原的体现,也是盘古生于宇宙蛋的科学思维的先导。而此图之得,乃"受命于天"。它既具有我国原始先民创造科学文明机制的神圣和实用的价值,也具有我国科学和哲学思维的东方宇宙学的超前意识的文化内涵。

本篇还提出了一个极其重要的理论问题,那就是中国太极八卦产生和演变的过程问题。以前学者多认为太极八卦始于伏羲的先天八卦,黄帝继创后天八卦,周文王创周易八卦。独无太极图创始于何时。本篇却认为最早只有太极图(宇宙蛋阴阳鱼),后来伏羲才从太极图演绎出八卦图。这就明确提出了伏羲的八卦创制与盘古文化的传承关系。这是我国神话学一次大的突破。与此同时,也解决了长期困惑人们的盘古山(桐柏)的"洪水后遗民再殖人类"神话,以盘古置换(或取代)伏羲、女娲等的原因。实际上,这类神话的地域特色比较突出。在桐柏山的盘古神话中,宇宙蛋破分天地的神话在这里并非主体,而是出现了多元的格局。这里的特点便和豫北、豫中、豫西不同。其特点是巨神创造天体的类型占主要地位。盘古兄妹合造天地,共遇洪水灾害存留创世。

本篇还明确显示出中国宇宙蛋即太极图的文化结构的宇宙本原论——阴阳五行观是世界万物的本原的道理(见陈建宪《论宇宙蛋与太极图》)。而更重要的是这

个问题从桐柏山盘古神话得到了新的印证。

62. 盘古醉童［桐柏县］

盘古爷和盘古奶在地上战败了妖魔恶怪,就开始了人间生活。就这么两个人,太孤单了。他俩要想法到天上去找人,到大地上来一起生活。盘古奶说:"地上这么苦,啥没啥,人家会下来?!"盘古爷说:"现在啥没啥,干干啥都有。"盘古奶说:"得想个法儿,让天上的人下来就不让他们回去才行,光说'干干啥都有'会中?"

盘古爷和盘古奶想啊想啊,想了九天,也没想出个好办法。他俩只顾在想法哩,稻黍①籽儿做的饭,放在石窑儿里忘记吃,放酸了。倒了吧,眼看就饿了,盘古爷吃了一点儿。吃稠的带喝点水,咋把盘古爷弄晕了!晕得啥也不知道。盘古奶急了,忙找药让盘古爷吃吃,好醒过来。近处凑巧有点野果叫拐枣儿,盘古奶捋了一把。让盘古爷吃吧,他直摇头,盘古奶就把这些拐枣捣成浆水,让盘古爷喝了点。一喝,好啦。

盘古爷一好,盘古奶有办法了。他俩一商量,就干起来了。咋干?遍野去捋稻黍籽儿,还照那次放酸的办法去摆弄,摆弄好以后,盘古爷上天了。

盘古爷在天上找了一百个男孩儿和一百个女孩儿。他说:"我和盘古奶在地上做了点好吃的东西,让你们一起都去尝尝。"中间有一孩儿说:"那会中?"盘古爷忙说:"有登云衣和登云鞋,快去快回。"这一百个男孩儿和一百个女孩儿听了盘古爷的话,一阵风下到了地上。

他们受到了盘古奶的热情款待,每人喝了点稻黍水儿,都说怪好喝哩!喝着喝着,都晕倒了。盘古爷说:"娃们,热得慌吧!下水洗洗就不晕不热啦。老天爷在东边洗,你们在西边洗,洗罢你们一块儿回。"那一百对童男童女,糊糊涂涂地洗去了。这可把盘古爷和盘古奶忙坏了,按着原先打的主意,把这一百个童男童女的登云衣和登云鞋都给收藏起来了。

等他们一醒来,没有登云衣和登云鞋,也回不到天上了。从此,盘古爷和盘古奶有了这一百双儿女,天下的人兴旺起来了。这就是盘古造酒醉童的故事。不然的话,桐柏山的人都那么好喝酒呢!

讲述人:刘中林,男,59岁,文盲,住桐柏县洪仪河乡南棚村
录音:马卉欣　殷润璞

---

① 稻黍:音 táo shǔ,方言,即高粱。

采录整理：马卉欣
采录时间：1989年农历三月三
采录地点：桐柏山盘古庙会盘古神话说讲会

【点评】

　　本篇是桐柏山区"人类起源"神话"别体"传闻之一，是中原此类神话中唯一解释"人类起源"既非盘古肢体中"诸虫""虱子""跳蚤"所变，又非普遍的"捏泥人"，而是造成饭，放酸后，从天上引下来一百童男、一百童女，用它给百双男女童吃了以后，藏了他们的登云鞋、登云衣，把他们留在人间的。此种关于人来源于天宫的传闻，应是道教的玉帝、天宫高于一切神圣的道教观念的反映。

　　本篇的造酒的始祖，在中国原有多种传说：一说为黄帝时仪狄所造；一说仪狄造酒在夏禹时；也有说时代晚在杜康时代。这里，上推至盘古创世时，并解释今天桐柏的人好喝酒的习俗也与盘古兄妹发明造酒有关，颇为有趣。用黍米做饭藏树洞里，发酵后做酒之法，至今仍盛传不衰，足见此项科技发明的原理的正确。酒文化是中国传统民间文化的重大遗产，其源头虽多种多样，但从创造酒文化的过程实践来看，大体都相同。追本溯源，其时间之深远确是事实。这是劳动人民创造的文化成果。至今全国的名酒不计其数，其功劳理应归于远古先祖的智慧和辛劳。

63. 盘古修炼[1]［桐柏县］

　　传说，离天宫不远的地方，有一棵大树。树下有座漂亮的房子，房子两头，一头住着一个人，男的叫祖先，女的叫姑娘，是天上的金童玉女。

　　祖先一把斧，姑娘一把剑。祖先砍，姑娘削，二人每天打柴供天宫炼丹用。

　　一天，祖先对姑娘说："姑娘妹妹，咱们整天在这里砍柴修枝，多孤寥啊！干脆拨开一层层的树枝，往云海下游游，看看下边到底是什么样子！"姑娘说："祖先哥哥，我也是这个劲儿想的，只是这一层层的树枝遮挡得像围墙一样，你砍掉一枝，又冒出一枝，啥时才能砍出通往云海的路呢？"

　　祖先说："我砍掉一枝，你用唾沫在茬口上抿一下，树枝就不会发芽了。"

---

[1] 这篇故事是讲述人1980年春天，参加桐柏县新故事创作会时讲述的，故事原名《盘古令》，整理后定为《盘古修炼》

姑娘说:"好!祖先哥哥你是咋知道的呀?"

祖先回答说:"有一次,我往天宫炼丹炉旁送柴,那个炼丹大仙交待我,莫在砍过的树茬上抿唾沫,能保持这棵大仙树一直发青芽。"

说着说着,祖先抡起斧子砍了起来。祖先在前面砍,姑娘在后抿,很快见到云海了。

祖先和姑娘踏入云海,一个劲儿往下落。原来,他们没穿登云鞋,掌握不住自己的身子。

落呀,落呀!祖先落在桐柏山的一个山头上;落呀,落呀!姑娘落在桐柏山的另一个山头上(现在人们称这两座山为公盘古山和母盘古山,公盘古山也叫盘古寨)。祖先和姑娘谁也不知对方落到哪里去了。

他们在昏迷时,不知是老天爷给他们托的梦,还是老天爷派天神来传的令,说他们私离天庭,违犯天规,就该处死,念他们砍柴的劳苦和开辟新天地的大功,免去死罪。饶了死罪,免不了活罪。二人得守着落脚儿的山头,修炼六千五百七十年,长足天龄二十岁,才能自由自在地在大地上生活。

祖先和姑娘在昏迷中醒来,严守天规,各守着各落脚的山头,抱着一块石头,修炼起来。

祖先在东山,过了一百年,他把一块大石头变成了圆石板,过了六千五百七十年,一块大石头炼成了一扇磨盘。祖先咋着把一块石头炼成一扇有密密麻麻磨齿的磨呢?手指抠的呀!用斧子砍吧,怕响声招来不幸!

姑娘在西山,过了一百年,把一块大石头变成了圆石板,过了六千五百七十年,硬把一块大石头炼成了一扇有密密麻麻磨齿的磨盘。姑娘咋把一块石头炼成一扇磨呢?手指抠的呀!用剑砍吧,怕响声引来灾祸呀!

地上的六千五百七十年,就是天上的十八年。按天上的时辰,祖先和姑娘都满二十岁。

六千五百七十年的最后一天的最后一瞬,东山的祖先起身了!

六千五百七十年的最后一天的最后一瞬,西山的姑娘起身了!

他俩谁也不知道对面山上有人,只知道陪着自己的是一盘磨,也不知道天下别的地方是啥样子!

祖先想,我要用磨滚出一条下山的路,看看山下别的地方是啥样子!

姑娘想,我要用磨滚出一条下山的路,看看山下别的地方是啥样子!

祖先把磨盘向东山的西坡滚,树木闪路,草丛伏地。这时,他觉得对面山上有啥动静一样。

姑娘把磨盘向西山的东坡滚,树木闪路,草丛伏地。这时,她觉得对面山上有啥动静一样。

祖先顺着磨辙印向山下走去。

姑娘顺着磨辙印向山下走去。

祖先见对面山上也滚下一扇磨,两扇磨往一处滚。

姑娘见对面山上也滚下一扇磨,两扇磨往一处滚。

两扇磨盘"咔嚓"一声,合拢了,扣得严丝合缝的。

祖先见到了合拢的磨。

姑娘见到了合拢的磨。

祖先见到了姑娘,姑娘见到了祖先。经过几千年的修炼,他俩都忘掉了过去。他俩都在想:哦! 天地下不只是我一个人呀!

"你叫什么呀?"

"你叫什么呀?"

时间长了,俩人都说不清自己的名字。祖先说:"我盘坐在东山由来已古,啥也记不得了。"姑娘说:"我盘坐在西山由来已古,啥也记不清了。"

祖先说:"我是男的,你就叫我盘古人算了。"姑娘说:"我是女的,干脆叫我盘古女算了。"

二人同说:"咱们结成兄妹吧!"话音落地,正好日头当午,天上飘下一张纸。这张纸不偏不斜落在合拢的磨盘上,祖先和姑娘拿起一看,上写:"天书落地正当午,祖先姑娘称盘古,滚磨合拢就成亲,莫称兄妹称夫妇"四行字,后面还盖有老天爷的大印。

二人刚看罢,这张天书随着一阵旋风飞往西山顶上(现在人们称母盘古山)。天书落地,变成了一片房子。据说,这是老天爷为盘古爷和盘古奶造的新房。他俩滚磨,两扇磨合住了,他俩也就成亲了。①

不知过了多少年,人类繁衍开以后,这片房叫作盘古庙,东山,是公盘古山,叫盘古寨,西山,是母盘古山,叫盘古山,盘古爷和盘古奶的故事越传越广了。

讲述人:王布英,男,31岁,桐柏县平氏镇平南村人

采录整理:马卉欣

---

① 关于盘古滚磨一说,另有《盘古磨》附后。

图1.63.1　1984年12月中原神话调查组在盘古山盘古庙附近的大磨村采录盘古爷盘古奶滚石磨成亲的神话故事（程健君摄）

【附录】

盘 古 磨

盘古山北半坡有个村子叫盘古村，再往北走三里地还有个村子叫大磨村。据说伏牛山还有个二磨村。盘古村的名字不言而喻，大磨村和二磨村因何得名呢？请看这段小故事。

盘古爷和盘古奶滚磨成亲，两扇磨顺从天意合在一起了。盘古爷很生气，把上扇磨踢了过去，把那扇小点的磨扔不见了，到底扔到哪儿去了呢？经后人寻找，第二扇磨在西北的伏牛山。现在，盘古庙里没有盘古奶的像，为啥呢？盘古山一带人口繁衍后，她不好意思向后代人解释兄妹成亲的事，留下了"捏泥人儿"的神话，自己往伏牛山落磨的地方去了，二磨村就此得名。

大磨现在在大磨村的庄中间。据说磨齿是数不清的，即便做上记号，再数第二遍还数不清，这象征着我们祖先有数不清的功绩呀！

这盘磨上还有与考究天文有关的图，非常精致。难怪百姓相传，这一带一遇旱天,把这磨盘立起,现出天文图,不过三天,就要下雨。

【点评】

本篇是桐柏盘古神话完全道教化了的传闻故事。盘古叫祖先,盘古女为姑娘。他俩原是天宫玉皇大帝的金童、玉女,因私自砍开树木,落到东西盘古山上,修炼六千五百七十年在石磨上很古而得名。

盘古夫妻婚配,滚石磨,二人也是在互不知道的情况下,合在一起的。二人的结合,全由玉帝下的"天书"来决定的。

本篇已远离原人神话思维模式的文化意识。其中说修炼后,始能为世间的人自由生活,以赎犯天规的罪过。因此,通篇全是宣扬道教神国的神圣观念,玉帝高于一切,更远远在盘古之上。这种神格时序倒置的现象,正是桐柏盘古山神话的主要特色,也是存在的重大问题所在,也是比起豫北、豫中等地的盘古神话大为减色的地方。这类"次生神话"是经过宗教(道教)彻底改变盘古夫妻二人所具有的原始神话性质的根源所在。我们必须透过表面现象看出这种神话衍变的客观事实,不能与原始神话混为一谈。

二、女 娲

64. 女娲补天(一)[济源市]

太行、王屋山一带，每年夏秋时节，雷雨频繁。如果遇上丰水年，三天两头有雷阵雨。只要西北角出了黑云，响几声闷雷，人们就忧虑起来了。因为从这一方向来的疾雨，常常是粗风暴雨，还夹带着冰雹。这雨点大如铜钱，冰雹有黄杏大小。庄稼苗最怕这雨。这种雨来了，各家各户都会鸣炮报警，流传成俗，一直延续到今天。

太行、王屋山在五黄六月，从西北角来的雨，为啥带冰雹呢？

传说，我们头上的青天是很古很古的时候，有位名叫女娲的神人，在人间熔炼五色石，她把石头炼成汁子以后，从东南向西北，在很高很高的太空上弥漫补成的。

不知她炼了多少年月，炼成了多少石汁，便开始补天了。可是，当补到西北角上空时，石汁用完了，谁知补天的期限也到了，老天爷就从东南向西北下起大雨来。

真巧，凡是补过的天，下的雨点均匀落下。而没有补的西北角是个偏天，大水就从上而下倾倒下来。女娲急了，就连忙捡起地上的冰块，向西北方天上填补起来。就这样，整个天空被女娲神补成了今天我们头顶上像宝盖一样的苍天。天算补住了。女娲为人类建立了一大功劳。

由于石汁炼得少了点，西北角的上空是用冰块堵的，所以多少年来，从天西北角来的雨，都是粗风暴雨，里面还夹带着冰雹呢！

讲述人：王生伟，男，30 岁，济源县王屋乡庄小学教师
采录：河南大学"中原神话调查组"
采录时间：1986 年 6 月 28 日
采录地点：王屋山下汽车上

图 2.64.1 济源邵原镇的女娲补天雕像（孟宪明摄）

图 2.64.2 济源邵原镇壬辰年公祭娲皇始祖大典（2012年程健君摄）

【附录】

女娲补天［济源市］

　　我的家乡在济源县思礼乡，它位于太行、王屋山脚下，每年夏秋之交，雷雨频繁，只要西北角出现了黑云，响几声闷雷，人们就会忧虑起来了，因为这一方向来的往往是疾风暴雨，还易夹带冰雹。雨点大如铜钱，冰雹有杏子那么大，有一年有的地方竟下过拳头大样的冰雹，每当这种时候，庄稼苗就受到很大损害。所以，这种雨往往被人们称为"不好雨"，这种雨来时，各家各户都会放鞭炮，敲碗盆，旨在让天帝息怒。这种风俗一直流传至今。

　　为什么会出现这种天气呢？

　　传说，在远古的时候，我们头上的青天并不是这样的，而是四分五裂，有位名叫女娲的神人，在人间炼五色石，又把五色石炼成石汁子，从东南向西北开始弥漫天空的裂缝而成的。这种石汁子很难炼，不知炼了多少年才开始补天，可是，当她补到西北角上空时，也就是现在的太行、王屋二山交接的地方时，石汁子用完了，刚好补天时间也到了，再炼石汁子已不可能，因为老天爷已开始从东南向西北下起雨来了。

　　凡是女娲补过的地方，下的雨都很均匀，而没有补上的西北角，则大水从上而下地倾下来。女娲看到这种情况，一急就捡了地上一个大冰块，堵上了那个洞。就这样，整个天空就形成了。

由于天的西北角没有用石汁子弥漫,并且那个大洞是用冰块堵上的,因此,多少年来,从西北角来的雨多疾风暴雨,并时常夹着冰雹。

讲述人:卢一道,济源市思礼乡思礼村人
采录人:卢娜
采录时间:1983年9月
采录地点:思礼乡思礼村

图 2.64.3　济源邵原镇的娲皇庙(2012年程健君摄)

图 2.64.4　娲皇庙祭旗
(2012年程健君摄)　　图 2.64.5　娲皇庙内的塑像(2012年程健君摄)

图 2.64.6　王屋山天河里的五彩石，传为女娲补天遗石（2012年程健君摄）

【点评】

本篇是河南太行山区济源流传的女娲补天神话遗存的珍品之一。它是由王屋山口的天气变化，给生产带来不良影响所引出自然现象的解释性神话。

本篇的重要特点是，当天地开辟之初，天未造好，满天破烂的洞洞，人无法生存，女娲才炼石补天的，而不是共工以头触不周山，才天塌的。她不是补了一处天的漏洞，而是炼好石汁以后，从东南向西北满天全部弥补，到王屋山因石汁用完了，就缺一处未能补住，所以西北天空吹过来的风太猛，夹带暴雨冰雹。

因此，本篇比较接近女娲补天的原始形态。它是原始先民"用想象支配自然、征服自然，把自然形象化"的典型作品之一。更可贵的是，其中还保存原人神话意识，比较朴素、真实，且没有后来"人为宗教"的渗透和采录者以主观意识加工和编造的成分。

本篇的地域特色鲜明，是我国北方太行山区特有的远古神话名作之一。与我国北方山区天寒，风雨、冰雹多的自然环境的关系密切。

女娲是抗御自然灾害的大神，是远古的开辟创世的英雄。

本篇的补天有一定时间，到时就不能再补了。这在神话中很普遍，是原始禁忌的信仰和观念的反映。

65. 女娲补天（二）[沁阳县]

在神农坛的东南方，有一架陡峭壁立的平顶山，名叫补天台，补天台下，有一堆五彩斑斓的石头。据说这是女娲补天遗留下来的。

远古时代，共工和颛顼打仗，共工大败，他又羞又恼，一头向不周山撞去。这不周山本是一擎天大柱，共工这一撞不大紧，把擎天柱撞折了。天向西北倾斜，日月星辰都往西北走，地向东南塌陷，江河湖泽都向东南流。天上捅了个大窟窿，天河里的水倾泻下来，大地上一片洪水，把人差不多都淹死了。

女娲和伏羲看到洪水要灭绝人类，就赶紧熔炼五彩石，补天上大窟窿。

他俩先垒石台，后采石子，太阳升了九十九次，月亮落了九十九回，天还是那么高，窟窿还是那么大，但是，女娲毫不泄气，仍然带领自己的子子孙孙，补天不止，百鸟也为她送柴，百兽也为她送石，整个云阳河畔，各路人马川流不息。

图 2.65.1　沁阳神农坛女娲洞
（2014 年程健君摄）

就这样，经过了三个寒来暑往，用了三个三百六十五天，眼看就要把漏天补严实了，站在高山上补天的女娲却累得倒下了。伏羲一急，搬起大冰疙瘩把东北角那个大窟窿堵住了。

后来，人们就把女娲补天站的那架山叫作补天台，把补天剩下的那堆五彩石，叫作补天遗石。因为东北边的天是用冰疙瘩堵的，所以怀庆府一带一刮东北风天就变冷，就下雨，五黄六月还常常下冰疙瘩。

初生小孩子的囟门要三年才能长严，就是天帝为了让人们牢牢铭记女娲三年补天的辛苦和功绩而点化成的。

采录整理：张正朝　秦太明

【文献选录】

往古之时,四极废,九州裂,天不兼覆,地不周载,火爁焱而不灭,水浩洋而不息。猛兽食颛民,鸷鸟攫老弱。

于是,女娲炼五色石以补苍天,断鳌足以立四极,杀黑龙以济冀州,积芦灰以止淫水。苍天补,四极正;淫水涸,冀州平;狡虫死,颛民生。……

考其功烈,上际九天,下契黄垆;名声被后世,光辉熏万物。乘雷车,服(驾)应龙,骖青虬,援绝瑞,席萝图,黄云络,前白螭,后奔蛇,浮游逍遥,道鬼神,登九天,朝帝于灵门,宓穆休于太祖之下,然而不彰其功,不扬其声,隐真人之道,以从天地之固然。

(《淮南子·览冥训》)

图 2.65.2 明万历年间小说《列国前编十二朝》版画(孟宪明供稿)

图 2.65.3 明末画家萧云从的《女娲图》
（孟宪明供稿）

图 2.65.4 清任伯年绘《女娲炼石》（程健君供稿）

图 2.65.5 民间剪叶《女娲补天》
（王玉僧作，程健君供稿）

【点评】

　　本篇是河南太行山区沁阳的"女娲补天"神话遗存珍品。沁阳的太行山主峰又叫"女娲山"或"皇母山",在文献《太行考》《十道山川考》上都有明确记载。它基本接近原始形态。这里的太行平顶山又叫"补天台",山下有五彩石遗迹。这篇活神话有力地印证了文献记录。

　　其中的洪水到来,与共工、颛顼之战有关。补天过程中,垒炉台,熔石汁,补了九十九天,尚未补住窟窿。女娲仍率领子子孙孙补天不止,百鸟为她送柴,百兽为她送石,一连补了三个三百六十五天把天补好了,伏羲用冰堵了洞(与确山、范县相近)。

　　值得注意的是,人的头顶囟(脑)门,三年才长严,是天帝为了不让人忘掉女娲补天的功业和艰辛。这则民俗事象直接与补天联系在一起,让百鸟、百兽人格化,协助她完成补天任务。这是这里独有的。它真切表明"女娲补天"神话产生自中原太行山的权威意义。

66. 女娲补天(三)[淮阳县]

　　天塌地陷后,世上只剩兄妹俩,哥哥叫伏羲,妹妹叫女娲。在西北,天塌下还没长好,兄妹俩想补塌天,不知想了多少补天法儿,都没补住。

　　一天晌午,兄妹俩正吃东西,有人叫:"伏羲、女娲,快来呀!"接着伏羲女娲兄妹顺着音走去,见是只白龟。

　　伏羲走上前:"叫俺有啥事儿?"

　　白龟说:"伏羲、女娲,混沌才过去,天还没长好哩。以我看,天塌了不会长严的,留下来的还得恁兄妹补。"

　　伏羲问白龟:"那线、针从哪儿弄?又咋个补法呢?"白龟说:"你别发愁,我把你送到一个地方去学!"后来白龟把女娲送到天上,女娲跟仙女学织布。一转眼三年过去了,女娲学得了一手织布的好本领,后来带着织布梭子和各种各样的线,又回到了地上。女娲天天织布,连歇会儿也不肯。她一下织了九九八十一天。第一块补天的布织好了。看起来这块布可有故事了,红、青、蓝、橙、紫、黄、绿,五光十色,好看得很。后来他兄妹俩站在一座叫"不周山"的山顶上,用这块布来补塌天。接着女娲又织布,也不知织了多少块彩布,最后总算把塌天给补严整了。

讲述人：梁加秀，男，73岁，文盲，淮阳县刘振屯农民
采录人：张华，淮阳县刘振屯人，业余作者
采录时间：1986年3月
采录地点：淮阳县刘振屯讲述人家里

【点评】

　　本篇是流传在河南淮阳一带的"女娲补天"神话遗存。它反映了淮阳的伏羲、女娲文化的一个侧面。

　　本篇是比较接近原始形态的神话珍品。这篇"补天"中的"材料"是布。怎么补？是伏羲、女娲的保护神白龟指点的。补的办法是让女娲到天上跟仙女学织布，到地上织了七色布把天补好了。

　　本篇是另一种补天类型的代表，也说明中原地区补天神话是因地不同，因文化形态不同而异。这与当地民俗有关，具有研究价值。

67. 女娲补天（四）[西华县]

　　女娲那时候不穿衣裳，没任啥儿。女娲是咋来的呢？

　　是从天上掉下来的。

　　还有伏羲。天还没长出来哩。伏羲是从哪里来的？

　　原来天地混沌，跟一个鸡蛋似的，他就从那里头生出来的。口传，后城口是女娲城。现在，寨上还写有"女娲城"三个字。女娲城本为女娲寨。因其炼石补天有功，后世尊为皇娲，同为寨子，独此叫城。寨没多少年，"女娲城"三个字早了。女娲城东边一个门，西边一个门。那时候，还没发洪水（在一九三一年冬）。

　　修女娲城，是几千年前的事，三皇五帝之前。炼石补天，地点在后城口，三都城（女娲城别名，在女娲城内）。女娲坟一带是女娲补天之处。去年在此地挖河时，挖出不少古物，筒子砖、花瓶、宝剑一大堆。

　　有一次，女娲和二郎赌输赢。女娲说："我抱土能叫长一架山。"二郎说："你长不成山。"女娲说："我长成山了。"二郎说："咱试试吧！"

　　她去抱土，女娲最后抱三抱土，后因二郎学鸡叫，就不修了，不长了。所以没修成。女娲以为天亮了，就把三抱土一倒，成了三个大土岗，即今天的三都岗。

讲述人:张慎重,72岁,农民,上过私塾
录音:张振犁　程健君
采录时间:1983年11月3日
采录地点:思都岗龙泉寺

图2.67.1　1983年11月张振犁、程健君在西华女娲城遗址考察(孟白摄)

图2.67.2　1983年11月张振犁等在西华女娲城遗址考察(程健君摄)

【方志选录】

(女娲)城在东北十里。《东野纪闻》:"陈之长平即女娲炼石补天处。今有女娲城在焉。"旧志以为女娲所筑之城。故老相传其来已久。春夏之交,城上朝烟,缤纷在目。诗曰:"女娲炼石自何年?补尽人间缺漏天。石屑化为城上土,常将五色化朝烟。"

(《西华县志》)

思都岗,县北二十里。《河南通志》:"女娲氏遗民思故都,因以为名。"按:《水经》云:"又东南过茅城邑。之东北注入洧水。又南经一故城西,世谓之思乡城。"人疑之即思都岗。

(《西华县志》)

图 2.67.3 西华女娲城残留的城门上的"娲"字砖刻(1983年11月程健君摄)

图 2.67.4 西华女娲补天雕像(2006年孟宪明摄)

图 2.67.5 西华女娲城山门(2006年孟宪明摄)

图 2.67.6　西华女娲城内的女娲坟（2006 年孟宪明摄）

图 2.67.7　西华女娲城内的女娲补天殿（2006 年孟宪明摄）

【点评】

本篇是河南西华县流传的女娲补天神话遗存。这里据说是女娲的故都，有"女娲城"。

思都岗的女娲城乃"女娲故墟"。从考古发掘看，应是春秋时期的遗物。

本篇对中原女娲研究有重要意义。

还有伏羲是从混沌大蛋壳里出来的，显然与盘古相混。这里的伏羲女娲兄妹与桐柏的盘古、盘古妹妹相近。时代交错融合，值得注意。这可能是中原女娲神话多元的依据之一。

68. 女娲补天（五）[西华县]

女娲是个女的。开天辟地的时候，天下净是洪水横流，泛滥于天下。草木密茂，草棵子丈把子高，多么深。禽兽繁殖，虫羽子咕哇咕哇乱叫唤。那个时候，天还没炼成长成哩。再后来，水一下去，安民哩，天没长成咋弄。叫女娲炼石补天，女娲从那儿得的功。

女娲补天。当时天还没补成哩，多大一块还没补成哩，鸡子就叫唤了。女娲抓块冰凌把东北角子一堵，就把口子堵住了。所以后来一刮东北风就冷。

再后来，回来就又修这女娲城。修有里把子地，还显垛口、城隍。再后来，鸡子一叫唤，女娲抱这三抱土，抓住往那儿一擢，三抱土成了三个大岗岭子。现在发黄水淤住了。要不淤住（一丈三尺深）还可以去看看。土也不简单，修了半截子，没修完。

女娲自己抱了三堆土，为啥？传说，女娲要造三座山，土地爷不想把这里变成山地，才变成鸡子叫的。他不想叫修城。

女娲城寨门上的三个大字，我见过。原来，上几年来调查时，"女娲城"的"女""城"字都找到了，就是"娲"字没找到。谁能找着"娲"字赏二百块钱。最后，找到了"娲"字，又找不着那两个字了。

思都岗有八大景。

讲述人：李燕宾，男，84岁，农民，上过私塾
录音：张振犁 程健君
采录时间：1983年11月3日
采录地点：西华县思都岗村

【点评】

本篇是河南西华女娲故墟的"女娲补天"神话遗存之一。它比较忠实地反映了远古女娲补天的自然环境条件，生民的艰辛和原始宗教观念、习俗。当时，由于尚处野蛮、蒙昧时期，在重大的补天、修建城（寨）等过程中，还存在"禁忌"的观念，即鸡子一叫，就到期不能再进行。这在许多民间传说中，也多有表现，如"鲁般与妹妹比赛修赵州桥"、"黄帝、西王母在新郑修城"等。本篇女娲城的修建也是如此。

女娲修城,也是因鸡子叫,未能进行完,把三抱土攉成了三道岗岭——三都岗(或叫思都岗)。

"女娲城"不只是传说,而且有地下考古发掘的城建文物及"女娲城"砖刻。这说明西华县是我国中原地区著名的女娲活动的地方。"女娲坟"也相当有名。因此,在古代的方志、文献、诗文中多有丰富的旁证资料。

西华的女娲庙会影响巨大,驰名全国。

69. 女娲补天(六)[新安县]

天下事哩说来也奇,有人能撞破天,还有人能补天。老辈人传说共工是水神,祝融是火神。水火不容,共工总想统治天下,想称王,火神也想统治天下,为这事儿,俩人就约定了个时间,大打出手,说胜者为王。起先俩人是在水里打的,因为共工是水神,在水里打得很顺手,又加上有共工的几个得力助手帮忙,很快就打败了祝融。祝融一看不能取胜,用了个计策,把共工引上岸来。共工一上岸,水里的那点儿本事使不上了,祝融口吐烈火,烧死了共工的助手。共工恼羞成怒,又觉得失了脸面不好再回到水里,就大叫一声,把头向西北方的不周山撞去。他哪里知道,天是由四根柱子撑着,这一撞不打紧,西北方的一根柱子被撞折了。祝融一看,共工闯了大祸,连忙逃走了。

天母女娲正在大地中央为一群孩子拣五色石玩,那五色石可好看啦,现在夏天时候,你在河水里还能拣到。女娲听见轰隆一声响,抬头一看,西北方的天空成了个大窟窿,她吓了一大跳。她下决心要补天上的窟窿。她想了又想,就是想不出补天的办法,后来,她看到顶天的四根柱子是用石浆做的,于是想出了办法。她把五色石烧化,化成石浆,把天上的石窟窿补好了。西北方的天空是补好了,可从那儿以后,从西北方来的风特别冷。老一辈人说,那是因为女娲补天时候,正是冬天,石浆刚一炼出,就冻住了,补天用的就是这种冷石浆。

讲述人:杨傍子,男,58岁,识字不多,新安县磁涧乡孝水村农民
采录人:张建伟,河南大学中文系1986级6班学生
采录时间:1989年10月25日
采录地点:新安县磁涧乡孝水村

【点评】

本篇是流传在豫西新安县的"女娲补天"神话遗存。它应是《淮南子》有关女娲补天神话的民间口头传承的原型。本篇特点是朴素、口语化、生动的描述。

其中所解释的刮西北风冷,归之于冬天天冷,女娲炼的五色石汁变凉造成的。这样要比用冰块堵窟窿更符合实际些。

本篇前半部分共工与祝融相斗失败后,以头撞西北不周山的情节,既与文献吻合,又与太康县(在河南)的《共工与祝融》相近。异地同题神话不谋而合,足见此神话产生、流传在中原的可信性(虽然也有不同)。这是研究神话异同的重要理论依据。

从讲述人的农民文盲的身份看,也较为珍贵。

70. 女娲补天(七)[西峡县]

古时候,大地上只有山岭、河流、花草树木、鸟兽虫鱼……没有人。

传说有一个天神,名叫女娲。有一天到大地上去玩,看见大地景色优美,却没有人、兽,她感到很孤独。一天,她来到一条小溪边,猛然看见水里有个和自己一样的生物。她笑笑,水里的生物也笑笑,她点头,水里的生物也点头。她高兴极了,伸手向池里一捞,水混了,生物也碎了,抓了一块稀泥。她心里很纳闷,这水里的生物,能是稀泥吗?我不妨做一个泥人看看。

她做了个泥人放到地上,很快活了,还大声叫她:"妈妈!妈妈!"女娲听到这甜蜜的叫声,心里十分温暖。就这样,母子俩过着幸福的生活。孩子很胆小,蜜蜂飞到跟前,也要大叫妈妈。女娲心想:他这样胆小,我要教给他一些本领,让他能自己生活。带他登高山,渡河流,告诉他,啥好啥坏。女娲还故意躲开,让孩子自个儿玩,练练胆量。

有一天,在大森林里看见一只兔子,女娲告诉他:"你可以和兔子一块儿玩,它不咬人。"小孩儿抱住兔子,左看右看。忽然兔子从怀里跳下来,跑向山坡,孩子紧追不放。女娲看着远去的身影,大声喊:"回来,回来……"喊着,唤着,跑没影了。女娲伤心地哭了,转念一想,稀泥能做人,我多捏些人。她就做了千千万万的泥人。

又有一天,水神和火神不知为了什么事,打起仗来,把顶天的柱子不周山撞断了,天塌了半边。水从天上流下来,大地一片汪洋,泥人们好多被淹死了。女娲伤心极了,她听说五色彩石,烧成稀糊糊,就能把天补好。她不怕千辛万苦,找到了许多五色彩石,烧成稀糊糊,一勺一勺舀上天,把天补住了。泥人们得救了,女娲可累死了。

讲述人:刘克旺,男,50岁,汉族,文盲,西峡县太平镇乡回龙寺村农民
采录人:王改芹,女,20岁,汉族,高小毕业,西峡县太平镇乡回龙寺村农民
采录整理:杨平,女,28岁,汉族,高中毕业,西峡县文化馆职工
采录时间:1986年5月
采录地点:西峡县太平镇乡回龙寺村

【点评】

　　本篇是流传在河南西南山区"女娲补天"和"造人"复合型的神话遗存之一,它比较接近原始形态。一是女娲原是天神,来人间后,见世界虽美好,但没有人,于是造人;二是她造人仅就自己水中的影子(生物),用河泥捏泥人之后,放地上就活了,不需施用巫术手段(如吹气等);三是她培养儿子胆量,让其自己能独立生活;四是洪水灾害与共工撞不周山有关,说明流传时间久;五是没有人为宗教渗透的痕迹;六是在女娲之前,已有用炼五色石可补天的经验;七是在文献上有据可查,证明其在民间流传已久,这一带正是《淮南子》作者刘安活动的地区;八是普遍认为女娲累死了。
　　本篇语言描述,具有民间语言风格的特点。因此,这是一篇难得的珍品。

71. 女娲补天(八)[范县]

　　传说,天是一块布,是用柱子撑着。
　　后来天柱叫妖精撞断啦,把天也弄了个破洞,天上的风刮下来,冻得人够呛,有个叫女娲的神为了补天,砍了九九八十一日芦竹,领着庚、申、辛、酉、金炼起了五色金石,伏羲忙领着甲、乙、寅、卯、木做起了梯子。女娲熬了七日七夜,炼出了十万八千块石头,伏羲做了七天七夜,做成了通天的梯子。有了梯子,女娲就能补天了,她一步一步地爬上梯阶,把石头一块一块搬到天上,一连补了七七四十九天,累得头也昏了,眼也花了,脚也软了,手也酸了,还有一块没补上,留着一个小洞洞,女娲一脚蹬了个空,摔了下来。
　　剩下的一个小洞洞,谁也不敢上去补了,风从破洞一直吹出来,直到现在,一刮

西北风就冷。

讲述人：董天备,男,56岁,汉族,中师毕业,范县一中校长
采录人：崔金钊,男,60岁,大专毕业,干部
采录时间：1989年11月3日
采录地点：范县一中

【点评】

本篇是流传在河南东北濮阳地区范县的独具特色的"女娲补天"神话遗存。它比较接近原始形态。

其中所说的"天是一块布",正是我国古代的"天幕"。天被妖精撞断天柱,弄了个洞,又用五色石补起来。不论天是石头的或是一块布,全是原始人的想象,不能落实,神话幻想不是科学实体。有学者大力考证：天只能去缝（当然也有此类传说）,这就没有必要。他们的理由是中国古代人没有"天石观",其实也不符合事实,大量材料证明有天石观。炼石补天本身就是天石观的具体反映。

本篇中所说女娲砍了八十一日芦竹,炼五色金石,伏羲用木材做梯子,女娲炼了七天七夜,炼出十万八千块五色金石头,伏羲做了七日七夜登天梯子,正是古神话中的"建木"。女娲登上梯子,一块一块补了七七四十九天,还余一个洞,漏风。女娲累得一脚蹬空摔了下来。别人不能补,所以刮西北风冷。这个记录是由伏羲、女娲分工合作完成补天的,也是其他记录所没有的。

为什么女娲砍了八十一天芦竹烧火,因为濮阳范县一带是沼泽地,芦竹丛生,比较方便(她"积芦灰以止淫水"也与此有关)。雷泽是伏羲母生他的地方,雷泽在此。

伏羲、女娲兄妹合作补天,告诉我们范县及周围雷泽地区是伏羲、女娲生长、活动、创造文化的发祥地。据近人研究,伏羲生长在这里,葬在濮阳西水坡。本篇还透露了补天时已有了八方阴阳五行观念在流行。只有伏羲画八卦的伟大文化创造的出现,女娲才会率领"庚、申、辛、酉、金"(可能为儿子的名字)来用芦竹炼五色石；伏羲才能率领"甲、乙、寅、卯、木"(可能为女儿名字)来做天梯。这些也正是东方文化模式构成的文化因素。

总之,本篇是一个很有研究价值的表明"中原神话体系"构建的多元化的科学依据之一。

72. 补天的传说［西华县］

在很早以前，天东北角塌了一个大窟窿，人们都很害怕，很发愁，天天磕头祷告，求老天爷开恩，赶紧把塌下来的窟窿补住。

祷告来，祷告去，老天爷不答应，窟窿还照样是窟窿。人们没法儿，就求告圣母娘娘。圣母娘娘心眼软，还有一身好本事，能叫海水结冰三尺。她见人们可怜，就用一个大冰块堵住了天塌的那个窟窿。就为这，现在一刮东北风，天就变冷了。

讲述人：陈德荣，女，78岁，文盲，汉族，陌陂乡前洼村农民
采录人：魏森林，男，30岁，陌陂乡前洼村农民
采录时间：1986年3月
采录地点：陌陂乡前洼村

【点评】

本篇是西华恩都岗乡流传的"女娲补天"神话异文。因为是从农民（文盲）听来的，比较朴素、简练，有乡土气息，内容也比较单一。

73. 为啥刮东北风冷［驻马店市］

相传很久很久以前，天的东北角塌了个窟窿，眼看半边天就要塌下来完。天神派神娲去补天，神娲到地方补了好几次都补不住。风一吹就又成了窟窿，滴水成冰，把神娲冻得不行，后来神娲拿了一块冰堵住了窟窿，用溜冰顶东北角。所以天一刮东北风就非常冷。特别是冬季，东北风一刮不是冰就是雪。

讲述人：吕彦堂，男，50岁，回族，高小毕业，驻马店人，农民
采录人：张爱梅，女，32岁，汉族，高中毕业，驻马店人，干部
采录时间：1987年5月
采录地点：驻马店市老街乡
流传地区：豫南

【点评】

本篇流传在驻马店,朴素、简明地记述了女娲补天的经过,最后用一溜冰顶住东北角,天才补好了。所以刮东北风冷。

这类情节的广泛流行,虽无多少地方特色,但可证明"女娲补天"神话在中原的大扩布性和地域的确定性。这是研究中原神话的重要标志之一。说明在河南不论南北、东西,大量存活的女娲神话遗存,是极具学术价值的。

74. 太子沟女娲石像[登封市]

登封县清凉山太子沟有女娲像。据说女娲就是在这里补天的。因为天冷,女娲就冻结在那里了。如今,女娲还手托着五花石站在那儿呢!

讲述人:邹氏,50岁,淮阳太昊陵人,为老斋公
采录人:杨利慧,北京师范大学学生
采录时间:1993年4月22日晚
采录地点:淮阳太昊陵邹氏家

[附注]邹氏曾与"姊妹"一起去登封县清河山太子沟拜女娲神像。

【点评】

本篇产生在嵩山山系清凉山太子崖,是女娲补天神话遗存之一。

女娲在此补天,因天冷和累,冻死在太子山上。她被冻结时,正用手托着五花石(可能即五色石)向天空飞登。这雄伟、感人的雕塑般的始母大神创世的勋业,流传千古。

女娲在这里冻结,正是天地之中,与文献、口碑所传的女娲补天地望相符。因此,其影响巨大,为万民敬祀、崇拜。又因为中岳嵩山是盘古开天地后,肢体化生的中腹地带,意义更为重大:嵩山是盘古、女娲的圣地,华夏之根。本篇讲述人邹氏曾与大批妇女香客结伴从四五十里之外的淮阳——太昊伏羲陵,来此专门朝拜女娲神像,可见她在中州人们心目中地位的崇高。这在中原许多女娲神话中的地位和价值,也是不多见的。

本篇在嵩山神话体系中，与盘古死后化为中岳的神话相媲美，在民间早有定论，传为圣迹。

本篇在中原女娲神话中，也是最悲壮、神圣的遗存之一。文献中虽尚不见记载，但这尊石像（山崖）和人民中间的口头传承，却是最权威的铁证。

[附注]清凉山的清凉寺就在少室山南山脚下。山上有三皇寨，寨上有三皇庙。三皇庙中敬奉着伏羲、女娲、神农"三皇"。由此，足见此神话的非同寻常。

75. 红裤子崖[登封市]

嵩山东南的春震峰下，有一条高大的石崖，崖石层层叠叠，嶙峋巍峨，像神手垒起的城墙。石崖上，有斜叉向上两条红印子，远看像一条红裤子，有人叫这崖为"红裤子崖"，或"小姐晒裤子"，这沟便叫"红叉沟"。传说是上古时候女娲补天留下的遗迹。

相传，上古时候，水神共工和火神祝融打仗，结果共工被祝融打得大败。他恼羞成怒，一头把不周山这根撑天的柱子给撞断了。天塌下了西北，地陷下了东南，天上漏下的大火燃烧不息，地下涌出的洪水到处泛滥，猛兽窜出林子来伤人，凶雕低飞盘旋着抓吃老人和小孩。

女娲看见她造的人类惨遭伤害，很是痛心，只得辛辛苦苦地把天给补起来。她先到处选好了很多鲜艳的五色石头，合起来共一万零一块。这嵩山春震峰下也有她选的石头。然后，架起火来将它们熔炼成糊状，再提上天去把塌下的天给补好。

这巨大的工程真不容易呀！女娲筋骨疲累地炼哪补呀，最后还剩嵩山上空的天没补了，便找两位神童下来帮助运料。两位神童把炼好的五色石糊用天衣兜好，打上结扣，用红线穿住，绑在杆上，搁在肩上，"嗨"的一声，飞上石崖。谁知这一"嗨"，惊起了正在崖下瀑布泉边洗衣的少女。少女不知是两位神童，见他们脚踩悬崖，怕他们跌落下来，"哎呀"一声，随手甩出一条正在揉搓的红裤子，裤子护住神童，飘向半空，晃晃悠悠落在石崖的树梢上。两位神童将五色石糊抬给女娲。女娲补好最后一处天空，剩下的石糊倒下来，正好落在红裤子旁边。天长日久，和红裤子一起化为红石崖，有的成了下边的绿树。远看就像少女的红裤子绿裤腰，被称为"小姐晒裤子"。

传说那位洗衣的少女，因为保护两位神童有功，女娲也将她收为神女了。现在她还常站在巍峨陡峭的石崖上，为登山的人们指点道路，保护安全。女娲和两位神童呢？因为他们补天有功，尤其女娲造人，繁衍后代，人们建造了女娲宫，让他们同享人间香火。

（根据《淮南子》和登封传说整理）

【点评】

本篇是嵩山女娲补天神话遗存的又一名品。其中所说的女娲是在天下各处补天之后,最后在嵩山顶上的天空补天时的情景。可见,她补天的中心在嵩山。更可贵的是,女娲在这里把天补好以后,回归天国的神圣职位去了。虽无其他传说中所说的女娲牺牲的悲壮,但却给人以战胜自然灾害后胜利的喜悦!

本篇虽然也说到女娲在别处补天太劳累,让两个仙童协助向嵩山上空运石汁,留下了一些美丽的衍生的戏剧性情节,未免有道教化的痕迹,主体却仍完整地保持着原始先民的神话意识。而其最可贵的还在于女娲神话的活动中心地区,应在以中岳嵩山为中心的北方中原地区。

其中二仙童往天上送炼的石浆及山崖下泉边少女洗衣时,保护仙童不遇险,以及少女变作山道指引者的衍生情节,虽非此神话本体,但对原生神话亦无损害,反增加一些趣味。但总的认识应区别主体与衍变之分,原始神话遗存与道教传闻的不同。正本清源是对此类神话应持的态度。

76. 风 后 岭 [新郑市]

风后是女娲氏,古人说盘古氏开天辟地,女娲氏炼石补天。西北角的天,是金刚石顶着的。风后与女娲是同时期的人,女娲死了以后,埋在这里了。

后来,经过地震时,出现了风后岭。

讲述人:袁固,63 岁,高师文化,林场干部
采录人:张振犁　蔡柏顺　程健君
录音:河南大学"中原神话调查组"
采录时间:1983 年 11 月 26 日
采录地点:风后岭下林场

【文献选录】

东方之帝木,能生风,故为姓。

(《姓书》)

上世尝有风国，因为姓尔，故帝后有风后，风国之后。

（《路史》）

【点评】

本篇是嵩山山系东端新郑市流传的关于"女娲补天"神话的遗存之一。此篇虽无具体在这里补天的情节，但却透露出了女娲补天后死了埋在这里的信息。

风后是女娲氏，说明她与女娲是同一时期的人。因此，她被埋在这里，后因地震，地壳变动，女娲墓就成了今天的"风后岭"。

本篇所透露的女娲补天时，是用金刚石把天的西北顶着的，而非"炼石补天"。这告诉我们，女娲补天的情景是多元的。这是神话特别是中原神话体系应该知道的重要理论之一。"炼石"也好，"金刚石"也好，用"山石填"也好，都是原人思维特质——神幻思维的产物。《淮南子》中关于"女娲炼石补天"的记载，不过是其中一种方式罢了。而民间口承神话却是千姿百态，丰富多彩的。不能用《淮南子》记载的情况来衡量活的口头神话遗存的是非。这是打开神话研究的重要思路之一。

77. 女娲名字的由来［驻马店市］

女娲原名叫天女。

天女在未补天前，住在一个山洞里（洞名已忘记），经常到人间，为人民分忧解难，她利用自己的神力帮助群众，如哪家忍饥挨饿，她便偷偷地送去米粮，这样的事一多，时间一长，就在当地流传着有一女子的故事。

可是，却没有人见到，只是听说而已，人们便给她起名叫天女。

天女就在人间流传。

到顶天柱把天撞个窟窿，天女就炼五色石补天，挖得多了，就挖一个非常大、非常大的坑（大约在今驻马店东几十里处）。当时人们想感恩天女，就从这片洼地给天女改名女洼（天女造的洼地的意思，只是这片洼地时间已久，今天较为平坦，也就是今天驻马店宿鸭湖一带）。后来经过文人之手时，又改名女娲。

这就是女娲名称的由来。

讲述人：郭中，87 岁，上过私塾，现为农民

采录整理：郭运民

采录时间：1989 年 9 月

流传地区:驻马店东部一带

【点评】

这是一篇风物资料。女娲原是"天女",后因挖石补天,挖多了,就成了一个大坑(洼),所以天女又叫"女洼",后来成了"女娲"。

本篇是本地"女娲补天"神话的实地印证,这也是中原经常遇到的文化现象,如沁阳的"补天台"、嵩山的"红裤子崖"、安阳的"清凉山"、涉县的"中皇山"上的遗迹等等,莫不是如此。

78. 女娲娘娘[淮阳县]

在很古很古的时候,女娲娘娘抟黄土造了人,这些人会说话又会走路,高兴地叫女娲"妈妈",叫伏羲"爸爸",一个个活蹦乱跳,热热闹闹,到森林河山去了。与人相处的是狼豺虎豹,很凶。女娲娘娘不放心,对孩子们说:"野兽很厉害,千万别惹它们。"这样孩子们很孤单。后来,女娲又抟捏黄泥,摔来捏去,抟了个狗,她说:

"瓜子儿脸,尖下巴,小耳朵,

站那儿没有坐那儿高,

见了人,撅屁股,把尾摇,

护着主人,汪汪叫。"

太阳落,月亮升,狗活了。狗跟着人摇头摆尾,狼见狗就溜了。女娲娘娘又抟黄土,摔来捏去,摔出一只鸡。她说:

"大冠子,硬嘴壳,尾巴翘,

只屙屎来不撒尿;

下个蛋儿咯嗒嗒,

黎明它能把人叫。"

天黎明,鸡活了,鸡叫了。到了晌午母鸡下蛋了。第三天,女娲娘娘又抟捏黄土,摔来捏去,摔出一头猪。她说:

"大耳朵,慢腾腾,哼哼叫,

喝污水来睡懒觉,

屙金尿银一身宝,

到头人把它吃了。"

猪哼一声,猪活了,慢腾腾地走去了。第四天,女娲娘娘又抟捏黄土,摔来捏去,摔出一只羊。她说:

"两只角,长胡须,咩咩叫,

不吃粮来光吃草,

没事轻轻倒倒沫,

羊皮当衣肉挡饱。"

羊咩咩叫了一声,羊活了,羊跑了。第五天,女娲娘娘又抟捏黄土,摔来捏去,摔出一头牛。她说:

"两只大眼,两只尖角,倒一口白沫,

只能吃草,只能掏劲,只能把水喝,

任人打来任人使,

哞一声来就是乐。"

牛哞地叫了一声,牛活了,牛走了。第六天,女娲娘娘又抟捏黄土,摔来捏去,摔出一匹马。她说:

"小耳,大嘴,一把鬃,

走起路来蹄生风,

吃草喝水叫人使,

任打任骂过一生。"

马咴儿咴儿叫了一声,马活了,马跑了。这样马牛羊鸡狗猪,样样都有了。六畜听人使唤,任人杀吃,稍不如意,人就鞭打棍敲。

女娲娘娘是个慈心肠,她常常去山川森林看望她的子孙。有一天,她来到一条河边,见一个姑娘望着河水发呆。女娲娘娘问她在干啥,那姑娘回答:"我听河水唱歌呢!"女娲娘娘见姑娘太闷得慌,就做了葫芦笙,又叫伏羲造了琴瑟,创了曲子,曲名叫《驾辩》。从此以后,子孙们晚上围着篝火,又唱又跳,快活极了。

不久以后,女娲娘娘发现人不断三三两两死去,为怕人绝种,女娲娘娘叫男人跟女人交配生儿育女。所以,后代子孙称女娲娘娘"神媒"。

火神跟水神打仗,水神被打败了。水神有气没处出,一头撞到不周山上。这不周山是西北天的顶天柱,一下子西北天塌了。这下子可不打紧,又刮冷风,又下雪,冻死了成千上万人。不少人披着兽皮,从四面八方来求女娲和伏羲,想法补住这缺口儿。子孙这么急,女娲咋不急呢?

女娲踏遍了山山水水,想方设法补天,后来走到一条大河边。这条河水面宽,水又浅,浅滩里石子五颜六色,河水黏糊糊的。女娲叫伏羲喊来了子孙,筑了补天台。女娲登上补天台，用五彩石蘸了河水，日日夜夜补天。九九八十一天后，西北的天快补好了，只剩下一道缝儿，用五彩石再也补不住了。女娲娘娘很着急。风又冷，雪又大，这咋办呢？一天，天擦黑的时候，女娲娘娘叫伏羲找来了针，找来了线，一针针一线线，缝了起来，说也奇怪，五彩石补不了，用针线倒一点点给缝住了。女娲娘娘缝到天亮，公鸡打鸣的时候，用针线也缝不住了。没法儿，她只得天天从天黑补到鸡叫时候，月亮落了九次，升了九次，剩下的这条裂缝到底补好了。女娲娘娘怕天再塌了，就叫伏羲找来了一只小白龟，对白龟说："小白龟，你是白龟老祖的子孙，为人献上命吧！"说罢，砍去了小白龟的四只腿。这四条白龟腿立在东西南北四方，见风咻咻长，一会儿顶住了蓝天，成了顶天柱，把天的四角牢牢顶住了。

天补好了，女娲娘娘也累得又黑又瘦，风一吹就打歪歪。伏羲把女娲娘娘搀下补天台，女娲娘娘身子摇了几摇，就倒下了。她躺在地上，看着补好的西北天，五颜六色，跟整个蓝天的颜色很不协调。她很不满意，叫伏羲快去改变西北天空的颜色。

伏羲用树枝和青草堆成了一个柴山，从不周山下的森林里取来了天火，点着了柴山。一忽儿，风起云涌，烧得西北天空通红。火灭了，地上卷起了漫天的狂风，把青灰撒在了西北烧红的天上。风停了，西北天空也蓝湛湛的了。

西北天空因为是用线缝补的，可能是没补严实的缘故吧，一刮西北风就格外冷。

多少年过去了，女娲娘娘在民间仍被尊为"人祖娘娘""人祖奶奶"，尊为"神媒"供奉。在淮阳太昊伏羲陵院有女娲观，院西有女娲城。女娲被尊为开天辟地的始祖之一。

讲述人：李国争，男，63岁，农民
采录人：杨复俊
采录时间：1985年1月6日
采录地点：王店乡棠棣村
流传地区：淮阳县

图 2.78.1 淮阳女娲阁内的女娲补天石(2014年程健君摄)

【点评】

本篇属河南淮阳地区流传的"女娲造人畜"的异文。它是女娲创世造人神话的重要侧面。

其中的特点在于:女娲造六畜,不是按每年正月头七天的顺序来造以应"日属"的。让人管畜,其动机为生存,为了不让人孤单寂寞,也是为了人有伙伴,为人所用。

造人畜,女娲主要按每种动物的形体特点和为人饲养的功能来捏六畜,有的供食用,有的供乘载,有的报时,有的守夜,有的耕田等。造六畜乃为人之需要。

本篇为研究狩猎时期人类经济生活提供了依据。

79. 刮东北风为啥冷 [确山县]

相传还是远古洪荒的时候,天塌了,女娲娘娘为了拯救世上万民,就炼石补天。

女娲娘娘炼了三百六十五块神石,一天补一块,补了三百六十五天才刚刚把天补好。可东北角又漏了个大窟窿,洪水顺着大窟窿往下淌。眼看地上又要发洪水,女娲娘娘很着急,炼的五色神石已经用完,再炼也来不及了,她就顺手从嵩山顶上抱了一块大冰块,捂在了东北角的大窟窿上。天被补严,万民得救了,女娲娘娘也累死了。

因为东北角的天是用冰冰补的,所以现在一刮东北风就冷。

讲述人:杨永兴,男,85岁,上过私塾,县靖宇小学退休教师
采录人:杨建军
采录时间:1987年3月
采录地点:盘龙镇

【点评】

本篇流传在中原确山县,是"女娲补天"比较接近原始形态的神话遗存珍品。她告诉我们一个信息:女娲炼五色石补天,一天补一块,整整三百六十五块,刚刚一年,这是我国历法自然形成的过程。结果还剩一个洞向下漏水。她怕洪水淹没世界,就在嵩山顶抓了一块冰凌堵住了。女娲也累死了。

以上情况又一次证明女娲补天是在中岳嵩山完成的。这是我国最原始的盖天说的三百六十五天之原型。

本篇与《红裤子崖》《太子沟》相印证,具有科学性和真实性,从而构成中原神话独有的特征。

80. 鳌鱼眨眼地翻身[确山县]

现在的地震,过去群众叫地翻身。轻的地翻身,只是锅碗瓢勺乱响一阵,重的地翻身房倒屋塌,山崩地裂,民间就有"鳌鱼眨眼地翻身"的说法。地翻身为啥与鳌鱼有关呢?这里有个神话故事。

远古时候天塌地陷,女娲娘娘补好了天,可地上还是一片汪洋。女娲娘娘用草灰呀、石头呀、土呀往水里填,可无济于事,因为地上的水太深了。她找来几只大鳌鱼(鳌鱼同现在的乌龟、老鳖差不多,能驮很重的东西),让鳌鱼浮在水面上,把草、木、灰、土、石之类的东西放到它们背上,让它们驮着,这就形成了陆地。

鳌鱼虽然驮着陆地不敢乱动,可也有眨眼的时候哇,它一眨眼,陆地就动弹,这就是地翻身。要是鳌鱼有时扭扭头,伸伸腿,就会房倒屋塌,甚至山崩地裂。

这就是"鳌鱼眨眼地翻身"的传说。

讲述人：杨永兴
采录人：杨建军
采录时间：1987年3月
采录地点：盘龙镇

【点评】

本篇为中原女娲补天、造地的神话遗存。北美印第安有乌龟从水下用爪子捞出泥沙，逐渐成了地球的神话。我国的女娲不仅用鳌足立起地的四边顶天，而且让鳌鱼浮在水面上，成了陆地。两个民族的此类神话极其相似。

本篇还用鳌鱼眨眼引起地震的神话，解释地陷自然灾害，虽非科学解释，但其出发点的敢于向自然灾害斗争的精神却是极为可贵的。原始先民勇于探索自然奥秘的精神，正是中华民族生存和发展的创造力的重要体现。

81. 日月为啥东升西落［确山县］

日头和月亮为啥天天从东边出来落到西边去？这有个故事儿。

相传远古时，有两个天神大战，撞断了顶天的柱子，天塌了下来。女娲娘娘为了补天，先得找个结实的东西做顶天柱，把天给顶起来。她找到一只大鳌鱼，用鳌鱼的四条腿做了顶天柱。这鳌鱼后腿长，前腿短，两只前腿做了西半拉天的顶天柱，两只后腿做了东半拉天的顶天柱。这样一来东边的天高，西边的天低，日头、月亮就每天从东边的天上出来，再慢慢滑落到西边去，这就是日头、月亮东升西落的原因。

讲述人：杨永兴
采录人：杨建军
采录时间：1987年3月
采录地点：盘龙镇

【点评】

本篇为女娲补天，稳定宇宙秩序的创世神话遗存名篇之一。这是原始先民对自然现象的幼稚解释,说明天地之间能稳定安全,乃是由柱子顶着的。后因两位天神打仗,顶天柱被撞断,天塌下来了。大神女娲为了补天,就先用巨鳌(大龟)前面的两只短腿,顶住西边的天,用后边的长腿顶东边的天。东边天高,西边天低,于是日、月东升西落。

本篇既解释了我国地形西高东低的原因,同时又解释了天体日月的运行规律,是最初天文学"盖天说"的初期形象记录。其中的原始科学思维内涵十分丰富。

本篇与确山的《刮东北风为啥冷》是同一地区"女娲补天"的前后篇。在《淮南子》中提到此事仅为"断鳌足以立四极"一句,却无具体故事情节。而在中原却有多处完整的神话遗存异文,可见《淮南子》中所记的这个故事,采取于中原地区。文献上仅七个字,民间口承神话却丰富、具体、生动得多。两者的特点和关系就是如此清楚。它证明文献的不足,只有用口承活神话才能得到补充和订正。

82. 太阳为什么东出西落 [西峡县]

传说,在盘古开天辟地以后,经过一次激烈大战,共工撞倒了撑天柱子——不周山。自此,天破地裂洪水大火遍及天下。女娲用五色石把天补好了,但撑天柱断了,用树木顶呢？不行。用人,更不行,用啥呢？女娲想不出法子。

女娲看着自己的儿女们,在洪水中向她呼喊,伤心地流下泪水。她发现山又在蠕动,水底发出呼啦、呼啦的声音。女娲朝水底一看,只见大鳌驮着大山走了过来,大鳌走到女娲跟前,问:"娘娘哭啥？"女娲把伤心的原因说了一遍。大鳌想了想说:"别愁,有办法了。"女娲抬起了头,还没来得及问清楚,只听见"咔嚓"几声,大鳌咬断自己的四条腿,递给女娲说:"快,去撑天吧！"女娲大吃一惊,连忙撕下自己的罗纱,绑住了大鳌的四肢,一刹时变作四支鳍,游的时候比以前更加方便。

女娲用鳌的两条长腿放在东边,把两条短腿放在西边,撑住了天。

从此,形成了西高东低的地势,太阳便东出西落。

讲述人:王金山,男,已故,汉族,文盲,西峡县米坪乡羊沟村农民
采录人:曹丰勤,女,14岁,汉族,初中学生,西峡县米坪乡高庄村人
采录整理:杨平,女,28岁,汉族,西峡县文化馆职工
采录时间:1986年4月
采录地点:西峡县米坪乡羊沟村

【点评】

　　本篇为河南西南山区西峡县流传的"女娲补天"神话遗存珍品。它比较接近原始形态。它的"断鳌（龟）足以立四极"的内容，与确山县流传的《日月为啥东升西落》是姊妹篇（或叫"异文"）。对研究我国女娲神话的补天功业有重要价值。

　　本篇同样是解释我国天体、日月运行和我国中原地区西高东低的地势特点的天文学"盖天说"和地理学、地貌学的原始形象记录。因此，它具有原始科学价值。

　　本篇的可贵之处在于，其中"断鳌足"不是由女娲干，而是在把大鳌人格化之后，找着女娲，问明女娲想要保证泥人儿女不受洪水之害，却无法用支天柱的难处后，而主动把自己的四腿咬断，交给女娲支天的。这只巨鳌不仅身负大山，而且主动献身，令人感佩。

　　以上这些情况，在文献中，都是无法看到的。可见田野作业中得到的活化石神话资料的珍贵，是无法估量的。

　　本篇也为构建中原神话体系的多元化观点，提供了不可取代的证据。

83. 女娲炼石补天的传说［河北涉县］

　　天底下有了人以后，世界越过越红火了。忽然从哪里飞来两只大鸟，那鸟翅膀张开，比炕席还大，嘴头子张开，比铁锨板还大。为了抢抓一只豹子，两只鸟在山里打起架来，越打飞得越高，后来就打到云彩上头去了。只听半空里轰隆一声响，好生生一个青天，叫它们给碰了个大窟窿。窟窿里直往外冒黑风。黑风刮到哪儿，哪儿就再看不见日头。没了日头，庄稼还怎么生长，人还怎么活啊？

　　女娲跑到塌天的地方——就是现在的唐王峧沟，看准窟窿的大小，就在中皇山（后来改名叫凤凰山）沟里支起一口很大很大的锅，从漳河里捞出青蓝红白紫五色石子，放到锅里用大火熬。石子熬化，舀出来，一张一张烙成煎饼。总共烙了三百六十五张，分成了十二叠。（这就是一年三百六十五天，每年十二个月又稍多一点的原因。）带到天上，费了很大劲，才算把窟窿补好。她回到地上重看看天，满天龇牙咧嘴的石头块子，眼看着要掉下来，实在怕人。女娲奶奶就朝天上吹了口气，把天全给遮起来。从那儿以后，地上的人再也看不见天空那吓人的样子，只能看见满天青气。后来孔夫子造字，就把天字造成"靝"。

　　女娲为啥要在中皇山炼石补天？据说有四个原因：一是因为那里有山有水，水里又有青蓝红白紫五色卵石，取材方便，施工方便；二是那里断崖齐峰，不受阻隔挂绊,飞天容易;三是正居九州之中,便于普救苍生;四是距天上塌的地方最近。

现在,清漳河里仍然铺着河卵石,石呈青蓝红白紫色,是当年补天时余剩下来的碎渣儿。娲皇宫的右边有个熔五台,悬崖上又有大片的烟熏火燎的岩石。熔五台就是炼五色石的地方。左面有三级飞天降,是娲皇奶奶补天时升空降地,来回走动的地方。

讲述人:李光藩　赵德崇

图 2.83.1 河北涉县娲皇宫(1994年程健君摄)

【附录】

娲皇补天谣

盘皇开天露天丑,
夜半天星堕天狗。
璇枢缺坏奔星斗,
轮鸡环兔愁飞走。
圣娲巧手炼奇石,
飞廉鼓鞴虞渊赤。

红丝穿饼补天空,
太虚一碧玻璃色。
辐旋毂转四极正,
高盖九重悬水镜。
三光不凋河不泄,
天上神仙宅金阙。
当时坤母亦在旁,
下拾残灰补地裂。

(元人杨维桢《铁崖先生古乐府》卷三)

【方志选录】

女娲氏,一名娲,又曰女希,始媒。故祀为皋媒,称曰皇姆灭媒。月令作高媒。弟太昊,同母弟,正婚姻,为神媒。灭共工氏以治天下。都于中皇之陂,是为女皇。命臣随作笙簧。……一百三十年殁。(事见《通鉴》)介山栾氏曰:"《外纪》载:诸侯共工氏与祝融氏战,不胜而怒,乃头触不周山崩。天柱折,地维绝。女娲乃炼五色石以补天。论者谓,炼石补天之说,此《列子》寓言之妄也。盖是时共工俶乱天常,肆殃下土。女娲氏、庖牺以玄极,溅共工以祛害,以木德王天下。《本纪》以其功高而并三皇。地平天成不改旧物。则其复天常奠地,奠地维,其功莫大矣!后人诵之,谓之补天意,亦借言之耳。

(《阌乡县志》)

【点评】

本篇是原河南涉县(今河北)中皇山(今名"凤凰山")的著名"女娲补天"神话。文献上说女娲"生于承匡""兴于中皇"。据碑文载,尧时,中皇山上就有祭祀女娲大神的岩洞。汉文帝时始建祭殿三楹。可见这里产生女娲神话时间的久远,影响之大。

本篇是中原"女娲补天"神话产生原因的多元特殊类型之一:①天塌是由于两只怪鸟,在天空为抢抓一豹子,把天碰个大窟窿,向外冒黑风,大地不见天日。②女娲在山沟的清漳河里捞五色石,到山顶补天。③将石浆一勺烙得像一张烙饼,共烙三百六十五张饼,分成十二叠,相当于一年365天,12个月。然后,带到天上补好了天。④才补好的天,石头块子吓人,她又朝天上吹一口气,把天上的石头遮起来,人只能看见一天青气。这便是"天"字乃"青"的来历。总的看,本篇是比较接近原始形态的中原神话珍品。它没有后世人为宗教渗透的痕迹。女娲的神力之巨大,高于一切,确系我国原始先民神话意识的体现。

值得注意的是,它像确山县同题神话那样,也在补天的石块安置上表现了最原始的"周天"365天体构造和一年12个月纪年历法的形象记录。因此,本篇所具有的"神话时代"的科学思维先导的价值,更是不容低估。其中所体现的"中州胜境"的地域特征,同样证明女娲神话在中原地区产生和流传的权威性和可信性。

现在,在中皇山上下,清漳河边的大量文物、遗迹、隆盛的娲皇宫和庙会等都为女娲神话增色。

84. 清凉山的传说 [安阳县]

传说,很古的时候,天和地是由五根柱子撑着才分开的。老天的劲儿,全都压在这五根柱子上。这五根柱子放在五个大老鳖的盖子上,分东、西、南、北、中五个方向。

这老鳖是五千年一小动,一万年一大动。不管大动小动,都得由女娲派天神扶着柱子,天才不会塌,地才不会陷。

有一年,大海里的水干枯了,四个角的老鳖没水喝,就发了怒,一个大翻身,把四根顶天柱子全都给捣翻了。

女娲十分恼怒,当下就叫天神砍下了那四个老鳖的一十六条腿儿,重新撑开了天和地。可是,天破得很厉害,大窟窿小眼睛的。从天那边漏下来的黑雾、红雾、绿雾、蓝雾,把个天和地当中充得满当当的,人死得遍地都是。天上不见了飞鸟,地下不见了青草。

女娲带着天兵天将,用了三百六十五种法儿,补了三百六十五年,也没有把天上的窟窿补住。最后还是太白金星献了一计,说只有地当炉,天当锅,取来金、木、水、火、土五个星星上的石头炼成五彩石,才能把天补好。

四边儿的天都坏了,只有中间的天是好的。女娲只好在中州平原上垒炉子生火,炼开了五色彩石。

各路天兵天将,呼风运石,大显神通,女娲亲自点火。这火苗儿一烧就是几千丈,冲天烧燎,要不咋能把天上的石头烧化咧。

女娲炼好了五彩石,使尽了身上所有的力气,才算把天上的窟窿补住了。

女娲补天太累了,一直昏昏迷迷睡了五百年。

自从女娲用尽平生力气去炼石补天,身体一直不能恢复元气。怕热,稍微热一点就觉得受不了。女娲只好离开了天宫,来到人间歇息儿。

她住到东海、住到西山、住到天涯、住到海角儿，都觉得不如意，最后还是来到她炼五色彩石的中州平原上。

由于炉渣、碎石堆积，平展展的地上成了许多大大小小的山峰，就是现在清凉山周围的那许多山骨堆儿。不过，那时候炉火刚刚熄灭，还是热气冲天，玉皇大帝赶紧派了十三条青龙来给女娲清热。

这十三条青龙，都是海底生海底长的，浑身上下透着凉气儿。这十三条青龙一趴下来，热气就全消了，就是最热最热的夏天，这里也是清清凉凉的。你抓一把太阳地儿的土，也会感到凉丝丝的；喝一口这里的水，准会凉到你骨头缝儿里。这里确实清凉，所以人们才叫它"清凉山"。

讲述人：赵金和，男，36岁，中师毕业，教师，安阳县磊口乡清凉山村人
采录人：牛化法，男，28岁，大专毕业，爱好文学，小学教师
采录时间：1987年4月7日
采录地点：安阳县磊口乡目明学校

图 2.84.1　豫北灵山寺女娲补天塑像
（2004年程健君摄）

图 2.84.2 灵山寺的女娲庙(2004年程健君摄)

图 2.84.3 灵山寺女娲庙女娲炼石补天处
(2004年程健君摄)

【文献选录】

天地初不足,故女娲氏练(炼)五色石以补其阙,断鳌足以立四极。其后共工氏与颛顼争帝,而怒触不周之山,折天柱,绝地维,故天后倾西北,日月星辰就焉,地不满东南,故百川水注焉。

(晋·张华《博物志》卷一)

【点评】

本篇是流传在河南太行山区北部安阳市的"女娲补天"的神话遗存珍品。清凉山之得名,即由女娲在中州补天后余下的石渣炎热,被十三条青龙喷水消去而起。

其中所说地球为五个神龟载负的"龟负地"型,具有世界性。例如,北美印第安人就认为,地不仅是龟从水里用爪捞出泥沙涨成的,而且神龟一直负着地球浮在水上。而在我国中原的安阳、确山、西峡等地,有用神龟四只腿(或四龟十六只腿)撑起天体的神话。安阳清凉山的这篇神话遗存尤为著名。这一带的龟文化非常普遍(如林州的"神龟洞"、太行山上的"神龟迎日峰"等)。可见,此神话产生的年代之久远。它是女娲神话产自中原的铁证。

本篇的雾灾害出现的原因,是由于负载地球的五只巨龟五千年一小动,一万年一大动所引起的天柱折,洪水为害。首先,由于五方天的中央未塌,所以女娲才能在中央补天。她斩掉四方四只龟的十六只腿支起四方的天,才有可能补天。这就是本篇"炼石补天"多元结构独有的一种方式。其次,灾害是由天上窟窿中喷出的五色雾气,而不是洪水(这一点与中皇山相同)造成的。这应是豫北同一文化区的特色决定的。最后,本篇的重要价值之一,还表现在天体的东、西、南、北、中五个方位的确立。女娲在中州补好天以后,在最后选择定居的时候,曾走遍四方、天涯海角,认为还是住在中原她补天的地方——中州比较好。"五方"观念的确立,是我国远古先民最初前宇宙学的思维的萌芽。这一点具有不可替代的作用。

本篇所说女娲补了三百六十五年,用了三百六十五种方法,取来金、木、水、火、土五个星星上的石头,以地当锅,以天当炉,才炼出五彩石汁,把天补好的。它是我国五行观念确立的最早的科学信息。

本篇的情节虽有道教神出现,但从主体上仍比较接近原始形态。

总之,本篇是一个很有研究价值的"中原神话体系"构建的多元科学依据之一。

85. 杞人忧天（一）[杞县]

据说在很久以前，杞县叫中天镇。中天镇地处中天山峰顶上，离天只有三丈三尺三寸三厘三。说起来中天山的高大，除了西天镇下的不周山比它高二寸九厘三，再没有比它高大的山了。无论是山上山下，到处都住满了人。特别是中天镇里，人口更为稠密，每平方丈里就有十个人生活。那时候，人的个子矮得可怜，还没有半尺高哩！可是，中天镇镇首的几个孩子却与人家不一样，身高都超过三丈一，他的大儿子叫共工，二儿子叫祝融，三儿子叫气人，闺女叫女娲。共工虽然长了个人样的头，却是青面獠牙，一头红发，身子像个大黑蟒。他经常去大海里和老龙王一块儿玩耍，人称他"水神"。祝融长得也很出奇，大脑瓜足有一丈八尺多长，火红火红的脸膛，一对比筛子还大的眼睛，鼻子像座小土丘，嘴大得像个圆券门。他一急躁，嘴里、鼻孔里直喷火焰。所以，大家叫他"火神"。气人和女娲呢，却是眉清目秀，细皮白肉，端端正正，模样儿长得比天仙还美哩！论性格，共工和祝融都是火燎脾气，动不动就发麦秸火。气人却不然，他胆小、怕事、量狭、温柔。女娲又别具一格，善良勤奋，勇敢而且聪明，手又巧。

有一次，共工和祝融抢着吃一个天鹅蛋，你争我夺，打了起来。你一锤，我一刀，一连打了七七四十九天，不分胜败，但是，谁也不认输，二人越战越恶。共工一呼气，喷出大水淹祝融。祝融一鼓肚子，喷出火焰烧共工。又打了九九八十一天，水被火煮干了，天地被烧红了，共工被烧得疼痛难忍，拔腿就向西跑。兄弟俩，一个在前面跑，一个在后边追。跑呀，追呀，不知道翻过多少架大山，涉过多少条大河。这一天，到了西方顶天柱——不周山下。前边有大山拦路，后边是祝融喷火追来，共工走投无路，一头撞在不周山上，只听"轰隆"一声巨响，大地抖了几抖，西方的天塌下来了。顷刻间，残片碎石填满了大河，填满了大海。海和河里的水，奔腾咆哮着涌向东方。一时三刻，中天镇变成了一片黄汤。

气人和女娲，站在齐腰的水里，不知所措，只是呆呆地站立着，站立着。过了几天，大水默默地流跑了，脚下变成了大平原；远处鼓起了座座大山，东边成了一望无际的茫茫大海。大海上，漂浮着无数死人，平地上也堆尸如山。

气人看着面前的惨景，两眼瞪得又鼓又圆，身子直筛糠，那个难受样儿谁也说不来。眼下，天柱塌崩的巨响一直在他的脑际深处回荡。他仿佛看见共工和祝融仍在拼死搏斗，他们一纵身，飞到天上，共工举着大锤，朝天幕上狠砸猛击。一会儿，电闪雷鸣，飞石乱滚。随后，天幕上闪开一个大裂缝，祝融摔在地上，变成一摊肉泥。地上的人，被砸死一大片。殷红殷红的血浆，汇成苍茫大海。海面上漂浮着很多人。那些人,挣扎着,呼号着,沉入海底。共工又举起大锤,猛击天幕,并且恶嚎着:"我要把天砸个稀巴烂,毁灭天下所有的人!"接着,天穹上发出阵阵巨响,天塌下来了,而且正巧砸在气人的头上。这些幻觉,吓得他"哎呀"一声,双手抱头,跑了起来。他一边跑着,一边喊着:"天塌下来啦,天塌下来啦!"

女娲看着脚下的死尸,看看疯疯癫癫的气人,想着天塌下来给人带来的灾难,不由得一阵心酸,流下眼泪来。最后,她横下一条心,要去西方把天塌的窟窿补起来,用她的辛勤劳动和智慧,启蒙和复兴新的天地,赎回共工和祝融的罪过。

一晃过了好多年,女娲历尽千辛万苦,终于补住了天穹上的窟窿。可是,顶天柱已经没有了,她就从东海里捉来一只大乌龟,揪掉四只爪儿,稳稳当当顶在天地之间。

女娲补住了天,高兴极了,嘴角向上一翘笑了起来,脸蛋儿活像一朵盛开的牡丹花,她在欢笑中,想起了三哥气人。可不是嘛,气人仍在忧虑惊恐中,还在那里一个劲儿地喊哪,一个劲儿地跑哩。女娲想象着气人的可怜样子,心都碎了,她不顾疲劳和饥饿,跋山涉水,回到家乡。不知道费了多少口舌,才劝得气人头脑清醒,不再呼喊奔波。

常言说:不巧不成书。这时候偏偏又遇上蚩尤搬弄恶雾大战黄帝。天地间,黑雾弥漫,一片混沌。天穹上战鼓咚咚响,怪叫震山岗,大地直颤动,气人一惊,一幕惨景又浮现在眼前:共工和祝融正在赴汤蹈火,浴血残杀,天幕猛抖几下,忽地坠落下来。气人惶恐不安,双手捂住眼,惊叫一声"不好",又奔跑起来,口里不住呼叫:"天要塌啦,天要塌啦……"

不知过了多少年月,气人还是没有休止地跑呀,喊呀,一直到了周武王置中天镇为杞国时,气人还是一个劲儿地兜着圈儿跑着呼喊着:"天要塌下来了,天要塌下来了!"闹得人们不得安宁,并且把东娄公的皇宫,撞塌几次,弄得世上所有的人都恼他、恨他、讨厌他,说他是"杞人无事忧天倾"。文武官员都认为:"气人不除,有丧国颜。"于是,他们便一齐朝奏,请求东娄公把气人杀死。东娄公正在细思细想,新筑起的"望天宫"唰啦一声,又被气人撞塌了。东娄公的老母亲也被砸死了。这时,东娄公勃然大怒,"呼啦"一声,抽出天子宝剑,走出金銮殿,举来剑来,朝着撞来的气人,奋力砍去。砍呀,砍呀,一连砍了数百下,气人变成一摊肉泥。据说,杞县城西南角的高高山,就是气人尸骨的风化物。

自从斩了气人,世上再没有人吵嚷"天要塌下来啦"。可是,"杞人忧天",却成了人人皆知的典故了。

讲述人:尹守礼,男,汉族,19岁,农民
采录整理:王怀聚,农民

【附录】

高 高 山 [杞县]

高高山,位于杞县城西约二里的地方——杞县粮油加工厂所在地。在古时候,那地方曾是一个游览观光、避暑赏玩的好去处。游人到此,无不为高高山的鸟啼蝉鸣、花香树茂、小桥流水、高姿雄峰、白雾缭绕的大自然的迷人景色流连忘返。

据说,那地方原来也是一马平川的肥沃良园。挥汗辛勤的农夫,一年四季乐滋滋地收获着镶金镀银的五谷,滴水流翠的瓜果。

可谁又能够料想到,一个晴朗朗的天,太阳突然间不见了,天倾西北,地陷东南,天塌地陷啦。

要说被吓破了胆的,那就是一个名叫气人的人了。他神志模糊,经脉错乱,乱跑乱喊着:"天塌啦,地陷啦,人不能活啦!"最后还是被"忧天症"给折磨死了。在气人死的地方,突然,平地起了一座非常高大的土山,占地足有一二百亩恁大。人们往山尖上一看,掉帽,都说这山掉帽还看不见顶哩,就给它取个名儿叫高高山吧。从此,高高山的名字就这样被传开了。

讲述人:李少白,大学历史系讲师
采录整理:李国富,干部,大专毕业

【文献选录】

予观《列御寇》记共工氏触不周及女娲补天之事。盖言共工之乱,扰天纪,绝地维,天柱折。此大乱之甚也。女娲氏作,奋其一怒,灭共工而平天下,四土复正,万民复生。此所谓补天立报之功。

(《路史》)

共工触不周山,折天柱,绝地维,女娲补天,射十日。

(《尹子·盘古》)

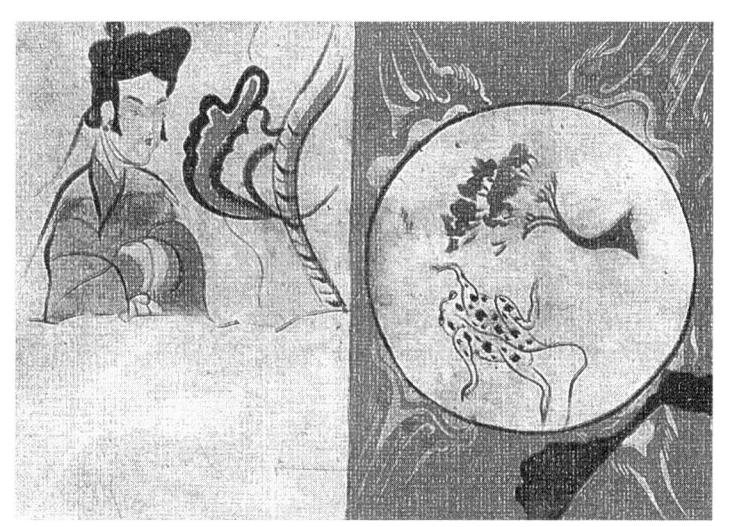

图 2.85.1　洛阳汉墓壁画中的女娲和月亮（程健君供稿）

【点评】

本篇流传在河南杞县，是关于共工与祝融之战，共工撞不周山，引起灾祸，女娲补天的神话遗存。此事原见于《列子·天瑞》篇："杞国有人，忧天地崩坠，身亡所寄，废寝食者"。这里并没有说为什么杞人"忧天地崩坠"的具体情况。

现在，在杞县（古杞国）却流传着"杞人忧天"异常丰富、生动的古老神话遗存。这样就大大补充了文献的不足之处。

本篇的价值就在于在民间的口头传承中，为我们保存下来了我国中原地区远古"女娲补天"神话遗存的可靠信息。它与《淮南子》等文献记载基本相符。

本篇透露出了中原上古的一个重要神话世系：杞国是当时的中天镇，镇首是共工、祝融、气人和女娲的父亲。同时，还说当时还有西天镇和南天镇等，很像几大部族共同居住在中原及周围的地区。由于共工与祝融兄弟二人争夺妹妹女娲捡来的天鹅蛋而打了起来。共工失败，头撞不周山，引起灾害，以致胆小的气人到处呼叫"天塌了"！这便是"杞人忧天"神话的来历。它为"中原神话体系"构建提供了现代华夏族系形成的重要依据。

至于后人在传播的过程中，附会在周代才将气人杀死，并不是此神话的主体。"高高山"不过是此神话派生的传闻和风物遗迹罢了。至于联系黄帝、蚩尤之战也是如此。

总之，本篇对研究中原女娲神话有重要参考价值。

值得注意的是，本篇有一定的创作成分，离开了原型。

86. 杞人忧天(二)[杞县]

盘古开天地,神农分五谷,天下地上的生灵觅食嬉戏,巢居自由,人类男耕女织,高枕无忧,太平盛世过了很多年。忽有一天,天倾西北,地陷东南,四极废,九州裂,天不兼覆,地不周转,太阳也不见了。天下又都变黑了,野火熊熊,淫水漫漫,还出现了很多妖魔鬼怪,生灵和人类都惊慌失措,非常害怕。当时居住在杞国的一对老夫老妻,膝下有一双儿女。老大是男孩,乳名叫气人,老二是女孩,取名叫女娲,气人虽然长得五大三粗,性情暴躁,但是他胆小好哭,遇见个不值当的事物都非常惧怕;女娲虽说是个女孩,遇见啥事儿胆大而又有心计,并且长得苗条标致,心地善良。气人一看天塌地陷,水火怪兽猖獗,心里惧怕,天天吓得连口大气都不敢出,时候一长,得了"忧天症"。气人患了"忧天症"以后,完全丧失了理智,经脉错乱,神经失常,不吃不喝不睡,傻乎乎地东奔西跑,嘴里一个劲儿地疯喊呼号:"天塌啦,地陷啦,人不能活啦。"他越狂越疯,越癫越傻,谁都记不清他疯傻喊叫了多少年,最后还是因为患"忧天症"死在了杞国都城西二里的地方。气人死后,变成了一座高大雄伟的土山,杞国人称"高高山",看那高高山势,大有重分天地的劲头哩。

再说气人的妹妹女娲,见哥哥终日疯癫傻狂,哭喊吆喝,患得"忧天症"而死,再看看黎民百姓仍处在水深火热当中,过着暗无天日的煎熬生活,心里非常难过和痛苦,她决心拯救人类。于是她打点了行装,拜别家中父老乡亲,不畏艰难险阻,远上昆仑山上,采捡五色石子,修炉筑灶,熔炼七七四十九年,终于熔炼成了五色彩云和一柄阴阳斩妖除魔剑,而且自己也修炼成了一位法力无边的女神,她用五色彩云以补苍天,用阴阳斩妖除魔剑,断鳌足以立四极,杀黑龙以济神州,积芦灰以止淫水,使天下重现光明。

由于女娲拯救了天下人类和生灵,有功于天下,黎民百姓都尊称她是重整乾坤的伟大母亲,福国庇民之正神。并为她修建一座金碧辉煌的"火云宫"殿,塑以金身,常食人间香火。尤其是每年三月十五日,女娲神圣诞之日,"火云宫"殿前,善男信女接踵而来,川流不息,烟火冲天,袅雾缭绕,供果如山,世人祷奠祭祀,福拜叩首女神。

讲述人:李少白,大学历史系讲师
采录整理:李国富,干部,大专毕业

【点评】

本篇是在杞县流传的"杞人忧天"的异文之一。从讲述人及采录人的情况看都是教师或文化馆干部,因此有明显的知识分子的语言特点。从内容看,除依照本神话的主体情节外,还主要依照文献(如《淮南子》等)的内容,语言编写的痕迹比较明显,很少口头传说的特点。只可作研究时参考,不必当民间口头神话来使用。

其中没有共工、祝融的活动,却是女娲去昆仑山取五色彩石炼后补天的。

本篇的女娲祭坛"火云宫",人们对女娲的崇拜,及每年的三月十五日女娲诞辰,在这里兴起的庙会习俗,都有很重要的研究价值。

87. 杞人忧天的传说[杞县]

当今,仍流传着我们杞县人担忧天会塌下来的传说。其实,这只是很久很久以前的事了。

常听长辈们讲,古时候,杞县是天地的中心,天是由四根大柱子撑起来的巨大天篷,因此,中心离地面很低,那时候,坐落在地中心的镇子就叫中天镇,现在的杞县也就是那时的中天镇。

镇首有三个儿子,一个女儿。有一次大儿子和二儿子因争夺妹妹拾到的一只天鹅蛋厮打起来,不幸的是,镇首的大儿子一不小心撞断了顶天的大柱子,眼看天就要塌下来了,这可吓坏了胆小怕事的三儿子,他高呼着:"天塌啦!天塌啦!"后来镇首的女儿女娲炼五色石补住了天空。

据说,一直到周朝,中天镇才改名叫杞国,老百姓日子安稳了,可是,镇首的三儿子仍然忧心忡忡,不住地喊:"天塌了!"老百姓非常气愤,都埋怨他是"无事忧天倾"。于是,"杞人忧天"的说法就慢慢地流传下来了。

讲述人:何萍的外祖父(已故)
采录整理:何萍,杞县邢口乡何寨村人,河南大学中文系1986级学生
采录时间:1986年
采录地点:杞县苏木乡苏木村何萍外祖父家里

【点评】

　　本篇是杞县的"杞人忧天"神话遗存异文之一。它是从民间老大爷的口头讲述里采录的,具有朴素、生动、真实的口头语言特色。它简明、扼要,是受过民间文学理论教育的大学中文系学生记录的,总体比较科学,其中无编造或篡改的痕迹。

　　其中所讲共工、祝融争夺的天鹅蛋,是由妹妹女娲捡来的。而另一记录则说是南天镇镇主的妻子、女娲的姥姥来中天镇镇首家看外甥、外甥女时带的。这就透露了当时中国有三个镇(南、西、中),可见当时中原五大天镇的区划已经初具。这是研究远古中原文化、种族体系已初步形成的有价值的材料。

　　其中女娲兄妹的父母虽不清楚,推测也当是少典氏、女登二人。

88. 女娲造人(一)[遂平县]

　　原先,普天下并没有生物,更没有人,到处是一片片的沼泽,沼泽里是白茫茫的水,长着杂草和树木。

　　在天宫里的玉皇大帝和众神仙享受不到人间的香火,很不是滋味。有一天,玉皇大帝召集众神仙商议,决定派女娲去造人。

　　女娲来到地上,看到荒芜凄凉的情景,心里冷冰冰的,伤心悲痛极了,自言自语地说:"用啥造人哩?咋着个造法哩?"她一步一步缓慢地无目的地走啊,走啊!她走到黄河岸边,见河里有很多淤泥,用脚一踩,就淤进去了。她想,要是用泥捏成人,那不也中吗?于是,女娲就用泥先捏成许多泥屋,然后仿照自己捏成一个女人,又仿照天神捏成一个男人,用嘴对着泥人吹了一口仙气,泥人便活了,活蹦乱跳地进泥屋生活去了。后来,女娲来不及吹气了,就把泥人摆放在黄河岸边,她捏一个,摆一个,眼看着就摆满了黄河两岸,黑压压的。

　　再说玉皇大帝派女娲到地下造人之后,还不放心,就派太白金星随后去打探。太白金星站在南天门往下望,见黄河岸边人山人海,男男女女,都挺壮实,有的正在过着耕织生活,有的还刚刚出世。太白金星就把情况报告给玉皇大帝,玉帝老儿愠怒了:"地下已经有了这么多人,咋还享受不到人间烟火哩?"站在金殿两班的天神天将无言答对,好久,一个瘟神出班奏到:"万岁,听说那女娲所造之人,个个身强力壮,生活富庶,没有个三疼四灾,哪里肯烧香拜佛求神哩?"玉帝闻奏,随即派水、火两条恶龙到人间降灾酿祸。

　　这两条恶龙一出南天门,就各施神力,干起仗来,它们且战且走,各执兵刃,你来我往,只杀得飞沙走石,天昏地暗,一会儿,火龙口吐烈火,火焰熏天,一会儿,水龙口喷恶水,大地洪水滔滔。它们还嫌不济事,水龙纵身跳上天,火龙随后跟上,竟然把天顶破了一个大窟窿,这一下可不得了啦,天上的水顺着窟窿淌下来啦。

女娲正在地下捏人,天下起雨来,就急忙把河岸两边泥人往屋里挪,挪着挪着,雨下大了,她忙不及了,就拿着扫帚往屋里扫开了,等她把泥人扫到屋里后,雨下得更大,眼看要塌天,她往上一看,天上有个大窟窿,就搬起石头去补,一连搬了几座山的石头还是堵不住。这时,雨下得更大更猛,眼看就要把泥屋淹住,为了保护泥人的性命,女娲就用全身堵住窟窿,然后撕下衣裳,一针一针地缝起来,缝了九九八十一天,终于把天补住了。

泥人们的命保住了,先挪进屋的,脚手齐全,周身完整。最后用扫帚扫进屋的,有瞎、有聋、有瘸,一场洪祸过后,人间瘟疫流行,善良的人们只得烧香盖庙,求神拜佛,祈求上苍保佑。

讲述人:李耀东的祖母
采录人:李耀东,男,16岁,汉族,嵖岈山乡中学生
采录时间:1988年2月
流传地区:遂平县民间各地

图2.88.1 遂平县天磨峰和天磨湖,传为女娲兄妹滚石成亲的地方
(2014年程健君摄)

【点评】

  本篇是河南南部流传的"女娲补天"与"女娲造人"复合型的神话遗存之一。它与西峡《女娲补天》是同题姊妹篇,有很高的科学研究价值。尤其是女娲补天的原因也是为保护自己在黄河边捏的泥人儿女不受洪水淹没,就在她用几座山的石头来堵天上的窟窿不能成功的情况下,自己奋身飞向天空,用身体堵住天上的窟窿之后,又用衣服、骨针缝住了留下的裂缝,从此,再未回到人间。她的身躯也变成了天体的一部分。这个情节既显示了女娲大神顶天立地的无比高大的天神形象,也表现出了她的大无畏的自我牺牲精神。这正是中华民族伟大精神的体现。本篇是中原乃至中国古代神话遗存中的罕见珍品。

  本篇也存在一些问题:①虽属"灾难重演"型神话,但洪水的原因是玉皇大帝得不到世上人的香火贡品而报复的行为。这种神话道德化观念的产生已比较晚了。②道教化痕迹比较严重。女娲造人全由道教神国主持安排。她造人是神国玉帝派遣的;调查人间不敬烟火给玉帝的是太白金星;是玉帝派水火两条龙到人间制造洪水灾难,淹没人间一切,从而引出女娲为保护泥人后代才补天的。因此,这种明显的道教化倾向,对此神话是明显的外加伤害。这种杂质剥离之后,仍是很好的神话遗存之一。

  在语言上,未能保持此篇讲述人的口头语言风格。虽然讲述人是农村老太太,但记录人却用了不少知识分子的语言修辞、语法等,都离原始形态远了些。

  值得注意的是,本篇造人是在黄河边,意义重大。

89. 女娲造人(二)[南召县]

  自从盘古开天辟地累死以后,世上就没有了人。

  一次,一朵云彩从天上往下飘,彩云里站着一个美丽的女神,名叫女娲。她看着大地上有树木,有山有河,有鱼有鸟,心想,大地这样美好,应该有人来享受才对,可是人从哪儿来呢?她低头看见山峰下有个像镜子一样亮的大水塘,塘水照出她的身影。她心生一计:那就用泥巴照着我的样子造人吧。她来到水边,用塘泥捏了一个泥娃娃,把她放在一棵树下,吹了一口气,那泥娃娃慢慢长大了,长得和自己一样的漂亮。这泥娃娃还甜甜地喊了声"妈妈",女娲非常高兴。

  女娲用这种办法捏了许多泥人,把她们放到大地上。她想,这泥娃都和我一样是女的,没有男的能行吗?忽然想起了伏羲哥哥,就派喜鹊去报信,让伏羲下来一下。伏羲正在天上给玉皇煮饭,听到喜鹊捎来的口信,笑着说:"妹妹又要做啥好事了。"他脚踏祥云来到女娲面前,问:"妹妹,你有啥要紧事找我?"

女娲让伏羲站在塘边,她用塘水拌和塘泥,捏了几个和伏羲一样的人。伏羲走后她又捏了许多,一阵风吹来,塘边出现了许多英俊的青年,都围着女娲喊妈妈,女娲把孩子们分送到大地上去劳动,又让他们和姑娘们结了婚。

女娲觉得很累,就倒在大树下的草地上甜甜地睡了九十九年,醒来之后,天上的喜鹊飞到她身边,说:"地这么广大,这么些人还不够啊。"女娲站起来望望,大地上的人真是太少了,许多土地还闲着呢!得想个办法多做些人出来才是。喜鹊说:"泥,塘水,藤条。"女娲明白了新的造人方法。把黄土和水踩成泥浆,采来葡萄藤,把藤的一头儿系在塘边的大树上,一头儿扎进泥浆,用劲摆动。藤条醮着泥浆旋转,泥浆飞溅起来,女娲边甩边说:"泥浆啊,变成和我一样的人吧!"真的,无数的泥浆化为美丽的姑娘,回头叫声"妈妈",一个个落到大地上。

泥浆甩完了,女娲又推黄泥下塘,用藤条醮着黄泥浆又旋转起来,边甩边说:"泥浆啊,你们变成像伏羲哥哥一样的人吧,落到大地上吧!"真的,无数的青年男子回头叫声"妈妈",又一个个落到大地上了。女娲站在大树下说:"儿女们,大地是你们的了,你们在大地上劳动生活吧!"

从此,开始了有人类社会。

采录人:张廷玲,南召县四棵树乡人
采录时间:1986年4月4日
采录地点:南召县四棵树乡
流传地区:南召县

【文献选录】

俗说:天地开辟,未有人民,女娲抟黄土为人,剧务,力不暇供,乃引绳于絙泥中,举以为人。故富贵贤知者黄土人也,贫贱凡庸者絙人也。

(《风俗通义·佚文》)

【点评】

本篇是流传在河南淮河流域的"女娲造人"神话的原型珍品。其中主要内容与汉代应劭的《风俗通义·佚文》中的记载大体相似。其不同之处是:①《风俗通义》

是极为简略的文言词语,而本篇则是生动、具体的形象口头语言,乡土气息浓;②本篇叙述细致、活泼,内容更丰富,而《风俗通义》则已失去原始形态;③本篇保持了原始的造人古朴形态,而《风俗通义》中则表现出女娲造人的贫富、贵贱差异:"故富贵贤知者黄土人也,贫贱凡庸者絙人也。"这显然是经封建社会知识分子、文人篡改过的,已失去原貌的东西了。

因此,可以肯定,《风俗通义》所引《纪原》中的记录是从南召等淮水两岸采录后,又经过改造的。

本篇的作者(传播者)是群众,而应劭正是淮水流域的上蔡县人。

90. 女娲造人(三)[舞阳县]

盘古开天辟地以后,大地上有了山川草木,飞禽走兽,已经很美丽了,可是因为没有人类,世界仍显得荒凉和寂寞。

天神女娲来到了人间,她走到一条溪边,清澈的溪水,倒映出美丽的身影,她蹲下身,左手抓了把黄泥,掺上水,照着自己的影子,揉成一个小东西,小东西放在地面上就活了,呱呱地叫着,哈哈地笑着、跳着,女娲把他们叫作"人"。因为人是照着天神女娲的影子捏的,所以形象和禽兽大不相同,人的笑声和欢呼声使世界有了生机,女娲再不感到寂寞和孤独了。她继续制作着,不久,大地上布满了人类的足迹。

造出来的人,有的死了,死了再造,太麻烦。为了让人永远生存下去,女娲就把男人和女人一对对地结合起来,叫他们自己去繁殖后代,这样就世代蔓延,直到今天。

讲述人:周青会,男,50岁,农民,小学,孟寨乡周柴村人
采录人:周利平,女,17岁,初中学生,孟寨乡周柴村人
采录时间:1989年3月4日
采录地点:孟寨乡周柴村

【点评】

本篇流传在河南舞阳县,是关于女娲造人的神话遗存珍品。它朴素、生动,保存了原始神话的完美形态,对研究中原女娲造人神话有重要文化史价值。

其中透露出重要的原始文化信息:①本篇女娲造人是盘古开天地后,首次产生造人动机,是由于世界上没有人,而不是在洪水等灾害之后再殖人类。因此,它最

原始。②当时,女娲造人还不知道借用巫术或其他超自然的力量使人活起来。可见,当时连原始宗教也未产生。把泥人往地上一放就活了(不用吹气、刮风、用眼泪或滴血)。③当时,女娲还不知道阴阳相交,男女结合才能继续生人。只是因为她捏的人老死了,嫌捏泥人太麻烦,才把男女泥人结合起来,繁衍子孙。这就自然形成婚姻制度和习俗。这就是文献中的"置婚媒",但比文献生动、形象得多。文献记载正是由此民间口头神话采录之后又变为文字的。

特别值得提出的是:①本篇产生在河南舞阳县,这里在8000年前,早就有了原人洞遗址。贾湖的考古发现骨笛等,都证明这里是远古中原最早的原人活动区之一,绝非偶然。②本篇是女娲神话中最早"单一"造人型珍品。女娲与伏羲兄妹、夫妇关系尚未出现,正是裴李岗文化早期的女子为主体的母系社会时代,部族融合尚未开始。③女娲在中国华夏族系中居于重要地位。

91. 女娲造人(四)[安阳市]

相传,在很古很古的时候,天和地是连在一块儿的,分不清哪儿是天,哪儿是地,神仙们也常把地当作天,把天当作地,地狱里的鬼怪们,也常跑到天庭去逛游。为这事儿,神仙和鬼怪常常打得头破血流,谁都觉得自己有理儿。

那时候,有个叫女娲的女神,她心地很善良,理儿也评得很公正,一天到晚,总有神仙和鬼怪来找她评理儿。日子长了,她觉得总得生个法儿才好。后来,她就把天用五根大柱子顶开,这样一来,神仙和鬼怪再也不打架了,神仙住天上,鬼怪住地狱,都平平和和地过生活。

女娲也不住天上,也不住地下,她在天和地当中找了一个山洞住下来,图个清静。谁知道,时间一长,清静得又没啥意思了。她想回天上,可嫌弃天上的礼数太多,她想去地狱,又觉得地狱阴森森的怪可怕。她想来想去,想出了一个主意,她用泥巴捏了一个和自己一模一样的东西,吹口仙气,放到地上就活了,十分的可爱,会说会蹦,会唱会跳。她就把他叫作"人"。女娲整天啥事儿也不干了,光捏人,捏了好多好多,大家都叫她"妈妈"。

人开始干活儿,整理山、整理地,把天和地当中,打扮得十分美丽,女娲高兴了,和孩子们一起干活儿,一起睡觉。

有一天,女娲突然发现,先捏的孩子们的头发白了,没多长时间就死了,女娲吹了好几回仙气,咋也救不活了。

人,一天比一天少,女娲又埋头捏开了泥人,女娲实在太累了,就躺在地上睡着了。

一觉醒来,所有的孩子都死光了。这一回,女娲没有哭,她望着死去的孩子们在想,咋着才能叫孩子们也当"妈妈"呢?这样不就省了她天天去捏泥人了么?

她想了也不知多长时间,她飞上天去,舀来了天水,她钻到地下,舀来了地水。她用天水捏的泥人变成了男人,她用地水捏的泥人变成了女人,她叫天地交合,果真生下一个"娃娃"。

她用天水和了好多好多泥捏男人,她用地水和了好多好多泥捏女人,好多好多的男人和好多好多的女人,又生下了好多好多的娃娃。他们种了粮食、种了菜,还造了房子,他们打来了野兽,驯服了马狗,还用火把生东西煮熟了吃。他们把天和地之间变成了一个美丽的人间。

女娲看着这成双成对的儿孙们,心里又高兴又羡慕,慢慢就起了凡心,她就和力神后羿结了婚,住到了安阳县西面的清凉山上。

这清凉山是人间的天堂,整日祥云缭绕,一年四季鸟语花香,两个神仙都陶醉在新婚的幸福里。

蜜月过了,俩人都想到大地上去看看儿孙们生活得咋样。他们驾起祥云,来到人间,这么一瞧,可把俩人给吓坏了。原来,他们在清凉山上过了一个月,人间都过了三百年。这三百年里,人们不但种庄稼,还到江河湖海里去打鱼捉虾。这不打紧,可惹恼了龙王爷,他叫管雨的白龙不给人间布雨,他叫管河湖的青龙把水吸干。大地上没有了水,渴死了好多好多人。人们求天,天上神仙听不见,人们求龙王,龙王根本不理那一套,他就是要叫人们渴死,谁让你们祸害他的水族亲眷?

女娲赶紧叫力神后羿到天河里去挑水,自己到龙宫里找老龙王说理。

老龙王说:"都是个命儿,咋着,光兴人吃鱼,就不兴人渴死叫鱼吃。"

就因为老龙王这句话,后来靠吃鱼活着的人,死后就都丢在水里叫鱼吃,这也是报应。

女娲知道自己理短,就去找阎王爷,想叫阎王爷出面说说。阎王爷翻开生死簿说:"一命抵一命,人还欠鱼九万九千九百九十九条命,欠命不还,叫俺咋说?"

女娲又去找玉皇大帝,玉皇大帝说:"这事不好管,谁叫人先去吃鱼。"啥办法也没有了,女娲败败兴兴回到清凉山上。后羿从天河里挑回来两大湖水,人还没有喝,就叫青龙把水吸干了。

九万九千九百九十九个人又死了,大地上只剩下一个小女孩。她没有水能活,因为欠鱼的命都还清了。

女娲再也没有劲儿去捏泥人了,她知道捏多少,还得渴死多少。后来,她发现她怀孕了,再后来,她生下个胖小子,再后来,她就叫胖小子和那小女孩结了婚,他们生下了好多好多半神半泥的人。这种人非常能,他们能用树叶挡住自己的身体,他们能把泥变成锅,他们能把天火引来煮饭吃,他们还能从地下挖出水来喝。他们有神的智慧,他们也有泥人的勤劳,他们才是真真正正的人。

他们用丝结成了网,他们用树做成了船,他们能到海里去寻找美味。

龙王爷又震怒了,他叫青龙、白龙把地下的水吸干,他叫所有的水族把身上所有的毒汁都放到海的水中,他叫把水晶宫捣碎,把所有的盐都放到海水里。

地下没有了水,海水又不能喝,人又面临着一场大灾难。

这一回,女娲堂堂正正找到玉皇大帝,对他说:"人,可是神的子孙,他们是大地的主宰,一切水族、鸟兽,都该是人的奴仆。"

玉皇大帝十分高兴,当下就定了:天上,神是主宰,天下,人是主宰,地下,鬼是主宰,谁都不准乱套。

正说着,阎王爷也来告状,说地下没有了水,鬼卒们都渴得叽叽叫。

玉皇大帝把老龙王叫了来,一巴掌把他龙头上的鳞甲都打飞了,老龙王不敢怠慢,赶紧叫黑龙前去给人们布雨。

黑龙那个恼怒劲儿就别提了,张开大嘴,就向人间喷水,人瞧见黑龙那个劲儿,吓得赶紧藏,女娲瞧见了,随手抓起一把黑云向空中一扔,这下,黑云裹住了黑龙,黑龙再显神威人们也瞧不见了。女娲又叫雷公雷婆去看住黑龙,只有雷公雷婆说了话,才准黑龙下雨。黑龙没有法子,只好听命了。

直到现在,只要黑龙一下雨,黑云就把黑龙裹住,雷公雷婆一说话,黑龙才敢下雨。这就是下雨时为啥起黑云的由来。

讲述人:赵庆士,50来岁,安阳县磊口乡目明村农民
采录人:左兵,20多岁,目明学校教师

图2.91.1 安阳民间剪叶《女娲造人》(王玉僧作,程健君供稿)

图2.91.2 灵山寺女娲庙女娲抟土造人处(2004年程健君摄)

图 2.91.3　淇县女娲峰上的"人生再造"处（2004 年程健君摄）

图 2.91.4　淇县女娲峰女娲洞
（2004 年程健君摄）

【点评】

本篇原名为《下雨时为啥起黑云》,是在中原安阳清凉山流传的"女娲造人"神话遗存名作。它是研究女娲神话的珍品之一。

其中所描述的女娲造人全过程,极有科学价值。本篇从原人的生殖意识特点出发,对人类起源作了具体、生动的阐述:①原人不认识和不理解男女相交生人的道理;②仅从原人"神话意识"的万物本源论出发,把水、土相和造人,吹口气便可成为活人;③女娲发现许多造的人很快都老了、死了。她经过苦恼、思考,觉得靠巫术吹气,泥人也活不过来了。她开始认识到女人生殖的重大意义,取来天上的阳水和地下的阴水和泥捏的泥人,就成了阴阳相交的"人"。这里用"天水"和泥捏的男人和用"地水"和泥捏的女人相结婚生的儿女,就更有生活能力了。④女娲认识了家庭对人类生存、发展的重大意义。她与后羿结为夫妻生的孩子与原来捏的被龙王的洪水淹过后剩下的一个孩子结婚生的孩子,能力更强(种田、捕鱼等等)。这些半神性质的人成了"真正的人"。⑤女娲让人成为主宰世界万物的主人,万物都应服从人的役使。

以上这一系列的"造人"过程具有阶段性,并逐渐具有了科学性和可信性。

值得特别注意的是:上面这些造人阶段,在许多地方的女娲造人神话中,都有所发现。因此,本篇的整个造人过程,决非采录者所杜撰、编造。采录者记述的语言虽有点"过细",但主体骨干是可信的。神话的详略不是关键,主要看它所记的是否符合原人神话意识。其中的后羿,他的活动时间跨度大大提前,很值得探究。他也应是氏族的共同称号。

92. 女娲造人(五) [汝南县]

盘古开天辟地以后,就累死了,天和地之间空荡荡的,什么也没有。这时候神农造了百草和树木,伏羲造了飞禽走兽,天底下就热闹开啦。飞禽说,它是王;走兽说,它是王;百草说,它为大;树木说,它为大。互相争吵得不可开交。女娲走来说:"你们也别争吵啦,我造些人,让人做主吧!"神农、伏羲答应了。

女娲造人,用啥造哩?她想了想,挖点子黄泥,捏捏揉揉,揉揉捏捏,一共捏了三百六十个泥人。捏好后就放在太阳底下晒。只要晒上七七四十九天,泥人就会活了。谁知到了四十八天头上,飞来一只鸡,看看泥人的两腿当间多了点东西,以为是虫哩,就一个一个地叼吃了。正吃哩,被女娲看见了,才把鸡撵跑。但已经晚了点,有一半泥人被鸡叨过了,两腿当间没有那点东西了。女娲正发愁哩,玉皇大帝传来了旨意,说那只鸡是玉帝从天上派去的凤凰,是专门把那一半人的东西叨掉的。没叨掉的为男,叨掉的为女,日后好繁衍后代。女娲听了很高兴,这样以来,以后她就不再做泥人了。四十九天到了,泥人都活了。女娲给人说:"你们的名字就叫人,是天地间万物的主人。被鸡叨过的是女人,没叨过的是男人,你们可以阴阳结合,生儿育女。你们都去各找活路去吧!"打从这儿起,天地间才算有了人。

人是黄泥捏的,一点也不假,你啥时搓搓身上,总是要有泥灰。

讲述人:丁李氏,女,71岁,汉族,文盲,老君庙镇杜庄村农民
采录人:丁国运,男,34岁,汉族,高中毕业,老君庙镇杜庄学校教师
采录时间:1987年5月
采录地点:老君庙镇杜庄

【点评】

本篇是流传在汝南县的中原"女娲造人"神话中独具特色的名作,属珍品。

其中主要内容、情节,与同类神话骨架基本相同。其重要的特异之点为:①明确提出盘古死后,三皇治世,伏羲造飞禽走兽,神农造花草树木。由于当时这些生物(动植物)秩序混乱,互相争王、争大,女娲才造人来主宰世界,管理动物人畜、百草树木。这便是天皇伏羲、人皇女娲,地皇神农开辟创世的勋业。②女娲用黄胶泥捏了三百六十个泥人(相当于一年),晒四十九天都活了。③晒到第四十八天,飞来神鸡叨走了一半泥人的男生殖器,才有了男女之分(天帝派来的凤凰所为)。可见,当时女娲还没有男女性别及生殖意识的明确观念。④捏了三百六十个人,晒七七四十九天等数的概念已开始流行。原始人的三、五、七、九等数都与伏羲八卦创制直接相关。人类的文明已露出最早的信息。⑤从此,世上才有了女人、男人之分,虽属天意,也是人类文明进步在观念上的反映。因此,女娲不仅造出男女后代,还明确提出"人"是万物的主宰。男为阳,女为阴,阴阳结合,繁衍人类,这便是女娲"主婚媒"的盖世之功。

总之,许多文献记载从这里得到印证,其价值是很高的。

93. 女娲造人(六)[濮阳市]

在远古的时候,世上根本就没有人。人是怎样出现的呢?这要从天神女娲说

起。

这个天神，神通非常广大，据说一天当中就能变化七十几次。

当天地开辟了以后，虽然大地上已经有了山川草地，也有了鸟兽虫鱼，可是没有人类，世间仍然是一片荒凉寂寞。行走在一片荒凉土地上的大神女娲，心里感到非常孤独，心想：这天地之间应添一点什么东西才有生气呢？

有一天，她在一个水塘旁边蹲了下来，仿照水中自己的样子，用泥捏了一个泥囵囵样的小东西，心想：这个小东西能活了会说话就好了。说来也怪，这小东西见风就动，等晒干后竟呱呱地叫着在地上欢跳着跑开了。女娲大喜，又用手捏制了许多这样的小东西，给他们起了个名字叫人。经女娲亲手捏制的泥人，晒干后都围着女娲欢呼跳跃，然后或单独或成群地走散了。

女娲感到很有趣，再也不感到寂寞和孤独了，就整天捏啊，捏啊。有一天，天上忽然乌云密布，眼看就要下大雨啦，而自己刚捏制的一批小泥人还未完全晒干，不能走动。如果被大雨一淋坏不是白搭了半天工夫吗？女娲情急生智，拿了个笆子把这些未完成的泥人坯都搂进了山洞里。没想到有的被笆子弄掉了胳膊腿成了残废或瘸子，有的被弄坏了眼睛耳朵成了瞎子和聋子，有的被什么东西把脸上碰了许多坑坑成了麻子……

大地上有了人类以后，女娲很高兴。但对人的来源的问题又犯了愁，光靠自己的手去捏也不是办法呀？怎样才使他们更多地繁殖和生存下去呢？于是她就又想了个办法捏制了许多男人和女人，让他们配合起来自己创造后代，并担负起抚养婴儿的义务。人类就这样绵延下来，并且一天比一天加多了。

采录人：田聚常

【点评】

本篇属中原"女娲造人"神话遗存的常见记录稿，比较接近原始形态。

其中的主要特点是：①远古天地开辟后，没有人烟，女娲感到荒凉寂寞，才产生造人念头的。没有道教神谱中诸神的干预，具有原始意识（或神话意识，朴素、真实）。②泥人不需超自然的巫术力量，一晒就可活。这是凭大自然作用神化的结果。③怕雨淋了泥人，女娲用笆子搂，出现了残疾人。用此解释人的生理缺陷便具有神秘的特性。④其中反映的原人生殖意识，在实践过程中，从神秘巫术作用，升华为比较科学的由男女结合生育的观念，产生了质的飞跃。这种人类发展观在同类神话中看得是比较清楚的。

94. 女娲造人(七)[淮阳县]

很早很早以前,地上发了大水,整整七七四十九天,大水才退下去。除了女娲和她哥哥外,地上的人都淹死了,女娲和她哥藏在老鳖肚子里。当大水退下去时,女娲和她哥就从老鳖肚里走了出来,地上没有其他人了,女娲和她哥两个人在一起过活。时间长了,女娲就觉得一点也不热闹。

她想:如果有多点人就好了。她天天这样想。有一天,她找来一些泥,捏了一个泥人,没想到,泥人一下地,就会跑了,还会说话呢,女娲娘娘高兴透了,就一个劲儿地捏下去。这样捏了几天,捏了几十个,可是女娲娘娘又嫌太慢了。她想,这样捏下去,捏到死,捏到驴年马月也捏不了多少人哪!有一天,她拿了一个柳条,往河里戳了一下,又拿出来,没想到,柳条上带的泥都变成了人,女娲娘娘欢喜得不得了,就一个劲儿地把柳条撂下去,再拉上来,这样天天甩泥,没有多长时间就造了很多人,地上又热闹起来了。

后世的人为了记住女娲造人的功劳,就把女娲称为女娲娘娘。

讲述人:朱俊宣　朱俊政等
采录人:朱明华
采录时间:1989年7月
流传地区:淮阳一带

【点评】

本篇是流传在河南淮阳的"灾难重演型"神话遗存之一。它比较接近原始形态。

其中关于女娲造人的过程,与南召等地的同类作品相近。从《风俗通义·佚文》(引自《纪原》)中的"女娲造人"神话来看,与其基本相同。别的记录多为用水里的藤条,从河里把泥浆甩出来的泥点变成了人。本篇则只用拿柳条向泥里一戳,带出来的泥便成了人。这里可能是山地与平原有差别的反映。其中既未涉及吹口气的巫术行为和观念,又无兄妹夫妻婚配,生理生人的观念。可见,本篇的生殖意识还很朦胧。

本篇产地是在淮阳,当地认为伏羲、女娲不是夫妻,说女娲是姑娘。所以人们都把女娲称作"女娲娘娘"。这个特点受地域文化和观念影响颇深。从当地的庙会习俗上看，也是如此。因此，其中也根本没有女娲与哥哥结婚的情节，也无让泥人结为夫妻的内容。

95. 女娲造人（八）[濮阳县]

在很久很久以前，有一个人头蛇身的天神，名叫女娲。有一天，她下凡来到人间，见大地上空荡荡的，连一个人影都不见。她想：恁好的凡间，连个人都没有，多可惜呀。于是，她就想法造人了。

女娲走到一条河边，把黄土掺上水捏成了好多泥人，然后，女娲对着捏好的泥人吹了口气，谁知，这些泥人全都变成了活的。变成活的泥人都称女娲是"女娲娘娘"。光凭女娲的手捏泥人，人太少了；女娲想让世间有好多人出现，就把山上的藤条扯断，把藤条在河里蘸了水和泥，然后往地上甩，泥浆甩到哪儿，哪儿就有人，世界上到处都有了人。

过了好多年，慢慢地那变活了的泥人都老了，死了，女娲很生气，她的泪水汇成了一条河。她为了让世间永远有人，就想啊，想啊，想了七七四十九天，才想出了一个好的办法。

女娲又开始造泥人，她把这些泥人捏成有男的，有女的，让他们变活以后，结成夫妻，生儿育女。从此，世间的人类世世代代繁衍下来，直到如今。

讲述人：张贵同，男，51岁，汉族，初中毕业，文留镇文化专干
采录人：李青霞，女，14岁，文留六中初中学生
采录时间：1990年3月
采录地点：濮阳县柳屯村

【点评】

本篇属于与嵩山、南召等地流传的"女娲单一造人型"类似的神话遗存。它是中原原始形态的神话。

其中的主要特点：①女娲造的泥人只有一种；②她造泥人，要吹口气，借助巫术力量使其能活起来；③泥人老死后，女娲哭的泪流成一条河；④最后她捏了男女都有的泥人；⑤女娲让男女泥人成婚，从此有了人类社会。

其中反映的原始先民"生殖意识",从原来的不理解生理生人的蒙昧状态,到认识到男女并存和交配始能生人,有了婚姻关系始构成社会基本细胞之后,才有繁衍、生息的社会。这中间从不知道到知道的变化,在人种学上始有了一个大的飞跃。同时,也看到了巫术超自然的力量对人类发生的重大意义。

特别值得注意的是,女娲原来造的泥人老了、死了时,她由于痛苦流的泪成了一条河。可见,女娲在未寻找到科学生理生人的办法和认识之前,感到的失望和痛苦达到了何等巨大的程度!当她想出让捏的泥人有男有女,互相结婚生儿育女的方法时,她成功了,其喜悦可想而知。这说明女娲造人艰难地从蒙昧逐步走向科学的过程。尽管这时还是捏泥人的生殖意识,但终于理解了男女交配生人的观念,的确是一个大的飞跃。

96. 女娲造人(九)[豫中一带]

大地上没有人的时候,只有水,只有常年不老的花草。

天上飞下来一个女神,叫女娲。天天都是小草儿给她做伴,她感到孤单,想找到和自己一样的伙伴。这一天,女娲在一个泥坑边儿游玩,她往坑里一看,黄黄的泥土怪讨人喜欢,顺手挖了一把,坐在坑边儿,用她那灵巧的双手,照着自己的模样儿,捏了一个活泼可爱的小女孩儿,不大一会儿,小女孩从女娲手里跑了下来,连声喊着:"妈妈,妈妈!"女娲高兴极了,又顺手捏了一个小男孩儿。就这样,女娲一气儿捏了一大群女孩儿和一大群男孩儿。孩子们蹦着、跳着跑过来问女娲叫"妈妈"。女娲天天忙着给孩子们做衣裳、找吃的。

从这儿以后,世上就有了人。女娲成了人的祖先。

讲述人:王红果
采录整理:张松

【点评】

本篇是中原流传的最简明的"女娲造人"神话。其中,有表现原人"心智"的来源意识,如捏的泥人放地上就活了。不用巫术行为,也没有伙伴(如伏羲),她已意识到泥土和水可以造人,男女都是繁衍人类的前提和条件,但还没有让孩子们成婚生子女的认识。

本篇可作同类神话遗存的异文。

用泥土造人,在世界上也有类似情况(如埃及)。它的经济生活背景与农业发达有关。在我国除经济因素外,也与阴阳五行观念有关。地母神是人类发生的物质基础。因此,同类造人神话,内蕴丰富,意义重大。

97. 人祖造人 [项城市]

讲说从前的人光知道娘,不知道爹,这是咋回事呢?

传说天塌地陷了,天底下光剩下人祖奶奶一个人。她想想,就一个人过日子,也怪没意思哩!就问老天爷咋弄。老天爷说,想造人你就用泥巴捏吧,一刮一晒就成了。人祖奶奶就黑里白里捏,也不知道捏了多少,累得她瘦得跟啥一样。老天爷怪可怜她,就说:"我给你一根绳子,你绷吧!"她看看怪省事儿,就天天绷起来。末了,她死了,人逢年过节给她摆供,烧香叩头纪念她的恩德。

现在的人身上都有枯出皮(皱纹),就是绷的。

讲述人:丁荣华,项城县新桥乡丁庄人
采录整理:高有鹏,河南大学学生
采录时间:1983年
流传地区:项城东南

【点评】

本篇是流传在以淮阳为中心的文化区项城市的"女娲造人"最原始的遗存。它是产生在远古中原母系社会的"只知有母,不知有父"的习俗观念的映照。

其中,"天塌地陷"后,世上只有女娲(人祖)一人。她感到无法生活。天爷让她捏泥人,风一刮、日一晒就活了。天爷同情她太累,给她一根绳子,让她用来绷泥人。这和《风俗通义·佚文》中所记,完全相同。这类口承神话就是应劭记录的原型。

它没有讲富贵人与凡庸人之别,而是说人身上有皱纹,就是因为用绳子绷的了。因此,此篇有研究价值。

本篇既无涉及洪水后兄妹婚繁衍人类的情节,又无天人之间对立的观念。"人为宗教"痕迹也未渗入。此类女娲人祖造人神话遗存,是产生时间最早的宝贵研究资料。

本篇的讲述人是农村农民,采录人也注意科学记录的真实性、可信性。它是原始形态的神话遗存。

98. 女娲捏泥造人畜[淮阳县]

对一年的头十天,这里有这样一个说法:一鸡二狗、三羊四猪、五马六牛、七人八谷、九果十菜。过年(春节)时,无论大人小孩儿都非常关心这十天天气的好坏。比如说,大年初一是晴天,人们就说今年要多喂鸡,这一年的鸡不会生病,如果初八这天是阴天,人们就说今年的收成不会好,要省吃俭用。这是从何说起呢?

传说女娲娘娘降生后,地上没有人,没有鸡狗猪羊牛马,也没有五谷和瓜果蔬菜。她就用泥巴捏了这些东西,捏好了放那里晾晾,再吹口气,都成活的了。

女娲娘娘第一天捏的是鸡子,第二天捏了狗,第三天捏了羊,第四天捏了猪,第五天捏了马,第六天捏了牛。第七天捏人时,女娲娘娘把泥巴揉了又揉,捏得特别细心。泥人捏好后,还没晾干,天下了雪。女娲娘娘怕泥人冻坏了,就用树叶包起来。所以,古时候的人穿树叶,现在要穿衣裳。女娲娘娘造出了鸡狗猪羊牛马和人,又给造吃的东西,第八天她又捏了五谷,第九天捏了瓜果,第十天捏了蔬菜。

女娲造出鸡、狗、猪、羊、牛、马、人和五谷、瓜果、蔬菜的这十天,后人说就是一年的头十天,所以有"一鸡二狗……九果十菜"的说法。人们过年正是庆贺人和这些生灵的生日。初七这天是人的生日,家家户户都吃面条,这叫"长寿面"。

讲述人:陈明绍,男,70多岁,农民
采录整理:冬禾

【点评】

本篇是在河南流传最普遍的女娲造人创世的比较接近原始形态的神话遗存之一。

它的讲述者是农民。其中的特点,主要是将女娲娘娘十天内所造人畜的名称对应一年之中正月的头十天,女娲先用泥捏出种种与人类关系密切的动物,如鸡、狗、羊、猪、马、牛等。有的供食用,有的驯养供驱使,有的载负,有的报时等;人们离不开它们。不然,自然生态环境就会失去平衡,人类无法生存。

女娲造人是为了管理这些动物,维护社会与自然的秩序不至于紊乱。当造罢人以后,这六种动物都要向女娲要吃的东西,女娲就在第八天造五谷,第九天造瓜果,第十天造蔬菜。这样,世界就活起来了。

以上这些都是农民生活、生产必须依靠的畜力资源。因此,为了纪念女娲的功劳,就把这十种人和动物、植物依照先后次序命名一年开头的十个日子,这叫一旬。

总之,这篇神话是远古女娲创世神话最早的遗存。有的学者认为,中国古代只有这一篇中的前七种才是创世神话,这是脱离实际的判断。实际上并不只是前七种才叫创世。如果没有这里说的后三种,人类怎么生存?

99. 女娲造六畜 [范县]

很早很早以前,天是一团混沌,地是一堆泥巴。女娲娘娘用水和泥,摔来摔去。

第一天,女娲娘娘用泥巴摔出一只猪:走路来回摆动,嘴里哼呀哼,像只大门扇,爱吃不轱涌①。

第二天,女娲娘娘又用泥巴摔出一只羊:一竿杨叉,白胡子拉撒,跑着吃食,爱叫妈妈。

第三天,女娲用泥巴摔出一只牛:四腿似铁锤,穿着毛皮衫,尾巴来担地,力量大无边。

第四天,摔出一只鸡:一只船,两头翘,只屙屎,不尿尿。

第五天她又摔出一狗来:瓜子脸,尖嘴巴,吃点喝点守着家,见了外人汪汪叫,见了熟人摇尾巴。

第六天,女娲娘娘又摔出马来。

这样,马牛羊,豕犬鸡,合为六畜。造出了六畜,无人管理,鸡乱飞,狗乱跳,蛮牛力气大,光触角打架。

为了照管好六畜,女娲才又用泥造人。由人做主,把六畜管起来,叫鸡司晨,狗守门,牛耕田,马拉车,羊上山,猪满圈,六畜兴旺,五谷丰登。人是第七天摆出来的,摆成后,女娲娘娘又向泥人吐唾沫吹口气,人有了灵气,称万物之灵,让六畜为人们办事,都争着出力。

讲述人:崔金甲,男,65岁,汉族,初中毕业,范县王楼乡赵菜园村农民

采录人:赵红儒,56岁,中师毕业,范县王楼中学教师

---

① 不轱涌:方言,不活动。

采录时间:1990年3月20日
采录地点:范县王楼乡赵菜园村

【点评】

　　本篇是《女娲捏泥造人畜》的姊妹篇。其主要特点是女娲所造的鸡、狗、猪、羊、马、牛等六畜各有特殊形体、性格、嗜好等。

　　在原始人狩猎时期,由于和动物关系密切,捕获、驯养、生活、农用,因此对各种动物的形体、习性、动态等,都能仔细客观、生动地用讲故事的形式表达出来。这便是原始文化艺术产生的功能作用。

100. 嵩山奶奶庙[登封市]

　　嵩山西麓五佛山下有一座奶奶庙,也叫奶奶堂,庙里供奉着一尊慈祥和善的泥塑像——老奶奶。老奶奶坐着莲花盆,背后墙壁上有飘浮云气的晴空,面前膝旁放着几十个泥娃娃,老奶奶是谁?这里有个传说故事。

　　老奶奶叫女娲。自盘古开天辟地之后,大地上由混沌变得清明了,可女娲仍感到孤单和无聊。

　　一天,女娲到水池边去洗手,突然从水中看到了自己的影子,非常好看,她搅动了水,平静的水马上出现波纹,影子也就破碎了。待水恢复了平静,自己美丽的影子又在水中出现。她对影子说话,影子也对她说话;她向影子招手,影子也向她招手。她想:要是岸上有很多和自己一样的人该有多好啊!她便掘取池边的泥土,仿照水中的影子造起人来,做成一个放在地上,接着再做一个。啊!刚放在地的泥人便活了,说话,走路,一举一动都和自己一样,他们有男有女,都向女娲叫妈妈,女娲兴奋极了。她越做越多,越做越快,感到两只手不够用了,就拿绳子往水池里一捞,带出的泥滴滴在地上,都成了活生生的人。

　　女娲做的人多,男人女人慢慢长大,女娲就让他们结婚,生孩子。生的孩子都向女娲叫奶奶。有的孩子长大又生了孩子,就叫女娲为老奶奶。有些男女虽结了婚没生孩子,就向女娲要孩子,有的还偷孩子。这样以来,女娲真成了包送孩子的老奶奶了。人们便称她为人类的始祖。为了表示尊敬,不直说她的名,只喊她老奶奶。

　　人们越来越多,祖祖辈辈忘不了她的恩德,便给她盖祠修庙,敬奉她,过年过节化纸钱，摆供品，烧香磕头，表示孝心。新媳妇一过门，别人便想从奶奶堂给她偷个泥娃娃，藏在她的席沿下，希望她早得贵子。但这不算偷，因为都知道，给新媳妇送娃娃这本是送子娘娘的职责呢。

【点评】

本篇是流传在中岳嵩山的"女娲造人"神话遗存珍品。它比较接近原始形态。从其内容情节来看，与河南南召流传的《女娲造人》，都与汉代应劭的《风俗通义》所记录的"女娲造人"基本一致。可见，此篇在中原流传的时间比东汉应劭成书还要早。而民间流传的这篇神话产地，就在中岳嵩山和南召一带。

值得注意的是：①本篇女娲造人比较单一，没有别人参加；②女娲捏的泥人有男有女，还让他们自然成婚。既不需要施巫术力量（吹口气），又不需要占卜"测天意"。当然可以判断此为母系社会"族内婚"时期的神话遗存。这比起那些她与伏羲共同造人的兄妹婚神话要早些。

嵩山的奶奶庙，为什么称女娲为奶奶（或老奶奶），主要是对人祖女娲造人、主婚媒、创造了人类社会伟大功业的尊敬，表达了不忘祖先的心意。从本篇的情况看，还可以知道，嵩山作为中原神话体系的根系，在女娲神话中也得到有力的证明。

至于在后人修复的"奶奶庙"里女娲坐在莲花盆里，颇似菩萨的风度，当与后人受佛教观念的影响有关。在嵩山地区的其他地方，也有类似情况，即把女娲与观音相混称，均属此宗教文化融合的痕迹。时间久了，由于佛教盛行，有的地方就把女娲变成南海观音了。

图 2.100.1　新密的女娲娘娘庙（2007年程健君摄）

图 2.100.2 新密的女娲娘娘庙大殿(2007年程健君摄)

图 2.100.3 新密的女娲娘娘庙内的女娲塑像(程健君摄)

101. 女娲的传说［豫中一带］

捏面人、泥人的都敬三皇。三皇是天皇、地皇、人皇，也有说是伏羲、女娲、神农的。要说这三皇都是人的始祖，应该敬，不过讲起传说来，好像女娲跟这一行的关系更近些。

捏泥人的爱讲女娲抟土造人那一回。

相传说，天地初开，混沌始分的时候，这地上无人，天上无鸟，世界一片荒芜，冷冷清清。女娲神有一天坐在河边，觉得怪无聊的，就用河水和泥玩耍。

这时候，伏羲不在这儿，到远方去了。女娲心里想着伏羲，就照着伏羲长的模样，捏了一个小泥人。小泥人有胳膊有腿，有鼻子有嘴，长得挺齐整的，就是没有耳朵、没眼睛。

女娲捏好一个泥人往地上一放，竟然活了，活蹦乱跳地乱跑。女娲说："哎哎，你别跑啊，别跑！"可那泥人没耳朵，听不见，只管跑啊跳的，不停事儿。女娲急了，一把抓过来，用簪子在他的头两边，一边扎了一个眼儿。这下子泥人虽说是啥都听见了，可他一着地还是乱跑乱跳的，而且又踢又打。因为，他看不见东西，憋得难受啊！任凭女娲怎样喊"别跑，别打"，泥人也不停下来。

女娲气急了，两手捏着他耳朵眼儿的地方，说："你没听见？难道你没有耳朵啊？"谁知，这一捏又给泥人添了两只耳朵。

泥人说："我耳朵是有啦，可我没有眼睛啊！我看不见东西能不急吗?!"

女娲见泥人说的也有道理，就说："好吧，再给你安两只眼睛。"说完，女娲就把泥人提溜到河边，从水中捞了两粒黑沙子，安在泥人的鼻子上边了。当沙子安进去时，河水也跟着流到了眼窝里了，所以直到如今，人们眼里还是动不动就往外冒水呢。眼里有了一粒沙子，就容不得别的沙子再进去了。所以现在有一句俗话，说"眼睛里容不得沙子"。

话还说回来。那泥人看得见，听得见，不急不躁了，老老实实，规规矩矩，听女娲的话，跟女娲一块儿玩。过了一会儿，女娲想，这一个泥人还嫌少，不如多捏几个。随即又照样捏了起来。这一回捏的有男、有女、有老、有少。捏得多了，模样也不能全都一样。所以有俊的、有丑的、有胖的、有瘦的，有高的、有矮的……

开始捏的泥人往东走了，又捏的泥人往西走了，往北了，往南了……这样捏一个走一个。越捏，女娲心里越高兴，越捏，女娲心里越痛快。就这样，越捏越多，越捏越快。到了后来，女娲看看用手捏实在太慢了，就去拿了一条绳子放进泥浆里，然后举起来一甩。甩出来的泥点子，也都变成了小泥人。不过甩出的泥人，有的不全活,也少不了一些缺胳膊少腿的,缺心眼少智谋的,这就是后世有残疾的人和发育不健全的人。

女娲抟黄土造人的传说,不光是捏泥人的知道,大家都知道人是黄土做的,不然为什么凭你咋洗,身上总还是有泥呢?不过,捏泥人的还有一种说法是别的人不知道的。他们说,自己这一行的先人,刚被捏出来时,偷偷地捡了一截从女娲拿的草绳上掉下来的毛缨,后来化作了他们现在使用的木雕刀。所以,也可以用来雕塑出栩栩如生的泥人来。因此,他们就把女娲敬为自己行业的祖师了。据说,只要虔诚地敬拜祖师爷,说不定哪一天,他们雕塑的泥人也会活起来呢。

说到捏面人的,爱讲女娲补天那一回。

传说女娲造了人之后,不知过了多少年,突然有一天,天塌了,地陷了,森林燃烧起大火,山上洪水暴发,人们奔跑呼救,死伤无数……

女娲眼看着自己造出的人受苦受难,于心不忍,就找了些五颜六色的石子,在大火中烧炼,炼好后把天上的漏洞补上了,又杀死了一条恶龙,平息了泛滥的洪水。人们被拯救了。所以,大家都感激女娲,敬她为神。

据说,捏面人的用五种颜色就是效仿女娲用五色石子补天的意思。那吹糖人的还说烧糖稀的马勺就是当年女娲炼石补天用过的器具呢。因为捏泥人、捏面人、吹糖人都有造人的意思,所以大家都敬女娲为自己的祖师。女娲是三皇之一,所以也有敬三皇为祖师的。这些都是老皇历了,是一种传说罢了。现在泥塑这一行也是一门艺术,大家都知道提高技艺是取得成就的根本,也就没人再说这些老话了。

讲述人:陶然玲

【点评】

本篇流传在河南中部,是关于"女娲造人"的神话遗存名作。它的影响所及,使河南一带"泥塑""面塑"艺人奉女娲为祖师爷,传袭至今。它表明原始艺术反映原人生活的功能性特征。

其中的独特神话信息:①洪荒时期,远古开辟创世的三皇为伏羲、女娲、神农。此说法在民间流传极广泛。女娲地位之重要,不言而喻。②女娲捏泥人,照伏羲的样子捏成后,放地上就活了。因为没有耳朵、眼睛,泥人乱蹦乱跳,女娲为其安上耳朵、眼睛,才安生了。捏的慢,才用绳子甩。泥点子有大有小,才有了残疾人。此说有不近情理处,说明当时对人的形态,把握并不准,是在实践中逐步完善的。原人的生殖意识各种各样,说明人还没有脱离初期的蒙昧。③本篇女娲补天不占主要地位,只是陪衬。④今天社会上捏面人、捏泥人的民间艺人尊女娲为祖师爷,源出于此。艺人捏面人用的五种颜色,据说是学女娲用五色石补天的遗传;"吹糖人儿"的用来熬糖稀的锅,传说是女娲炼五色石的锅。后世的民俗艺术的生命力,都与女娲神话观念的传承有关。

总之,本篇传说在后世的衍变,皆与人生关系密切有关。

102. 姓氏的起源[西峡县]

开天辟地时,女娲夫妻相亲相爱,生下一百零八个儿女。

这一百零八个儿女长大后,女娲夫妇分不清该叫什么,做起事来难极了。他俩左思右想,终于想出来个好办法。

有一天,他们把一百零八个儿女叫到跟前,说今天就要给他们起名字了。儿女们听了,都高兴得不得了。

吃过饭,儿女们都等着父母给自己起名字,但左等右等,还等不着父母张口。

他们照旧玩耍,有的爬在树上玩耍,年龄小的就立在下面看。有的跑到河里,捉螃蟹、逮鱼、摸虾。还有的是赶猪的、赶牛的、看热闹的、刷锅的,一百零八个儿女忙得不亦乐乎。

女娲夫妇来到儿女面前,指着刚跳进河里的那个儿子,说:往后你就姓河了。拎着鱼的孩子姓鱼,捉鳖的姓鳖,捉虾的姓虾,赶牛的姓牛,赶猪的姓猪,放羊的姓羊,刷锅的姓锅,做馍的姓馍,抬水的姓水,砍柴的姓柴等等,他们为一百零八个儿女都起了姓氏,儿女们可以根据父母给自己指定的姓氏起名字。

后来,他们互相匹配,生了儿女,又按自己的姓氏给自己的子女规定了姓名。但他们嫌自己的姓太土气,只好按同音把河字改成"何",鱼字改成"于",鳖字改成"别",虾字改成"夏",猪字改为"朱",羊字改为"杨",锅字改为"郭",人类的姓氏从此便固定下来了。

采录整理:姚广生
采录时间:1986年4月
采录地点:西峡县丁河乡简村

【文献选录】

女皇氏庖娲,云姓,一曰女希。太昊氏之女弟。蛇身牛首,宣发。出于承匡,生而神灵,亡景亡嚮,少佐太昊,祷于神祇,而为女妇,正姓氏,职昏因,通行媒,以重万民之判,是曰神媒。

(《路史·太昊纪》)

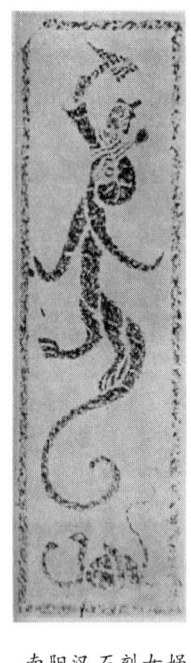
图 2.102.1 南阳汉石刻女娲手举排箫下刻玄武（孟宪明供稿）

图 2.102.2 南阳汉画像石上的女娲图（程健君供稿）

【点评】

本篇是流传在河南南阳市西峡县的"女娲造人"神话的珍品。它的关于姓氏起源的内容、女娲造人、置婚媒是繁衍华夏族系的重要神话遗存。

本篇是关于中原地区几千年来中华族姓产生的极其重要的社会学、人种学的研究资料。

姓氏起源于女娲造出大量泥人,又不易辨认,要求有所区别的需要。她根据这些泥人活了以后活动的地方、从事的生产活动等,确定族姓之祖。而这些族姓又都是中原地区"百家姓"中的族姓名称,为后世的家族姓氏的先祖。在中原地区,有的此类异文是泥捏的儿女,有的是女娲夫妻生的儿女。这些是研究社会学的重要依据之一。

103. 人祖奶奶[淮阳县]

  传说,古时候,天坍地陷以后,整个天下,就剩下伏羲女娲两个人。野兽毒虫和伏羲女娲相处,开始倒也很好,后来,有的竟凶起来了。有的猛兽张牙舞爪,要吞吃伏羲和女娲。有一次,伏羲差点丧命。为了活下来,伏羲和女娲形影不离,彼此保护。白天,他们手里掂着木棍、石头。夜晚,睡在很高很高的树上,或藏到很深很深的洞穴里。这日子真叫人心焦。伏羲对女娲说了一遍又一遍日子难熬。一天,伏羲说:"妹妹,这日子怎么过啊!"女娲安慰伏羲说:"慢慢来,苍天总会睁开眼的。"伏羲又说:"世上两个人太少了,太少了。"女娲不说了。伏羲为人少发愁,他眉锁心烦,默不作声,绞尽脑汁想心思,可实在也没想出好法子,世上两个人还是两个人。

  有一天,伏羲和女娲来到宛丘湖畔。这个湖很大很大,无边无沿的。春风轻轻吹着,阳光下,水清澈如碧,水鸟起舞,鱼儿漫游,蒲草青青。在这大好春光里,伏羲和女娲另有一番心思了。

  伏羲女娲的不远处,就是白龟出没的地方。两人一前一后往前走,在当初伏羲送鱼的地方,两个人站住了。伏羲望天看地,想起天坍地陷,想到如今天下只剩他两个人,不禁心中一片凄凉。他多想再见见白龟,听听白龟的主见。于是,伏羲放大喉咙高声叫道:"白龟……白龟……白龟……"伏羲连叫了三声,周围依然是无声无息,没有动静。女娲对伏羲说:"走吧,别空想了,恐怕再也见不到白龟了。唉,也不知白龟到什么地方去了。"伏羲和女娲慢慢来到湖边。伏羲很泄气,他躺在地上晒太阳,女娲则在湖边游玩,一会儿,女娲满面笑容地跑了回来,她捧了一把砂姜朝伏羲面前一放,说:"哥哥,你来。"伏羲趴在地上,打量着这些砂姜,有的像鱼,有的像狗,有的像马,有的像人,伏羲仔细端详,很感兴趣地说:"女娲,这要是都活了,该有多好!是吗?"女娲咯咯笑着,捏着砂姜硬硬的,捏也捏不动。她跑到水边,挖了一把黄土,轻轻抟在手里。她用力捏着,抟着。她忽儿想到,啊,抟个人儿吧。她抟了小孩儿的身子、胳膊、腿,不,还不像,又抟了脑袋、鼻子、耳朵。嗯,像个小人儿了。女娲看着这些小人儿,真高兴极了,眼睛眉毛都笑着递给了伏羲。

  伏羲见了,很喜欢。他接过小泥人儿,放在手掌里,顺手掐了根青草,用草节划了眼睛、眉毛、小嘴、头发,这泥人儿愈像个人了。女娲跳起来,双手夺过小泥人儿,笑着说:"你真会开心,小泥人啊,小泥人啊,这真好,这是咱的娃娃!咱的娃娃!是吗?"伏羲笑得前仰后合,直不起腰。女娲吻了一下小泥人儿的脸蛋,把小泥人放在地上,女娲拉起了伏羲的手,又蹦又跳。

这时候,明媚的阳光照着碧绿的大地,春风拂拂吹着。鸟儿不知什么时候飞来了,静静站在树上、湖边、地上,不飞不叫;鱼儿浮在水中,不动不游;花儿含苞欲放,不开不晃。天上、地上、水中的万种生物,似乎都等待一个神圣的时刻,这个时刻终于来临了。

阳光下,春风里,小泥人儿受到日月精华的孕育,小泥人儿在动、在摇、在抖,生长得吱吱发响。不大一会儿,成了一个活蹦乱跳的小孩子。他明亮的眼睛扑扑闪闪,脸蛋多像女娲,鼻子、嘴巴像伏羲,他叫着"妈妈",张开双手扑在女娲怀里。

女娲喜欢得眼睛都湿润了。她紧紧地搂着小孩子,亲着、吻着,也不知高兴到什么样子,她叫道:"好孩子,我的孩子,我的孩子!"小娃子叫道:"妈妈,妈妈,妈妈!"小娃子连叫三声后,挣脱了女娲的手,又扑向伏羲,美美地叫了三声"爹爹"!这时候,百鸟齐鸣,百花齐放,鱼儿畅游,满世界都在欢腾祝贺,伏羲和女娲把孩子抬起来,跳跃着。他们用自己的手,终于找到了造人的法子。

从此以后,伏羲和女娲忙得不可开交,日日夜夜抟黄土,捏泥人儿,这些泥人儿,在阳光下,在春风里,晾干了身子,喊叫着"妈妈""爹爹",跑着离开了伏羲和女娲,自谋生路去了。有些没有晾干的小泥人儿,他们收藏到洞穴里,待到第二天再迎日见风。

一日三,三日九。天久日长,伏羲和女娲不知道造了多少人。这些人儿都是伏羲与女娲的孩子。这些人听从伏羲和女娲的号令,成群结队地到山林打猎,采摘果实、树叶。他们集体劳动,共同享受劳动果实。这些人,大都居住在河湖岸畔,那时候,水生物太多了,像鱼、虾、蟹、贝样样都有,又肥又大,他们折了树枝,当针又刺鱼,下到水里,徒手捞鱼,常常满载而归。有时遇到很大很大的鱼,大伙集中来捉,齐心协力,才能拖上岸。最凶的有一种像牛又像龙的怪兽,常常张牙舞爪吃人,因此,人们常常必须集体行动,才保证不致伤性命,伏羲女娲感到人太少了。

伏羲和女娲不论白天和夜晚,都抓紧捏泥人儿,湖畔摆了很大很大一片。从太阳升忙到太阳落,一天只吃几个野果,喝几口泉水。伏羲够累的了,他打了几个哈欠,出了一口气,这时候,一阵冷风吹来,从西北天空涌出了几簇乌云,这乌云神奇般变幻扩大,一会风起云涌,刹那间布满了天空,看样子,要下雨了。一大片未干的泥人,有倾刻化成一堆黄泥的危险。

天下雨了,扑扑嗒嗒落下了大颗大颗的雨点。女娲着急了,瞪大眼睛望着伏羲问道:"这咋办?哥哥,这怎么办?哥哥,这可怎么办呀?"伏羲也慌了神,一时也没了法子。他呆住了。女娲晃着双手,急得哭了起来。

伏羲和女娲顶着狂风,冒着大雨,赶忙朝洞里收藏。泥人儿太多了,哪能收藏得及呢！雷声隆隆,闪电乱窜,风更狂了,雨更大了。伏羲和女娲来来往往收泥人儿,跑得满头大汗,双腿都不听使唤了,可泥人儿咋办！伏羲转身跑到一棵胳膊粗的柳树边,吼了一声,双手拔起了那棵柳树,挥动着双臂,用柳树枝忽忽啦啦朝洞里横扫起来。这些湿泥人儿,半干泥人儿,有的可遭了殃,虽然收到洞里了,可是有的断了胳膊,有的残了腿,有的掉了耳朵,有的塌了鼻子,有的瞎了眼睛,有的歪了脖子。女娲心痛地呼叫着,伏羲哪管了这些呢！

暴雨过去了,天晴了,太阳升起来了。春风拂煦,又恢复了春天的勃勃生机。伏羲和女娲把泥人儿从洞穴里拿出来,摆到湖畔的阳光下晾晒。阳光下,春风里,泥人迎风生长。在"妈妈"的呼喊声里,大都高高兴兴地玩耍去了。有的却很反常,斜的斜,歪的歪,有的蹲在原地不动,有的愁眉不展。伏羲和女娲仔细一瞧,原来他们成了拐子、瞎子、聋子,成了掉胳膊断腿的残废人。伏羲和女娲大吃一惊:啊,他们在造人的同时,还造了残废人。他俩太遗憾了。这就是残废人的由来。

由于伏羲和女娲双手创造,大地上的人类渐渐增多了,人之间也开始繁衍生长,伏羲和女娲是当之无愧的首领。人们叫伏羲为"人祖爷",称女娲为"人祖奶奶""人祖姑娘"。至今叫太昊伏羲陵为"人祖陵",称女娲庙为"人祖奶奶庙""人祖姑娘庙"。

图 2.103.1　女娲阁内的子孙山(2014 年程健君摄)

【点评】

本篇流传在河南淮阳,是"洪水后遗民再殖人类"型("劫后重演")女娲、伏羲神话遗存。这一类作品有很明显的地方特点。其保护神白龟的作用巨大。

本篇在豫东、豫南一带流行广泛,原始形态也丰富多彩。但本篇的文本,带有作者浓厚的文学创作成分,比如,过细的气氛渲染、心理描写、情节的人为铺张、语言的过度细腻等,都脱离了民间原始形态的特点。因此,不宜作为科学研究对象。

104. 五谷的来历［新乡市］

古时候,人们群居一起,靠打猎为生。后来,人慢慢多了,食物渐渐少了,人们因为打不到充足的猎物常常挨饿。

那时候,一个名叫稷的年轻人,望着面黄肌瘦的父老兄弟,心里非常难过。他是个有心计的人,把树上结的、地里长的,都放在自己嘴里尝一尝,品一品,给大伙找着了很多水果和蔬菜。但这些东西都是应时而生,不宜贮藏,难当主食。于是,稷下了决心,要走遍九州,尝尽天下所有的草木果子,为大伙找到能做主食的东西。

那时的首领是女娲圣母,稷把他的打算给女娲说了。女娲非常高兴,把她束发的红头绳解下来送给稷,让稷做鞭去鞭打草木,开路找粮种。还让她的五个儿子给稷做侍从。

女娲圣母的五个儿子叫稻、黍、麦、菽、麻。临行时,女娲圣母拿出五条颜色不同的袋子,把白、黄、红、绿、黑袋子分给了五个儿子,对他们说:"稷立志要走遍天下,为大伙儿寻找粮种,你们跟着他去吧!"

稷领着稻、黍、麦、菽、麻出发了。他举出绳鞭在前面开路,稻、黍、麦、菽、麻身背五色袋子在后面跟着。稷不管见到什么草籽都要捋下来在嘴里嚼一嚼,品品味道,对那些长得饱满的,品得更细。他觉得好吃的,就让兄弟五人去采集,按品种颜色分别装在五条袋子里。他们周游四方,选采草籽,五条袋子都装满了。这天,他们正走着,忽然看见一座险山上有一种高秆红穗草籽。山陡上不去,便砍倒树木搭架而上,他们站在山顶上,四下眺望,天地无边,群山起伏,连绵不断,俯视山下,只见有五条山谷,山泉涌流,土肥草绿,真是个山清水秀的好地方。稷望了望那五条山谷,看看装满草籽的五色袋子,说:"要使人们永远不挨饿,单靠采集野粮是不够的,必须学会耕种。现在这座山下有五条山谷,土肥水足,你们可各选一条山谷,把你们袋子里的种子种下,精心管理,细心观察,总结经验,这样我们才会永远不挨饿。"

稷说罢,五个侍从各选一条山谷,在临水的地方砍草开荒,下种,干了起来。稷住在山顶上,也开了一片荒,把高秆红穗的草籽种下。他一面管理自己种的庄稼,一面指导五个侍从耕作。就这样在山上住了三四年,摸准了作物生长的习性,总结出一套耕作经验,然后教人耕作。

后来,人们把六人种的庄稼各用其主人的名字命名;因为是在五条山谷里种成的,就把粮食总称为五谷。稷死后,人们怀念他,不忘他开创农业的功绩,称他为神农氏。他试种粮食的那架山是砍倒树木搭架上去的,就叫那山为神农架。他种的红穗稷,后人又称"高粱"。

讲述人:马如心,男,50岁,农民
采录人:马安中,男,33岁,高中毕业,民办教师
采录时间:1986年8月
采录地点:新乡县古固寨
流传地区:新乡一带

【附录】

五谷的来历[范县]

在远古的时候,人们群居在一起,全靠打猎为生。后来人多了,打猎往往顾不上吃。有个叫稷的青年人,看到面黄肌瘦的父老兄弟,心里非常难受。他就出外走遍山野,为大伙儿寻找食物,树上结的,地上长的,都放在嘴里尝上一尝,品上一品,发现世上有很多能吃的东西。

那时候的首领是女娲圣母,给稷了一条鞭,叫他用鞭开路找粮种,还让她五个儿子做侍从。

女娲圣母的五个儿子名叫稻、黍、麦、豆、麻。临行时,女娲圣母拿出五条颜色不同的袋子,把白袋子给了稻,把黄袋子给了黍,把红袋子给了麦,把绿袋子给了豆,把黑袋子给了麻。女娲圣母对她的五个儿子说:"稷立志走遍天下,为大伙儿寻找粮种,你们跟他去吧!"

稷领着稻、黍、麦、豆、麻出发了。稷不管碰见什么草籽都要捋下来,在嘴里嚼嚼品品味,对那些长得饱满的草籽,嚼得更细,好籽就采集,按颜色品种分别装在五条袋子里。

他们周游四方,选采草籽,走过了山山河河,五条袋子都装满了。他们爬到高山,俯视山下,只见有五条山谷,山泉涌流,土肥草绿,真是个山清水秀的好地方。稷望了望那五条山谷,又望了望那五条装满各样草籽的五色袋子,稷对五个随从说:"要想吃得饱,还得把种子撒在肥沃的土壤里,让它长庄稼。"

稷在山顶,其余五人各开一个山沟,种上了庄稼,长得旺盛,庄稼好吃。

后来,人们把稷种的庄稼叫稷,把稻种的庄稼叫稻,把黍种的庄稼叫黍,把麦种的庄稼叫麦,把豆种的庄稼叫豆,把麻种的庄稼叫麻,因它们是在五条山谷里种成的,就把粮食总称为五谷。稷死后,人们怀念他,称他为神农氏。他种的稷一来秆高,二来在山顶种的,后人又称稷叫高粱。以后,人们就靠五谷为食粮了。

讲述人:王惠如,男,60岁,汉族,范县中师毕业,范县王楼乡中心学校校长
采录人:崔金钊,男,60岁,大专毕业,王楼教育组干部
采录时间:1990年3月15日
采录地点:范县王楼乡

【点评】

[新乡市]

本篇是流传在河南北部新乡地区的女娲令神农发现五谷粮食的神话遗存,比较接近原始形态。

"民以食为天",原始先民为了寻找发现解决食物来源问题的方法,神农氏(后稷)在女娲圣母的支持下,带领圣母的五个儿子踏遍山山水水,寻找可食用的粮种。首先,他们分别在高山顶和山下的五条山谷,种植稻、粱、黍、麦、菽、稷(一说无菽有芝麻),从而为人类世界找到了可靠的粮食资源。其次,本篇把女娲的臣子后稷尊为神农氏顺理成章。但也有说后稷是周人的先祖。不论如何,后稷作为农神是共同的认识。最后,把后稷砍树搭架上山寻粮种的山叫"神农架"。可见,此神话很可能与炎帝一个支系在神农架一带创造农业文化基础有直接关系。有从随州逐渐传回中原的可能。

但与本篇的另一篇异文,即濮阳市范县的传说就有所不同。其中并无神农架之说,很可能是最早产生于中原女娲圣地,后传向南方随州,落地生根,把神农架纳入其中的。因为女娲作为部族首领,是在北方濮阳一带,而不在荆楚地区。女娲的红头绳(神鞭)起了开路的决定作用。

[范县]

本篇与新乡、社旗等地采录的《五谷的历来》神话,基本相同。它是关于中原女娲、神农发现五谷粮食神话的珍品。

范县的这篇神话,没有提及神农种粮的山叫"神农架"。后稷是女娲的臣子,是

受女娲圣母之命找五谷的,随从后稷的五个人又都是女娲的孩子,足见此神话首先产生自北方中原。从五谷的品类来看,稻、黍、麦、豆、麻,又都是中原的主要粮食作物,足见此篇产自濮阳一带。特别是这里的地理、文化环境又都是伏羲、女娲活动的中心(楚地女娲神话不多)。

总起来看,本篇不涉及楚地神农架问题。其他两篇也很可能是神农(炎帝)一支南迁后,为当地附会以神农架之后,又北传到河南的。

从本篇讲述语言来看,比较朴实无华、通俗流畅、简明生动,具有口承神话的特点。没有过多的知识分子语言习惯的做作及文雅的附加成分,而其他记录则明显不同。从科学价值看,本篇更高些。

105. 女娲芪的来历[西华县]

传说在很早很早以前,天塌了,地陷了,世上只剩下女娲和她弟弟姊们俩①了。女娲对她弟弟说:"咱俩做人吧。"

姐弟俩就挖泥巴,在一棵大树底下捏起泥人来,谁知道,捏的泥人经风一吹,嘿,都活了起来!一眨眼满地乱跑。

女娲嫌捏得太慢,上树折了个树杈子,抡起来对着泥巴块打起来,也真快,一会儿,就打出来一群。打呀打呀,打了几天几夜,打了一群又一群。

女娲打累了,躺在地上睡了一会儿,醒来一看,弟弟不知道上哪儿去了,成群的泥孩子不知道咋弄的死了一大片。咦,她哭得泪人似的,女娲哭够了,哭的泪淌了一地,地上就有了河,捏剩下的泥巴成了山。

孩子越死越少,女娲找不到弟弟,也没有劲儿捏了,还是怪伤心。咋弄呢?她薅了一棵草嚼起来,越嚼越有味儿,一会儿脸上热乎乎的,浑身净是劲儿了!

女娲叫孩子们也吃,一吃,再不见有死的了。孩子们越长越大,种的草传下去,叫作"芪"②,女娲死了,后辈儿的人叫这草药"女娲芪"。

讲述人:贾松才,男,65岁,文盲,西华县聂堆乡思都岗村农民
采录人:高有鹏,西华县师范教师
采录时间:1984年3月
采录地点:西华县聂堆乡思都岗村讲述人家里

---

① 姊们俩:方言,泛指兄妹、姐弟、姐妹俩。
② 芪:即中药黄芪,当地人叫女娲芪。

【点评】

　　本篇属草木名称解释性神话。其主要特点是,在女娲创世造人过程中,为子女病死而伤心落下的泪,滴在一种草上,变为能治病的药物——芪草。因与女娲有关,便叫"女娲芪"。今天在中药中叫黄芪。

　　此篇虽近风物传说,但又直接与女娲眼泪的神奇效用有关,因而,仍应列入女娲创世神话之中。此类材料因与不同神话人物有关,所以相当普遍,如同科技、医药的最先发明者的被命名一样。

　　本篇近于原始形态,来源于民间讲述者之口,所以对研究女娲创世有相当重要的价值。

106. 四大怀药［武陟县］

　　女娲九十九岁那年,双目突然失明了。

　　这下急得一家人像热锅上的蚂蚁,可谁也找不到有什么良策。

　　伏羲想起了天塌时拯救他和女娲的石狮子。石狮子救下他俩后虽然化了,但它留下的尸骨——青风岭还在。他想石狮子既然能救他俩的性命,也一定会有办法治好女娲的眼睛。于是,他面对青风岭烧了三炷香,跪下祈祷道:"石狮神灵!女娲双目失明了,请您想法子治治她的眼睛吧。"

　　石狮子在青风岭上空显露身影说:"唯有玉皇后花园的菊花水饮服方治。"说罢就消失了。

　　天宫离伏羲家有十万八千里,伏羲也已年过九十九岁,怎能走得动?于是他就对有熊说:"治你母亲的眼睛唯有玉皇后花园的菊花,我走不动,你去想法采摘几朵吧。"

　　有熊是个孝子,应声而往。他走了九九八十一天的路,爬了七七四十九天的天梯,才来到了南天门。

　　南天门宫阙巍峨,有十八个天兵天将把守,看来不易进去。他就顺着宫墙走,想寻找个缺口。他来到了天宫北侧,发现宫墙外贴墙长着一棵高大的御树。他就两手抱着树,脚蹬宫墙上到了墙上,解下大腰带,拴在树上,双手抓着腰带下到了宫里。

　　这儿正是玉皇的后花园。园里种满了各色各样的花草,可是百花都败了,百草都枯了。唯有一种花正在盛开,白花花的像一片碎银在闪光。这时正值深秋,不用问,这盛开的花是菊花了。于是他挑开得最大的花朵采摘起来。

"谁如此胆大,竟敢偷摘御花?"杨二朗巡逻到这里,正好瞧见,大声喝道。

有熊吓得浑身哆嗦,连忙跪下求饶道:"我是凡尘伏羲之子有熊,只因母亲女娲双目失明,前来采摘几朵菊花给她治治眼。"

"这是玉皇派花神种的药花,专为宫中使用,岂能容你这凡夫俗子采摘!"杨二郎用钢叉指向他,"走,跟我去见玉皇!"

有熊无法,只得跟杨二郎去见玉皇。杨二朗叫他跪在堂下,向玉皇禀告了他偷摘菊花之事。玉皇听后,勃然大怒,斥道:"昔日你父盗走了我的火种,我还没有惩治。今日你又来偷摘我的菊花,我要老账新账一起算!"

"玉皇,你听我说……"有熊申诉道。

"闭嘴,我没工夫听你巧辩!"玉皇对杨二郎命令道,"去,把他押送天牢!"

有熊被押进了天牢,那里铁栅高密,镣铐沉重,怎能脱身?他不由失声痛哭起来。

第二天傍晚,玉皇的大女儿雷姐去花园采花回来,路过天牢门口,听到天牢里有熊的哭声,她感到十分稀奇,因为她从来没听见过男子的哭泣,不相信男子也会哭。由于好奇心促使,她不由地走到了天牢里面。她询问哭泣的青年男子:"你犯了什么罪?为什么哭泣?"有熊见这么个窈窕淑女询问,心想:女子心肠软,大都有同情心,说不定还会帮助自己呢。于是竹筒倒豆子,将来龙去脉倒了个底朝天。

雷姐被有熊不畏艰苦、不惧风险的英雄行为和孝敬老人的慈心所感动,心里油然爱上了这个凡尘青年。她早过腻了碧海青天夜夜心的清苦生活,羡慕喧闹的人间,想下凡尘,只愁没有机缘。现在真是一个好机缘。于是,她决定下凡,对有熊说:"我救你一命好吗?"

"多谢姐姐!"有熊跪在雷姐面前,"你若能救我一命,并且把你采的花送给我,我将终生为你烧香磕头!"

"谁稀罕你烧香磕头!我只要你答应我一个条件!"雷姐说。

"别说一件,只要我能办到,一万件也答应!"有熊显得十分诚恳。

"我,我,我想给你做媳妇!你答应吗?"雷姐说着,羞赧地低下了头。

"这,恐怕不好办!"有熊皱起了眉头。

"为什么?"雷姐惊奇地睁大了眼睛。

"你在天上,我在凡尘,天渊之别,怎能联姻?"

"我愿下凡,与你同归。"

"恐怕玉皇不同意。"

"我们不会偷着?"

"这事还得先与我父母商量。"

"他俩若不同意呢?"

"这……"

"自己的事得自己做主。你若拿不定主意,我也不救你,你母亲的眼也治不了啊!"

"那么,我就答应你!"有熊无可奈何地说。

雷姐砸开了锁和镣铐,领着有熊翻过后墙,伸手抓住一片白云,拉有熊站在上面,怀揣着那把菊花飞下凡尘了。

转眼落在黄河北岸青风岭下有熊家的院里,有熊领雷姐见了父亲。伏羲非常高兴,连忙让座倒茶。

雷姐将菊花揪了一朵,放在锅里煮,煮了一个时辰,倒出一碗喂女娲喝。女娲喝下,药到病除,忽灵灵地睁开了双目。

女娲见眼前站着一个窈窕淑女,就问是何人,有熊替她作了介绍。女娲也非常高兴,叫他俩当天举行了婚礼。

第二天,玉皇升堂传雷姐上殿。托塔李天王奏书道出了雷姐救出有熊、二人结拜夫妻下凡的事。玉皇又勃然大怒:"快去凡尘把她捉拿上来!"

托塔李天王说:"陛下息怒,听臣分解。雷姐早有思凡之心,她是你的爱女,你既然疼她,不如顺她的心,成全了她,她到人间传宗接代,世世代代都会敬奉你的!"

玉皇觉得也是个理儿,顿时息了怒火。但他怕其他几个闺女仿效,因而又道:"那么,得去收了她的锦衣,叫她永世不得再回天宫。"

托塔李天王点了点头说:"中!"眼珠一转又奏道:"陛下,雷姐去黄河北岸青风岭下落户,那里贫寒,是不是陪她点嫁妆呢?"

"嗯,你去给她送一千两黄金。"

"黄金不会滋生,花完就没了。"

"那陪什么?"

"人间疾病甚多,我看不如陪她菊花、山药、牛夕、地黄这四样药种,封其只准在覃怀生长。她可以种这四样药材,销向四海五洲,金钱会取之不尽,用之不竭。"

"好,随你办吧!"玉皇挥手。

托塔李天王携带四样药种,驾着白云来到了青风岭上。他面对有熊家门口呼喊:"雷姐接旨!"

雷姐听是平日待她十分亲热的托塔李天王,心里十分高兴,连忙出来磕头。

托塔李天王说:"玉皇准你下凡与有熊成亲,特派我送来菊花、山药、牛夕、地黄四样药种,作为你的嫁妆陪送,供你谋生!"

雷姐又连忙磕头:"谢父王、谢叔王!"

"玉皇怕你回宫引起众姐妹心乱,特来将你锦衣收回天宫,快脱下吧!"

"那么,我想与父王说话咋办?"

"画张你父王的影像,对他烧三炷香即可。"

雷姐无奈,脱下了锦衣,给了托塔李天王,托塔李天王就驾云返回了天宫。

雷姐就在覃怀一带种植起了菊花、山药、牛夕、地黄,称四大怀药,销往各地。

据说其他一些地方也引种这四样药材,但都无药性,唯有这覃怀一带种的药性十足,因为它们是老天爷封的。

覃怀黎民为了感激玉皇的恩德,家家户户、世世代代都张贴有玉皇的影像,在影像下写:"供奉老天爷之灵位"。

讲述人:李待见,女,42岁,小学毕业,阳城乡郭下村农民
采录整理:王广先

【点评】

本篇属在中原黄河北岸武陟县(龙源)清风岭流传的关于怀庆府四大名药解释性神话传说。

其中因女娲双目失明,伏羲派轩辕黄帝去天宫花园盗菊花引出的一段反抗英雄雷姐嫘祖,背离天宫,与黄帝摘取菊花,一道回人间结婚的传闻。天帝在无可奈何的情况下,由于爱女心切,只好接受李天王的建议,以四种药草:菊花、山药、牛夕、地黄,给雷姐作陪嫁嫁妆。从此这里盛产四大怀药,造福人民。

值得注意的是,其中透露出了华夏族系伏羲、女娲夫妻和儿子有熊氏的种族族谱关系。这对研究中原华夏族系的来源具有极重要的意义。

在许多中原"洪水后遗民再殖人类"的神话里,都提到石狮子是伏羲、女娲族的保护神。石狮后化为青风岭,但在冥冥中仍指点伏羲天宫的菊花可治女娲的眼疾。这种氏族图腾信仰影响之深,无处不在。

在本篇的采录过程中,讲述人虽是农村妇女,但写出的语言文字却知识分子化了,已失去口承语言的特点,但骨架尚未因演义和书面化而丢失。因此仍有研究价值。

此外,本篇受道教神祇的影响也比较明显。此点应引起注意。

107. 女娲城的传说[西华县]

西华城北十二里,有个思都岗村,村北地有三个土丘,据说原先那里有一座城,名叫三土城,又叫女娲城。1978年有人在那里挖出一块大砖,上面刻个大"娲"字。上边考古的来那儿一考察,在地下又挖出了城墙,看来这女娲城过去还真有。

说起这三土城,听老辈人讲是这么来的。古时候,天塌地陷后,世上只剩下女

娲、伏羲他们兄妹俩,东北天没长严,女娲炼石头补住。后来他兄妹俩滚石为婚,他两口生的后代不多,女娲又用泥捏人,日头一晒,嘴一吹,泥人都活了。

世上的人多了,女娲、伏羲就教大家捕鱼、打猎、种庄稼。那时候人没有衣服,披的是树叶、兽皮,每逢冬天,北风一刮,人冻得受不了,女娲对伏羲说:"我要在这里造三座山,把北风挡住。"伏羲说:"你能造山,我不信,你有恁大能耐?"女娲说:"当初天没长严,我能炼五色石把天补住,还不能造山吗?"伏羲说:"那你不能!"女娲说:"我能!不信咱俩打个赌,今天夜里我要是能造三座山,你咋着?"伏羲说:"今天夜里你要真能造三座山,我服气你真有能耐,往后啥事儿我都听你的,如果你今夜造不成三座山,你赌啥?"女娲说:"今夜我若造不成三座山,以后啥事儿都由你做主!"他俩这样谈定了。

当天夜里,更深人静,女娲不声不响起来,伏羲偷偷跟在她后边,女娲来到现在三土城那地方,抓了三把土往地上一撒,一时间,大地"嗡嗡"响,月光昏暗,雾气腾腾,平地里冒出三个山头,慢慢往上长,伏羲眼看着三座山要长起来,自己打的赌要输,他心生一计,手捏鼻子"哏哏哏——"连学三声鸡叫。霎时,"嗡嗡"声不响了,雾慢慢散了,三个山头刚冒出地面没多高,停住不长了,留下三个土丘,女娲输了,从那儿起,啥事儿都由男人做主了。

后来,人们为了纪念女娲造山这件事,就在这里修个城,名叫"女娲城",也叫三土城。不知经过了多少年,由于多次发黄水(黄河泛滥),城被淤平了,光剩三个土丘,每当好晴天,太阳快落的时候,三个土丘就会冒出三股青烟,非常好看,人们称为"娲城夕烟",是西华县八景之一。民国初年,三个土丘被一个盗墓人挖破了,从此再也不冒烟了。

讲述人:张慎重,男,73岁,读过私塾,西华县聂堆乡思都岗村农民
采录人:陈连忠,周口地区群艺馆干部
采录时间:1985年3月
采录地点:西华县聂堆乡思都岗村委会

【方志选录】

女娲城在西北十里。曹植赋曰:"古之国君,造簧作笙。礼物未就,轩辕纂成。"或云二皇,人首蛇身;形化七十,何德之灵。史女娲起于承匡之山,都于中皇之山,葬于风陵则此。或所筑之城而非所都也。

(《西华县志》)

图 2.107.1　西华女娲城内的子孙山（2006年孟宪明摄）

《女娲城上檀树》："客到女娲城，但见千年树。古怪如蛇龙，恐逐风雷去。"（明·刘景曜）

（《陈州府志》）

【点评】

　　本篇是关于西华"女娲城"（三土城）由来，女娲补天、造人、造山（原为三座山头，未修成）的完整记录珍品之一。其中地名的由来，与女娲的功业联为一体，真实可信，对研究女娲的圣绩，具有重要科学价值。

　　特别是女娲补天后，因东北是用冰块堵的，刮东北风特冷。女娲要造三座山挡风寒。由于她与伏羲打赌，伏羲不愿输了，就装鸡叫（禁忌），使女娲输了，只好一切听伏羲的。这里提出一个十分重要的社会学的家庭主宰权问题，也就是对从母系社会向父系社会过渡，父系逐渐取代母系的客观形态描述。以往，在理论上知道这个道理，但缺乏神话的依据。从本篇的二人打赌，由于伏羲的恶作剧，胜了女娲的故事，就可以看出社会发展史上，原始社会的母系社会为父系社会所战胜，也是经历了许多年代的斗争过程的。在这一点上，父系社会代替母系社会是合道理的。从本领看，伏羲不一定胜过女娲。但女娲诚实，实际补天、造人、造山的本领，远远大于哥哥伏羲。但由于伏羲要了心计，女娲缺少警觉便失利了。这虽是一个趣闻，但也反映了两种氏族制度为了权力而进行的尖锐、激烈斗争的事实。

108. 思都岗（女娲城）[西华县]

女娲城外下雨后，泄水，亦叫女洼（娲）城。

思都岗、女娲城，在龙泉寺上有碑，上有明万历年间碑文："西华县北十五里许，有思都岗，女娲之故墟也。"几千年前就有了。女娲早就有了。

伏羲与女娲为兄妹俩，开天辟地头两个人。咱这些人相传是泥捏哩。他们站在水边看见自己的影像了，就用泥捏出人来了。

三都城就是口传的女娲坟。估计有十来丈长，高有一人高。女娲坟实际应在河身沟里，当初要修庙，修女娲城，地点谁也不知道。黄水不淹女娲城，头天黄水还没底儿，第二天水就没有了。外边人都说是女娲显灵了。

女娲坟西边有家姓吴的，他回来见修女娲冢（女娲坟），能说出确凿地点。过去，黄水头里兴扒墓。官员之家、资本家的墓，都被扒了。女娲墓也被扒了。其中只见有一个小黑瓦罐儿。思都岗里冲出来的还有箭头，作战旗杆上的枪尖。

思都岗有个王威义当寨长。他是地主，干这干那，领着扒女娲坟，剜黄香①焊笔，其中确实没有东西。那时候还不兴殡埋仪式、棺材、墓坟的。

讲述人：张慎重，72岁，农民
录音：张振犁　程健君
采录时间：1983年11月3日
采录地点：思都岗

【点评】

此篇是用考古资料考证女娲（洼）城、三都城就是女娲坟的神话。

考古发掘的地下管道、陶片等都证明几千年前（春秋以前），这里就有了女娲城，即"女娲之故墟也"。（碑文）后来因黄河水患频仍，女娲城遂被淹没。由此可见，女娲在西华的补天、造人功业，在遥远的荒古时代，在西华已家喻户晓了。不然，何以城址那样古老。总之，本篇作为文物见证女娲活动的事迹，具有重要作用。另据考古中发现的汉代"女娲城"砖刻，至今犹存一"娲"字，便是又一力证。另外，

---

① 黄香：即松香，可作黏合剂。因其色黄，故民间俗称黄香。

考古发现的汉代歌舞图像砖刻,也证明女娲城的年代久远,不可猜测。它证明西华原系山岗、洼地并存,水患频繁,才产生女娲伏羲兄妹避洪水、补天造人的神话。

事实证明,思都岗(坟)确是中国女娲神话产生的圣地之一。特别是这里方圆几百里信仰女娲的群众那样虔诚,人数那么多,每年庙会又是那样盛况惊人,讲唱经文的那样引人注目,等等,都说明西华思都岗的女娲文化是研究我国女娲神话的极为重要的中心地区之一。

109. 思都岗的来历[西华县]

过去,女娲城有个龙泉寺,建在高岗岭上。

汉朝末年,有个叫石苗的清官,在寿村做官期间,他的牛生了个牛犊(那时官员外出爱坐牛车),长得壮壮实实。几年后,石苗辞任返乡时,想着以后没有为百姓办好事的机会了,就把牛犊送给了当地百姓。

石苗坐着牛车路过龙泉寺时,老牛突然不走了,扭头朝着来时方向"哞儿哞儿"地叫,任凭车把式怎么赶它,一步也不朝前走。石苗知道老牛是思念牛犊,就让人给老牛卸了套住下休息。到了第二天,老牛却病了,后来死在那里,石苗就找块地方把老牛埋了。

人们知道了这件事,很同情老牛,就把女娲城改为"思犊岗",并刻入龙泉寺碑文。后来,人们觉得思犊岗这名字不雅观,就又改成了思都岗,延传至今。

讲述人:张彭
采录整理:胡有典

【点评】

本篇是西华思都岗名称的解释遗闻。本传说与女娲毫无关系,只是因清官石苗,卸任回家途中,将牛犊送给当地百姓,老牛因思犊而死,埋于龙泉寺。因此,命名这里叫"思犊岗"。后因不雅,改名思都岗。

可作地名异说,亦可作比较研究之用。

110. 女娲练兵护王城［西华县］

在过去兵荒马乱的年代，邻村不断被土匪打劫。思都岗有女娲保护着，没受过土匪的气。

解放前有一年，土匪打宁庄，人们跑的跑、藏的藏，跑不动的齐哭乱叫。思都岗离宁庄五里地，百姓们也都吓得不行，家家关门闭户，不敢露头。前半夜，土匪收拾了宁庄，后半夜打思都岗，群众都听见枪响和喊声了，可村里纹风不动。后来才听人说，土匪准备进村，远远看见城墙四周一圈红灯，一队一队的兵，扛着枪在灯影子里来回过。土匪仔细一听，城里传来一阵一阵的"一、二、三、四"的练兵口号，土匪害怕，就溜走了。

讲述人：张彭，男，39岁，中学文化程度，农民
搜集整理：胡有典　毛积德　吴留昌

【点评】

本篇流传于中原西华一带，是关于人民对女娲信仰的文化价值功能衍变的传述。

其中所讲的内容全系当地群众想象的神幻故事。它只是现代人在生活灾难面前，盼望女娲圣母协助化险为夷的心理愿望。本篇不属于女娲神话本体作品，仅可看作女娲信仰在中原西华的影响的延伸和构想。从本篇可以看出女娲在中原产生后的漫长演变历史的源远流长。这种传统文化现象，值得思考，并纳入理论探讨的范畴。

111. 女娲显灵［西华县］

要说起来，思都岗女娲也显过灵。

那时候，思都岗是老城，经常有刀客拉大杆儿①的，因此要修寨。我那时十来

---

① 杆儿：也称杆子，即土匪。

岁,也参加修寨。寨一修好,就乱起来了。这大杆儿来了,那大杆儿来了,周口也失了,西华县也失了。黄头①也窝票子。到处人都跑完了。

那时候,要守寨。人携上铺盖,拿个家伙,打个灯笼守寨。大杆儿来爬寨子,好跟他打。有巡更的,一更敲一点,二更敲两点,一直敲到天明。我在东门外守寨。

拉杆子的打宁岗寨子(六里)。宁岗寨长要说和,给杆子多少匹马,多少钱。那要的钱多办不到。咋办?把孩子(九生儿,还有个侄)交土匪。他们就打多少刀,多少枪。我一夜没睡。

第二天,都传说打宁岗寨哩,寨长老裴家的孩子都弄走了。打宁岗,思都岗一点动静也没有听见。

有的说,夜里看见思都岗城上灯笼一个挨一个。这是女娲显灵了。

讲述人:张慎重,72岁,上过私塾,农民
录音:张振犁　程健君
采录时间:1983年11月3日
采录地点:西华县思都岗龙泉寺内

【点评】

本篇属《女娲练兵护王城》的异文。它虽不属女娲神话本体,但却属人们幻想创作的女娲暗中相助的爱民活动的遗存。

本篇的内容属讲述人亲身经历的记述,增强了女娲影响的真实性。可作对女娲信仰演变的依据。

112. 女娲移山的传说[安阳市]

自从修建成娲皇宫后,女娲奶奶就住在中皇山上。中皇山山高沟深,树木遍野,又是花,又是草的,特别幽静。还有山鸟,黄鹂呀、杜鹃呀,一过立夏,布谷鸟就叫起来了。是避暑的好地方。可是,到了五黄六月天,暴雨一落,清漳河就涨了。清漳河离这里不远,洪水没明没夜地哗哗流着,也实在觉得聒得慌。一天,奶奶想把中皇山前沟口那座山推倒,把漳河水挡住,叫它从别的地方流走。娲皇奶奶左手

---

① 黄头:原指水军。这里当指小股土匪或私人少量武装势力。

推着山背,右手掀着山脚,就像掀碾磙似的要把大山掀翻过去。眼看看那大山欠着身子要跌过去了,这时候,河神正好从这儿走过。因怕大山跌倒,阻断了漳河,就赶紧上前把山扶住。还怕那大山站立不牢,又腾开另一只手,从河床里抄来好些鹅卵石,把大山着实支好。

女娲奶奶见有人把大山给支住了,就直立起身来问他:"我想把漳河改到一边,你怎么不叫我掀倒这座小山?"

河神爷见是补天造人的娲皇奶奶,很尊敬地答道:"娲皇奶奶!当初盘古开辟天地的时候,地上的高山河流,就由他老人家给定好位置了。俗话说,水流旧道,路走从来。移山改河的事,还是不要轻易做才好。"

女娲奶奶想了想,自己没来中皇山居住以前,山前早就流着漳河了。把河改到别的地方,别处一定也有人嫌它聒噪。也罢,就还叫漳河从山前流吧。

河神爷抄来的鹅卵石支住山后,女娲奶奶也就没有再掀那山。所以,至今中皇山前的那座山下,厚厚地压着一层五色鹅卵石,山名就叫河石支山。有人问,这可是真事吗?当然,这一定是真的。要不是真事,大山下咋会有那样一层鹅卵石?再说,那鹅卵石上有的还清清楚楚地落印着河神爷的手指纹呢!

讲述人:陈水旺

【点评】

本篇属涉县中皇山流传的山名解释性地方传闻,不属于女娲神话本体。

女娲来中皇山住下后,补天、造人,功德显赫。以她的圣功威名,因漳河水声震耳,而推倒山沟的小山,挡住漳河水改道,恐亦与女娲品德不符。

女娲虽然接受了河神的建议,但总使人有遗憾之意。女娲不可能如此自私。况且,女娲要移此一小山,不用费吹灰之力,河神岂有阻止住的神力!

神话学中此类衍化的传闻,一般不计入神话原型的范围,只可作为趣谈。因为这个传闻产生,仅从支石山下的小五色石推测(河神所为),亦缺乏可靠的依据。和愚公移山的宏大气概,不可同日而语。特别是篇中所讲的故事,在中皇山一带,流传不广,既缺乏神话标准的神圣性,也缺乏可信性。人们崇拜娲皇,信仰娲皇,只能是由于女娲"补天""造人"的关系人类生存的创世之功,决不是崇敬所谓"怕漳河水声震耳"而推倒小山堵住漳河水改道的个人小利。

因此,此篇仅可作当地小趣闻处理。

113. 女娲占地的传说[安阳市]

女娲补好天以后,就回天上去了。玉皇大帝因觉她造人补天有功,就把她封为娲皇圣母。女娲很是激动,决心重降人间,帮助苍生养儿育女,普救生灵。可是,当她从上天降回到大地时,发现中皇山腰插着一把宝剑——有谁把炼石补天的地方给占了。娲皇圣母想了一想,就在宝剑下面埋上一只绣鞋。

到了兴建庙宇时候,成汤王跟女娲争执起来,成汤王说,中皇山是他占下的,地上插的宝剑就是证据。

娲皇圣母不慌不忙地走过去说:"你当初插宝剑时候,可知道地下埋着什么东西?这里是我早就占下的地方!"

成汤王傻了眼,问:"你什么时候占下这个地方了?"

娲皇圣母说:"早在我炼石补天的时候。那时候,我补完天上的窟窿,就坐在这中皇山的半山上歇歇。为怕后人看得这个地方风水好,乱来抢占,就顺手在土里埋上了一只绣鞋。"

成汤王不信。可是一挖,当真挖出一只绣鞋来。成汤王再没啥好讲了,脸上一时又下不来,末了只好说:"我男不跟你女斗。"就忍让了。

娲皇圣母说:"其实,可建庙宇的宝地多的是。你不妨到符山东边的马布村去看看。那里有个柏树山,景致怪好的,满可以建一处庙观!"

成汤王果然就到柏树山上另选宝地去了。

娲皇奶奶后来就给汉文帝托梦,叫他在中皇山腰修建一个庙宇。

中皇山太高了,从山脚到山腰又没路可通。要在半山上修建宫殿庙宇,别的不说,光是砖瓦也驮运不上去啊!

女娲奶奶特地向汉文帝点化:驮砖运瓦的事,不必动用骡呀马呀大牲口,只把砖瓦绑在羊身上,羊群爬山,要比骡马强多哩。据说,娲皇宫的砖瓦,就全是靠羊群驮运上山的。娲皇奶奶的庙宇建成后,起名叫娲皇宫。山沟的名字可没有改,还是叫汤王峧,说是成汤王先插宝剑占过的。后来叫白了,叫成了唐王峧,一直叫到现在。

讲述人:赵德崇

【文献选录】

(女娲)治于中皇山之原,所谓女娲山也。[《寰宇记》引《十道要录》:"抛线(钱)

二山,焚香于此山。"亦见《元丰九域志》,并《守令图》]。

(《路史》)

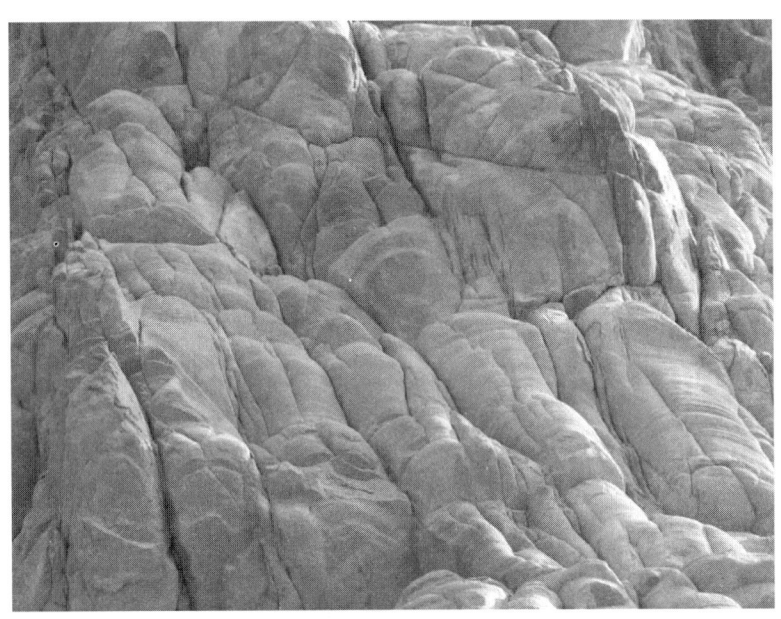

图 2.113.1　济源邵原女娲神话中的祈子崖(2006年孟宪明摄)

【点评】

本篇属娲皇宫女娲次生神话传闻,非女娲神话本体。

其中所说女娲占地本身就是为了私利,尤其与成汤王(后为唐王)争夺中皇山,又给汉文帝托梦修庙,更属无稽之说。与女娲开天辟地的时代相距何其遥远!根本不沾边。

在中游黄河两岸就产生过西王母与老君"占地"的一类传说,情节完全相同。究竟谁先谁后,无法考证。从神话学来讲,都存在任意传闻编造的问题,特别是道教徒喜欢这样的近于游戏式的嬉耍活动,均属不可信和不神圣的传闻范围。

总之,本篇只可作思考神话流变的参考资料。

三、伏　羲

114. 伏羲老母华胥姑娘［淮阳县］

在伏羲故都淮阳，流传着伏羲母亲华胥姑娘的传说。

那是很古很古的时候，黄河流域的宛丘（今河南省淮阳），气候温和，风调雨顺，这儿是一片一马平川的土地。先民们悄悄在这儿生殖养息，生活了一代又一代。先民真不理解，本来朗朗晴天，突然间，老天爷变了脸。有时候，浓云翻滚，雷鸣闪电，暴雨倾盆，下得山洪暴发，遍地洪水茫茫，不知淹死了多少人。有时候，日头爷瞪着火红的眼珠子，一连多日不下雨。旱得草木黄了，大地裂了，河流干了，不知渴死了多少人。后来，人们才清楚，原来是管风、雷、雨的雷神作怪。

雷神本来是在天上，是天帝的宠神。因为直言进谏，得罪了玉皇大帝，被惩罪到人间。雷神深居昆仑山的雷泽，他整日里闷闷不乐，烦恼极了，抓起鼓槌，伸胳膊踢腿地乱敲天鼓，害得整个天底下，又刮风又下雨，以致洪水泛滥。雷神这么厉害，人们惹不起他，自己不吃不喝，把牛、马、羊摆在黄河岸上，成群结队地跪下祈祷雷神，愿雷神莫发脾气，赐人间太平。可是，供奉了不知多少次，全不顶用，仍然不是淹就是旱。淹，淹个死，旱，旱个死，这是为什么？人要活下去，不能待死。多少英雄好汉，为了降伏雷神，奔赴雷泽跟雷神讲理。但往往是有去无回，大都被雷神害死了。因此，人们再也不敢问津。

宛丘有一个美丽的姑娘，人都亲切地喊她华胥姑娘。她长得很美，有一双会说话的眼睛，有一副会笑的柳叶长眉，有一头油光发亮的黑发。她身材窈窕，简直就是一株怒放的野花儿。有一天，华胥姑娘听说是雷神作怪害了天下，她柳叶长眉拧起，非去雷泽降伏雷神不可。

人们听说了，有的劝华胥姑娘莫去，万里迢迢，怕她小小年纪，丧了年轻生命。华胥姑娘只是淡淡一笑。她母亲是位通情达理的首领，慷慨支持她，又备了些干果、干鱼，催女儿早日起程。

华胥姑娘出发那天，乡邻们都赶来送行，千言万语，祝愿她一路顺风，早日凯旋归来。乡邻们依依相送，挥泪告别。

华胥姑娘别了宛丘,沿着黄河向上游走去,黄河的上游就是雷河,雷河的尽头就是雷泽,雷泽离宛丘,不知有多么遥远!

一路上,华胥姑娘风餐露宿,起早睡晚,不知送走了多少次夕阳,迎来了多少次月亮。朝阳升起来了,月亮落下了。高山与她为伴,树林与她为伍,风雨为她作乐,虎狼与她同行,她跋山涉水,历尽了千辛万苦。她渴了,捧一把泉水;饿了,采把树叶。她翻过了九十九架山,越过了九十九条河,整整走了九百九十九天。在一个风清日丽的大清早,终于赶到了日思夜盼的雷泽。

华胥姑娘举目张望,这儿群山莽莽,山高入云,树大林深,虎狼遍山。华胥姑娘心里说,这就是雷神盘踞的地方吗?走吧,向前找吧!突然之间,前面豁然开朗,神奇般地出现了一个无边无沿的大湖,白茫茫,雾腾腾,天连着水,水连着天,分不清哪是水,哪是天。在不远的水面上,鲨鱼、鳄鱼像小船一样,张牙舞爪地要吞食华胥姑娘。她心里一颤,倒退了几步。她不知该怎么办。一阵清风掠过,顷刻间,平静的湖面狂风大作。天空霎时乌云翻滚,湖里涌起滔天恶浪,呼啸着,吆喝着,拍着堤,打着岸,直向华胥姑娘扑来,像是要一口把她吞掉,她心里明白,这是雷神作怪了!汹涌的波涛里,一道金光闪过,一个冲天柱拔水而起。随着一声惊天动地的巨响,整个昆仑山都在摇晃。雷泽沸腾了,波涛怒起,层层叠压,一浪接一浪,山一样耸立在华胥姑娘面前。正在这时候,又一道金光划过湖面,恶浪里猛地钻出一个人头龙身的怪物,恶煞煞直逼华胥姑娘。她惊叫一声,匆忙又退了几步,躲在一棵高耸入云的大树背后。这株大树,很高,很细,直通天堂。树旁是沼泽,坑坑洼洼,泥水汲汲。风吹浪打的沙地上,有一溜儿巨大的脚印,华胥姑娘见了,一脚踏上了。说也奇怪,她只觉得浑身猛地发热,千钧压身一样直往下沉,双脚结结实实地被那巨大的脚印吸住了,半点儿也动弹不得!她用尽周身力气挣扎,丁点儿也没挪动。她心想,上雷神的当了!突然,传来一声铜钟般的吆喝:"好大的胆子,敢闯我雷神府第!"华胥姑娘扭头看见人头龙身的雷神,气势汹汹地立在自己面前,他横眉竖目逼视着她。华胥姑娘想挣扎,还没动一动,一句话还没反驳,只觉得头重脚轻,眼前一片朦朦胧胧。飘飘然如入云端,就不知所以了。

雷神的宫殿坐落在雷泽湖底,画龙雕栋,彩屏生辉,一片金碧辉煌,虾龟二将持刀护卫,宫娥彩女侍立两旁,雷神盘龙稳坐正中。他高傲地瞟华胥姑娘一眼,放怀大笑了一阵后,仰天拉长声音质问道:"好一个姑娘,你不安分在人间,为啥万里迢迢闯我府第?"华胥姑娘见雷神这么霸道,料定是九死一生,要说的话统统倒出来,死了也值得了。她不亢不卑,凛然回答道:"雷神哟,你是天上神灵,俺下界供你,敬你,你理应当为下界造福!可是你却为下界生祸,你不配做神灵!"雷神不听则已,听后放声大笑三声,笑声震得整个龙宫都在摇晃。雷神身边放着天鼓和鼓槌,这是他使天下不安的祸根。华胥姑娘指着天鼓说:"雷神哟,俺下界不吃不喝,拜你求你，为的是巴望你赐福降吉，风调雨顺，百事如意。俺万万没想到，你把俺们当成玩物，任意作践糟蹋！你没想想，如果下界人死光了，谁来供奉你啊？"雷神是很残暴的，从没有人敢这样当面顶撞他。要是往常，他一定会怒发冲冠地大喝一声，拉出去把华胥姑娘杀了。可是，今天他却一反常态，他不气不怒，望着华胥姑娘。华胥姑娘说道："雷神哟，天下有多少英雄好汉，为了下界活下去，不远万里，跋山涉水，从四方万里迢迢冒死来雷泽，为的是劝你不发脾气，叫下界安居乐业。可是你哟，不问青红皂白，一个个格杀勿论，来不及张口，就丧了生命，下界的话，你一句也听不进啊！请你想想，当初天帝为啥惩罚你？你受冤下凡人间，心里是啥滋味哟？"雷神过惯了歌舞升平的生活，开口金玉良言，闭口金科玉律。如今华胥姑娘唇枪舌剑，句句字字入骨三分，他听了，想反驳，可搜索枯肠，一句也想不出来，尴尬得无地自容，慢慢嗯了两声。受顶撞不发火，他从来没有过。就连当初天帝谪贬他，他还大闹天宫呢。这是什么缘由呢？

原来，雷神被华胥姑娘的美丽、聪明和勇敢征服了！他垂下眼帘，偷偷瞧着华胥姑娘，也呆住了，都说天上仙女美，仙女哪有华胥姑娘俊啊！他忍耐不住，慢慢抬起头，忘记了大庭广众，直勾勾地盯着华胥姑娘看个不够！雷神说："美丽的姑娘，你家住哪里？"华胥姑娘回道："宛丘。"雷神慢慢点着头，又问华胥姑娘："你叫啥名字？"华胥姑娘昂着头，静静回道："人都叫我华胥姑娘。"雷神非常高兴地点着头说："啊啊啊！华胥姑娘，你比花儿都美！你说的话比鹦鹉唱的都好听，我真喜欢你！"华胥姑娘"啊呀"惊叫一声，感到有什么不吉之兆。雷神说："你只要答应我一个条件，我就答应你所有所有的要求。"雷神说罢站起身，瞅着华胥姑娘。华胥姑娘说："真的！"雷神大咧咧地嘿嘿笑着，他说道："真的！"华胥姑娘觉得听错了耳朵，她又问："千真万确？"雷神白了华胥姑娘一眼，说："一点不假！真的一点不假，我说到做到。"华胥姑娘很高兴。为了天下，至于自己，有什么值得犹豫的呢！她想了想，咯咯笑着说道："尊敬的雷神，只要你为下界谋福降吉，说吧，我会全部答应你的要求。"雷神高兴地说："你必须留在雷泽——做我的妻子！好吧？"华胥姑娘面对海底深宫，想到了万里外的故土亲人，心里难受。她清楚，话出口，自己再也难回宛丘故乡了。她眉头紧皱，咬着嘴唇想了好大一会儿，最后，还是果断地应承了。

雷神喜得眉开眼笑，娶华胥姑娘做了妻子。三年头上，华胥姑娘生了一个白胖男孩。这男孩就是伏羲。

华胥姑娘降服了雷神。从此以后，雷神再也没有发过脾气。于是，天下寒来暑往，风调雨顺，人间过上了安居乐业的太平日子。

【点评】

本篇是采录者根据文献资料，编写的地方化后的华胥神话传闻。其特点是带有较多的文学创作成分,不是口承讲述的神话原型。其中主要内容可供参考。

关于华胥氏生伏羲与雷泽的神话,说法不一。有说雷泽在西方昆仑黄河之源,华胥从甘肃成纪去此地;本篇所说是华胥在宛丘(河南淮阳),去黄河之源雷泽与雷神结为夫妻,雷神从此不再为害人民。但近来,在濮阳召开的"95 龙文化讨论会"上,一些学者坚持雷泽在濮阳一带,伏羲母华胥就生于此地,后来,这里成了伏羲、女娲时期的文化发祥地和伏羲、女娲活动中心,后建都宛丘。此说论据充分,说服力强。至于伏羲生于成纪之说,应是伏羲后裔支系西迁彼地之后流传的附会。从考古年代断定,濮阳考古发现,墓葬属六千五百年前的伏羲时代,而成纪却晚了近五百年。因此,著名学者许顺湛肯定,伏羲生于雷泽,在今河南濮阳。

本篇属后人采集者附会编造的材料,有许多不符合事实。特别是文字上大肆渲染、铺张的文学化倾向严重。特别从《帝王世纪》皇甫谧补注本所订正的情况看,"华胥氏履巨人迹于雷泽,有孕,生伏羲,长(补字)于成纪",可知伏羲非生于成纪,属其后的附会。

115. 人 祖 爷 [淮阳县]

传说,在很久很久以前,宛丘地方有一个宛丘洞,宛丘洞里住着一老一小。老的人称太婆,小的名叫伏羲。别看伏羲人小,却能说会道,聪明伶俐,十分讨人喜欢。冬去春来,他渐渐长大了。跑前跑后,跟老太太形影不离。有时候,他问老太太谁是他的妈妈,谁是他的爹爹。老太太漫无边际地跟他胡扯,说他妈妈在天边,说他爹爹在地沿。其实,老太太哪里知道伏羲的爹娘呢?

有一天,伏羲来到宛丘湖捞鱼。他很内行地在水中来来往往,捞了不少小鱼虾米,但一条大鱼也没捞着。他想到挨饿的老太太,一阵郁闷,呆呆在湖边想心事。"伏羲!"忽然,静悄悄的湖里传来一声呼叫。这声音很生疏,瓮声瓮气的。他左右打量,没有一个人,他很奇怪,这声音从哪里来。

"伏羲!"又一声呼叫。这声音比刚才更大些,更响些,觉得离他更近些。伏羲扭头一看,唉哟,天哪!只见他身后不远的湖面上,有一只周身雪白的大龟,方圆百丈,两只眼睛透红透亮,正昂着头,伸着长长的脖子,静静张望着他。

这时候,这儿很寂静,无边无际的湖水,小鸟上下翻飞,微风轻轻掠过水面,不远处,几只鸟儿不时发出几声凄凉的啾鸣。伏羲很害怕,爬起来就逃。说也奇怪,不论他跑得多么快,身后听不到水声,白龟总离他那么远。伏羲累得气喘吁吁,回过头,望着白龟再也跑不动了。他瞅着白龟上气不接下气地说:"天……天……地……"白龟说:"伏羲,你不要怕,我是你妈妈的天使,还曾救过你呢!"伏羲蹲在地上，一手指着白龟说："你……你是？"白龟慢吞吞地说："我是白龟。"伏羲喘了口气，半信半疑问："我妈妈在哪儿？你说，你说。"白龟说："在雷泽，她是雷神的妻子，你还是雷神的儿子呢！你妈妈托我把你渡到宛丘……"伏羲"啊"了一声，他真的相信了，他站起身来，也不怕了，原来他遇到了自己的恩人。白龟说："记住从今天起，一百天头上，天下有大灾大难。那时候，天的四极倾倒，山川大地断裂，江河湖泊泛滥，森林燃起大火，恶禽毒兽窜行在人间，大蛇害虫要随着滚滚黑涛涌出，整个人类就要灭亡了。"

伏羲吓得瞪大眼睛，追问白龟到底是真是假。白龟哈哈大笑说："伏羲，我不骗你。天要塌了，地要陷了，整个人间就要毁灭了。"

伏羲慌了，他扭头起身要走，去告诉人们快快躲灾防难。白龟叫着他，摇着头，表示没有必要，意思是说躲也没用。伏羲叫了起来："俺人要活命啊。"他急得要哭了。白龟又说话了："伏羲，你是天底下最老实、最守信用的人。我的话不准对第二个人说，要不，上天要把你也一同毁灭的。"伏羲更害怕了，点点头，仰望着白龟不敢吱声。白龟这时候又对伏羲说道："记住，从今日起，每早天蒙蒙亮的时候，给我送一条你亲手捕的鱼，记住，我在这儿准时等你。"伏羲答应了，白龟很高兴。眨眼工夫，一阵清风掠过，白龟在湖面上消失了，辽阔的水面恢复了素有的平静。

打从伏羲与白龟会面的第二天，每天，天蒙蒙亮，伏羲就踏着露水赶到白龟出没的地方。他以为自己来得很早，其实，白龟早已在那儿等候了。他不说话，白龟也不说话，双双相视，点点头，算是招呼。伏羲把自己头天下午捞的鱼，拣最大的一条献给白龟，白龟没说半句谢好的话，张开大嘴，脖子没动一动就吞了。随着一阵清风刮过，白龟就消失了。

伏羲奇怪，每天白龟都早等在那儿。伏羲清楚地看到，湖面上银光灿烂，一片光明。那正是白龟。他叫了声，白龟没应，缓缓向伏羲走来。伏羲寻天问地地问这问那，白龟一句话也不回答。伏羲更奇怪了，同时，他也不再追问了。

一日三，三日九，到了一百天头上。果然如此，狂风起，飞沙走石，暴怒着，吼叫着，把整个大地、天空都吹得黑蒙蒙的。暴雨倾盆，哗哗哗地直往下倒，满山遍野，铺天盖地。狂风卷着黑浪，黑浪卷着狂风，没边没沿，撞击着高山峻岭，吞没了天地。天在摇，地也在摇。震天动地的响声，轰隆隆，轰隆隆，久久不休。大地裂断了，地陷了。天的四极倾倒了，天坍了。在这天坍地陷的当儿，伏羲刚来到岸边，他手里掂着一条鱼，白龟瞅见了他，老远就呼叫："伏羲快来。"伏羲看到了，天地间一道天光，一道地闪，白龟张开大嘴巴，伸长脖子，双眼一眨，一阵清风吹过，伏羲挤上了双眼，他不由自主，飘飘然被吞进了白龟的肚里。天坍了，地陷了，偌大的世界，陷入了混混沌沌的黑暗中，伏羲全都不知道了。

一阵呼叫声停了，一阵清风刮过，伏羲似乎站稳了脚。他慢慢睁开眼睛，奇怪了,这儿却是另一个世界。这儿没有太阳,到处是金灿灿、明朗朗的。天高地远。那是一条小河,河水潺潺在流,打着漩涡,唱着歌儿。他慢慢走近小河呆望着岸边,河岸道旁,芳草青青,花儿朵朵,正在怒放盛开。树木高大挺拔,青枝绿叶,生气勃勃,水鸟在水面上飞着,上上下下,自由自在,追着、唱着,翩翩起舞,河水清澈见底,鱼儿成群结队在水中来来往往,蜜蜂在飞,蝴蝶在舞。阵阵清风里,香气扑鼻,叫人心醉。这儿哟,真是一个美丽的世界。伏羲站在那儿,看不尽,看不够。伏羲忽然听到了一声呼叫:"伏羲!"伏羲从声音知是白龟叫他,他问:"白龟,你在哪儿?"还是白龟的声音,"你不要多问,我要对你说,你的妹妹在前面等待着你。"伏羲听了,吃了一惊,他问道:"我的妹妹?我哪有妹妹哟?"还是白龟的声音:"有。是你的妹妹,她叫女娲。你的母亲是华胥姑娘。我在雷泽拯救了你,你母亲又给你生个妹妹,我受天帝的圣谕,接回女娲,已等你整整一天了。"伏羲着急了,他忙问道:"我妹妹在哪儿?"还是白龟的声音在说:"往前走九九八十一步,向左转七七四十九步,向右转六九五十四步,再往前走五九四十五步,再向右转四九三十六步,再向左转三九二十七步,向前走二九一十八步,再后退九步,那时候,你就看到了你的妹妹。"伏羲说:"我的妹妹就在那儿!"

伏羲很高兴,他牢记了白龟的话,跑着、唱着、跳着、蹦着向前走,照着白龟的吩咐,一一做了,走了最后二九一十八步的时候,他左右打量,这儿也十分美丽,花草林木,小桥流水。突然,耸起了一座高不见顶的大山,茫茫苍苍无边无际。伏羲打量着,怎么离九步远就看不见妹妹女娲呢?伏羲着急透了,大声呼叫:"妹妹,我是你伏羲哥哥,你在哪里?"他多么想见到自己的妹妹,他大声叫着,还是没有回声,而且连白龟也不吭声回话,他只得朝后退了九步。

这时候,伏羲觉得渐渐开朗,高山缓缓隐去,在一片迷迷蒙蒙的云雾中,顿时呈现出一座高耸在云端的宫殿。这宫殿飘啊,飘啊,慢慢地落在伏羲面前。顿时,伏羲面前金光灿烂,一片辉煌。

这是一座小小宫殿,非常漂亮。伏羲从来没见过,只见宫殿的红色大门徐徐打开。白龟的声音:"进去吧!"伏羲慢慢走进宫门,珠光宝气里,看到了一位年龄和自己相当的小姑娘,黑发披肩,正对着宫壁跪着念道:"天塌了,地陷了,树去了,人尽了,鱼鳖虾蟹也去了,没有爹,没有娘,没姊子,没大娘,不知哥哥在何方?"伏羲静待在一旁,待她念完,大叫一声:"妹妹!"小姑娘听到喊声,抬头看见伏羲,忙站起身,放开嗓门呼唤着"哥哥",扑向伏羲。伏羲伸开双臂,抱着了迎面扑来的女娲,兄妹俩不知说啥为好,双双只是流泪。过了好大一会儿,女娲陌生地推开伏羲,问道:"你真是伏羲哥哥?"伏羲重重点点头,对女娲说:"妹妹,我真是你的伏羲哥哥,我哪儿还有心跟你开玩笑哟!"女娲说:"我是女娲,我是你妹妹女娲!"伏羲端详着女娲,见女娲长得很美,兄妹俩高兴得又是蹦又是跳。

在这时候,白龟又说话了:"伏羲、女娲,向里走三九二十七步,那儿才是你俩的归宿。"

　　他俩很高兴地往里走。

　　见这儿是一座小小的宫殿,宽敞明亮,奇花异草竞相生长,花香袭人,一个很大很大的龟盖上,依次排列着伏羲每天早上送来的九十九条鱼,鱼儿像在透明的水里,欢蹦乱跳,在摆尾,在游动,就是不离原地,像用什么固定着一样。伏羲真感动,他心里说:这白龟真好,救了人,还不吃人家的东西。白龟又说话了:"伏羲、女娲,听着,这儿是我的世界,不是你们的天地,你们两个,一天只能吃一条鱼,千万不要多吃。鱼吃完了,九十九天也尽了。那时候,一个世界在等待你们创造哩!"伏羲答应了,女娲嗯了一声。一切只得听从白龟的安排了。

　　兄妹俩迁就着过日子,俩人一天伙吃一条鱼。鱼又不大,太小了,太小了。可白龟有言在先,开始也不敢多吃。伏羲好动脑筋,想了点子。他想捞白龟河里的游鱼吃,说也奇怪,他下到河里,用手一抓,泡影一样消失在水里,费了不少力气,一条也捉不到。女娲劝伏羲慢慢熬吧,将就着过吧!伏羲死了捞鱼的心,他觉得心里不是味,又想点子上树摘野果,采树叶,也出他意料之外,野果摘也摘不脱,趴上啃也啃不动,石头一样硬。那树叶,更悬乎,稍一触动,扎手扎得心痛。女娲劝伏羲不可不听白龟的话。伏羲又死了摘果子、树叶的心。伏羲说:"妹妹咱就该饿肚子吗?"女娲说:"哥哥,这是苍天的安排啊,谁有能耐!"两个人伙吃一条鱼,真叫人饿得难受。伏羲不听女娲的劝告,违了白龟的安排,硬是多吃了鱼,勉勉强强熬到八十一天头上,鱼吃光了,兄妹俩你看看我,我看看你,彼此相望,谁也没有法子。无可奈何,只有再次央告白龟了。于是伏羲大声喊叫:"白龟,你在哪里?"没有回声,没有白龟。白龟大概听到了,它理也不理。到了九十六天头上,伏羲再也熬不下去了,大喊大叫起来,喊叫得他舌干口燥,也不甘罢休。白龟生伏羲的气,太不听话了,多吃了,那怎么行呢?白龟又可怜起伏羲来。可是,白龟也无法了,因白龟的一切,伏羲和女娲全不能吃。眼看伏羲饥饿得实在难受,人将奄奄一息,白龟尽管明明知道人间世界还没有复生,还是答话了:"伏羲,你的叫声,我都听到了。"伏羲央求说:"行行好吧,放我们走吧!"白龟又说话了:"好吧,你们兄妹到应该去的地方去吧,一个大千世界等着你们去创造呢!"

　　白龟话音未落,一阵清风吹来,伏羲和女娲只觉得一阵清寒,在飘飘然中,伏羲和女娲被白龟吐出,跟跟跄跄地站在宛丘湖边。伏羲睁眼一看,天上日月星辰还没有长好,西北天空坍了一个很大的窟窿。地上黑水滚滚,水里毒蛇横行。他不后悔,因为他觉得回到了人的世界。伏羲扯着女娲飞跑,可也没见一个人,原来天下只剩下伏羲和女娲两条人根了。伏羲就是后世流传的"人祖爷",女娲就是后世流传的"人祖姑娘"或"人祖奶奶"。

【方志选录】

伏羲为三皇之首,陵庙居祠之先。

(《陈州府志》)

"或云二皇(伏羲、女娲),人首蛇身,形化七十"。

(《西华县志》引"曹植赋")

图 3.115.1 战国铜印伏羲(程健君供稿)

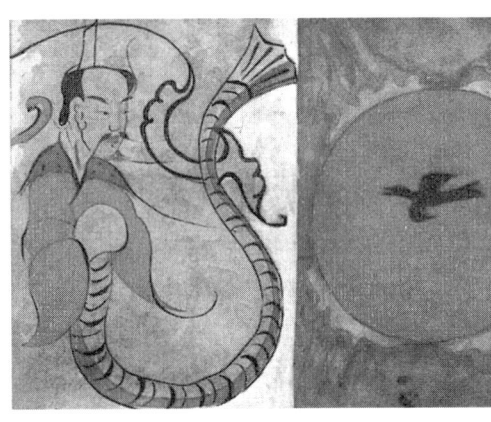

图 3.115.2 洛阳汉墓壁画中的伏羲和太阳(程健君供稿)

图 3.115.3 南阳汉画像石中人首蛇身的伏羲(程健君提供)

图 3.115.4 宋代马麟绘伏羲(程健君供稿)

图 3.115.5 元代所画伏羲像(程健君复制)

图3.115.6 明万历年间刊小说《列国前编十二朝》（孟宪明供稿）

图3.115.7 清雍正年间刊小说《廿一史通俗衍义》（孟宪明提供）

【点评】

本篇是作者根据记录稿《人祖伏羲》重新改编的文本。它距离原始形态较远，只可作采录工作的教训的典型例证。

其中，情节、人物错乱：①灾害前，除伏羲外，无端增加一个"太婆"取代女娲；②把女娲安排在白龟肚里一座宫殿里，违反生活规律；③大大夸大白龟肚里另一花花世界，不合生活逻辑；④让女娲重新认识伏羲（他未见过女娲），更离奇；等等。它的内容故作玄虚，有些全系作者（改编者）任意添枝加叶，有的纯属故意拉长篇幅的编造。

其中为了描写自然环境、气氛，任意渲染、张扬，用写小说的手法改造民间口承神话的淳朴、简明、生动及充满生活气息的特点。

116. 伏羲的来历［淮阳县］

很久很久以前，淮阳这地方叫宛丘，这里有个国家叫宛丘国，有一次房黄王①领兵来打宛丘国，把宛丘国围困了九九八十一天，宛丘国的兵死了很多，粮食眼看也快完了。宛丘王愁得没办法，咋弄哩？他把大臣召集起来说，谁有本事能打退敌人，我把女儿许给他。可是大臣们你看看我，我看看你，谁也不敢逞这个能。

第二天，宛丘王领大臣们来到蔡河岸上，那时候蔡河比现在大得多。宛丘王正

---

① 房黄王：传说为古代一个部落的头领。

在看地形,忽然看见河当中从西边漂过来一条大黄狗。大家仔细一看,那黄狗卧在一只大白龟的龟盖上,白龟有碾盘那么大。大家正在奇怪,一忽儿刮起了狂风,只刮得飞沙走石,天昏地暗。说也奇怪,风那么大却不刮宛丘国的人,专刮房黄王的人马。有的刮起来掉在地上摔死,有的掉水里淹死,房黄王只好领着残兵败将逃跑了。

大风停下来了,宛丘国得救了,宛丘王非常高兴。那只大黄狗跳上岸来到宛丘王面前,一声不响地卧在那儿。宛丘王给它好吃的,它不吃,给它好喝的,它不喝。这时宛丘王想起了他说过的话,谁能退了敌人,就把女儿许给谁。可他又想:公主是金枝玉叶,咋能嫁给狗呢?

有个很能的大臣见宛丘王发愁,就说:"大王,这黄狗能退敌兵,一定是天神下凡。如果用大缸把它扣起来,它真是天神,经过七七四十九天就会变成人。"宛丘王听了,觉得有道理,赶忙叫人找来一口大缸,把黄狗扣在宫院里。

到底黄狗会不会变成人呢?公主成天担心害怕,要是变不成人,一辈跟狗当老婆,可咋过啊!公主又愁又急,吃不下饭,睡不着觉,还不断偷偷地哭。公主每天绕着大缸转来转去,等了四十八天,她实在等不下去了。她想掀开缸看看黄狗到底真变了没有,不掀还好,她一掀坏了,那黄狗因为还差一天不到时间,结果狗头变成了人头,狗身子还没变呢。公主后悔极了,都怪自己太性急,说啥都没用了。

这人头狗身的人叫啥呢?半人半狗,狗就是犬,"人"字和"犬"字合起来就叫"伏"吧。他是公主的女婿,公主就喊他"伏婿",时间长了,"伏婿"成了他的官称,后来人们把"婿"字念转音念成了"羲"字,"伏婿"慢慢变成了"伏羲"。

讲述人:雷中俊,男,40多岁,淮阳县文化局干部
采录人:杨复俊,淮阳县文化馆干部
采录时间:1986年4月
采录地点:淮阳县文化局

【点评】

本篇是关于伏羲神名解释的传闻。它的来源属于楚地苗蛮洞人,关于祖先以狗为图腾的传闻。其特点是宛丘王许嫁女儿给为他消灭敌人的狗的故事。四十九天后,此狗在缸里可变人形,到四十八天,国王女儿把缸掀开,黄狗的身子尚未变人形。公主仍以信义为本,嫁给人头狗身的人,成为苗蛮祖族之神。因"人""犬"相结合,正好是"伏"字。她叫他为"伏婿",后念转音为"伏羲"。

此传闻系从楚地传到淮阳的本土化后的变异,似与中原产生、流变的伏羲创世神话无关。

此篇在《搜神记》中另有产生自南方的记载。因此,这篇材料可作为中原与楚文化交融的典型文化现象的例证。

117. 赶 水 鞭 [淮阳县]

在很久很久以前,洪水常常泛滥,大江大河像一条龙,从东方滚到西方,从西方滚到东方,人们不敢惹它,只有躲着洪水走,待它过去了,人们再悄悄地跟过来,悄悄地生殖养息。这日子真难过啊!躲着洪水走的日子长了,总难安家。后来,人们跋山涉水,去求拜伏羲。伏羲有一杆鞭,这杆鞭能大能小,能粗能细。大起来的时候,像一条龙;小起来的时候,像一条虫;粗起来的时候,像几百人合围的大树;细起来的时候,像一根针。伏羲凭着这杆鞭,走南闯北,赶走了不少洪水。洪水来了,一眼望见伏羲,像老鼠见了猫,连忙改向逃走。跟着伏羲的子孙,从来没有受过洪水的害。不知过了多少时候,黄河和伏羲顶上了,常常发脾气,河水四溢,泛滥成灾,想用打不退的大水征服伏羲。伏羲非常恼火,赶来对黄河说:"黄河,你太不老实了!你害死了俺多少子孙!"黄河冲着伏羲说:"你凭着你的水鞭,抽打得俺兄弟没处安身,不敢走路,吃你几个子孙,活该!"伏羲顾不得跟黄河多说,挥起赶水鞭,连连对黄河猛抽了几鞭,一鞭一个滚儿,黄河连连打了几个滚儿。这一个又一个滚儿,就形成了今世的一个又一个黄河故道。

伏羲的女儿宓妃赶来了,要伏羲快回家,说淮河也发水了。洪水铺天盖地,看样子要把宛丘城淹掉。伏羲一步三丈地往回走。他刚走到宛丘,洪水就迎面扑来了。

伏羲甩起赶水鞭,只见赶水鞭像一条龙腾在空中,一声惊天动地的霹雳,迎面扑来的洪水,被鞭成南北两股,灰溜溜逃跑了。洪水去了,留下了遍地沉积的黄沙,把宛丘城高高围了一圈。直到如今,低洼的宛丘(今淮阳)还像一个漂在水里的碗,周围是高高的沙地。

伏羲生气了,要狠狠整治淮河。他赶了三天三夜终于上了淮河。伏羲手持赶水鞭,气呼呼地问淮河:"你作为我护城的河,为啥像黄河一样不听话,害我的子孙呢?"淮河叹了口气说道:"你知天晓地,管山管水,想治俺江河兄弟,总不能老用鞭打俺,总得给俺个安身的地方吧。"伏羲想了想,觉得淮河的话有道理,对待江河哪能不给一个安身地方呢,况且,江河两岸是子孙们生殖养息的好地方。可是他又觉得对待江河这些凶家伙,不可大意,就对淮河说:"淮河呀,只要你们兄弟老老实实,我怎么会随便抽打你们呢?"淮河说:"你放心,俺兄弟保证老老实实。"伏羲找来几棵粗大的竹子截了,用木炭画了流向图,交给了淮河,指着其中的一条条线说:"这是你的流线,这是黄河的流线,这是长江的流线……你代劳了,转告黄河、长江,要是照我的安排流,决不无故鞭打你们。要是不老实,胡作非为,我的鞭就不客气了。"淮河很高兴,拿着流向图,拜过伏羲后就流走了。从这儿以后,黄河、淮河都不敢再逞凶了,各自照自己的流线一直流到如今。

【点评】

本篇应属于伏羲在中原与黄河、淮河两大水系的洪水灾害斗争的神话传闻。

但从其中的地域特色不鲜明,生活气息不浓等情况看,大而不当,空而不实。伏羲时代也不可能有城池,治黄河、淮河水患,也与以后的大禹治水相冲突。江、淮、河、济四大水系的治理,在伏羲时代就治理完成,也不可能。其中的赶水鞭的魔力,也找不到文献依据。本篇从其文学化的特点看,可能是作者杜撰的赝品。

特别是从本篇的记录情况看,既无讲述人,又无流传地点和采录时间,语言又不是民间口承的活语言,生凑的痕迹,处处可见。它是作者虚构、创作、编造的产物。它的科学性值得怀疑。

118. 伏羲降龙 [太康县]

很久以前,西方的大山里,有个深水潭。方圆的百姓都靠潭里的水生活。

有一天,起了大风,刮得飞沙走石。原来是一条黄龙从远处飞来,钻进潭里。这条黄龙吃人肉,喝人血,害得这一方的百姓没法活,纷纷逃到外乡。

人祖伏羲在八卦台前推算八卦,掐指一算,知道有条黄龙在西方作恶,那里的老百姓有大灾大难。他就乘上大龙,来到潭边。伏羲从身上掏出一个小铜镯,用火石打着火,就烧起来。这铜镯是件宝物,烧一个时辰,能烧干四海的水;烧两个时辰,能烧到龙宫。伏羲刚点着火,潭里的水就滚了。黄龙哪里能顶得住?变个老头儿从潭里钻出来,指着伏羲问道:"伏羲,我和你没冤没仇,你为啥跑来害我?"伏羲说:"你占了水潭,又残害四方百姓,怎能饶了你!"黄龙把眼一瞪,说:"伏羲,你无情,我也无义,今儿个咱就拼个你死我活!"黄龙又现出原形,张开血盆大口,吐出一股黑气,直朝伏羲扑来。伏羲不慌不忙,拿出青龙拐棍。这青龙拐棍是老天爷送他的。不管遇上啥妖怪,只要用这青龙拐棍去打,没有打不赢的。黄龙不知道这拐棍的厉害,一个劲儿地往伏羲跟前窜。伏羲一拐棍打在黄龙背上,打得黄龙皮开肉烂,鲜血淋淋。黄龙见斗不过伏羲,就往水底下钻,朝着东海的方向逃去。黄龙经过的地方,出现一条弯弯曲曲的大河,就是今天的黄河。

讲述人:雷培显,男,76岁,朱口镇雷庄农民
采录整理:雷文杰,男,41岁,太康县朱口镇专职通讯员

【点评】

本篇流传在河南东部太康县,是关于伏羲征服自然灾害的神话遗存,比较接近原始形态。

其中主要说明:①伏羲降服后的黄龙变成黄河,有地方特色。②伏羲以龙为图腾,并助他战胜恶龙,为民除害。有本部族的原始文化的信仰观念。③一般讲,欧洲的龙多为恶龙,中国龙则多为祥瑞、神圣的象征。但在民间,则有善龙、恶龙的不同。④伏羲的铜镯煮沸潭水,降服恶龙,与民间的"熬海干"宝物相近(如《张羽煮海》等)。又用天帝给他的拐棍,制服恶龙,说明伏羲乃天神。⑤其间虽有道教仙话色彩,但无损伏羲降龙的主体神话意识。

从本篇伏羲与龙的关系来看,并非偶然。1987年濮阳西水坡"中华第一龙"的发掘,证明在6500年以前,已有普遍关于龙的信仰。因此,神话中有龙作伏羲的保护神就很自然了。在《盘古开天地》中说盘古鸡头龙身,伏羲为人首蛇(龙)身当是此种信仰的佐证。

119. 东西南北的由来[郸城县]

在远古的时候,世上很荒凉,人烟很稀少,玉皇大帝派伏羲下凡到人间,教人们打猎、捕鱼。人们对伏羲很崇敬,有啥难题都去找他指教。

后来人越来越多了,近处的野兽都快打完了,伏羲就叫人们到很远的地方去打猎。刚开始有人怕山高路远,到远处去迷了方向回不来。伏羲扛个篮子对人们说:"别怕,我教你们辨认方向。"有人问伏羲:"你扛个篮子干啥?"伏羲说:"扛东西。"那人很奇怪,又问:"东西咋能扛呢?"伏羲说:"当然能,东属木、西属金,木和金两样放篮里咋能不管①扛呢。"又有个人问:"为啥不扛南北呀?"伏羲说:"南属火,北属水,

---

① 不管:方言,即不能,不可以。

扛火烧篮子,扛水水漏,水火不相容,所以南北不能扛。"

伏羲说罢,趁人不注意,丢下篮子走了,人们找不到伏羲,都很着急,有人说:"伏羲走了,咱咋认方向呀?"有个老头儿看看篮子说:"别怕,伏羲已经教给咱咋认东西南北啦,东边儿属木,那日头出来的地方有很多树木,那就是东。西方属金,地面西高东低,日头落的地方有一座金山,那就是西。南面属火,越往南越热,日头当头①的时候最热,那就是南。北面属水,水很冷,越往北越冷,那就是北。"大家听了都觉得就是这样。从那儿以后,人们知道了东西南北,再也不迷方向了。

讲述人:何道守,男,50岁,郸城县汲冢乡文化站专干
采录人:王小芬,郸城县文化馆干部
采录时间:1986年冬
采录地点:郸城县文化馆

【点评】

本篇流传在河南郸城、淮阳一带,是关于伏羲创造文化神话遗存的珍品。

其中所涉及的四方方位的辨认和各方位的属性,都是由于人类初期生存和生活的迫切需要创造出来的。这种文化的发明和创造是由其现实生活所需要的功能决定的。这也是后来伏羲创造八卦的肇始。所谓"东""西"属性为"木"、为"金",故可盛篮中;南、北为火、为水,不可盛篮中,从此有了方位观念的认识。这对人类生产、生活起了极大的促进作用。日出东方属木,日落西山属金。南方属火,热,北方属水,冷。这些完全是从生活中对客观观察得来的认识。后来,由于居住在中央"土"地域,才有了"五方"观念的"中"方属"土"。

因此,我国古代传统文化中的"五方"和"五行"观念的确立,首先来自这些原始神话文化,而不是秦汉以后由哲学家所创立。至于五方帝和神的认定,是由原始先民的神、人杂处及后来的"天人合一"思想的历史化所取代。

120. 伏羲教民 [淮阳县]

据说,很古的时候,人们不会种田,不会织布,生活很苦。

---

① 日头当头:方言,即中午,太阳值正南方向。

天上的天帝就派伏羲到人间,教人们耕地、播种、织布等。伏羲来到淮阳,见这地方很肥,又有水,就帮助人们种地,日子越过越好。人们为了纪念伏羲的功德,就称伏羲是人祖爷,还修了庙院,替他铸了金像。

后来,人祖爷就把陈州的老百姓挑选一大群会耕织、渔猎的人,叫他们到很远的地方去生活。这一群人开始不想去,但想到是人祖爷叫去的,知道没错,就都高高兴兴地去了。临走时,有的人怕天高地大,到远方迷了方向,问人祖爷咋办。人祖爷就扛了个竹篮子,说:"我送你们去。"

走着走着,有的人问人祖爷扛的是啥,人祖爷说:"是东西。"大家都愣住了,问:"东西能扛吗?"人祖爷说:"能。东面属木,西面属金,金木两样都能扛。"

"那咋不扛南北呢?"有人问。

"南面属火,北面属水,"人祖爷说,"水火两样是不能用篮子扛的。"说完就回去了。

大家停了好久,不知怎么才好,当时有一个人说:"咱们不要怕了,人祖爷已经告诉大家东西南北啦。"说着说着,大家忽然悟出来了。

原来人祖爷说的东属木,太阳出来的地方就是树木,那个方向是东。

西方属金。往西走十里高三丈,西面山高地厚呀,对,太阳都是往山里落,那面就是西。

南面属火。对,越往南走越靠近火,那就越热,太阳晌午的时候,是正南,天也正热。

北面属水。水凉,特别是冬天,水变成冰雪,冰雪都是从北面来,那里有水、有风,那地方就是北。

从此,不知道过了多少年,人们习惯了,对东西南北认得很清楚。

后来,老天爷知道伏羲教人们很多东西,就不叫他回天上去了,让他永远在人间。

采录人:陈云峰

【点评】

本篇流传在河南淮阳、郸城一带,是关于伏羲创造文化的神话遗存的异文。其价值与《东西南北的由来》相同。

其中的方位属性,记录者有错误处,把东方属木,误为属金。这里有所更正。

121. 伏羲甩鞭［淮阳县］

有一年发大水,黄河泛滥了,河水像溜缰的野马,奔腾咆哮着向豫东平原流来。这件事被伏羲知道了。当黄水即将来到陈州时,伏羲手持长鞭,在天空中"哗"的一甩,一声巨响,一下子把黄水分成了两路:一路在陈州的西面,一路在陈州的东面。两路黄水过了陈州,又汇集到一起了。

采录人:徐其广　李振声

【点评】

本篇流传在河南淮阳,是伏羲为民战胜洪水的传说。此类传说是后代人根据伏羲活动地区情况,结合洪水灾害而附会的产物。因为当时还没有城市建筑。

其中甩鞭治洪水的幻想奇迹具有超自然的神奇力量。伏羲为其后人谋利益,带有一定的地方特色。这在神话中是经常出现的带有"显灵"心理表现的因素。

122. 三皇与三弦［方城县］

解放前,三弦书艺人,敬的是天皇、地皇、人皇。可为啥他们要敬这三皇呢?那还得追溯到遥远的年代。

在远古时,天下黎民百姓只知道采野果、打野兽吃,拿树叶、兽皮当衣穿,也不知道娱乐。

天皇当了首领以后,领导着人们向大自然斗争。一天,他出外打猎。当他的箭"嗖"地射出后,弦的余音延续了好大一会儿,声音怪好听。这就引起了天皇的注意。那时,有人已知道用兽皮或大个动物体内的尿脬张在木筒或竹筒上当鼓敲着玩,声音也挺好听。那天,天皇打猎回家后,又见到有人敲着鼓在玩,他灵机一动,心想:能不能把这两物合在一块儿,做成一件新玩具呢?经过多次试验,终于成功。这件新玩艺儿比以往那些弹起来,声音就更好听了。人们都为这种发明创造而庆幸。随着弹出的声音,人们有的在歌,有的在唱,有的在舞,有的在蹈……尽情地欢乐。

天皇之后,地皇继位。他领导着人们继续和大自然搏斗,繁衍子孙,继往开来。

他与属下常常举行娱乐会,弹着那一根弦的乐器。起初倒也称心,后来就有点不顺心了——太单调了。他在原基础上经过反复摸弄,恰如其分地又安上了一根弦。这样发出的声音就较前好听些了。大家又为这一进步而欢悦。

地皇之后,人皇继位。在闲暇之余或在获胜之后,他也和属下常常作乐。他弹起这两根弦的乐器,起先还挺如意,后来,他也想:"前二皇都对这种乐器有所发明、改进,我能不能也在原基础上再添上一根弦,弹出的声音更好听呢?"他下了决心,经过数十次的摸索,终于如愿以偿,三根弦的乐器诞生了。他有节奏地弹起来,声音确实宛转、悠扬、悦耳、好听。

后来,人们都公认"三皇"的功劳最大,是"贤人"。为了纪念他们,艺人就把这种由他们三人发明并改进的乐器叫"三贤"。

久而久之,人们用同音的"弦"字代替了"贤"字,一直沿用到现在。其实,"三弦"应改名为"三贤"才名正言顺哩。

讲述人:王国祥,男,65岁,汉族,文盲,民间艺人,方城县广店乡人
采录人:吕春合,男,40岁,汉族,高中毕业,民办教师,南召县留山镇关坡村人
采录时间:1987年10月
采录地点:南召县留山镇关坡村

【点评】

本篇是《三弦与三皇》同题、同一人讲述的不同采录稿。文字略有出入,情节、内容全同。

其中说"三弦书"的民间艺人都敬天皇、地皇、人皇的原因,直接与三皇发明"三弦"的过程有关。同时,也提到民间说三弦书的艺人是方城县广店乡的人。而两篇采录的地点却在南召县留山镇关坡村。可见,此说书艺人的生活是行踪不定的、到处说书行艺的。因此,这是一篇很有价值的科学资料。两篇采录时间不同,采录人也不同,记录稍异,是正常现象。可互参。

123. 三弦与三皇［南召县］

解放前,三弦说书艺人,敬的是天皇、地皇、人皇,可为啥他们要敬这三皇呢?说起就话长了。

很早以前，天下百姓只知道打猎采果，根本不知道娱乐。天皇当了首领以后，领导着人们向大自然斗争。一天打猎时，他的箭"嗖"地射出后弓弦的余音延续了好大一会儿，声音怪好听的。这引起了天皇的注意。那时已有人知道用兽皮张在木筒上当鼓敲着玩了，声音也挺好听。那天，天皇打猎回家后，又见到有人敲着鼓玩，他就想能不能把这两种东西合到一起呢？经过多次试验，终于成功了，而且声音很好听。人们为这种发明创造而庆幸。随着弹出的声音，人们有的歌，有的唱，有的舞，有的蹈……尽情地欢乐。

天皇之后，地皇继位。他领导着人们继续和大自然搏斗。他与属下常常举行娱乐会，弹着那一根弦的乐器。起初倒也称心，后来就有些不耐烦了——太单调了，他在原基础上经过反复摸弄，恰如其分地又安上了一根弦。这样发出的声音就较前好听些了，大家又为这一进步而欢悦。

地皇之后，人皇继位。在闲暇之余或在获胜之后，他也和属下常常作乐。他弹起这两根弦的乐器，起先还挺如意，后来他也想："前二皇都对这种乐器有所发明、改进，我能不能也在原基础上再添一根弦，弹出的声音更好听呢？"他下决心经过数十次的摸索，终于如愿以偿，三根弦的乐器诞生了。他有节奏地弹起来，声音确实宛转、悠扬、悦耳……

后来，人们都公认"三皇"的功劳最大，是"贤人"，为了纪念他们，艺人就把这种由他们三人发明并改进的乐器叫"三贤"。

久而久之，人们用同音的"弦"字代替了"贤"字，一直沿用到现在。其实，"三弦"应改名为"三贤"才名正言顺哩。

讲述人：王国祥，男，汉，民间艺人
采录人：李继锋，男，河南大学中文系学生
采录时间：1989年8月
采录地点：南召县

【文献选录】

伏羲、女娲、神农是三皇也。

(《春秋运斗枢》)

诸书说三皇不同。《洞神》既有初三皇君，中三皇君，而以伏羲、女娲、神农为后三皇。

(《路史·罗苹注》)

三皇,伏羲、神农、女娲也。

(《吕氏春秋·用众》及同书《孝行》高诱注)

【点评】

本篇是流传在河南南召县,民间说书艺人讲述的伏羲等三皇创造三弦乐器经过的神话遗存。

伏羲造三弦的神话,在文献上已有记载,但不具体。本篇的特色就在于讲出了原始音乐器具的发明,与生产、生活的启发关系极为密切。"自然之音"的弓弦响声,启发天皇结合原始舞蹈敲的皮鼓的声音造出了"一弦"。地皇、人皇由于先民生活的需要和娱乐功能的启示,逐渐将其完善。这就是原始艺术产生于劳动过程的原理。三皇造三弦就是原始音乐诞生的典型例证。

其中关于这种乐器的名称,原非以乐器的特点命名,而是因纪念发明的贤人才叫"三贤",后来才以乐器构造的特点命名。这说明科技、艺术、民俗的"溯源性"特点。

值得注意的是,此种乐器的发明至今已四五千年了。它不仅没有失传,反而在南阳地区还形成了一种民间曲种"三弦书"。可见其生命力的强大。

124. 龙酒的传说 [淮阳县]

在龙都淮阳的北面,九千九百九十九步的地方,有两眼并蒂莲井,这眼井荡水波,那眼井水波荡。往井底一看,各能隐隐约约看到一条青龙。因此人们叫这井为龙井,龙井出龙酒。古说"虎饮一杯半年卧,龙饮一杯半载眠,人饮一杯醉一年",要说这龙酒的根根底底,还得从古时候说起。

传说,天上天帝管天,地上伏羲管地。天帝是条黄龙,伏羲是条青龙。上天下地,龙有时腾云驾雾,有时沿通天树建木。这建木就生长在龙井之畔。

有一天,天帝的九个女儿腾云驾雾,游历名山大川,走到龙都龙井上空,忽然闻到醇香扑鼻,馋嘴的七仙女对姐妹们说:"慢走,慢走,这琼浆喝一口三天不渴,喝两口九天不饥,喝三口周身有回天之力。咱姐妹们不如痛饮一回,也不枉白游一遭。"七仙女这一叫不打紧,众仙女按下云头,瞧瞧闻闻,不禁馋涎欲滴。于是九仙女如九片薄云轻轻落在龙井之畔了。

这时候,人皇伏羲恰在这里,见是九仙女下凡,忙热情待客,请九位仙女饮龙酒琼浆。众仙女连连叫好。她们喝过王母娘娘瑶池的玉液,但远远不如人间龙井琼浆醇厚味美。打这儿以后,九仙女背着天帝,常常在夜深人静的时候,偷偷趁着夜色腾云驾雾,来龙井饮用琼浆,天久日长,自然和伏羲交上了朋友。九位仙女陪天帝赴王母娘娘的蟠桃盛会,边吃蟠桃,边饮王母娘娘带来的瑶池玉液。七仙女饮了一口,突然连连摇头,大叫一声:"苦煞我也!"七仙女问道:"王母,这是啥酒,淡如水,味似药,害得俺好苦!"接着众仙女七嘴八舌,齐向天帝诉说玉液恶劣,又说天下龙都宛丘(今河南淮阳)有龙井,龙井里有琼浆。不消说饮用,即使轻风一吹,阵阵醇香萦绕山水之间,香气美味已飘溢八方了。王母娘娘拉长了脸,气得直咂嘴巴,面孔羞得通红,愤愤回道:"这瑶池玉液本是御用美酒,人间绝无,天堂独有,怎能胡言乱语!谈何龙井琼浆?"天帝左右不是,末了,天帝打了个折中。他说:"王母莫气,女儿们说龙井琼浆醇厚味美,咋不让女儿们打些尝尝!"九位仙女受命,驾起彩云,直奔宛丘龙井去了。

九位仙女见了伏羲说了来意。伏羲听了,心里很不是味儿。天帝一下子要走九坛,今日九坛,明日九坛,日久天长,龙井琼浆岂不背空?地上凡人还饮个啥?但见天帝差九位仙女已来,不给又伤了天地和气,伏羲想了想说:"九位仙女,不是伏羲小气,只因偌大山川,天下只有这口并蒂莲龙井,琼浆自然有限。要龙井琼浆,中,只是背走一坛琼浆,要换一坛瑶池玉液倒在龙井里,这也叫我给龙的子孙有个交待。"以玉液换琼浆,九仙女当然答应。于是各个满满背一坛琼浆回天宫了。

天帝尝了琼浆,醇厚味美,玉液岂可同日而语!他禁不住连连称赞:"这琼浆真可称是天上人间佳酿,天地间第一美酒!"王母娘娘尝了,也不禁目瞪口呆。九位仙女向天帝和王母禀报了玉液换琼浆一事,天帝和王母娘娘当即点头允准。天帝说:"多多益善。"九仙女依诺,去瑶池背了玉液,直飞宛丘龙井。

伏羲收了九仙女瑶池玉液,全都倒在了龙井里。天上瑶池玉液和地上龙井琼浆相混,天地一合,刹那间龙井内紫雾迷蒙,玉液琼浆翻腾,久久没有平静。龙井上下,四面八方,散发着浓郁醇香。九位仙女各个背了一坛玉液琼浆后,又痛饮了一顿,才喜气洋洋离龙井飞上天了。这时候,由于九位仙女在龙井逗留时间太久,大仙女看看天色,慌忙说道:"妹妹,快飞,鸡子马上要叫了。万一鸡叫,咱姐妹就难回天堂了。"九位仙女急急赶路,但个个醉意朦胧,只走到宛丘南二十五里上空,鸡子就叫了。彩云落,仙女坠,九位仙女一下子变成了九个土坊(昔淮阳南存九女坊)。

天帝见九位女儿鸡叫不归,知道坏了大事,急忙登南天门察看,见女儿们已坠落凡间。他驾起彩云,一阵风赶到九女变的土坊前,尽管他大声呼叫,女儿们再也不会回答他了。

天帝气得面色苍白。他赶到龙井,见紫雾笼罩,醇香四溢。当他想起失去的九个女儿,啥也顾不得了,再也无心想玉液琼浆。他一怒之下,吹了一口白气,随着一道金光起,通天树消失了,龙井也无影无踪了。伏羲和天帝讲理,天帝理也不理,拂袖去了。

伏羲见龙井没有了,通天道收了,十分恼火。他返真化成一条青龙,尾蘸宛丘湖水,须髯奋张,腾云驾雾,在蓝天上盘旋了九圈以后,终于在宛丘北九千九百九十九步的地方,找到了龙井,重新开掘出了玉液琼浆。色味还如以前,不过饮时需再酿制了。

伏羲怕天帝发现,给玉液琼浆起个名儿,左思右想,也不知取啥名字为好。后来,他突然想到,天有九重,地有九州,水有九河,九为最,九为大,于是就给玉液琼浆起个名儿,叫着"九"。后来渐渐用"酒"字代了"九"。

因酒出龙井,龙井有酒,这酒被龙的子孙称着"龙酒"。

【点评】

本篇流传在淮阳,是关于伏羲与龙酒有关的当地名酒的传说。其中的地方特色,直接与伏羲定都和活动在这里有关。①宛丘的两眼井的水好,与其中有伏羲青龙的潜居有关,也与当时天上是黄龙天帝管天,地上是青龙伏羲管地有关。②当时天上人间可互相从"建木"上下来往。(濮阳有伏羲造天梯之说。)就因为天上仙女下人间饮了龙酒未能再回天宫,醉死后埋在人间。从此,天帝取消了"建木","绝地天通"这是一个异文。③本篇有道教思想的影子,应是后来人的附会和衍变的结果。④此中原来的"天人合一"观念,因龙酒惹事,才出现了天人分离,互不相涉。这是原始社会演变观念的反映。⑤其中缺乏朴素的民间口语描述特点。相反,记录者却采用文学创作的手法、语言大肆渲染,使之产生了"变形"的弊病。类似的缺点,在同一采录、整理人记录的稿子里,屡有出现。因此不宜作原始神话资料使用。

值得特别指出的是,龙都淮阳的神话主要与伏羲创世的活动有关,处处都表现出龙的图腾信仰的观念。本篇也是其中的重要一篇。

125. 龙　衣 [淮阳县]

传说,衣裳是从伏羲女娲时兴起的。因伏羲、女娲都是龙,所以又称衣裳是"龙衣"。据说,有这样一个缘由。

很古很古的时候,有一种既有翅膀又有腿的蛇。这种蛇长得很美,而且说话又很好听。

一次,蛇对伏羲说:"伏羲哥,你们人真傻,那长青果咋不吃呀?"伏羲回答说:"蛇弟,长青果是臭果,又叫死亡果,吃了要死人的啊!"

蛇嘿嘿笑了。蛇说："谁说的？"

伏羲一本正经地回答说："天帝。"

蛇拍着翅膀大笑起来，直笑得伏羲莫名其妙。蛇笑了好大一会儿，才止住笑，附耳悄声对伏羲说了一阵。伏羲听了，瞪大眼睛询问："真的？"

蛇说："一点儿不假。"

伏羲辞别了蛇，来到了常青树下。他抬头望，见长青树青枝绿叶，结满了郁郁青青的又大又圆的长青果。微风吹来，一股恶臭叫人恶心。他想，这是蛇欺骗他了，千真万确的臭果嘛！可他又不死心，以为蛇是不会欺骗人的。于是，他踮起脚尖，伸手摘了一个，捏着鼻子咬了一口。真奇怪，本来打鼻子臭的长青果，为啥吃到嘴里又香又甜？他大口大口地整整吃了一个。

伏羲找来了女娲，摘下一个长青果，叫女娲吃。女娲瞪圆了眼睛，非常生气，对伏羲说："哥哥，你这是啥话？你为啥叫妹妹吃死亡果？难道你是叫我死吗？"

伏羲嘿嘿笑了，说："妹妹，你我都上当了，你要不吃，我先吃吧，反正我已吃了一个。"

伏羲说着就要张嘴吃。女娲恼火了，一把夺过长青果，远远扔了。

女娲说："哥哥，你到底遇到了啥难事儿，要我跟你一起死？天塌地陷都过来了，如今有啥难事儿难得你要死！"

女娲说着，眼圈红了。

伏羲因吃了长青果，早已心明眼亮，天下事知晓了。伏羲呵呵笑起来，他说："妹妹，自从开天辟地以来，从来是神骗人，天欺地。长青果是天下第一的圣果。长青果长在人间，收在天上。人受骗了。"

女娲大吃一惊，瞪圆了眼睛问伏羲："谁说的？"

"蛇老弟泄了天机。我吃了长青果，一切我看透了，知晓了。"

这时候，蛇飞来了，盘旋在伏羲和女娲头顶看热闹。见女娲的哭样儿，怪可怜女娲，可又好笑。蛇不忍心再叫女娲难受，就轻轻落在女娲身旁，悄悄对女娲说："女娲姐姐，人间最受同情的是蒙蔽，最可恨的是知蒙蔽而不悟。蛇老弟不顾天规戒律，为了帮人间一把，我冒死告诉了伏羲哥哥。长青果是生命果！"

女娲自言自语地问自己："这可是真的？"

蛇又规劝道："不要再上当了。"

伏羲不管三七二十一，一连摘下三个长青果，递给女娲和蛇各一个，留下一个，狼吞虎咽地吃起来。

蛇吃了长青果，悄悄飞走了。

伏羲和女娲吃了长青果以后，心明了，眼亮了，周身添了用不尽的力气。当他俩低头环顾自身的时候，赤体裸身，兄妹禁不住难为情起来。女娲羞红了脸，叫了一声,拔腿跑开了。

不一会儿,伏羲和女娲又相会了,不同的是,伏羲肩上披了一串树叶,下身围了张兽皮。女娲用藤条连缀了几片荷叶围在腰间,肩上披了数朵五彩鲜花。这就是衣裳了。

伏羲和女娲相互看了,十分满意。他俩还要摘些常青果,带给他们的子孙。突然间,一阵黄风刮来,天帝在宫娥彩女的簇拥下,驾着彩云来到长青树下落驾了。伏羲和女娲赶忙藏起来了。

天帝很恼火。他横眉竖目地呵斥:"伏羲和女娲快出来!"

伏羲应了一声,老老实实地来到天帝面前。

天帝拉长了脸。他气呼呼地说:"女娲,你不要藏身了,快出来!"

女娲无奈,只好也老老实实地走到天帝面前。

天帝望了伏羲和女娲一眼,冷冷地说:"赤身裸体不敢见我,穿上了衣裳是吧?谁叫你兄妹穿的衣裳?谁叫你兄妹吃的长青果?"

一是一,二是二,从不会说谎的伏羲,直言回答天帝:"尊敬的天帝,我兄妹是吃了长青果。既然你知道我兄妹吃了长青果,同样会知道教我兄妹吃长青果的人。"

天帝冷笑一声说:"当然,那是蛇!"

伏羲说:"天帝啊,既然你知道了,求天帝莫要惩罚蛇。蛇是一片好心,蛇想叫天下人结束糊涂,想叫天下人知天晓地。圣明的天帝,决不会惩罚一个为天下的蛇。"

天帝根本不理睬伏羲,扭过头,对着蛇逃走的方向,愤愤说道:"惩罚蛇,因为蛇引诱人走上罪孽。蛇应当受到诅咒,应当受到惩罚!"

伏羲和女娲一齐跪在天帝面前,哀求说:"天帝哟,圣明的天帝,求你千万饶恕蛇吧!"

天帝好像没有听到伏羲和女娲的哀求,伸手指朝前一指,叫了声:"蛇!罪恶的蛇!"

不大一会儿,蛇没精打采地抖着翅膀飞来了。蛇慢慢落在天帝面前,打量着伏羲和女娲,委屈地低下了头。蛇说:"蛇拜见天帝。"

天帝说:"蛇,你这个罪孽!引诱人犯罪,你要永远受到诅咒,受到惩罚!我要剪掉你的翅膀,砍去你所有的脚,让你永世用肚子走路,终生一世吃土!"

伏羲和女娲一齐说:"天帝哟,蛇是为了人。要惩罚,那么,就惩罚我兄妹吧!"

天帝说:"莫要多言,本来你兄妹也应受到惩罚的,念你兄妹创世有功,饶恕你们了。"

天帝说罢,举剑要惩罚蛇,女娲扑上去,再次求天帝开恩。女娲刚说一句,"蛇冤!"蛇的翅膀一忽儿全剪掉了,所有的脚全砍掉了,只剩下一个光秃秃的身子。蛇疼痛不堪,在地上滚来滚去。

女娲十分同情蛇的遭遇,愤愤地质问天帝说:"天帝,恕我不恭,求你回答我。"

天帝说:"问吧。"

"长青果好吃吗?"

"好吃。"

"那你为啥以前说吃了长青果会死人的呢?"

"长青果是圣果,人吃了是要被处死的。"

"长青果长在人间,人为啥不能吃?"

天帝不愿回答女娲。他拉长了脸,愤愤地说道:"多嘴多舌的女人,我要罚你受罪,我要增加女人怀孕的苦楚,增加分娩的阵痛,让你们变成男人的附物,永远受男人管!"

女娲受到了天帝的发落,脸气得煞白。

天帝转脸对伏羲说:"伏羲,你听信谗言,又唆使女娲吃长青果,你也应当受到惩罚。"

伏羲从地上爬起来,不跪了。

天帝说:"从今以后,土地要长出荆棘和蒺藜。你们人必须终年干活才能吃饱。"

伏羲虽受到了惩罚,但心明了,眼亮了,心里也略略受到些安慰。人穿上了衣裳。

天帝临走前在长青树上空画了个圈,长青果一忽儿不见了,只剩下一棵常青树,人们再也吃不上长青果了。

从此以后,女人怀孕时受尽了苦楚,分娩时有难以开口的疼痛。

从此以后,人们一年四季劳苦,但日子过得紧巴巴的。

讲述人:李国争,男,63岁,农民
采录人:杨复俊
采录时间:1983年2月1日
流传地区:淮阳

【点评】

本篇是流传在淮阳,因伏羲在此建都和活动而产生的龙图腾观念、信仰的习俗传说之一。衣裳为何叫"龙衣",因为是伏羲、女娲发明了衣服,而二人都是龙(图腾),所以称龙衣。这是文化创造神话传说遗存。

这是极有价值的中原神话遗存珍品。

其中提出了以下一些重大问题:

① 飞蛇教伏羲、女娲吃的长青果。人有了知识、智慧,知道羞耻,找到了衣服。这和《圣经》中伊甸园里蛇引诱夏娃、亚当偷吃无花果的情况,几乎完全相同。这是

否是中西文化交融的产物？值得思考。但发明衣服是伏羲、女娲的盖世之功。

② 本篇不同于《圣经》之处，在于受蛇诱惑的不是亚当、夏娃，而是伏羲、女娲。天帝惩罚伏羲，是让他垦荒、除荆棘蒺藜和耕田等，惩罚女娲是女人受怀孕、分娩的极大痛苦，永远做男人的附庸。这明显是受中国封建思想和大男子主义的影响。

③ 天帝对飞蛇的惩罚，割掉蛇原有的翅膀和所有的腿，让它永远在土里滚。这实际又是动物特征的解释神话。

④ 由于伏羲、女娲吃了生长在人间的长青果，天帝取走了长青果，只剩下常青树。这又是植物神话。长青果是知识、智慧的象征，因在天帝看来人是不能有知识和智慧的，人永远是受统治和愚昧的。这便是"天欺地，神欺人"。吃长青果便是叛逆，就要受惩罚。

总之，本篇是富有哲理的，是让人类从野蛮走向文明的创世神话之一。

126. 负 图 寺 [孟津县]

（1）

负图寺的龙马，是被伏羲征服下来的。

禹王治水以前，这底下是横水乱流，没有人烟的地方。

这里原来叫图河。下雨后，水乱流。早前渡口在铁楔。

龙马负图，就是说，这里原来是汪洋大水，伏羲把龙马征服以后，就拴在马庄。这条喂河原来就是喂马的地方。雷河是圈马的地方。马庄离这儿一里多地。

伏羲画八卦，上通阴阳。

原来负图寺有个伏羲像，很景人哩！伏羲像头上长有两个犄角。旁边还有马。这马跟别的不一样，身上有鱼鳞疙瘩儿毛。马头跟龙一样。传说龙马在河里会浮，在平地会飞。伏羲画八卦就是从这儿开始的。

早前人们说，伏羲的画八卦相传于天下。文王的八卦抵不住伏羲的八卦。庙里原来也有八卦图。

讲述人：雷北海，60多岁，负图寺前摆烟摊的，识字不多
采录人：张振犁　程健君
采录时间：1985年4月17日下午
采录地点：孟津渡口负图寺门外

（2）

负图寺原来里面有四大天将，八大金刚，十八罗汉，三尊大佛。

这早晚①只剩下伏羲殿了。伏羲像是泥胎，头上长两个犄角，没穿衣裳，身上披的是葫叶。一边站个腿儿：一个是抱八卦的站神；一边是一匹马，龙头马身子，就是龙马。

离负图寺不远有个马庄。伏羲逮住这马的时候，在这里拴了，所以起名叫马庄。这个村子还有，离负图寺有二里多地。

伏羲逮住龙马的，马身上有好些褶儿（纹）。画八卦就从这时开始的。伏羲是人根之祖嘛！

讲述人：张从瑞，70岁，摆香烟、花生摊的生意人
采录人：张振犁　程健君
采录时间：1985年4月17日下午
采录地点：孟津老城大街

【方志选录】

伏羲时，德洽天下，河图出于孟津。……天应以鸟兽草木，地应以河图，……而作易。
（《孟县志》）

孟津在县西南，见于经者，《禹贡》最古，河图出于孟津。
《太平寰宇记》曰："河阳孟津夏禹将与神龟负图出河，并武王观兵，皆此津也。"
（《孟津县志》）

图3.126.1　孟津雷河负图寺的伏羲殿（1985年4月程健君摄）　　图3.126.2　孟津雷河负图寺存留的"龙马负图处"石碑（1985年4月程健君摄）

---

① 这早晚：方言，即这时候、现在。

图3.126.3 孟津雷河负图寺存留的"一画开天"石刻匾额(1985年4月程健君摄)

图3.126.4 清代木器上的河马负图纹饰(孟宪明提供)

【点评】

本篇有两段关于《龙马负图》的原始讲述录音资料,可供研究《负图寺的传说》参考之用。

特别是讲述者都是负图寺附近的小商贩老人。所以其中的口头语言特色鲜明、朴素、简明。这是《龙马负图》神话被用先进技术采录的珍贵文本。

其中第二段讲的是负图寺的"沿革"变迁。说明这座建筑曾经被佛教参与过,当然不属于伏羲文化范畴。

本篇还对八卦的历史有所评价:文王演的六十四卦不是伏羲画的先天八卦。民间的评说,值得注意。

127. 负图寺的传说[孟津县]

距洛阳东北五十华里的孟津老城一带,在远古时代是一片水草丰盛的地方。我们的祖先生活在这里,全靠树上的野果和水里的鱼虾充饥。夏天,生活倒还可以应付,可是到了冬天,树上落了果,水里结了冰,人们就处在饥寒交迫之中。后来,伏羲来到这里,教人们制造农具,开垦荒地,种植五谷。自从人们有了粮食,生活才算有了保障。

伏羲在这里住了一段,看到这里的人民已经能够耕作,便到别处教人们耕作去了。他走后不久,这里的图河里便出现了一个妖怪。它头似龙、身似马,满身的鬃毛卷成无数个漩涡。人们按它的形状,就叫它龙马。据说这龙马是水中蛟龙变的,凶猛无比。它跑到哪里,哪里就平地生水。它在这里出现不久,便弄得这里七里八河(方圆七里的范围内有雷河、孟河、位河、陈河、西里河、东里河、郑河、图河),洪水混流,冲坏了人们刚刚开垦的田地,淹没了人们刚刚种植的五谷,还使不少人葬身洪水。人们恨透了那匹龙马,他们自动组织起来与龙马搏斗,又有不少人被那龙马囫囵吞食。人们在叫天不应、叫地不灵的时候,都把希望寄托在伏羲身上,盼望他早些回到这里,降服龙马,为人民再施恩德。

正当这里的人们处于生死存亡的关键时刻,伏羲乘坐六龙,身披葫叶,飘然而至。他听了人们的哭诉,看了被龙马糟蹋的田地,心里非常难受。他顾不上休息便来到图河边,冒着被龙马吞食的危险,赤手空拳与龙马搏斗。说来也怪,那匹作恶多端、凶猛无比的龙马,见了伏羲却一反常态,顿时变得温顺善良起来。它摇着尾巴,咴儿咴儿叫着,驯服地偎依于伏羲的腋下,并用舌头去舔伏羲的手臂。伏羲见龙马归顺,就让人们找来一根绳索,把龙马拴在一棵半截树上,又选了两块高地,围了篱笆,把龙马圈养在里边。

自从伏羲降服了龙马之后,就发觉龙马身上的鬃毛的漩涡非常奇怪,认为其中必有奥妙。于是,他让人们专门筑了一个高台,把龙马牵上去。他日夜守在龙马身边,面对着龙马身上的漩涡,认真地研究起来。他一直在这个高台上,坐了八八六十四天,终于根据龙马身上漩涡的形状,研究出了"乾、坎、艮、震、巽、离、坤、兑"这套八卦图,人们叫它"伏羲八卦"。八卦互相配搭,又可变为六十四卦,这是伏羲研究八卦用了六十四天的象征。

龙马归顺以后,在伏羲的感召下,悔恨以往的过错,决心为人民办些好事,就利用自己深识水性的特长,替人们疏通河道,消灭伤害人畜的狼虫虎豹,使这里的人们能够更加安稳地在这里休养生息,繁衍后代。

"龙马恰为天地用,图河先得圣人心。"后世人们为纪念广施恩德的伏羲和虽有过错但能以功补过的龙马,就在当年伏羲降伏龙马的图河故道上,修建了一座寺院,名叫负图寺,寺前高竖两通大碑,一通上刻"图河故道",一通上刻"龙马负图"。在寺内雄伟的伏羲殿内,供奉着伏羲和龙马的塑像,每日香客不断,烟火缭绕,钟磬长鸣。当年伏羲拴龙马的那个地方,后人叫它马庄(桩);当年伏羲面对龙马研制八卦的那个高台,后人叫它八卦台;先后圈养龙马的那两个地方,后人就叫它前圈和后圈(后改称雷河村和位河村)。

讲述人:张作贞,76岁,农民
采录整理:褚书智

【方志选录】

伏羲时,德洽天下,河图出于孟津。……天应以鸟兽草木,地应以河图,……而作易。

(《河内县志》)

伏羲时,龙马负图于河,背有文:一六居下,二七居上,三八居左,四九居右,五十居中。伏羲则之宜画八卦。《三坟》词曰:"惟天至仁,于草生月,天雨降河,龙马负图,神开我心。"河即今之黄河,在孟津县西五里。负图里是也。

(《河南府志》)

【点评】

本篇是流传在河南洛阳孟津老城一带,关于伏羲从龙马身上的旋毛纹路发明八卦的神话遗存。它比较接近原始形态。

其中所透露的神话信息,是中华民族文化源起的现象。在文献上大量记载着"龙马负图"、"神龟负书",伏羲依之创八卦的事,也就是后来人们所说的"河图洛书"。"河图洛书"在学术界一致认为是中国文化的始原。

关于龙马负图在什么地方,说法不一。一是在孟津黄河渡口;二是在洛汭神都山下的河洛交汇处;三是淮阳的蔡河;此外,还有说在郑州附近的荥泽。实际上,不论从地理位置上看,还是从文献记载或古迹遗存看,在孟津黄河渡口,可能性最大。因为,黄河出三门峡,经过孟津之后,水势始进入平原,形成水患最厉害。伏羲降服龙马为害的事迹,也应从此地开始。至今尚遗留下来的负图寺的遗迹(庙宇、碑刻、诗文、图像、塑像等)也最多。特别是民间神话传说、村名、河名等等都般般可考,证据确凿。

至于洛口洛汭一带的伏羲在此既得河图,又得洛书,加上历代帝王在此举行国典,当然也有可能。异地有同一传说产生是常有的事,但仍无孟津有说服力。至于陈州蔡河说,似不可能。"河"决非蔡河,明显为演义。

值得注意的是,本篇采录者所用的语言已经失去了口头神话的朴素、明快、生动特点,许多地方都是现代的语言,距离原始形态较远了。

128. 伏羲画八卦[淮阳县]

几千年以前,人对世上的事儿啥也不懂。天上会长云彩,地上会刮大风;天会下雨下雪,还会打雷打闪,所有这些,谁也不知道是咋回事儿。很多人来宛丘问伏羲,伏羲也说不出个啥派明①,大家成天提心吊胆地过日子。

有一天,蔡河②里来了个怪物,说马不像马,说龙不像龙,在水里走来走去好像走平地一样,有人把这事儿告诉给伏羲,伏羲就领很多人来到蔡河沿。那怪物见了人也不跑,也不叫,老老实实地站在水里。伏羲走上前去仔细瞧瞧,只见它头像马头,身子像龙身子,背上还长有两个翅膀,身上的鳞片,有黑有白,斑斑点点。有个胆大的年轻人想用箭射它,那怪物一抬前爪,只听河水"哗啦"一声掀起了大浪。年轻人连射三箭,那怪物纹丝不动,箭头碰住怪物就落到了水里。伏羲给大家摆摆手,叫大家都别再惊动怪物,说来也怪,那怪物点点头,伏羲不知不觉走到了河水里,也不往下沉,在水面上就像走平地一样。伏羲绕着怪物认真观察了一圈,发现怪物身上的黑白花纹排列得很有规律。伏羲暗暗记在心里,给怪物深施一礼,转身上岸。

大家围住伏羲问:"这是啥怪物哇?"伏羲说:"不要再说它是怪物啦,它像龙又像马,就给它起个名叫'龙马'吧。"伏羲说罢,薅一棵蓍草③用手掐一节硬秆,在一片大树叶子上照着龙马的样子画下来。伏羲刚画好,龙马大叫一声飞上了天空,转眼不见了。

伏羲天天看着自己画的龙马图想来想去,想了九九八十一天,也弄不懂这龙马是啥名堂。后来他想起了白龟,当初天塌地陷,是白龟老祖救了俺兄妹二人。现在白龟老祖虽然死了,我何不请教请教白龟的子孙呢?他来到白龟池④水边,见清凌凌的水底下卧着一只大白龟。伏羲把心事对白龟一说,白龟口吐人话,对他说:"这事你别发愁,你仔细看看我背上的花纹,慢慢就明白啦。"白龟说罢,头往肚里一缩,一动也不动。伏羲仔细一看,白龟背上的花纹中间五块,周围八块,外围儿十六块,最外圈儿二十四块。伏羲掐一节蓍草秆,把白龟背上的花纹画下来。

从那儿以后,他天天坐在白龟池北沿一块高岗上,把龙马图和白龟图放在一块儿,反复对照,边想边用蓍草秆在地上画。他画一直道,作为阳;画一直道当中断开,作为阴。用这两种阴阳道,三道并列为二卦,画出不同变化,终于画出了八卦图,这就是中国最早的文字。后来,人们就把伏羲画八卦的地方起名叫伏羲画卦台,成了淮阳县八景之一。一九八四年夏天出了一件稀罕事儿,城关有个小孩,就在那白龟池里,钓鱼钓出来一个二斤三两重的白龟,现在还在县文化馆养着哩。

---

① 啥派明:方言,即啥原因,所以然。
② 蔡河:由西向东流经淮阳县城北关的一条小河流。
③ 蓍草:一种很稀有的草,秆很硬。现在淮阳伏羲墓北边有个蓍草园,别处见不到此草。据说孔子周游列国时,从这里带走一把蓍草,种在他的家乡山东曲阜。所以现在孔庙里也有个蓍草园。
④ 白龟池:淮阳城北一华里处,即画卦台南边环城湖一片水域。

讲述人：李国争，男，66岁，上过私塾，淮阳县王店乡棠棣村农民
采录人：杨复俊，淮阳县文化馆干部
采录时间：1986年3月
采录地点：淮阳县王店乡棠棣村

【方志选录】

伏羲都陈，以木德王。则河图出而八卦画，造书契而文籍生。创嫁娶之礼，教渔细之利，九州由是而别，区划由是而定。所谓功揆天地，道合乾坤，不言而化，无为而成。浩浩乎！无得而名焉者也。伏羲氏之王天下也，定鼎中州，冠三皇而首出，作都陈国，肇五帝以开先脣。

（《陈州府志》）

图3.128.1　淮阳太昊陵伏羲塑像
（1983年11月程健君摄）

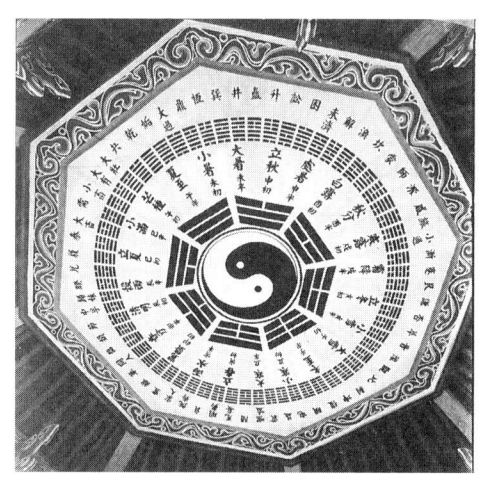
图3.128.2 淮阳伏羲画卦亭的八卦图（1983年11月程健君摄）

羲陵、画卦台前有"伏羲画卦台碑"，下有石龟，旁有白龟池。门里有卦亭，亭东西两碑：一书"先天精蕴"，一书"开物成务"。下皆有龟负碑石。

县地为伏羲、神农氏旧都。《五帝纪》："帝太昊伏羲氏，成纪人也，以木德继天而王，都宛丘。"

（《淮阳县志》）

【点评】

　　本篇流传在河南人祖"伏羲都陈"的陈地淮阳,是关于伏羲画八卦的神话遗存。它的典型意义就在于:作为伏羲文化活动中心之一的淮阳,从口承神话中,证明了华夏文化源头在中原腹地这一事实。

　　其中,"河图""洛书"神话,本来属黄河的"龙马负图"与洛河的"神龟负书"融为一体。伏羲从"河图""洛书"图纹中,演出八卦。此神话产于淮阳,不仅有文献可考,而且有口碑作证。它是中华先民的伟大智慧创造,意义重大。其中的内容,地域特色鲜明。蔡河出现龙马,陈州湖出现白龟。马背和龟背的图文成了八卦产生的源起,说明确有实据。

　　值得注意的是,"河图""洛书"神话依文献记载,"河"当指黄河,"洛"当指洛河,更准确。尤其洛河与黄河交汇处,同时出现"河图""洛书"更顺理成章。而且从黄帝起,历代开国帝王皆在这里举行"国典",更具有可信性和权威性。

　　从世界各国情况看,同一神话在异地产生异文,是正常现象。先民根据同一神话人物在不同地域活动创作神话,后人出于"尊祖"的观念和信仰,创作出结合本地自然和人文环境特点的同一神话异文,应该予以肯定,但在科研中要权衡主次。

129. 八卦柏[淮阳县]

　　太昊伏羲陵南有个宛丘湖,湖水里有个出水六尺的高台。这高台方方正正,名叫伏羲画卦台①。画卦台中央有一棵郁郁葱葱的古柏,南看北歪,北看南斜,人们叫它八卦柏。这儿说的是八卦柏的故事。

　　伏羲画了先天八卦图,天帝心里却像丢啥珍宝一样难受,整日里惶惶不安,但也不知道到底丢了啥。后来他带上左右大臣和宫娥彩女,四处游玩解闷。

　　有一天,天帝驾着彩云来到了宛丘上空,只见红光闪烁,雾气腾腾。他停下脚步,问那珠光宝气的是啥东西。

　　左右神大眼瞪小眼,谁也答不上来。

　　天帝十分恼火,要亲驾查看。左右吓坏了,齐跪下劝天帝息怒,天帝就派颛顼下凡到宛丘去了。

　　颛顼到了画卦台后,见四方台上光秃秃的,台中央只有古柏一棵。他观察了一

---

① 画卦台,传说是伏羲画卦的地方,今存淮阳城湖北一里处。

会儿,嘿嘿笑了三声,起身回天庭去了。

颛顼对天帝说:"天帝,那并不是啥奇物怪器,原来是一棵翠柏。"天帝哪里肯信,训斥颛顼:"颛顼,你一向办事细心,今儿怎么粗心大意!一棵翠柏咋会珠光宝气的?快去二次再查!"颛顼看得清清楚楚,确确实实是一棵翠柏,但天帝说了,他不敢不去。

颛顼摇身变成一个鹤发童颜的老头儿,慢慢走向画卦台。他对着这棵翠柏树,左察右看,上下打量,还是一棵郁郁葱葱的柏树。他伸手摸摸树干,是天下常见的树干;他掐了一片柏叶,是天下常见的树叶。他自己也感到奇怪。

这时候,湖里漂来了一只小船,艄公是位老汉。他肩披树叶,腰围树皮,背个鱼篓。他跳上高台,迎面走到颛顼面前,站住了。

颛顼指着柏树问老汉是啥树。

打鱼老汉说:"干儿挺挺,枝儿峥峥,叶儿青青,说动也动,说静也静,说歪也歪,说正也正。"这打鱼老汉不是别人,正是人间老祖伏羲。他断了阴阳,画了八卦,通了天文地理,把天帝的天机也识了。伏羲怕天帝万一搜出了八卦,就在一个月黑风高的夜晚,把八卦埋在画卦台中央。他为便查找,又从台东南角拔了棵柏树栽上做记号,左边一脚,柏树朝右歪,右边一脚,柏树向左歪,南边一脚,柏树向北斜,北边一脚,柏树向南倾。伏羲封这柏树叫八卦柏。第二天柏树青葱葱的,看不到一点儿新栽的印儿,他才放了心。

颛顼碰了一鼻子灰,十分不高兴。他望着小船远去的背影,哀叹一声,灰溜溜地走了。多少年过去了,画卦台上这棵八卦柏至今还是北看北歪,西看西歪,南看南歪,也许这是伏羲布下的八卦阵吧。

讲述人:一算卦先生,70岁
采录人:杨复俊

【点评】

本篇是流传在淮阳一带伏羲画八卦的传说之一。其中的主旨是描述天帝与人间争夺智慧物化的八卦。

伏羲创八卦说明人类文明渊源和人类智慧创造的所有权,应属于人类,而不是天帝。但天帝又决不允许人类掌握创造人类文明的能力。因此,要千方百计追回智慧化身的八卦。而伏羲为了保住自己创造的八卦就把八卦深埋八卦台地下,上面种上柏树掩护,不让天帝发现并抢走。因此,伏羲是斯文鼻祖;同时,又是敢于抗

图 3.129.1　淮阳的伏羲画卦亭(1983 年 11 月程健君摄)

拒天帝企图夺走八卦的英雄。

伏羲如同西方智慧之神和抗帝命的伟大英雄之神和文化之神。

其中透露：颛顼原是天神，虽奉命查询八卦台上闪光宝物的底细，终因伏羲的巧妙抵制的结果，八卦才长留人间，可歌可泣。

130. 八卦坛[淮阳县]

伏羲陵前有个八卦坛，八卦坛上有先天八卦。传说，这是伏羲第九子黄龙氏所筑。八卦坛为何布在伏羲陵前，说来这有一段缘由。

伏羲是一条龙。一龙生九子，九子布九宫(八宫加中宫)。长子青龙氏居东，二子白龙氏居西，三子赤龙氏居南，四子黑龙氏居北，而九子黄龙氏居中。九子位居九宫，各占一方，天下一统。人阳寿有数，伏羲亦是如此。当伏羲一百九十岁那年，他传位于谁？这使伏羲犯了思索，他想传位于老大青龙氏，因为他是长子，又想传位于老九黄龙氏，因为他有将帅之才。有的说山，有的说水，有的向此，有的向彼。伏羲的佐相柏皇说："人祖啊，我看还是传位于老九黄龙氏吧，他不仅有将帅之才，而且忠厚善良，为人慈善，能与众人同苦乐；而老大青龙氏虽然位居子首，可他目中无人，嫉贤妒能，难集天下英杰，他如何能统一天下呢？"伏羲听了佐相柏皇的劝谏，于是，决心传位于九子黄龙氏。从此以后，伏羲心中有数。老九黄龙氏要求开拓中原疆域，伏羲顺从他向八方开拓，无一方阻拦，所以中原很快得到扩展。

黄龙氏见天下八方的贡牛、贡马、贡羊，他向伏羲说："中原的牛、马、羊太少，给我一些吧！"伏羲依了黄龙氏，分给一半贡牛、贡马、贡羊给了黄龙氏。不几年，中原果然富庶强大起来了。伏羲见风雨不调，常常闷闷不乐。黄龙氏见了，问道："人祖啊，你有什么不高兴的难事，请对我说吧，我一定会尽心尽力去办。"伏羲说："老九呀,这些日子风不调,雨不顺,都怨我太信实了。东海龙王借用八卦盘,谁知言而无信,久借不还。"老九黄龙氏说:"人祖啊,这么办吧,我去东海找龙王索回,请放心,我一定办得到。"东海龙王霸居东海,又有绝技魔法,伏羲怕伤了老九黄龙氏生命,无论如何也不同意。老九黄龙氏说:"为解人祖心头之忧,为了天下安康,老九置生死于度外,决心要去了。如果你不同意,不答应我的要求,我就永远跪在你面前不起来。"老九黄龙氏说着,扑通一声跪下了。

  伏羲要传位于老九黄龙氏,早有打算让老九黄龙氏去东海向龙王索八卦盘。这是他早有安排,只是时机未到。今时机到了,他想了想,便吩咐让位居东方的青龙氏与黄龙氏为伴同行,临行前,伏羲嘱咐老九黄龙氏道:"老九,这次下东海,如果要回了八卦盘,要时刻带在你身上,千万不要让老大弄去了。"老九黄龙氏说:"我明白了。"于是,老九黄龙氏告别了伏羲,去东方会了老大青龙氏,一行同赴东海。

  老大青龙氏听说要去东海索八卦盘,正中下怀。八卦盘是得天下的标志,如果谁得了伏羲那轮八卦盘,谁就不言而喻地得位。他久有其心,只是没有机会,如今伏羲老祖让他同去,那就等于他已胜利了一半。他说:"九弟啊,亲不亲,一龙筋。既然老祖看重,老兄万死不辞,九弟放心。"老九黄龙氏说:"老大,老祖有嘱,纵有千难万险,咱兄弟一条心,一定要索回八卦盘。"老大表面上满口答应,说得如一朵花,但是心里却另打老九黄龙氏的主意,老九却不知道。青龙氏收拾停当,第二天太阳东升的时候,二人就向东海出发了。

  东海龙王得知伏羲派两子要索八卦盘,立时明白,立即天上涌云,云里起电,电闪鸣雷,风雨交加,雷电挡道,阻止老大青龙氏和老九黄龙氏进东海龙宫。老大说:"兄弟,你大叫三声龙王吧,龙王一定会出宫门迎接咱兄弟。"老九依老大所嘱,大声叫了三声龙王,龙王出来了,望了他兄弟俩一眼,一股黑风扑来,差一点把老九黄龙氏卷进大海。老大又说:"九弟,天上地下,阴阳相合,你用力拍打三下海水,海水会无风涌起滔天巨浪动摇龙宫,那时候,东海龙王一定会出来迎接咱兄弟。"老九依老大所嘱,用力拍了三下海水,平静的海水,果然涌起滔天巨浪,呼啸着把东海龙宫摇荡起来。龙王出来了,他大声呵斥道:"放肆! 放肆!"老九说:"龙王,你借俺的八卦盘为何不还?"东海龙王很野蛮,卷起三个恶浪,差点儿将老九卷走。老九刚站稳,老大又说:"九弟,别看东海龙王这么凶,可他一天也不能离开海水,只要顺风放火浇水。"不一刻,东海龙宫门口就冒烟了。老龙王怒气冲冲出来了,只见他龙须一甩,火焰逆反扑老九,差点儿将老九烧死。一而再,再而三,忠厚老实的老九,三历风险,但是他从心眼里不责怪老大青龙氏。他想,老大之所以这样做,兴许是因为他对我怀有戒心,他之所以对我有戒心,也说明自己有地方叫他戒。兄弟两条心,如何进得龙宫? 如何索回八卦盘? 老九很发愁。

  老九说:"老兄,这如何是好?"老大说:"九弟,三招都用了,这么办吧,你前头走,我后头跟,用你的乾坤拳撞开宫门,如何?"老九说:"也是。尽管这样做很危险。"于是,老九依老大吩咐,大踏步走向龙宫。他别说用乾坤拳撞开龙宫,还没接近宫门,一阵狂风,便把老九和老大一齐卷进了万丈深渊。不知为什么,老九的身子不往下沉,老大的身子却往下沉。老大惊呼道:"九弟快来救我!"老九听见老大呼声,急忙凫向老大。后来终于把老大从万丈深渊里救上岸来。老大惊魂定后,他说:"九弟,你好厉害!你大命不死,必成大业,这是好兆吧,你尽管去闯龙宫,龙王也无奈于你。"老九为了索回八卦盘,万死不辞。他果然答应去了。而老大远远观察动静,他以为这次自己再也无危险了。

老九大踏步向前走,没想到龙宫宫门大开,卫将持刀躬身相迎,老九轻轻松松进了龙宫。他见龙宫庞大,正发愁不知龙王居处,自己向何处走,恰在这时候,东海龙王笑吟吟地向老九走来。龙王说道:"看到两颗人心,一颗居好,一颗居坏。好心的老九黄龙氏欢迎你光临。"老九很奇怪:"龙王如何知道我老九是好心人?"龙王笑得前仰后合。他说:"人的良心是一个水包的无底洞,人在无底深渊里,一沉一浮当然一清二楚了。索回八卦盘的主人只有一个,来了两个人索要,这是伏羲明告,让我分辨出其中一人送给。我必须三番五次考验,以定其人。再者,我学了伏羲八卦,知了天地,晓了阴阳,达了地理,明了人事,我还分不出好心人?"老九只是含笑点头,并不说话。龙王说:"八卦没有按期归还,不是龙王无信,是伏羲所示,顺告之。"龙王说罢,立即取出伏羲八卦盘,郑重交给老九说道:"请老九黄龙氏路上保重。"

老九辞别龙王,走出龙宫。龙宫远处,老大正瞪大眼睛盯着。他急得心焦火燎,这么长时间没有回音,他盼望龙王把老九杀死。他万万没有想到,老九生还,而且还抱着那轮金光闪闪的八卦盘!老大立即变恶为善,笑脸迎上。他说:"哈,老九,你终于回来了,你真有本领,连龙王都买你的账!"老大虽然嘴里这么说,心里却恨死了老九。他心里说:"老九啊,你得了八卦盘,抢走了该我继承的王位,这怎么成!哈,走着瞧吧!"

二人踏上归途,老大想打老九的主意,但老九心中有数,紧紧把八卦盘带在身上。老大没有机会下手,他十分着急。老大说:"九弟你太辛苦了,让我带一会八卦盘吧!"老九说:"谢老兄善意,我不累。我要得了八卦盘就带得了八卦盘。"夜里,老大说:"九弟,八卦盘是天下宝物,要是万一出了意外,就对不起老祖宗了。这样吧,咱俩轮着睡觉,上半夜你带着,下半夜我带着,如何?"老九摇摇头说:"谢老兄善意,我不瞌睡,用不着你辛苦了。"老九警惕性越高老大越抓紧想点办法。两天三夜,老九不睡觉还可,天久日长,老九再也打不起精神。他瞌睡得抱着八卦盘睡着了。这时候老大没睡,他用石刀刺瞎了老九的眼睛,割掉了老九的舌头。老九失去了眼睛,再也看不到东西;老九失去了舌头,再也不会说话。与此同时,老九再也辨不出东西南北了。老九喊老大,老大没有回答他。老九还以为老大比他更惨,也许老大已经死了。他只好瞎摸着希望能侥幸返回故土,早一日生还。一个瞎子、哑巴,怎么会如愿!老九撞住了大山,他向大山比划。他问大山:"是谁夺走了八卦盘?"大山回答:"老大青龙氏。"老九不相信:老大青龙氏是他的哥哥,他能会干出这么伤天害理的事情!老九掉进了大河,老九向大河比划。他问大河:"是谁夺走了八卦盘?"大河回答:"老大青龙氏。"老九还是不相信:老大青龙氏是他的哥哥,不会干出这种伤天害理的事情!老九撞在大树上,他向大树比划着。他问大树:"是谁夺走了八卦盘?"大树回答:"老大青龙氏。"一而再,再而三,老九才相信,是老大青龙氏夺走了八卦盘,又无情残害了他。老九哭了,他哭得很伤心,他不是哭自己惨遭残害,而是哭自己丢了八卦盘,对不起伏羲,对不起天下。他哭啊哭,哭得天昏地暗,哭得山哭河哭,他的哭声惊动了东海龙王。

东海龙王来到了老九面前,用阴阳水为他治了眼睛,老九的眼睛立即复明如初。龙王用乾坤膏涂在老九的嘴里,老九立时长出了舌头,又会说话了。老九拜谢龙王。龙王说:"老九黄龙氏,不要谢我了,我要劝你几句。"老九说:"说吧。"龙王说:"人要疑人,人心可危。"老九点点头,他说:"我记下了,说吧。"龙王说:"人克人,人在竞争中生存,人不要太老实。"老九点点头,他说:"说吧,我记下了。"龙王说:"人之存在于立,人之立在于正,人之正在于修,人之修在于静,人之静在于练,人之练在于功,人之功在顺天。"老九点点头,他说:"说吧,我记下了。"龙王说:"不在人间,何问人间事?我说多了。"老九说:"龙王啊,你是一条龙,人皇老祖也是一条龙,同是龙,何分彼此?龙王啊,请你告诉我,真是老大青龙氏夺走了八卦盘,又残害了我?"龙王笑而不语。老九明白了。大山、大河、大树说得对,是老大干的缺德事!这个无情无义的孽障,竟自相残杀!龙王不再多说了。他要老九黄龙氏速返故里。伏羲已经一百九十四岁了,离归天的时间不长了。老九拜谢了龙王,日夜兼程,急返中原宛丘。

老大早已返回。伏羲见他一人归来,问老九怎么未归?老大一把鼻涕一把泪,他告诉伏羲说:"我们兄弟费了千辛万苦索回了八卦盘,走到半路,龙王不仁不义,用他的妖法,把我和九弟抛入了大海。可惜,我青龙氏命大,带着八卦盘死里逃生,可怜九弟活活被淹死在大海了。"伏羲摇摇头,阴沉着脸说道:"不对,龙王是大仁大义的,老九是活着的。老九遇了难,有人会帮他解难的。青龙氏啊,如果说你的命大,那么黄龙氏的命更大,为什么你能平安归来?"中原人听说黄龙氏遇到大难,老老少少像死了父母,朝夕哭泣,为黄龙氏祝福和祈祷,盼望上天保佑,让黄龙氏遇难成祥。

老九突然平安归来了。他一步磕一个头,到伏羲面前请罪,说他没完成使命,又让老祖宗挂心了。伏羲问到底怎么回事,老九一一详禀。伏羲听了非常气愤,要立即除掉这个不仁不义、伤天害理的孽障。

老九看了一眼身体虚弱的伏羲，他说："老祖宗，不可，不可，他毕竟是你的儿子，是我的兄长。如果说他有罪过，让他自己忏悔吧，不需要对他进行惩罚和谴责，良心的谴责比刀杀人厉害十倍。"伏羲含泪点点头。

老大听说老九意外归来，他怎么也想不到，乱了方寸，不知如何收场，他思索再三，还是硬着头皮见老九。他佯装非常悲痛的样子，抱头与老九痛哭一场。他伤心地说："老九啊，一场黑风卷来，你我天各一方，可惜我顺风到了故里，而把你卷进了大海，我真没有想到，今日咱兄弟还会团圆！"老九满脸堆笑，一句不入耳的难听话也没说，似乎以前什么不愉快的事也没发生，甚至连八卦盘的事也没提一句，还像从前兄弟如初。伏羲自知阳寿已尽，把九位龙子叫到自己跟前。他对老大说道："青龙氏，把天下第一轮八卦盘交给我。"老大无奈，老老实实地交出了八卦盘。伏羲对九位龙子说道："自开天辟地一画开天，天地、阴阳、人事，我已知晓。我经历创世、治世，今日对九子，要传世了。我一生无所有，只留下一轮八卦盘。八卦盘传位于谁，谁就要代天行道，代我一统天下。"九位龙子一齐说道："遵命。"伏羲又说道："如果有违抗者，天下龙的子孙要八方共讨伐！"九位龙子一齐说道："遵命！"伏羲把九子黄龙氏叫到自己面前，对九位龙子说道："九位龙子都是我的骨血，如今我当着你们的面，把天下第一轮八卦盘——这轮人间的太阳，传位于九子黄龙氏了。"

伏羲郑重把八卦盘交给了九子黄龙氏，黄龙氏郑重接了。他举过头顶，又放到胸前，而后说："还是传位于其他兄长吧，我有许多地方不如他们。"伏羲说："执掌天下的人由我选定，不是由你选定。你是受位者，不是传位者，你如何说这种话？"伏羲严肃说道："一大，二公，三仁，四义，五大慈，六大悲是老九黄龙氏的德行；七聪慧，八谦虚，九大忍，十大中，十一大彻，十二大悟是老九黄龙氏的本能；一天意，二地意，三人意，四我意，由中原的黄龙氏执掌天下。一统天下，天下万众同乐，康泰一统。"老九黄龙氏跪下了，其他八位龙子一齐下跪。伏羲双手举起八卦盘，缓缓走到黄龙氏面前，又郑重交给了黄龙氏。黄龙氏接过，双手举起八卦盘，对天，对地，对伏羲，对其他八位龙子各拜三拜。而后，他说道："黄龙氏不负天意，不负祖宗，将立足中原，统命天下。"八位龙子异口同声说："听命。"

不久之后，伏羲阳寿尽了。这位开天立极的斯文鼻祖升天了。这一天，是天下龙的子孙永远祭奠的日子：七月九日。

天下龙的子孙从四面八方奔来，以隆重的葬礼安葬了伏羲，筑建了伏羲陵。黄龙氏没有把八卦盘占为己有，他在伏羲陵前筑了一个坛，恭恭敬敬地把八卦盘供上，让天下九宫龙的子孙都能分享到八卦的大智大能。这就是流传到今日的八卦坛。多少代过去了，一代接一代地传承下来，八卦坛仍存于伏羲陵前。

（此文原见《中华民族始祖太昊伏羲氏》一书）

图 3.130.1　淮阳太昊陵前的八卦台（2014 年程健君摄）

【点评】

本篇是作者根据传说创作的叙述故事，而不是原型神话遗存。本篇的主旨是说明：伏羲创造的八卦盘，是部落、邦国继承帝位的标志，也是只有有智慧、有德行、有才能的后辈才能接受。

其中的主要情节，是围绕伏羲传位给第九子黄龙氏（黄帝），并派长子青龙氏与第九子去龙宫取回八卦盘的过程，暴露长子青龙氏为得八卦盘，掌帝位大权屡屡残害黄龙氏的经过。黄龙氏终因龙王相助，平安归来，继承帝位，把传国之宝——也是伏羲智慧结晶的八卦盘，置伏羲墓前的八卦坛上，永远让龙的子孙牢记伏羲的勋业和教诲，管好天下大事。

此篇意义深远，是有价值的神话遗存。

本篇的重大缺陷，是失去了原来传说的原貌，被作者篡改、编造成不伦不类的废品。作为一般文化读物，固无不可，但从神话学的角度要求，确实是一种误导，搞乱了神话原型与小说一类的界限。

131. 白 龟 庙 [上蔡县]

　　从前有一个学生,每天上学的路上要过村前那座小桥。这一天又走到桥边,见到一个白龟对他说:"你每天捎来一个馍给我,等以后有了灾难,我救你。"又叫学生不要对别人讲。就这样学生每天拿一个馍,走到桥边塞到白龟嘴里。时间长了,学生的妹妹看到哥哥每天吃罢饭捎走一个馍,问给谁吃的?学生经妹妹盘问,不得已对妹妹说了实话。妹妹央求哥哥替她每天也捎一个馍给白龟吃,求白龟也搭救她。白龟答应了,这样学生就每天捎两个馍塞到白龟嘴里。

　　这一天,学生吃过饭刚走到桥边,白龟慌忙对他说:"你快回家去叫你妹妹跟你一起来,马上就要天塌地陷了。"学生赶忙回去叫妹妹,兄妹俩就从家里往桥边跑,一路上就看见四面天边黑云斗暗,翻滚上来,狂风吼叫。他俩到了桥边,白龟大叫:"快躲到我肚子里!"俩人就从白龟嘴里钻进肚里去了。这时只听咔嚓一声炸雷,山崩地裂,世上的一切一股白烟不见了。大水大浪,天地混沌。

　　学生和他妹妹到白龟肚里一看,原来他们每天给白龟拿的馍,还都在那里放着哩。他俩就每天吃那些馍,一直躲在白龟肚里。

　　等到又开天辟地,白龟将他俩吐出来。这时地上荒草湖泊,没有人烟。他俩天天转来转去,只有他兄妹。他们看到这世上没人,也真没意思,很发愁。后来还是妹妹先向哥哥说:"天下只有咱俩,干脆咱婚配,世上才会有人。"哥哥听了,摇头说:"咱是兄妹,怎么能够婚配呢?"妹妹说:"世上没人是个大事。咱不留下后代,以后世上再不会有了。"哥哥扭不过妹妹,他说:"咱每人推一扇磨,从山上一齐滚下,滚到地上,如果两扇磨石合在一起,就婚配;如果不合在一起,这事以后就别再提了。"兄妹俩就到山上,每人推下一扇磨,说也巧,那两扇磨滚到山下,恰恰合在一起。这时哥哥见了磨合在一起,只恨这样再不能推脱妹妹了,一气之下,掂起这扇磨从山这边一下扔到山那边去了。

　　这兄妹俩就是伏羲和女娲。伏羲女娲结婚后,世上就有人了,天底下渐渐热闹起来了。不知过了多久,伏羲出来巡察,走到蔡国西面,忽见这里长了一丛蓍子草。伏羲想,蓍草是个神草,生长在这里必有缘故,就扒开蓍草底下的土,见是白龟陷在下面,不知已死多少年了。后人为白龟修了庙,这就是这里"白龟庙"的来历。

讲述人:白龟庙前卖茶老汉
采录人:彭兴孝,男,60岁
采录时间:1987年3月12日

流传地区：陈州上蔡一带

【文献选录】

太史公曰："自古圣王将建国受命，兴动事业，何尝不宝卜筮以助善。唐虞以上不可记已。自三代之兴，各据祯祥。涂山之兆……王者决定诸疑，参以卜筮，断以蓍龟，不易之道也。"

（《史记·龟策列传》）

【方志选录】

上蔡县东南三十里，白龟庙旁有蔡河。
宓牺氏因蓍草生蔡地，画卦于此，遂名其地。
白龟庙。上蔡县东南三十八里，祀白龟之神，台下产蓍草。
八卦台。上蔡城东三十八里，有蓍草生焉。旁有白龟庙。
蓍草台，城东三十里。

（见《上蔡县志》）

【点评】

本篇流传在河南上蔡县、淮阳一带，是关于"伏羲、女娲洪水后再殖人类"的神话遗存。它应是"灾难重演型"的创世神话。

其中，反映的是淮阳一带伏羲、女娲文化传播区，以白龟为保护神的特点。

由于这篇神话产生在上蔡县白龟庙的所在地，因此，它又是关于伏羲、女娲兄妹婚的风物传说。白龟庙就建在白龟抢救兄妹二人避灾的小河桥头。原来这里蓍草的下面有白龟，才在这里建庙的。

其中的占卜"测天意"仪式说明：当时已向父系社会过渡，"族内婚"已在向"族外婚"演变。因此，伏羲才将石磨从山这边扔向那边。

本篇是伏羲、女娲兄妹婚保护神的佐证。

132. 伏羲八卦拳的传说［淮阳县］

清朝乾隆年间，陈州（淮阳）西北刘老家村有位拳师刘怀。一天，他正练武，一位蓬头垢面的老人仰天大笑:"哈哈哈哈,好看,好看,好一个花拳绣脚呀!"刘怀赶紧收住拳脚,抱拳拱手说:"老师见笑了,请多多指教!"老人也不答话,自去了。刘怀赶忙追赶,哪里追赶得上?刹那间,老人不见了。

刘怀辛辛苦苦习练多年,叫人评个"花拳绣脚",想这老人定不是个凡人。但这人是谁,到哪里去找呢?

这年二月太昊伏羲陵庙会,刘怀来到伏羲陵。他进了午门,一步磕一个头,直到陵前,长跪不起,诚心祷告人祖爷指向。天很晚了,老道上前问:"施主哪里人?天晚了,该回家了吧?"刘怀说:"我叫刘怀,陈州郸城人,立志习武,难遇名师,我想恳求人祖爷指一方向。"老道很感动:"善哉!善哉!可人、神不同,人祖爷又咋能给你指向投师呢?你就是再跪三天也难如愿呀!"刘怀听老道这么一说,赶紧转过脸向老道一拜说:"那就请道长给指个方向吧!"老道想了一会儿说:"我华夏武术,历史悠久,门派颇多,应发扬光大。可有人只是卖弄,练些花拳绣脚,哗众取宠,实在无啥大的用处。施主既有志振兴华夏武术,贫道倒想引你入门。"刘怀再拜。老道说:"三年前,陵院有一老人,自称姓风,蓬头垢面,似道非道,似俗非俗。有人说,他来自武当,有人说,他来自少林;有人说,他来自昆仑,有人说,他来自九天。可他笑而不答,只说择能收徒传武。他飘游不定。后来,在人祖陵后蓍草园西北角搭一窝棚住下了。白天游四方,夜里习武。我也隔墙看过。老人武功根基深,功夫不凡。"老道说着,听见陵后嗖嗖作响。老道说:"巧,巧,这就是老人练武的声音。施主若寻名师,我给你引见。"刘怀再三感谢。老道说着打开陵园西角门,放刘怀进去。

刘怀借着月光,见老人正在陵后蓍草园前练功。只见他全神贯注,精力集中,慢似抽丝,快如腾龙,展放多变,动静圆撑,不像少林,不像大洪,不像武当,不似查功,侧冲拳像穿针引线,上冲拳似霸王举鼎,转身如白猿偷梨,震足似初春雷鸣,实在看不出是哪个门派、哪个拳种!他不敢惊动老人,就悄悄跪在一旁。一会儿,老人收住拳脚,回窝棚去了。刘怀又轻轻前移,在老人窝棚前跪下,直到天明。

鸡叫了。老人出门就说:"刘怀,长夜跪这里,莫不是想学武艺吧?"刘怀非常奇怪,老人咋知道我姓刘,又咋知道我是来学武艺的呢?他也不敢多说,只是叩头:"小子正是刘怀,前来拜师学艺。"老人说:"不用多说了,算是咱们有缘,就和我同住这里吧!"这时,刘怀才看清楚这人正是当初笑他练的是"花拳绣脚"的老人。

转眼五年过去了。一天,老人对刘怀说:"刘怀你来五年零一十八天了,五年中要说的我都说了,要教的都教了,今日是三月初三,我要走了。"刘怀忙说:"师傅,你到哪里去?"老人说:"到处云游,四海为家!"刘怀说:"我虽学了五年,至今还不知咱这拳叫啥名,何处发祥呀?"老人笑笑说:"慢慢琢磨,自然会明白!"说罢出了庙门,一直向东走去。一会儿,老人就无踪影了。

刘怀回到家里,他琢磨了八八六十四天,忽的悟出这拳的阴阳、虚实、起落、进退与练功方位,它的手法、内功、套路,样样合伏羲八卦。刘怀大吃一惊,原来这姓"风"的老人就是伏羲!怪不得老人来无影,去无踪,四海为家!刘怀对着伏羲陵三拜后,就将在伏羲陵蓍草园前所学这拳,定名为"伏羲八卦拳"。

讲述人:南木老人,已故
采录人:戚井涌
采录时间:1983年2月1日
流传地区:淮阳

【点评】

  本篇是流传在河南淮阳的,关于伏羲画八卦文化衍变的武术传说。由于它产生于民间,至今仍为南木老人所讲述,比较接近原始形态。
  其中所说八卦拳的产生,出自武林前辈根据八卦的阵法制定出来的拳法套路,形成了独特的拳术,因此而得名。
  八卦的文化内涵极为深奥。其中涉及天地、日月、风云、雷雨的变化和世界万物的发生、发展的规律。因此,在传统文化中居于核心地位。历代学者从八卦中研究出天文、历史、万物滋生衰败、生物机体、军事阵法、体育、保健等,各方面都从中得到启发,使之在实际生活中的功能得以发扬光大。
  本篇所说八卦拳的传授,是由异人(神),或即伏羲的化身进行的。这在探讨八卦在祖国文化的影响问题上,也是一个典型事例。传授的方式也是通过神秘的机遇进行的。
  刘怀从中悟了八八六十四天,才悟出这拳的阴阳、虚实、起落、进退以及练功方位,它的手法、内功、套路,样样合伏羲八卦原理,才将伏羲神人传授的拳叫"八卦拳"。

133. 洛神宓妃 [巩义市]

  传说很古很古的时候,洛河岸边住着个名叫宓妃的姑娘,她是伏羲的女儿。宓妃不但聪明美丽,而且会打猎,能捕鱼,还会唱歌、跳舞,洛河岸边的人们都很喜欢她。
  宓妃长到十七岁的时候,出脱得光彩照人,仪态万方。她上山打猎的时候,兔呀,鹿啦,看到她就不走啦。她下河捕鱼的时候,鱼儿成群结队往她的网里游。她一展笑容,盛开的鲜花都羞得低下了头,她一开口唱歌,连林中百灵鸟都噤了声。在洛河岸边,所有的姑娘都愿和她搭伴,所有的小伙儿都想和她说话。无论她走到哪里,哪里便充满了欢乐。

当时,洛河里有个龙头人身的怪物,也被宓妃的美丽弄得神魂颠倒,它常常无端地把河水弄得泛滥成灾,淹没岸边的庄稼,冲倒居民的住房,使无数人流离失所,它说:只要宓妃答应嫁给它做妻子,洛河的水患就会停止,人们便可以安居乐业。

美丽的宓妃怎么能嫁给贪婪成性的怪物呢?人们宁可忍受水患,也不愿让宓妃听到河怪说的话。于是,洛河怪物更加恼羞成怒,一次又一次制造更大的水患。

洛河怪物的意图宓妃终于知道了。她想了三天三夜,最后决心牺牲自己,拯救两岸的百姓。她把这个想法一说,两岸的群众悲痛极了,可是又有什么办法呢?

当年六月二十三日,宓妃要走了,她把乌黑的头发梳了一遍又一遍,梳了七七四十九遍,河两岸便突起了七七四十九里堤岸,她把美丽的衣裳换了一遍又一遍,换了七七四十九遍,堤岸上便长出七七四十九里柳树。最后,她告别了来送行的乡亲,走进了洛河之中,从此成了洛水之神。

洛河的怪物满意了,洛河的水患平息了。

两岸的人民为了纪念宓妃,在岸边盖起了庙宇,塑了她美丽的形象,一年四季奉祀,把她称为洛河娘娘。回郭镇一带,每年六月二十三有个古庙会,据说是为纪念宓妃而起办的。

讲述人:孙宪周
采录整理:石栏

图 3.133.1 伊洛河神都(伏羲)庙(程健君摄)

【点评】

本篇是流传在巩义市洛河两岸关于伏羲女儿宓妃的传说。

宓妃为了人民的生活安宁,自我献身牺牲,嫁于龙头人身的河神为妻。其事迹动人心魄。

宓妃的传说在《嫦娥奔月》中另有与后羿相爱的神话,可比较研究。本篇传说还留下宓妃献身坠进洛水的日子,即农历六月二十三日。临走时,她梳了四十九遍头发,洛河两岸筑起四十九里堤防;换了七七四十九遍衣服,两岸长了四十九里柳树,护堤防水。

人们为她的牺牲修庙祭祀。可见传说的历史价值是可信的。

134. 人祖坟的传说［淮阳县］

陈州有个人祖坟,上圆下方,高得像座小山,至今流传着一个故事。

一天,陈①王子骑着高头大马,带着一班人役,下去踏青。天到傍晚,忽然,雷电轰鸣,风雨交加。天空出现一条黄龙,从西北方向飞来。黄龙在蔡河北上空盘旋三圈后,往地面上一落不见了。小王子赶到落龙的地方,啥也没见。他骑上马,左转三圈,右转三圈,跑遍方圆十多里,也未找着黄龙的影子。小王子犯了疑:黄龙为啥会落到这个地方哩?莫非,这儿是一穴风水宝地?陈王知道了,第二天,带领文武大臣,来到城西北角,在离落龙地二百步的地方向北望去:这儿,一马平川,再向西北,有一高一低的九条土岭;往上看,白花花的像水浪,朦胧地有一条黄龙在浪里盘旋。陈王说:"儿呀,看见黄龙了吗?"小王子用手一指说:"那不是!"陈王喜欢得了不得,向小王子说:"我死后就把我埋在这块风水宝地里,以后能辈辈称王。"这天夜里,陈王躺在床上刚一挤眼,忽的觉得满屋金光闪闪。他忙起床,抬头望去,从西边天空飘来一块梅花样的红云,上面托着一位巨人。巨人人头龙身,头戴冲天冠,身披芦衣,手捧八卦,慢慢落了下来。他走进大厅,八卦一举说:"你是陈王?"陈王离座躬身施礼说:"不知尊神高姓大名,从何地来到敝国?""俺本是东方大帝——伏羲。如今从西山归来,玉皇大帝吩咐:俺应有大王点穴,孔圣人安葬,如能葬到这里,保你宛丘安康,不管遇到啥大的灾害,都能有八分收成!"陈王扑通跪倒,恳求说:"不知人祖爷到来,恕我有眼不识泰山!一定照老人家的话。我点穴,孔圣人安

---

① 陈:即陈国。

葬,代替万民,谢人祖爷恩典,保佑俺宛丘所辖地面。"说后人祖飘然去了。陈王惊醒,原来是梦。(直到现在,陈州一带流传着,再坏的年景,也是八成收。)

陈王立即请来了孔老夫子,给人祖看风水宝地。陈王明知穴位已定,专试孔夫子的眼力。他们来到城西北方站定,往南望,万亩湖水如明镜,阳光照射水面,银光闪闪,往北望,千顷良田,一马平川,再远处有九条弯曲土岭;蔡河水,潺潺东流,孔夫子高兴地对陈王说:"这个地方,前些时曾落过一条千年黄龙,是一穴龙地,也是一穴埋葬人祖的宝地。"陈王打心眼里佩服孔子。

陈王和孔子回城。天快到午时,起了大风。风越刮越大,一阵强似一阵,飞沙走石,哗哗、呼呼,刮得遮天盖地,足足刮有两个时辰。人祖头骨,被埋进了穴里。一座高达数十丈的大坟,拔地隆起。陈王又建了庙宇,塑了神像。这就是传到今天的"人祖坟"。

讲述人:张六老,葛店乡戴集南村人,已故
采录人:李振声　徐其广
采录时间:1986年2月15日
流传地区:淮阳周围

【点评】

本篇是流传在淮阳关于人祖伏羲坟墓的传说,比较接近原始形态。讲述人是农民,采录人是文化馆专干。其中加工润色的成分不多。

其中所包含的文化内涵,在于透露出伏羲部族龙图腾的信息。这是华夏先祖信仰的传统遗留。从濮阳西水坡45号墓发现的蚌壳摆塑龙的伏羲文化特征及习俗、信仰可以作证。

本篇中黄龙落在陈州蔡河边,并通过陈王梦中人祖的嘱托,选中这里为葬人祖头骨的墓,是天意,也是人的民族意识的反映。

在同题其他记录稿中,已有关于伏羲头骨的传说,在本篇中就省略了,但这是历来认为太昊陵命名的原因。

此篇可作为珍品处理。

135. 人祖伏羲坟[淮阳县]

在淮阳县城西北角,环城湖北沿有个太昊伏羲陵,陵园最北边有个大坟墓,又高又大,好像一座小土山,这就是人祖爷伏羲的坟。说起这座坟的来历,那可是很早很早以前的事啦。

两千年以前,淮阳这地方叫陈国,有一天,陈王的儿子带领人马到野外去玩,从前晌①玩到后晌,日头快落的时候,"轰隆隆"下起雷暴雨来。小王子抬头看天,只见天空有一条黄龙,从西北方向飞过来,在蔡河北沿上空盘旋了三圈,往地上一落不见了。小王子跑到落龙的地方,左三圈,右三圈找了老半天,也没见黄龙的影子。小王子感到很奇怪,回去给父王一说,陈王心想:藏龙落凤的地方,一准是风水宝地,明天我得去看看。

第二天,陈王带着小王子来到城西北角,站在蔡河沿向北一看,只见前面一马平川,再往远处瞧,高高低低有九道土岭子,土岭子上空白花花的好像水浪子,似乎看见有一条黄龙在里面盘旋。陈王就对儿子说:"儿啊,看见黄龙了没有?"小王子说:"看见啦。"陈王说:"那地方就是风水宝地,将来把我埋在那儿,以后咱就能辈辈称王。"

这天夜里,陈王躺在床上刚一挤眼,忽的觉得满屋子金光闪闪。他赶忙到门口抬头一看,从西边天空飘来一朵红云彩,上面站着一个很高的人,人头龙身子,头戴冲天冠,身披苇叶子衣裳,手捧八卦图,慢慢落了下来。他走到陈王面前问:"你是陈王吗?"陈王慌忙躬身施礼说:"不知尊神高姓大名,从何处来到敝国?""俺本是东方大帝伏羲,如今从西山归来,玉皇大帝吩咐:俺应由大王点穴,孔圣人安葬,如能葬到这里,保你们宛丘安康太平,不管遇到啥大的灾害,都能有八分收成!"陈王"扑通"跪倒,连连磕头说:"不知人祖爷到来,恕我有眼不识泰山,我一定按照老人家的话办,我亲自点穴位,由孔圣人安葬。我替陈国百姓谢谢老人家的恩典,保佑俺宛丘永远安康太平。"说罢,抬头一看,人祖爷已经驾云去了。陈王惊醒,原来是个梦。

那时候孔子正在陈国讲学,天一明,陈王就去找孔子,把梦里的事给他一说,请他给人祖爷看风水宝地。其实陈王已经知道风水宝地在哪儿,他不说,想试试孔子的眼力。孔子跟着陈王转来转去,总找不到好地方。最后转到城西北角,孔子一看,高兴地说:"好,这里曾落过一条千年黄龙,本是一处龙地。正是埋葬人祖爷的风水宝地。"陈王听了,心里暗暗佩服,嗯,真不愧是圣人,眼力就是中!

陈王和孔子回城后,天到快晌午时,刮起了大风,风越刮越大,刮得狼烟动地。大风刮了一个时辰,堼起了一个大土堆,总有几十丈高,孔子对陈王说:"这就是人祖爷的坟墓。"陈王赶忙传旨,命人在坟南边盖了一座庙,庙里塑了人祖爷的像。从那时候起,淮阳一带无论遭多大灾害,庄稼都能八成收。

讲述人:张六老,男,78岁,文盲,淮阳县葛店乡戴集南村农民,已故

---

① 前晌:方言,即上午。

采录人:李振声,淮阳县葛店学校教师;徐其广,淮阳县葛店乡文化站专干
采录时间:1985年2月
采录地点:淮阳县葛店乡文化站

图3.135.1　淮阳太昊伏羲陵(2013年程健君摄)

图3.135.2　淮阳太昊陵大殿(2013年程健君摄)

图 3.135.3　修葺后的淮阳太昊陵午朝门（2006 年孟宪明摄）

图 3.135.4　淮阳太昊陵一角（2013 年程健君摄）

【点评】

　　本篇是《人祖坟的传说》同一讲述人和采录人记录的同题异文。

　　其中的内容主要说明伏羲人祖的图腾是黄龙。这与洛阳龙门的《龙的传人》是一致的。

　　伏羲托梦给陈王要陈王把他葬在陈州，以文献上有相同的记载为依据。黄龙落在蔡河西北，在文献上也有记载。

　　本篇未涉及人祖头骨情节，可能讲述人是一次进行的，遗漏了，也可能是采录人有意删除，意为集中说龙的含义。淮阳又叫龙都，自然比传说中蔡河漂下人祖头骨更重要。在口承神话中出现不同讲法，是正常现象。

本篇与《人祖坟的传说》相比较,其中的润色、加工成分较为明显,值得注意。

在口承故事中,不同讲法的侧重点不同,其理论意义就在于讲述者的思想倾向的差异。因之,研究者切不可忽视对异文的研究。

136. 太昊伏羲陵 [淮阳县]

太昊伏羲陵位于淮阳县城偏西北三里的地方,说起太昊伏羲陵的来历,流传着这样一个传说。

春秋时代,每到汛期,古蔡河常常泛滥成灾。古蔡河两岸的人没法子,只好烧香许愿祷告龙王保佑。这一年,古蔡河又涨水了,两岸磕头祷告的人黑压压的。忽然间,有人喊了一声:"大家快来看,这是个啥?"大家过去一看,原来那人在河里打鱼,用网打出来个头骨。仔细一看,非牛非马,是人头吧,头顶上还有两只角。人群里有个白胡子老汉,大家请他辨认,他摇摇头,捋着白胡子说:"我比你们多吃了几年饭,也认不出这是啥头骨,如今孔夫子正在咱这儿讲学,他见多识广,咱去问问他吧!"

见到孔子,白胡子老汉说明了来意,请孔子辨认。孔子仔细察看以后,双眉一展,满面喜色,急忙把头骨恭恭敬敬地放在书桌上,整整衣帽,双膝跪在地上连连磕头。

白胡子老汉问:"请问老夫子,你这是为何?"孔夫子说:"你们不知道,这是人祖爷太昊伏羲的头骨啊!"白胡子老汉又问:"何以见得呢?"孔子站起身回答说:"太昊伏羲风姓,人头龙身,头生双角,是天下的帝皇,这正是人祖爷的头骨啊!"孔子是天下圣人,大伙相信了。白胡子老头儿带头,"扑扑通通"一齐跪下给人祖磕头。

孔子立即去面见陈王,说服陈王为人祖爷大办葬礼,修建陵庙。陈王传旨征捐派夫,并让孔子看风水点穴。孔子领着陈王来到城西北角,往南一看,万亩湖水如明镜,往北一望,千顷良田一马平川;蔡河像一条玉带一样从湖北边穿过来一直正东。孔子高兴地对陈王说:"此地当年曾落过凤凰,正是为人祖爷筑陵的风水宝地。"陈王听孔子这么一说,觉得这地方确实不错,当即就点了穴位。

民夫们因为是给人祖爷修陵,干得都很卖劲儿。大家挖好了墓坑。把人祖的头骨埋葬了,从四处运来黄土,修了个大冢子坟。又在坟前盖了一座庙,在庙里塑了人祖伏羲的泥胎。从此,经常有人来给人祖爷烧香上供,祈求人祖爷保佑消灾灭祸。

元朝末年,朱元璋造反兵败凤阳,元军追赶,他藏到了伏羲庙里,蜘蛛在庙门上结满了网,追赶的元军见了,以为人祖庙荒无人烟,也没进庙搜查。朱元璋认为是人祖爷保佑了他,等当了皇帝以后,就拨出专款,要仿照南京金陵扩建人祖伏羲庙。由于各级官吏趁机贪污,结果只建成了方圆八百七十五亩的太昊伏羲陵园,简称太昊陵,俗称人祖庙。

  讲述人:李国争,男,63岁,上过私学,淮阳县黄路口乡棠棣集农民
  采录人:杨复俊,男,38岁,淮阳县文化馆干部
  采录时间:1986年4月
  采录地点:淮阳县黄路口乡棠棣集讲述者家里

【点评】

  本篇是流传在淮阳的关于人祖伏羲陵墓来历的神话传说。由于它传播广泛,尽人皆知。它比较接近原讲述的形态。
  其中主要内容在于从伏羲形体、头颅特征判断伏羲头骨。而能做出准确判断的则是深通经书的圣人孔子。他的依据主要是文献《易经》的有关记载。
  人祖坟之所以落在淮阳,主要根据则是陈州曾为伏羲定都的地方,龙文化在这里影响深远,因此有一定的说服力。龙都淮阳从春秋时期以来,历代祭祀人祖太昊陵,已是皇帝、大臣极严肃的神圣仪典活动。这在全国还是唯一的文化传统。
  关于太昊陵庙会文化即由人祖坟而起,这是中华民族尊祖的标志。它的民族凝聚力给了亿万华夏炎黄子孙,其意义之重大,令人肃然起敬。

137. 伏 羲 墓 [淮阳县]

  淮阳一带,古时候叫陈州。陈州城北有座很大的庙院叫太昊陵,也叫伏羲墓。
  据说很早以前,陈州城北的蔡河是一条大河。这条河每年都要发大水,两岸的老百姓也提心吊胆。
  有一年,蔡河又发大水了,水势又猛又急,一浪高过一浪,像小山一样。河北岸的大堤被冲垮了一大截子,豁口越冲越大。抢险的河工们,眼巴巴地看着这凶暴的河水,干着急没办法。
  正在这时,一个滔天大浪又从蔡河上游压了下来。远远望去,浪头上还托着一颗人头。人们看着这颗人头越漂越近,不禁大吃一惊:只见那人头大得像柳斗一样,上面生着两只角,高鼻梁,宽嘴巴,两只眼睛异常有神,跟活的一样。当人头随

着浪头冲出河堤豁口时,豁口就卷起了一个大旋涡。水越旋越急,涡越旋越大。突然,一道闪电刺得人们睁不开眼,接着,空中"啪啦"一声雷响,人们一个个都被吓呆了。一阵霹雳闪电过后,大家定睛一看,那颗人头已经落进了旋涡中心,眨眼就不见了,跟着洪水也一下子落了下去。只见大水起旋涡的地方,留下一个头大的黑洞,深不见底。

当时,陈州的老年人就是从早年的传说里,断定这颗奇怪的头是伏羲(太昊)的头。他们说,这伏羲的头既然落在这里了,就应该也埋葬在这里。于是,大伙一商量,就在人头入地的地方,堆起了一个大坟,土坟前面又盖上一座小庙,供上牌位,取名叫"太昊陵"。每年从二月二到三月三这段时间里,当地还起了庙会。方圆几十里的人们,经常来这里祷念伏羲的功劳。

不知道又过了多少年,朱元璋起兵打江山的时候,开头经常打败仗。有一次,他被元兵赶得走投无路,正好来到陈州城北的伏羲庙。这时朱元璋手下的人,有的被杀了,有的被冲散了,只剩他一个人。他也实在走不动了。眼看就要被追上时,他一见路边的这座小庙,来不及细看,一侧身,就躲进了里面。这座小庙年久失修,东倒西歪。再加上连年兵荒马乱,早就很少有人来这里烧香磕头了,所以,庙里结满了蜘蛛网,十分荒凉。

朱元璋哪里还管这些,当时就冲破蛛蛛网,一头钻进神橱里面,用神橱上的布幔子把自己挡在里面。说也奇怪,朱元璋刚躲好,墙角的蜘蛛马上爬出来,就把冲破的蛛网飞快地结好了,跟从来没有人来过一样。

后边的元兵追赶到小庙附近,不见人了,就进庙搜查。他们一看满屋的蜘蛛罗网,不像进来过人,就退了出来。可是,元兵鞑子官不相信朱元璋会跑到哪里去。他把元兵训斥了一顿,就亲自进庙搜查。当他用长枪挑破蜘蛛罗网,正准备再去挑神橱上的布幔子时,忽然从庙里墙角刮来一阵冷风,冲得他浑身直打寒战,庙里随风飞起的灰尘,也迷住了他的眼睛,疼得钻心。这个元兵鞑子官以为是自己带兵搜庙,得罪了神明,就赶紧退了出来。

朱元璋在神橱里听着外面的动静,连口气也不敢出,吓得出了一身冷汗。等元兵走远了,他小心地跳出来一看,才知道这庙叫太昊陵。他心想,这一次多亏是伏羲暗中保护了自己。当时,他跪下向伏羲叩头说:"日后我如果得了江山,一定重修庙宇,再塑金身。"

后来,朱元璋推翻了元朝,在南京坐了王位。有一天,他忽然想起了过去许过的愿,就赶紧派人带了万两黄金,重新修建了太昊的陵墓,翻盖了庙院。据说,太昊陵墓碑石上的"伏羲之墓"四个大字,还是朱元璋的妹妹亲自写的哩!

采录人:肖新明,男,河南大学中文系1977级学生

采录整理:汪中

图 3.137.1　太昊陵庙会期间的香客(2011年程健君摄)

图 3.137.2　香客们在烧香前要整理一下香表纸和冥币(2011年程健君摄)

图 3.137.3　淮阳太昊陵的香火(2011年程健君摄)

图 3.137.4　香客绕陵三圈为人祖爷添坟(2013年程健君摄)

图 3.137.5　还愿的香客（2011年程健君摄）

【点评】

本篇是流传在淮阳一带关于伏羲陵墓的神话传说遗存珍品。它的价值在于保存了伏羲传说的原型，是口承神话传说的原型。民间口头语言风格鲜明。

本篇中说，判断蔡河上漂来的人头骨是伏羲的头，不是孔子作出的，而是从古老神话传说中得知的。这就找到了真正民间文化的根源，而不是经书或圣人的话。（其实，经书和孔子的话也是最早从民间传说中记下来的）这就把颠倒了的说法又颠倒了过来。

值得特别提出的是，淮阳乃至中原对伏羲的信仰，是有口皆碑的。太昊陵庙会上的祭奠隆重的原因，也在于此。人们的祈求和心愿集中反映在希望伏羲能保佑生活平安、幸福。而在重大的历史事件中，反映得尤为突出。朱元璋起义受挫时，人祖通过神幻的、人格化的蜘蛛和庙里冷风，保护了他。这也是人民的心愿。本篇的宝贵价值和意义，就在这里。它是"历史的公正"在口碑传说中的集中体现。

138. 苏小妹巾书陵前碑［淮阳县］

淮阳县城北关人祖坟南面有个大石碑，上刻"太昊伏羲氏之莫"七个楷书大字。字写得不赖，可是碑上没有落款，据传这七个字是苏小妹用手绢儿写的。

宋神宗的时候，太昊陵进行了重新修建，到该竣工的时候，陵前需要给人祖伏羲立一块墓碑，石碑置办好了，找谁书写碑文呢？当时苏东坡正在陈州教书，经办人就去找苏东坡写碑文。

经办人来到苏东坡的住处，正赶上苏东坡会友不在家。那人就留下个便条，在桌子上放一大张宣纸就走了，不一会儿，苏东坡的妹妹苏小妹从外边回来了，她见哥哥桌子上放一张大宣纸，旁边有个便条，拿起来一看，是求她哥哥给太昊伏羲写碑文的，心想：我的字也不比哥哥的差，哥哥不在家，为啥不求我写，分明是看不起女子。哼，不求我写，我偏要写！她看桌上没有大毛笔，桌子抽屉锁着，用啥写呢？干脆，就用手绢儿写吧，想到这儿，她掏出手绢儿蘸上墨，扎好架子写起来。

苏小妹写罢碑文，也没落款，就回自己绣房去了。等苏东坡会友回来，见到桌子上的宣纸碑文，又看看便条，知道了是咋回事儿。他把妹妹叫来，问："这碑文你用啥笔写的？"苏小妹不好意思地说："是我用手绢儿胡乱画着玩的。"苏东坡高兴地说："不错，不错，就这就蛮好！"苏小妹笑了笑："哥哥，别取笑啦，快撕了你重写吧。"苏东坡忙拦住说："撕不得，用巾笔写书，别有风味，走，快给他们送去。"

他二人去到太昊陵，把碑文交给经办人，恰好这时候走来几位文人，大家看了碑文，都说写得不一般，忽然有个秀才冷笑一声说："这是谁的大笔杰作呀？"苏东坡说："这是舍妹用手绢儿写的。"那秀才挖苦说："嗯，怪不得呢，原来是当代才女的大笔。只是把太昊伏羲氏之墓的'墓'字写成了'莫'字，有点太疏忽了吧！"大家听秀才这么一说，仔细一看，果然是个错别字，你一言，他一语地喳喳开啦。

苏小妹看到这情景，走上前来，不慌不忙对大家说："人祖坟这么大，下面不都是土吗？我是借碑下之土作'墓'字下面的'土'才有意把'墓'字写成'莫'字的。"众人一听，连连点头，不少人赞扬说："嗯，有意思，真乃高才独见，别出心裁啊！"那个秀才听了，也不得不暗暗叹服。

太昊陵的主办人听大家都说好，自己觉得也不错，就赶忙叫石匠把苏小妹写的碑文刻在石碑上，在墓前立了起来，直到现在，那石碑上的七个大字还是"太昊陵伏羲氏之莫"呢。

讲述人：徐其广，男，37岁，高中毕业，淮阳县葛店乡文化站专干

采录人：陈连忠，周口地区群艺馆干部
采录时间：1986年10月
采录地点：周口地区群艺馆

【点评】

本篇是与伏羲墓碑题字相关的文人轶事传说，不属于伏羲神话本体。

其中主要在显示苏小妹的玩弄文字构造上的一点聪慧。将"墓"字写作"莫"字，让人联想莫字下面便是伏羲陵土，虚拟作成完整的"墓"字，传作佳话。

此篇也表现后代文人、学士在太昊陵活动、祭祀、访古的崇敬之情，有一定的文化内涵。

139. 伏羲神话传闻（一组）

（1）伏羲帮禹治水［淮阳县］

人祖伏羲活了一百九十四岁，死在宛丘，有人说伏羲没有死，升天了，同女娲娘娘一起住在天堂。三皇过后是五帝，到大禹治水的时候，传说大禹见到了伏羲。大禹治水来到了龙门，他站在山崖上正察看水情山势，一道紫光过后，水里出现了一条青龙。大禹见青龙出世，知是上天显圣，赶紧从山崖上跳下，尾随着青龙一直追到一个很深很深的山洞里。

这山洞又长又黑，越往里走越窄，勉勉强强够过下一个人。大禹见青龙过去了，也摸索着慢慢朝前去，九曲十八弯，大禹走了九千九百九十九步，忽然觉得山洞渐渐宽了，不远的地方，有个东西在闪光，越近越亮，像一盏明灯，把山洞都照亮了。大禹走过细看，见是条黑龙。又粗又长，嘴里衔着一颗闪光的夜明珠，黑龙道："禹，再往前走九十九步吧。"黑龙为大禹带路，越往前走路越宽，也越亮堂，不一会儿，在一个金碧辉煌的宫殿前停下，宫门口，黑龙住了脚，请大禹进宫，大禹走进宫殿，他抬头一看，见椅上坐着一个人头龙身的人，他身披树叶，腰围兽皮，头生有两个长角。大禹立时明白了这人是谁，就双膝跪拜行礼。他说："您是伏羲老祖吧？"伏羲点点头，回答说："你不是鲧的儿子——治水大司空禹吗？"伏羲小时候遭到过天塌地陷的洪水，知道洪水对天下的祸害，今儿见大禹治水来到了龙门，一路风尘，特意引大禹来相见。两人天南地北，谈得十分投机。大禹要走了，伏羲从龙案上拿出一样东西,交给了大禹,伏羲说:"这是玉简,禹啊,送你治水吧!"大禹接过来,仔细看了看,见是一件玉器,非常好看,他不明白这件宝物的用途。伏羲说:"禹啊,带着这玉简,你的双脚就能丈量江河大地。"大禹急忙谢恩,伏羲叫他赶紧回去,龙门急待着他治呢。

大禹沿原路回返,正走着,黑龙从空中扔下一个水淋淋的东西。大禹接了,见是一块青石薄片,仔细看了看,见那青石片上有不少弯弯曲曲、粗粗细细、枝枝丫丫的线条,大禹为治水踏遍了大江上下,心里猛地一亮,明白了这是伏羲老祖送他的治水图。后来,大禹照治水图,用玉简测了江河山川,三过家门而不入,终于治平了九州洪水。

(2) 太 昊 陵[淮阳县]

元末明初,朱元璋造反兵败凤阳。元军追赶,他藏到了陈州伏羲庙。蜘蛛来来往往在庙门上结满了蛛网,追赶的元军见了,以为人祖庙荒无人迹,匆匆离去了。朱元璋当了皇帝以后,于明洪武四年拨出专款,大兴土木,要仿照南京城扩建人祖伏羲庙。由于各级官吏趁机贪污,中饱私囊,到了陈州这一层,已寥寥无几了。最后建成了方园八百七十五亩的太昊伏羲陵,俗称太昊陵。

(选自海燕出版社《人祖传说故事》)

讲述人:李国争,男,63岁,农民
采录人:杨复俊
采录时间:1982年2月
采录地点:淮阳太昊陵庙会
流传地区:淮阳周围

(3) 伏羲降日寇[淮阳县]

1937年,日寇进淮阳后,烧、杀、抢、掠,害得淮阳鸡犬不宁,男男女女,老老少少不得安生。

一天,驻扎在黄路口的日本小队长中村,带领鬼子兵,从黄路口一路作恶,赶到太昊伏羲陵。中村到了午朝门,马也不下,撞开陵门,直往里闯,陵门又厚又大,没有撞开。中村一声令下,把陵院墙推倒了。鬼子兵骑上东洋马,舞着东洋刀,见人就杀,见树就砍,直往太昊伏羲陵里面冲。

当中村冲到陵院里面,见太昊伏羲陵古建筑群雄伟庄严,松柏挺拔,气氛十分肃穆,这些鬼子兵才下了马。

一个老道人迎上来,中村瞪着眼珠子,用东洋刀指捣着老道人,质问这是啥地方。老道人说:"这是人祖太昊伏羲陵。"

中村是上过几年学的,历史他懂,对中国略知一二。中国尊伏羲为人祖,日本也称伏羲为人祖。中村听说是人祖伏羲陵,立时凶相收了,忙赔笑脸。他顾不得再问,回头立即命令人马撤出太昊伏羲陵,生怕走不了,人祖认出他来。

中村勒马回到黄路口,头疼、发烧,心里惊恐不安。他以为自己闯了人祖陵,毁了人祖陵园,是人祖伏羲惩罚他。他左思右想自己有罪。

中村为了赎罪,到处找人,请了一班唢呐,八仙桌上放着整猪、整羊,放着香、蜡、纸、炮,一路吹吹打打,中村带头,从黄路口步行,一队日本兵到太昊伏羲陵还愿,向人祖伏羲赔罪道歉。

日寇到了太昊伏羲陵。在统天殿的朝台上,一拉溜儿跪下,中村双手合十,老老实实地跪下向人祖伏羲认罪。

讲述人:吕全来
采录人:杨复俊
采录时间:1988年3月4日
流传地区:淮阳

(4) 人祖爷逃难［淮阳县］

1938年,日寇攻陷淮阳以后,淮阳沦陷了。人祖殿、女娲阁都搬到南顿光武庙来了。

每年二月二到三月三,庙会可热闹了。

女娲、伏羲一搬来,拴娃娃也在项城兴起来了。不生孩子的人来拴娃娃。想要小子了,管生小子;想要闺女,管生闺女。

鹿苑寺后边有两棵白果树。在东边白果树上的皮刮了,回去熬熬喝了生小子。在西边那棵白果树上的树皮刮了,回去熬熬喝了生闺女。来求儿的妇女都想生小子,就把东边那棵白果树刮完了,结果很早就刮死了。如今,只有西边的白果树活着。也有刮西边白果树的,不过很少。

讲述人:高老师
录音:张振犁　程健君
采录时间:1983年11月17日
采录地点:项城县招待所

(5) 人祖爷送馍 [项城市]

[题记] 这显然是一个荒唐的故事。人祖爷在当代中国对越战争中竟然显了灵。不管人们承认与否,我都认为它是神话。理由:①它描述的是关于神仙的故事。②它富于积极浪漫主义特色,肯定对越反击战的正义性。③当代中国农村落后、愚昧的状况,仍然具备产生神话的土壤。关于这种看法,期望得到老师的理解。

淮阳县太昊陵住着人祖爷,近几年不断显灵。不知从那年月起,人们总是在每年二月二到三月三去太昊陵烧香焚纸,乞求显灵,保佑丰顺平安。

太昊陵的人祖爷庙安着巨大而沉重的石门,门常用铁链锁着,当人祖爷显灵时,石门就会自动打开。每一次石门打开,总会出现稀奇古怪的事。公元一千九百七十八年,太昊陵锁着铁链的庙门又一次打开,不久便传来一件新鲜事:

在对越前沿阵地上,我某作战团被越军重重围困在一座孤山上,已经五天五夜断绝了给养和水源,部队面临覆灭的危险。我军指挥官急躁不安,疲惫不堪地同战士们一次又一次打退敌人的进攻。这天早晨大雾迷漫,一米开外就看不清人。在严密看守的作战指挥部里,突然出现一个老头儿,鹤发童颜,满面和善的微笑。一手提茶罐,一手掂着馍篮,笑着说:"我给战士们送点东西吃。"首长看出很真诚,表示了感谢。"只是太少了,"首长表示惋惜和无奈,老人不慌不忙说道:"来吧,我给大家分。"说罢,他开始分馍,从早晨到晚上一直从筐里取馍,总也取不尽。茶罐里的水呢,永远也倒不干。黄昏时分,战士们都吃得饱饱的。于是战士们就问他家住哪儿,姓名,怎样突破越军来到这里。他答道:家住淮阳太昊陵,没有名来没有姓。"诺,就从那儿来的。"说着指向北方,大家一转眼,老人便不见了。战士们颇感奇怪,直感到浑身有使不完的劲,次日,我军打了一场大胜仗。

讲述人:王凤领,58岁
采录人:朱峥峰
流传地区:项城

【点评】

本组的"伏羲传闻",是后世人们出于对伏羲人祖的虔诚信仰,表达了人们的心愿:人们和伏羲的心是连在一起的。在重大的历史关头,伏羲都和自己人在一起,保护人民的幸福和安全。例如:

《伏羲帮禹治水》是人祖帮大禹率民战胜洪水灾害;《太昊陵》,帮朱元璋打倒元朝统治;《伏羲降日寇》,战胜侵略者,保家卫国;《人祖爷逃难》,伏羲与百姓共抗日寇;《人祖爷送馍》,帮对越自卫反击战的战士战胜饥饿等等。伏羲成了中华民族之魂。几千年来,中原的人民时刻都和伏羲在一起,人们安危祸福,莫不寄希望于人祖庇护。尽管这些都不是事实,也是不可能的愿望和幻想,但这却是永远不可泯灭的民族精神的结晶。它具有强大的号召力和凝聚力!

140. 担经挑的来历 [淮阳县]

年年二月太昊陵庙会上,都有老婆儿们来担经挑。啥叫担经挑哩?头上包黑纱,身上穿黑衣,用竹扁担担俩花篮,一头是龙,一头是凤。旁边有俩老婆儿打竹板,敲铜铃念经,几个担经挑的随着插花(交叉)跑、跳,好多人围着看,这就是担经挑。要问这规矩是打哪儿来的,这得从女娲娘娘身上说起。

听老辈人讲,女娲补罢天死了,她女儿宓妃很想她。后来她听说她娘没死,有人还见过,女儿就下决心去找她。她做了俩花篮,一个扎的龙,一个扎的是凤,里头插点子花,她写了孝敬她娘的经文,放里头,用竹扁担担着找她娘,爬了好多的山,过了好多的水,走到哪儿,就在哪儿担着经挑跳,招惹了很多人来看,她就打听她娘在哪儿,打听不出来,还走。

就这,把全天下都快跑过来完了,到底打听到消息啦,原来女娲补了天真的没死,她走错路进了恶狗庄,变成了黑狗。听人说:"恶狗庄,恶狗庄,十人进去十人亡。"宓妃为了见她娘,她才不怕哩,有个老婆儿给她七个杂面饼子,对她说:"记住,这叫打狗饼,要进恶狗庄得过七个关口,过一关你扔给把关狗一个饼子,趁它吃饼子,你赶紧过去。"

宓妃就照那个老婆说的,又走了七天七夜,到了恶狗庄,可不是,每个关口都有恶狗把着,她用七个打狗饼闯过了七个关口。走到个十字路口,看见个黑狗蹲一边难受哩,泪汪汪地看着她。宓妃心里一"咯噔",上去就问:"请问,你是我母亲女娲吗?"黑狗一听"呜呜"哭开了。她过去抱着头也哭开啦:"母亲,可找到你啦,快跟我回家吧。"黑狗不会说话,也没吭气。宓妃把经文放一个篮里,把黑狗抱空篮里,赶紧偷偷跑出了恶狗庄。

宓妃的孝心感动了老天爷,刚出庄没走多远,女娲现出了原形。娘儿俩又高兴又伤心,说不完的心里话。她俩刚想回宛丘,忽闪一道金光,女娲随着金光上天成神了。

女娲这一上天,宓妃算是再也见不到她了。后来听说淹死洛水里成了水神。就这,后来人都学着宓妃的样子担经挑,也不是啥迷信,不过为的是祭奠祖先,谁的经挑做得大,做得好看,谁就是知宗敬长的真金女。

讲述人:张大娘,85岁,文盲,淮阳县城关农民,担经挑能手
采录人:杨复俊,淮阳县文化馆干部
采录时间:1985年3月
采录地点:淮阳县太昊陵

图3.140.1 太昊陵庙会上的原始舞蹈"担花篮"(2011年程健君摄)

【点评】

本篇流传在淮阳太昊陵周围地区,是关于女娲的女儿宓妃寻找母亲女娲的遗俗风情的传说。

其中所表述的"担经挑"据说源于女娲补天后累死了,后来女儿宓妃听说母亲又没有死,她决心不怕千辛万苦寻找母亲时,做了龙凤两个花篮,里面装着鲜花和孝顺女娲的经文,到处寻找母亲。

经历许多磨难,终于在老妈妈的帮助下,找到了女娲,母女团圆。天帝感动,把女娲接到天上成了神了。这是与女娲有关的神话传闻(女娲被变成了黑狗),也说明"担经挑"不是一般的舞蹈,它有宓妃对女娲至孝的世态人情,教育后人不知多少年代了。

值得注意的是,关于"担经挑"舞蹈(歌舞)本身,学者们研究表明:其中有关于龙凤图腾交尾的原始信仰。伏羲、女娲都是"人首蛇(龙)身",先为兄妹,后为夫妇。龙体交配,繁衍人类的重大事件,在"担经挑"花篮中的经文中都有存留。舞蹈中,两个女人穿黑衣,头上顶黑纱拖地,当背对背走过时,就有两龙(蛇)交尾、配合的深意:置婚媒,是女娲的重大功绩之一。

141. 泥泥狗的传说[淮阳县]

传说古时候,有一天,突然间风起云涌,下起了倾盆大雨。雨停后,只见大地一片汪洋,天下只剩下了腰系葫芦的伏羲和女娲兄妹二人。他俩在一座山顶上,转来转去,看着洪水发愁。

洪水退去,他俩住在山洞里,披着树叶,靠捉点鱼虾和挖点野菜活了下来。后来,兄妹长大,结成夫妻,繁殖了人类。因此,后人敬称伏羲为人祖爷。

有一天,伏羲在湖边柳树下领着儿孙们玩耍,他们有的用柳枝编帽子戴,有的编罩子捞小鱼小虾。伏羲折了一段嫩柳枝,截成短节,去掉心木试着一吹,非常好听。他用力吹,音高;不用力,音低;轻吹,音居中。伏羲又吹了一遍,皱着眉头想了想,然后望望天,看看地,又看看子孙们,就尽情吹起来。大家一听,捞鱼的也不捞了,编帽子的也不编了,都仿照伏羲用柳枝制成柳苗嘀嘀嗒嗒地吹起来。

到了冬天,子孙们还向伏羲要柳笛吹着玩,这咋办呢?伏羲实在没法,就只好用水和泥捏制他最喜欢的葫芦给大家玩。大家不高兴,他又给他的子孙捏了许多鸟兽虫鱼,并上了五彩。可子孙还是不高兴,说不能吹响不好玩。伏羲灵机一动,心想:柳枝两个眼能吹响,我在葫芦上也扎两个眼试试,一扎一吹,果然不错,扎两眼也能吹出一高一低一中三个音。伏羲一高兴,又在葫芦上扎了三个眼,一吹声音变化更多,吹闹起来更热闹了。伏羲想。葫芦真不错,大水来时救了我和妹妹的命,如今又给子孙带来欢乐,我干脆按八卦原理扎上七个眼试试,后来又成功了。大家见葫芦吹得好听,都不要上彩的鸟虫兽鱼了。伏羲心想,我在这些鸟兽虫鱼上都扎上两个眼,要是能吹出三个音,我看你们还要不要。

直到现在,淮阳的泥泥狗都能吹出三个音。泥葫芦有两眼的、五眼的、七眼的三种,一个眼可吹出三个音,听起来是"哩哩喽",因为这,群众叫它"哩喽"。每年二月会上,卖泥泥狗的很多,因为伏羲女娲的子孙都喜欢这泥玩具"哩喽",争先恐后地买。

讲述人:马师庆,男,60岁,安岭乡马楼村人

采录人:凌丁甲
采录时间:1986 年 2 月 2 日
流传地区:淮阳

图 3.141.1 淮阳人面泥泥狗(程健君摄)

图 3.141.2 太昊陵庙会上的泥泥狗(2013 年程健君摄)

图 3.141.3 太昊陵庙会上的泥泥狗(2013 年程健君摄)

图 3.141.4 太昊陵庙会上的泥泥狗(2013 年程健君摄)

图 3.141.5 太昊陵庙会上的泥泥狗（2013年程健君摄）

图 3.141.6 太昊陵庙会上的泥泥狗（2013年程健君摄）

图 3.141.7 太昊陵庙会上的泥泥狗（2013年程健君摄）

图 3.141.8 太昊陵庙会上的泥泥狗（2013年程健君摄）

图 3.141.9　太昊陵庙会上的泥泥狗（2013 年程健君摄）

图 3.141.10　太昊陵庙会上的泥埙（2013 年程健君摄）

【点评】

　　本篇流传在淮阳太昊陵,是关于伏羲人祖为子孙研制原始乐器并逐渐完善全过程的文化风物传说。

　　其中,透露出"伏羲、女娲洪水后再殖人类"神话中,兄妹为葫芦保护,避过灾难;后来,又用葫芦(用泥捏的)做成了乐器。这正是中原人祖文化来自葫芦文化的重要体现。(在沁阳的《伏羲峰和女娲山》正是这一神话的同一母题。)它不是孤立的偶然巧合。

　　泥泥狗原始艺术的文化内涵,据学者研究,它是原始伏羲部族图腾信仰的映照。其中出现的人面猴、双狗交尾、燕子等都是原始社会异性交配的生殖意识的体现,也是人类对生殖(女阴)的崇拜。这是很宝贵的原始艺术的完整遗留。像泥泥狗中的龟、犬、燕子等,都是原始图腾的形象化。因此,泥泥狗的社会作用就在于不忘先祖遗泽。所以,凡是从太昊陵二月二到三月三庙会上回去的斋公、老爷爷、老婆婆都要带些泥泥狗在路上撒。不然,村里小孩儿不让过去。这看起来很平常的有趣的习俗,却蕴含着深层的信仰观念,它不单是乐器。

142. 泥泥狗犁地 [淮阳县]

　　有一年,天大旱,从种麦到年底也没有下雨雪,翻过年正月要过完了,还是这样,麦不放叶,大秋地干得裂缝。马上二月人祖庙会到了,人们哪还有心去淮阳太昊陵里进香呢?老斋公、会首都在自家院里祷告,说"人祖爷!请准俺欠一下今年的香火吧?等明年、后年再补!"

　　二月初一,太昊陵午朝门的大路上,净般般没人来,五顷四十亩的庙院里冷冷清清的,人祖爷坟前,女娲观里断了香烟。道人还说怕人祖怪罪罚他们,都愁得不得了。

　　初一夜里刚交更,忽然东北天边起了云彩。一会儿,黑风、大雨下来了。人们看到地里一群群黑疙瘩乱滚,听到稀里哗啦地夹着风声好像犁子耙在响。都没经过这样的事儿,心想莫不是妖怪来了,都吹灯灭火,关门,蒙头躲到被窝里。

　　没有料想到,等到天明,还是大晴天,起来看到地里麦苗长起来了,大秋地都犁耙好收拾得齐齐整整,土坷垃湿漉漉的。人们才知道是太昊陵人祖的泥泥狗下来犁的地。这是给人祖爷请客的。这年的会还是和往年一样,从二月二会到三月三,比往年烧香的还要多。

讲述人：贾王氏
采录人：彭兴孝
采录时间：1987年元月20日
流传地区：淮阳周围

【点评】

本篇是关于泥泥狗为民造福的神幻传说。它是当地人们对伏羲信仰的具象化，不属于伏羲神话的本体。

其中所包含的对伏羲庇护人民利益的信仰，深入人心。甚至连泥泥狗这种伏羲创造的乐器被神化后，也配合伏羲在天旱降雨的夜里，出来神秘地为人民犁地，种庄稼。民间的这种信仰的"衍变"便是与人民（后世）生活的苦乐密切连在一起。这种衍变的信仰，在神话的流变中，随处皆是。

二月二到三月三太昊陵庙会期间偶因干旱，庄稼缺雨秋禾种不上，人们无心朝拜人祖时，一夜之间，奇迹般出现夜间降雨，泥泥狗犁地，旱情解除。这冥冥之中人祖伏羲的庇护一目了然。这就是神话传说中经常出现的神幻景象。它是神话意识的物化，这种"物化"在民间口承神话中却是经常出现的合理的"逻辑思维"。

143. 子孙窑［淮阳县］

在太昊伏羲陵，显仁殿东北角，殿廊基上有一块青石，青石上有一个窑窑儿，人们叫它子孙窑儿。

传说，想要男孩儿的女人，只要用手摸摸这子孙窑儿，就能如愿得子。所以，多少年来，每逢一年一度的二月太昊伏羲陵古会，子孙窑儿附近，人山人海，女人们把手举得高高的，挤着拥着，想方设法摸摸子孙窑儿，七八十岁的老太太也歪歪仄仄要摸一下，人问她："老斋公，还想生一个？"老太太笑得合不拢没有牙的嘴，她回答："替我媳妇摸的。"大闺女低着头举起了手，偷偷摸摸地摸一下，人问她咋摸得这么早？她羞红了脸，说："给我嫂子捎的！"至于那些小媳妇，就更不用说了。女人们进了太昊伏羲陵，如果不摸摸子孙窑儿，那是天大的遗憾。

太昊陵东二十五里有个村庄，名叫赵家庄。赵家庄有个赵百万，骡马成群，良田千顷，是远近百里皆晓的大户。赵百万有权有势，有地有银，他跺跺脚，整个陈州府都打颤颤。他一顺百顺，可就有一个不顺心的事儿，三房九妾，只有大房生了一个儿子,其他这一群女人都不会生育。这还不说,就这么一个宝贝疙瘩,三天两头有病,黄病寡瘦。赵百万嘴里不说,心里说:"天哟,真是苍天不睁眼,断我赵家后世青烟啊!"赵百万这块心病,每每想起,比剜他的心都难受。这年仲春二月十五,赵百万八岁的儿子赵千万又病了。赵家请郎中、请巫婆、请神汉,忙得头不是头,脚不是脚,啥法儿都用了,赵大少的病还不见轻,急得赵百万像热锅上的蚂蚁团团转。

恰在这时候,来了一位郎中,说能包治赵大少的病。赵百万闻听,立即把郎中请到客厅,摆酒设宴,猴头燕窝,山珍海味,无所不有。这郎中个儿不足四尺,黄眉毛稀稀拉拉,眯缝小眼,蒜头鼻子,尖嘴猴腮。他见赵百万求医心切,以三百两白银的重价卖了一个方子,要一对八岁男童双生子的心尖,莲花叶包了清蒸,吃了百病皆除。

赵百万立即派人四处打听。家丁们跑断了腿也没找到。不是年岁不合,就是一男一女。赵百万指着家丁的鼻子骂:"要是找不到一对八岁双生子,我就剜你们的心!"赵百万什么事都干得出来,家丁们吓得屁滚尿流,又各自寻找去了。

无事不巧。恰好这当儿,赵家庄来了一个讨饭的女人,带了两个男孩儿,正是八岁的一对双生子。这下子喜得赵百万合不上嘴,好像自己的大少病已好了。也该赵百万倒霉,正当要挖这一对双生子心的时候,赵百万的孩子断气了。赵百万哭得不省人事。待到赵百万清醒过来,那郎中早逃得无踪无影了。赵百万咬牙切齿,恶狠狠地问家丁:"那一对双生子呢?"家丁说:"在厢房里锁着。"赵百万说:"好!我儿子就死在这一对双生子身上,把这俩孩儿殉葬!"家丁说:"啥时动手杀呢?"赵百万横眉竖目说:"笨蛋!到时候用不着动刀,让他俩笑着陪我家大少入土。"

到了赵大少出殡这天,赵百万来到了厢房,手端了两半碗银光闪闪的东西,对两个八岁的双生子说:"娃子,今天叫你们回去见妈妈。临走前,得把这半碗稀饭喝了,要不,是不放你们走的。"两个八岁的孩子,从没有见过这银光闪闪的稀饭,一天没吃东西了,饿得抓耳挠腮不是味儿,见这位大善人这么慈悲,以为一定是好吃的。于是,各个接了,不论分说,大口大口地喝完了,还不知啥味儿呢。赵百万让喝的不是稀饭,而是害人的水银。不大一会儿,两个孩子咯咯大笑起来,活活笑死了!

赵千万的出殡队伍前,有两辆孝车,每辆孝车上有个莲花盆,莲花盆里各坐着一个笑盈盈的孩子,便是那个讨饭女人的一对双生子。

讨饭女人不见孩子几天了,到处披头散发地寻找,连眼泪都哭干了。这天,她呆望着送殡队伍,忽然看到了自己的亲骨肉,就喊叫着孩子的名字,飞跑着要扑上去。忽然,一双大手拉住了讨饭女人。拉她的是赵家的一个佃户,名叫张五。张五说:"大嫂子,孩子脸红扑扑的,笑盈盈的,已叫赵百万用水银灌死了……""啊……"女人惊叫一声。张五一把捂住女人的嘴,压低声音说:"大嫂,赵百万要斩草除根,正派俺寻你呢!要是你落到他手里,连你也活不成啊!"

讨饭女人当场昏过去了。待送葬队伍过后,张五同乡邻一起救醒了讨饭女人。这女人苏醒后,咬咬牙,一声没吭,走了。

讨饭女人来到太昊伏羲陵,已是红日西下的时分了。她走进陵园门,迎面走来一位鹤发白须的老道人,身披道袍,手执拂尘,对讨饭女人说道:"有大灾大难的可怜人,你莫要伤心!"讨饭女人瞪大眼睛道:"你……"老道人说道:"天下难平不平事。"讨饭女人跪倒在老道人面前哭诉起来。老道人说:"起来,起来,快起来,我对你说,女娲造了人,天下称女娲为送子娘娘,你去求女娲娘娘,明年就能得一子。""我没钱买黄表买香啊!""女娲明白天下事,不要说了,她不计较。""可是真的?""对。你要记住:太昊陵显仁殿东北殿廊下,有一青石,青石上有一个窟窿窑儿,名叫子孙窑儿,你轻轻摸一下,女娲便知道了,明年一定送你个儿子。"老道人说罢,飘然而去了。

女人照老道人的话办了。第二年果真生了个白胖娃子,起名叫平渊,这家姓师,全名叫师平渊。师大嫂讨荒要饭,供养师平渊上学。一十八岁那年,平渊果然金榜高中,朝廷钦定放陈州当了知府,当年就斩了罪大恶极的赵百万!从此以后,女人摸子孙窑儿求子的风俗更盛了,这个风俗一直延续到今天。

图 3.143.1　太昊陵内有个子孙窑,求子的人们都要摸摸,以求早得贵子
(2011年程健君摄)

【点评】

　　本篇流传在淮阳太昊陵周围，是伏羲、女娲造人神话"衍变"出的原始社会中原先民发展的遗迹风物。

　　其中的文化内涵是：在太昊陵显仁殿东北角台基上的小石洞，就是女阴的象征。据说，人们用手指向小石洞内摸一下，就可以孕生儿女。这个"摸子孙窑"的习俗，就是性交的模仿。这种明显的生殖崇拜，自然是由人祖爷、人祖奶生前造人，衍变而来的后人对人祖的信仰所形成的习俗，也是中华人文始祖庇护后人的神圣观念的体现。具体开凿"子孙窑"活动，自然也是后人希望人丁兴旺、民族昌盛的心理反映。

　　本篇所说的庙会上群众纷纷沿袭此俗的心理如此风行，正是人类社会生活发展的典型活动。

　　由此而延伸的赵百万残害人命，讨饭妇女摸子孙窑求子成功，儿子努力读书，做官报杀子之仇的故事，就是进一步的演变了。

四、女娲和伏羲

144. 莲生伏羲女娲［淮阳县］

相传,很久很久以前,盘古开天辟地活活累死以后,他的眼睛变成了大湖。

天长日久,湖里慢慢生出了莲叶,长出来一根花梗,上头却结着两个花骨朵。

两个花骨朵吸收了日月的精华,天地的灵气,越长越大。

一天早上,花骨朵突然开开了,好大好大,中间坐着两个娃娃,一个是男的,一个是女的,都长得又白又胖。

这两个娃娃,男的就是伏羲,女的就是女娲。他们出世后,天下才有了人。

因为莲花生出了伏羲女娲,所以人们都爱莲花,把它看得很尊贵。

后来人们崇拜神灵,画神像,塑神态,都让神坐在莲花上,就是受莲生伏羲女娲的影响,也是对莲生伏羲女娲的纪念。

采录人:郭云梦

【点评】

本篇是中原地区唯一讲述伏羲、女娲是由盘古死后的眼睛变成的大湖水,生出莲花,又从莲花骨朵中出生的创世造人的神话遗存。

其中所说伏羲、女娲出生与盘古的眼变的湖中生的莲花有关。从其伏羲、女娲生殖意识来看,说明二人与盘古肢体化身中的两眼变日、月相关联。伏羲象征日,女娲象征月,正相吻合。这种观念,在中国古代神话中"伏羲捧日""女娲捧月"早已为中原考古所证实。例如,洛阳汉代墓里的壁画《伏羲、女娲与日月》图,就非常清楚,说明伏羲、女娲与日、月的神话相一致。另外,在南阳汉画像石中亦有《伏羲捧日》和《女娲捧璧》图像("璧"字在文献中也都有"璧月"或象征月亮的意思,如"月圆如璧""璧月夜夜满""璧月之题照"及"静影沉璧"等以"璧"象征月亮的意思。《说文

(段注)》引《周礼》说:"璧圆以象天也")由此可知,本篇的文化内涵伏羲、女娲由盘古所生的主旨正是中原本土神话意识的映照。

至于为何从莲花中生出伏羲、女娲,其中认为与莲花高洁、圣明直接有关。中国人特别爱莲,正是由于人祖生于其中。这便是中华民族尊祖意识的表现,伏羲、女娲实属天地日月天体的象征。

至于我国中州所塑佛像皆坐莲花盘上是否与印度大梵天亦生于莲中有关,尚是疑问。这一点也不排除佛教文化的影响,这种多元本体神话仍属中原文化。

145. 天 地 分 [淮阳县]

在很古很古以前,天和地有一棵大树连着,这棵树名叫通天树。天上的神仙能顺着这棵树下凡上天。地上的人,除了人祖伏羲,谁也爬不到天上。那时候人很缺吃的,时常饿肚子,个个长得面黄肌瘦。伏羲听说天上有一种长生果,吃了它,能一辈子不饿。伏羲决心上天弄回来一些长生果叫大家吃。

这天,伏羲顺着通天树爬到了天上,正好碰见升天成神的白龟。他向白龟打听长生果的事儿,白龟对他说长生果很不容易弄到,要想找到长生果,必须闯过四个天门。为了叫人不挨饿,再难伏羲也不怕!

伏羲先来到北天门,一只大乌龟拦住了去路,伸着脖子瞪着眼恶狠狠地说:"伏羲,这里不能走,你来干什么?"伏羲说明来意,乌龟摇摇头说:"不行,天上的宝物,怎么能随便弄到人间,你赶快给我拐回去!"伏羲哀求说:"天下的人太苦啦,你行行好吧,放过我这一回,天下的人千秋万代都会恭敬你。"乌龟说:"就是我放过你,西天门的白虎也不会放过你,弄不好白虎会把你吃了!"伏羲说:"我是人祖,不能怕死,应当敢过西天门,你快放我过去吧!"乌龟听伏羲这么一说,就放他过去了。

过了北天门,伏羲很快到了西天门。白虎张牙舞爪拦住伏羲说:"伏羲,你来这里干什么? 赶快走开!"伏羲说明来意,白虎眼一瞪说:"不行,天上的宝物,不能随便送给凡人,你快离开这里,不然我就吃了你!"伏羲哀求说:"好白虎哩,你是天神,可怜可怜天下的人吧,你放我过去,天下的人会永远恭敬你。"白虎摇摇头说:"不是我难为你,就是我叫你过了西天门,南天门的朱雀也不会放过你,惹恼了朱雀,会把你叼死!"伏羲说:"我是人祖,不能因为怕死,就不管天下的人,你放我过去吧!"白虎看他决心怪大,就放他过了西天门。

伏羲到了南天门,朱雀张开翅膀挡住了去路:"伏羲,这里不许你过,你来干什么!"伏羲说明来意,朱雀扬起脖子很凶狠地说:"快走开! 天上的宝物怎么能乱动,再不走我就叼死你!"伏羲哀求说:"好心的朱雀,你是神仙,哪有神仙不可怜人呢,你放我过去,天下的人会世世代代恭敬你。"朱雀眨眨眼说:"不是我不可怜天下的人,就是我放你过去,到了东天门,青龙也不会放过你,青龙发了怒会把你吃掉!"伏羲说:"我是人祖,为了天下的人不挨饿,我不怕死!"朱雀看伏羲心眼怪好,就放他过去了。

伏羲最后来到了东天门,青龙正卧在那里,一见伏羲,"呼"一下跃起来,大声吼叫:"伏羲,你来这里干什么,快走开!"伏羲说明来意,青龙摇头晃脑地说:"你说得轻巧,天上的宝物,怎能随便叫你拿去,快走,不走我就吃了你!"伏羲哀求说:"好心的青龙,天下的人都快饿死了,你是神仙,能不可怜他们吗?你放我过了东天门,天下的人祖孙万代会恭敬你。"青龙说:"不是我狠心不放你过去,你过了东天门,也难躲过天兵天将,被他们抓住会碎尸万段!"伏羲说:"我是人祖,为了天下的人能活下去,我碎尸万段也不怕!"青龙听他这么一说,很受感动,就放他过了东天门。

四门闯过,伏羲终于找到了长生果,只见满树黄澄澄的果子,香气扑鼻。伏羲高兴极了,他正要上前去摘,忽听身后大喝一声,过来两个金甲力士,伸手把他抓住,不容分说,押到凌霄殿去见天帝。天帝听说伏羲是来摘长生果的,非常恼火:"大胆伏羲!长生果本是天上神仙的圣果,怎么能叫人吃呢?凡人吃了圣果,不也变成了神仙!人都成了神仙,谁还敬神供香火?念你来摘长生果是出于一片好心,今天饶你不死,快下界去吧!"说罢,命天兵把伏羲赶了下去。

乌龟、白虎、朱雀、青龙因为放行伏羲,天帝把它们贬到了下界。伏羲有言在先,说是只要放他过了天门,天下的人就千秋万代恭敬它们,只得把它们安上神位,青龙居东,白虎居西,朱雀居南,乌龟居北。从此,人们都敬青龙、白虎、朱雀、乌龟,乌龟也称玄武。

伏羲没弄到长生果,倒惹天帝生了气,随即下令伐掉了通天树,断绝了天地相连的路,从那儿以后,天和地算是完全分开了。

讲述人:刘王氏,82岁,文盲,淮阳县城关农民,已故
采录人:杨复俊,淮阳县文化馆干部
采录时间:1985年8月
采录地点:淮阳县文化馆

【点评】

本篇流传在宛丘(淮阳),是伏羲上天为民觅食的神话珍品。

其中所说的"登天梯",在文献上叫"建木"。关于建木的所在地点甚多,又含糊

不清。建木与中原的关系：①文献中（如《吕氏春秋》《淮南子》）多言建木，"盖在天地之中也"，"建木之下，日中无影，呼而无声"。可知建木与中原关系密切。②"建木，百仞无枝……大暤爰过，黄帝所为"（《山海经·海内经》）。可知伏羲、黄帝都曾沿建木上下，而很少有关于伏羲沿建木上天为民求食的神话传说。③有淮南国淮南王鼓羽登天之说（昆仑东南为淮南国）。可知建木传说与之有关。因此，《天地分》这篇神话遗存是可信的。同样，从民间农妇口中采录的这篇材料比较接近原始形态，无编造之痕迹。

本篇所叙述的伏羲登建木时，在其图腾白龟的帮助下，通过四个把守的禽兽，青龙、白虎、朱雀、玄武（龟），找到长生果，后四禽兽受天帝惩罚下凡。伏羲及其族人共尊东青龙，西白虎，南朱雀，北玄武之神。天体运转四大方位的定位，具有极其重要的天文科学价值。而这个文化信息与濮阳西水坡四十五号墓（据说即伏羲墓）中的四方位的确立，证明在六千五百年前的伏羲时代已经基本明确无误了（尚缺朱雀）。

总之，本篇是我国远古口承神话遗存中的奇迹，《天地分》不仅是神圣的叙述，而且是真实可信的。其中对伏羲的信仰是深刻的。

146. 伏羲的由来[淮阳县]

在很古的时候，陈州（即现在淮阳县城）是一个国都。一年，陈州发生了一场大战，眼看敌军兵临城下，陈州马上就有遭沦陷的危险。这时国王向文武群臣说："谁能击退敌兵，我就把漂亮的公主嫁给谁。"也没谁应声，因为谁都没有本事击退敌兵。

正在这时，从蔡河的水面上漂来一只黄狗，这黄狗站在一个大白龟背上，"汪汪汪"叫了三声，突然刮起了狂风，天昏地暗，飞沙走石，把围在陈州城下的敌寇一个个刮到空中，有的落下来摔死，有的掉到河里淹死。黄狗又"汪汪汪"叫了三声，顿时风平浪静，一切如常。

国王见黄狗立下大功，就把黄狗叫到了金殿，给它最好吃的东西，黄狗不吃，摇了摇头。国王又拿金银财宝给它，黄狗不要，仍旧摇了摇头。国王明白了，黄狗是要娶他的女儿，狗咋能与人成为夫妻呢？国王犯起愁来。

有位大臣马上说："既然这只黄狗能击退敌兵，一定是只神狗。我有一个法术，不如把这只黄狗盖在缸下，七七四十九天，就会变成人。"大臣的语音刚落，黄狗"汪汪汪"又叫了三声，并轻轻点了三下头。国王知道黄狗愿意这样做，就叫搬来一口大缸，把黄狗盖在缸下。公主听说自己许配给了一只狗，眼都哭肿了。后来，她听说黄狗能变成人,才止住了哭声,每天守在那口缸前,寸步不离,生怕黄狗变不成人。到了五七三十五天的时候,公主实在等不下了,就掀开大缸看个究竟,黄狗刚变成人头狗身。不过,这一掀,黄狗再也不会变了。公主后悔了,只恨自己性急,没有等到天数掀了缸。

因为,这只狗变成人头狗身,一半是人一半是狗,所以给他起名"伏",即左半是"人",右半是"犬"。而"羲"字,只不过是汉语的"兮"字罢了。伏羲也就是"伏兮",这就是伏羲的由来。

讲述人:张中山,男,35岁,高中毕业,汲冢乡岩后张庄农民
采录整理:楚万生

【点评】

本篇是古陈州伏羲建都的地方流传的解释人祖"伏羲"种源来历的神话遗存。

本篇说到在宛丘国王与敌方斗争中,白龟利用黄狗杀敌取首级和兴动雷雨闪电灭敌,最后公主与黄狗变的人头狗身之人结婚,人们给人头狗身之人起名"伏",因"伏"字乃一半是"人"字,一半是"犬"字,"羲"乃古"兮"字,并以此来解释伏羲族的种属。这种以"犬"为图腾的种源,显然与中原的伏羲以"龟(龙)"为图腾不一致。而在本篇中明显渗入了淮河以南的楚文化,与湖南山区苗蛮种族的以"狗"为图腾有关。这是处于中原与楚地文化接合带出现的文化互渗的现象的反映。

其中之所以仍以伏羲人首龙身(大狗曰龙)的龙图腾的观念来解释,这就是中原伏羲神话图腾观念多元化的"异态"。

至于有的异文说,把黄狗放缸里变人或把狗放笼子里变人,都无变更楚文化影响的痕迹,不属此神话本体。

147. 人祖创世传说[淮阳县]

古时候,有座宛丘山,宛丘山下有个宛丘湖。宛丘湖畔有个宛丘洞,宛丘洞里住着没爹也没娘的兄妹俩。哥哥叫伏羲,妹妹叫女娲。伏羲捞鱼下锅,女娲打柴烧锅。兄妹俩相依为命,苦度日月。

有一天傍黑,伏羲在湖边逮鱼,忽然听到有人叫他。他抬头朝湖里一看,见一只方圆百丈的白龟,昂着头,伸着脖子,瞪着眼睛瞅着他,伏羲也顾不得拾鱼,吓得

爬起来就跑。白龟说话了："伏羲，别怕，我不害你，我是来救你的。"伏羲跑得口吐白沫，回头一看，白龟如一阵轻风，不紧不慢跟着他，伏羲甩不脱，只得蹲在地上，瞪着眼睛瞅着白龟。

白龟对伏羲说，十万八千年一个混沌，今年是混沌年头，天要塌，地要陷，人要死个精光。白龟要伏羲天天给它送一条鱼，到天塌地陷时，白龟来救他。伏羲见白龟真不害他，就答应了。他临走时，白龟又嘱咐伏羲："千万别对外人说！"

伏羲很听话，天天到宛丘湖边送鱼。这事儿不久叫女娲知道了。女娲问伏羲咋回事，伏羲有口难张，支支吾吾，想说又不敢说。后来，伏羲猛地心头一震，想起白龟嘱咐不叫对外人说，妹妹是自家人呀！就如实向女娲说了。

打那儿以后，伏羲每天送鱼，女娲每天也送鱼。白龟都收下了。过了九十九天，伏羲送了九十九条鱼，女娲只送了七七四十九条鱼。伏羲送罢鱼回头要走，白龟说话了："伏羲，明天黎明是混沌的时候，别再送鱼了。等到我的眼珠红了，你和女娲就钻到我肚子里。"伏羲和女娲点点头。

第二天黎明的时候，伏羲和女娲来到宛丘湖边，见白龟两眼火红。白龟还没有开口说话，本来晴晴朗朗的天，一忽儿天昏地暗，乌云四合，刮起了狂风，下起了暴雨，地动山摇起来。白龟眼珠子红得发光，闪电一样照着伏羲和女娲。白龟张开大嘴，伏羲兄妹俩就钻到白龟肚里了。

眨眼间，天塌了，地陷了，天下的人都淹死了。

伏羲和女娲钻到白龟肚里，这儿没有太阳，但晴朗朗的，不见月亮，但明光光的，红花绿草，山川河流，跟人间一模一样。只听白龟说："伏羲和女娲，河流要越仨，遇见一小宫，你俩就住下。"伏羲和女娲很听话，越过三条小河，前面果然有一座小小的宫殿，宫门徐徐开了，兄妹进门，见一条案上，一拉溜摆着伏羲兄妹送的鱼。这鱼活蹦乱跳像在水里游，欢得很。伏羲对女娲说："白龟真好，救了咱的命，还不吃咱的鱼。"兄妹正说话，忽然又传来了白龟的声音："伏羲每天吃一条鱼，女娲每两天吃一条鱼，千万莫多吃。"

一天吃一条鱼，伏羲怎么也吃不饱，饿得前心贴后心。他叫女娲一块儿到河里逮鱼，可他一条小鱼也捉不住。女娲说："死了这条心吧，这不是咱吃的东西。"伏羲又爬到树上摘桃子吃，可怎么也啃不动。这下伏羲才死了心。伏羲饿得实在顶不住了，抓起鱼吃了个饱。九九八十一天头上，鱼吃光了。伏羲大声叫白龟，白龟也不应声。到了九十一天头上，白龟一口气把他兄妹吐出来了。

这时候，天上日月星辰还没有长好，地上黑水遍地，一片汪洋。山没了，树没了，人没了，连小鸡小狗也没了。世上这么大的地方，只有孤单单的两个人。兄妹俩就抟黄土捏泥人儿，风吹日晒干了一个，喊着"爸爸""妈妈"跑了。一个个泥人都变成了活人。人是黄土抟捏的，人身上有泥，天天洗也洗不净，所以称人为泥人。

有一天,下了大雨,泥人收拾不及,伏羲拽棵桑树把泥人扫进洞里。等雨过天晴晒干了泥人,有的跑了,有的不动了,原来他们瞎的瞎了,聋的聋了,瘸的瘸了,成了残疾人。传说,残疾人就是这么来的。

伏羲兄妹嫌抟捏泥人太慢,就从山上砍了根藤条,蘸了黄泥,朝空中甩了几下,泥点落在地上,一下子都变成了人。那些落在树上的变成了高贵人,那些落在地上的,变成了低下人。

伏羲对女娲说:"世上没有人养的人,人会绝种的,咱俩成亲吧!"女娲一听,脸红到耳根,说:"我是妹,你是兄,哪有兄妹成亲的道理呢?这样吧,咱俩各爬上一座坡,在坡上各点一堆火,要是两股烟绞合成一股就成亲,要不就拉倒。"伏羲同意了。

两人各爬上一座坡,各点了一堆火,这时从两座坡各刮起一股风,两缕青烟不知怎的慢慢合成了一股烟。伏羲很高兴,跑到女娲跟前说:"妹妹,你该同意了吧?"女娲摇摇头说:"哥哥,不中,咱兄妹各在河一边,你梳头,我梳头,要是你我头发绞合在一起就成亲,要不就拉倒。"伏羲又同意了。

伏羲趟水过了河,两人在河对岸梳起头来。风吹发摆,不一会儿,黑发越来越长,慢慢绞成一团,拽也拽不开,女娲咯咯笑出了声。伏羲高兴地说:"女娲,这回你该同意了吧!"女娲摇摇头说:"不中,咱兄妹隔河各种一棵竹,要是两棵竹尾绞合就成亲,要不就拉倒。"伏羲又同意了。

伏羲又趟水过了河,兄妹隔河各种一棵竹,一阵清风里,竹子咯咯嘣嘣向上长,一会儿,两根竹尾牢牢绞合在一起,掰也掰不开。女娲笑得前仰后合。伏羲很高兴,他说:"妹妹,这回你该同意了吧?"女娲摇摇头说:"不中,咱兄妹上山各滚一扇磨,要是两扇磨合在一起就成亲,要不就拉倒。"伏羲说:"妹妹,你的点儿像天上的星星一样多,世上哪有再三再四的道理呢?该算数了吧?这回咱得向天帝起誓。"女娲笑着点点头。

兄妹二人各把一扇磨推上山顶,双双跪下齐声说道:"天帝在上,今天俺兄妹向你起誓,要是两扇磨合成一盘,俺兄妹成亲,要不拉倒。"说罢,各放一扇磨,只听得轰隆隆一阵巨响,两扇磨一起向山下滚去。石磨碰石撞树,飞坡爬崖,一会儿并肩跑,一会儿前跑后跟,从山顶到山腰,从山腰到山涧,始终没有分离过,当滚到山脚下的时候,一道天光,一道地闪,两扇磨结结实实地合成了一盘,安安稳稳停在一块平地上。女娲咯咯笑,顺手掐了一片又一片绿叶,编成草扇遮住自己羞红的脸,这就是姑娘出嫁时红绫遮脸的缘由。当伏羲来的时候,女娲绕着一棵大树跑,伏羲急忙追,从太阳升追到太阳落还没有追上,累得伏羲气喘吁吁。

这时候,忽然冒出一只小白龟,它悄悄对伏羲说:"伏羲,这么赶,咋赶得上她?你回过头追!"伏羲听了白龟的话,掉头跑了,没跑几步,女娲撞到伏羲的怀里,一下被伏羲捉住了。

女娲很生气，望见地上爬的小白龟，上前狠踏一脚，一下子把白龟踏个稀巴烂。

老白龟是伏羲兄妹的救命恩人。女娲忆起白龟来，手拿一根针，穿起五彩线，拾起白龟，一针针，一线线，慢慢连起龟背来，中间五块，周围八块，外围十二块，圆周二十四块，一直到今天，白龟盖上还是这个样儿。兄妹俩成了亲，一直到今天，不少夫妻还称兄妹。

女娲还是恨小白龟，骂白龟是不要脸的东西，要白龟以后不准出头露面。从那儿以后，白龟只得常常把头缩进壳里，等没人的时候才敢露露头。女娲又命白龟不准多嘴多舌，从那儿以后，白龟再也不会说话了。

伏羲和女娲成了亲，这是世上第一对夫妻。天下人是伏羲和女娲创造的，都是伏羲女娲的子孙。所以，天下人称伏羲为人祖爷，称女娲为人祖奶奶。

讲述人：李国争，男，63岁，农民，上过私塾
采录人：杨复俊
采录时间：1985年1月6日
采录地点：淮阳县棠棣村
流传地区：淮阳周围

图4.147.1　太昊伏羲陵陵园内的女娲阁（2014年程健君摄）

【点评】

　　本篇是流传在伏羲建都的宛丘（淮阳）的关于伏羲、女娲在洪水后创世造人的典型神话遗存。

　　其中突出的特点有：①与本地的自然背景（蔡河、白龟池、淮阳湖）关系密切。②伏羲给白龟送鱼，而不是馍。这与伏羲时代以渔猎游牧生活关系紧密。③伏羲、女娲的保护神是白龟。④白龟又与伏羲画八卦有关。这是本篇的典型文化环境。⑤其中关于洪水后遗民（伏羲、女娲）兄妹婚的占卜"测天意"的仪式，保存得也很完整。总之，本篇有重要科学研究的文化价值。

　　然而，本篇存在两个问题：①语言表达上，带有一定的作家创作的色彩，有知识分子腔；②在兄妹婚仪上采用"综合整理法"，把信阳一带流传的如《鱼为媒》中的情节也移植过来杂糅在一起，使原来一般占卜"测天意"婚仪举行三次，变成了五次，从而脱离了民间口头传承的习惯，已不符合一般习俗，失去真实感和科学的合理性。

　　此外，本篇中的白龟肚里竟是另一个美好的世界，还让二人在里面捏泥人，分出"高贵人、低下人"，与汝南、南召有类似，脱离当时的无阶级的时代特点。伏羲、女娲捏泥人是认识到男女不结婚生子，人要绝种，这种原人生殖意识变化亦不真实，可能为后人所加。

148. 人祖的故事［淮阳县］

　　很古很古的时候，一个村子里住着姐弟俩。小时候就死去了爹娘，日子过得也不富裕。弟弟长到七岁，姐姐省吃俭用，供养弟弟念书。到弟弟十二岁那年春上，一天，弟弟吃过早饭，带着馍去上学，刚走到村边土岗子前，只听"噗"的一声，土岗上冒起一股白烟。他一看，哎哟，有一只大老鳖，比簸箩还大，瞪着一双眼，正打土里往外拱，他吓得连退几步。老鳖见到他，张了张嘴说："不要害怕，只要你天天给我送个馍，遇着大灾大难我保恁一家无事。"他一听，慌忙从怀里掏个馍扔了过去。老鳖张嘴接住，又钻土岗子里头去了。

　　这个事儿给谁也没敢讲。一个月过去了，他天天都到土岗子前给老鳖送馍。自己忍着饿，硬撑着天黑回家，才吃下一顿饭。

　　这天吃过清早饭，他想："天天我带俩馍分给老鳖一个，饿得受不了。今儿个我多拿几个馍。"他拿起馍正要走，姐姐问他带恁些馍弄啥哩，他瞒不过去，就照实话说了。姐姐听罢,一没打他二没骂他,她端过来馍筐子说:"给我捎去一个,也让它吃个饱。你没想想,你吃个馍还饿得慌,恁大个鳖吃一个馍能到哪儿呢?"就这,他连姐姐的馍也捎去了。

他让老鳖吃罢馍,又把姐姐的话学一遍。老鳖照旧啥也没说,又钻进土里。过了半月,鳖吃罢馍说:"明儿来多带些馍,叫恁姐姐也来,我有句要紧话对恁说。这事千万不要往外说。"

第二天,姐弟俩挎着一大篮子馍,老早就来到了山岗子跟前。老鳖一见,一下子把馍吞到肚里了,说:"马上就要天塌地陷啦,我张开嘴,你们钻到我肚里,才能躲过这场大灾。"姐弟俩半信半疑,都不敢往老鳖嘴里钻。老鳖说:"恁要不信,往西北看看!"他俩往西北一看,哎呀,不好!西北方的天真的塌了个大窟窿。姐姐慌忙拉着弟弟,把牙一咬,眼一挤,一下子钻到了老鳖嘴里。就在这时候,整个天都塌下来了,地上的房、树、人……全都砸得粉碎!老鳖一下子飞了起来,天砸下来它也不怕,它用又厚又硬的鳖盖挡住天上的石头,保护住这姐弟俩。

姐弟俩钻进老鳖肚里,看见他们给老鳖送的馍,全在那儿放着,一个也不少。老鳖说:"恁送给我的馍,今儿都还给你们。吃罢饭没事干,就捏泥人玩吧!"姐弟俩接过老鳖送来的泥,吃罢饭就捏泥人,一天也不闲着。在老鳖肚里住了七七四十九天,馍也快吃完了,泥人也捏了不少,姐弟俩吵着想出去看看。老鳖说:"天还没长严,还得住几天。"姐弟俩不信,伸头往外一看,西北方真有个大窟窿没有补住,冷风刮得"呜呜"叫,据说,就因为姐弟俩伸头一看,西北的天补不住了。最后用河里的冰凌才堵住窟窿。所以,至今只要西北风一刮,天就冷了起来。

姐弟俩在老鳖肚里又住了两天,老鳖才把他们吐出来。他们来到一座石头山上,老鳖说:"眼下天也补住了,人也死净了,天底下如今只剩恁姐弟俩了。要想传宗接代,人间不断烟火,依我看,恁俩结为夫妻才好。"姐弟俩说啥也不愿意。最后,老鳖说:"那恁俩就滚石磨定终身吧!我给恁俩找来一盘石磨,恁俩一个人一扇,站在山顶往下滚,要是两扇能合在一起,恁俩就是夫妻;要是两扇合不到一块儿,恁俩还是姐弟。"姐弟俩站在山顶,各人把手里的石磨使劲往下推,一眨眼,石磨滚到山下。姐弟俩跑下山一看,上扇磨正好压住下扇磨,严丝合缝,一点都不错。老鳖说:"看起来人不该灭,恁俩就结为夫妻吧!你们捏的泥人要天天晒,天天收,一定要藏好。刚才我给恁晾在山顶的屋门口了,你们要多操着心。我也不行了,你们就想着法子过吧。"说罢,它头一缩,眼一挤,死了。姐弟俩这才看见,鳖盖早已被砸得裂纹条条,血迹斑斑了。就连肚子上也被砸得青一块紫一块,没有一点好地方。据说,如今鳖盖上的花纹和肚子上的五色肉,就是这样来的。

姐弟俩见老鳖为了救他们累死了,心里很难受,就跪在地上放声大哭起来。姐弟二人哭着哭着,空中"喀嚓"一声响雷,大雨"哗啦"下了起来。俩人心里一惊,不哭了,赶紧上山顶去收泥人。俩人赶到山顶,泥人已被淋湿不少。俩人又气又急,顺手拾起一把扫帚就往屋里扫。把泥人扫进屋仔细一看,光少胳膊、掉腿的,瞎眼、没耳朵的,还真不少。据说,也就是从这个时候起,天下五官不全的人就多了起来。

姐弟俩望着山上山下,空荡荡的没一个人影,便抱头痛哭起来。哭啊,哭啊,又哭了好大一场,一直哭到天黑透,俩人才走进山洞深处,结成了夫妻。说来也怪,他俩醒来,就听见洞外乱哄哄地有人说话。走出洞一看,哎呀,成堆的泥人都变成了活人,个个正忙着在山下地里干活呢。

从此,天底下又有了人,这姐弟俩就成了人们传说中的"人祖爷"和"人祖奶奶"。都说他俩是人祖传世,让泥人投了胎,才续上了人间烟火。为此,人们世世代代都敬仰他俩。淮阳至今还修有"人祖坟",每年二月二逢古会,一直会到三月三,到人祖坟上烧香祷告,拴娃娃的人成千上万。

讲述人:李显民,男,54岁,初中毕业,朱口镇关路沿村农民
　　　　王文科,男,48岁,朱口镇大王村农民
采录整理:包敬学,男,36岁,朱口乡文化站专职干部
采录时间:1985年10月
采录地点:朱口镇关路沿村

【点评】

本篇是流传在伏羲文化中心地区宛丘(淮阳)的、"劫难重演型"的、"洪水后遗民再殖人类"神话遗存的珍品。

其中透露出:①灾前已是文明世界,可以上学。在灾难重演前,是伏羲、女娲的保护神大老鳖(亦当地的白龟之类)告知姐弟二人,并保护其避难。②老鳖的肚里是另一个美好世界。(二人在其中捏泥人,老鳖还帮他俩找水土、晒泥人。)③灾难来时,大鳖可飞上天,砸不住姐弟。④大鳖和伏羲姐弟都不知道泥人能否繁衍人类。提出男女不结为夫妻人种要灭绝的问题。可见原人生殖意识在当时是泥人与男女都是人的观念相交融并存的。⑤出现占卜婚仪"滚磨成亲"。⑥从保护神老鳖被天上石头砸的情形,说明古代中原有"天石观"。

在伏羲、女娲捏泥人,下雨扫泥人时,都还不曾意识到,泥人会活起来,繁衍人类。二人在山洞结婚的第二天,才发现泥人都去干活了。泥人都尊二人为人祖和人祖奶。

本篇的尊祖信仰和观念很强烈。几千年后的今天,淮阳太昊陵庙会的祭祀活

动,仍十分兴旺。这种信仰和习俗的文化内涵和民族凝聚作用,正是中华民族自强不息、勤奋创造世界的精神,是重要的精神文化财富。

本篇保存民间口头神话的语言特色鲜明,无知识分子"加工"痕迹,极可贵。

149. 龙的传人[洛阳·龙门]

远古时候,有一年,河洛一带暴雨成灾:人都淹死了,地淹没了,牛马鸡狗、飞禽走兽也都没有了。到处是黄水滚滚,一片汪洋。横卧在洛阳南面的那座大山,像一条大鱼一样,只有脊背还露在水面上。

在这座山脊儿背凹里,有一对兄妹,男的叫伏羲,女的叫女娲。这时候,兄妹二人吓得只是抱头痛哭,哭声惊动了天帝。

天帝听到了哭声,觉得怪可怜的,就下令停雨,让洪水回落,还命令黄龙到人间帮助兄妹二人,把他们收作黄龙自己的子女。黄龙神位高却年老无子,听了天帝的话,满心欢喜,就来到人间,帮助兄妹生活。

洪水退下去了。满山遍野的树木、花草很快都长起来了,到处一片青绿。伏羲和女娲,饿了吃野果,渴了喝山泉。为了生计,他们白天开荒,种上黍麦谷豆。夜里,住在自己挖掘的洞穴里,过着艰难的苦日子。

有一天,伏羲用黄泥巴捏出了牛羊鸡狗、狼虫虎豹。女娲见了十分喜爱,拍着手又唱又跳。黄龙在空中看见了,就作法念动咒语,霎时间,狂风大作,飞禽走兽,一下子就都活了,四处乱跑。风停了以后,鸡鸣狗叫,虎啸狼嚎,河洛大地上热闹起来了。

伏羲见女娲高兴得红光满面,分外动人,就对女娲说:"这世上只剩下咱们两个人了,只有咱俩结婚,才能繁衍后代。咱俩就结为夫妻吧。"女娲一听,就啐了一口,说:"哪有兄妹结婚的道理?要结婚,除非咱脚下的高山断为两截。"

这时,黄龙在空中云端里大笑说:"两人成婚,人之常理。你们不是凡人,都是我黄龙的传人。要断山也容易。"黄龙说完,把尾巴一摆,从天空直劈下来,只听"轰隆"一声巨响,山梁立即断成了两截。在山崖间裂开了一个百丈来宽的大口子。黄龙也从天空降落在山口中间卧了下来,说:"儿啊!你们成婚以后,好好过日子吧。我随时都会帮助你们的。"黄龙说罢,就变成了一条大河。后人把这条河就叫"伊河",把这座山就叫"龙门山",把龙门山东西相接的豁口,叫"龙门"(也叫"伊阙")。

伏羲见高山断开了,就高兴地对女娲说:"妹妹,咱们既是龙的传人,就顺天意成婚吧!"女娲摇摇头说:"不忙。龙父虽然说了,还要测天意。咱俩分别上到东西两山顶上,各自向山下滚一扇石磨,石磨到山下合在一起,就结为夫妻。"伏羲也立即同意了。

伏羲上了东山,女娲留在西山。两人各自凿好一扇石磨,共同对天起誓说:"如果两扇石磨滚到山下合在一起,俺俩就结为夫妻。"接着,二人就各自去滚自己的石磨了。

本来,女娲就不大愿意与哥哥结婚。这时,她就故意让自己的石磨避开伏羲滚磨的方向,朝西山下西北的方向滚去,石磨像有灵性一样,不大一会儿,它便很快就停下来了。

伏羲在东北把石磨向山西面滚下以后,石磨隆隆奔下,又翻腾着向西进入伊河。石磨在河水里像走平地一样,一点水花都不溅。石磨过了伊河,又折向北,一直奔女娲滚下的石磨。到跟前,只听"咣当"一声,两扇石磨就合在一起了。这时,只见一群夜叉现出原形,围着石磨欢歌跳舞。原来,他们是受黄龙的指点暗中来帮助二人滚磨的。后来,这个石磨相合的地方,慢慢变成村落,人们就把这个村落叫"夜叉磨村"。

这时,女娲喜欢得咯咯直笑,也羞得满面通红。她立即顺手从身边采些花草,编成花草苫,遮住了自己的脸。伏羲是有心人,也顺手采集来红枣、松子、核桃和花生,又用松柏枝儿扎成火把,来到女娲身边。二人用松柏当香,拜天拜地成婚后,又面对伊河拜过龙父,还恳请黄龙指点他俩栖身的地方。

黄龙听见了,就从伊河水中探出头来,口里吐出一团霹雳火球,打在西山西壁上轰出了一个上圆下平、一面露天的石洞。黄龙笑说:"这个洞叫'龛',是合龙的洞。你们是龙的传人,这洞就是你们的婚房。"伏羲和女娲再一次谢过龙父,携手进入洞中。这洞可以避风雨,又可以看伊河两岸风光。他们在燃起松柏枝儿的噼啪响声中、火光下,度过了新婚快乐的夜晚。

第二天一早,伏羲就用斧头在石龛上方刻下"洞房"两个字。

以后,伏羲和女娲一代代又生下了黄帝、尧、舜、大禹,子子孙孙繁衍下去。人们在西山石壁上,凿了无数石洞房。可是,人越来越多,住不下了,他们就离开龙门山,到河洛一带生活去了。

后来,又迁到黄河流域;再后来,又到了大江南北。伏羲、女娲的亿万子孙,慢慢创建了中华泱泱大国。中华儿女也都是龙的传人。

因为伏羲、女娲在龙门山石洞中结婚生子的,所以,后来人们都把结婚的新房叫"洞房"。不论天南地北,也不论贫富贵贱,都是这样叫,二人结婚的习俗也一直流传到现在。

采录人:吕娅娜
重写:张振犁

采录时间:1999年3月3日
采录地点:洛阳南郊夜叉磨村

【文献选录】

女娲,伏羲之妹,祷神祇,置婚姻,合夫妇也。

(《风俗通义·佚文》引《北山录注解·天地始》第一)

女氏,天皇(伏羲)封弟(女弟)(娲)于汝水之阳,后为天子,因称女皇。

(《世本·帝系》)

地皇兴于熊耳、龙门之山。

(《遁甲开山图》)

华胥氏生男为伏羲,生女为女娲。

(《春秋世谱》)

女娲本是伏羲妇。

(唐·卢仝:《与马异结交诗》)

图4.149.1 南阳汉画像石中被"神人"怀抱的伏羲女娲(程健君供稿)

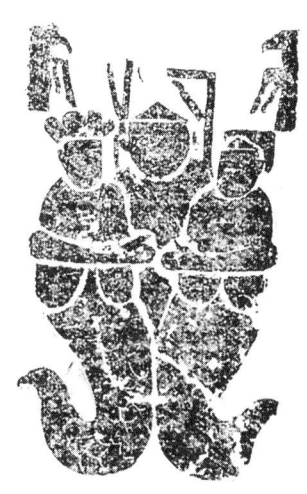

图4.149.2 山东沂南汉画像石中的伏羲女娲(田晓供稿)

 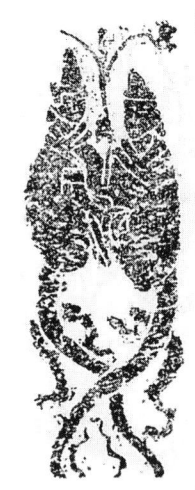

图 4.149.3　汉画像石中的伏羲女娲图（孟宪明供稿）　　图 4.149.4　南阳汉画像石中的伏羲女娲图（程健君供稿）

【点评】

本篇属中原乃至全国至今发现的中华民族"龙的传人"的神话遗存名品、珍品。它比较接近原始形态，并具有十分重要的科学价值。

本篇产生在嵩山地区的洛阳龙门山，文献《世本》和《遁甲开山图》中都明确记载说，这里是伏羲、女娲人祖活动的地方。

其中提出的问题主要有：①它产生、流传在我国古代文化中心地区的"河洛文化"一带，绝非偶然。②此"洪水后遗民再殖人类型"神话，与黄河泛滥有关。③黄龙起到了保护神的作用。洪水到来时，天帝派黄龙帮助兄妹在洪水后生存、生活下去，作为黄龙的子孙。因此，黄龙是伏羲、女娲族团的保护神。黄龙在伏羲、女娲兄妹的结婚、繁衍人类的重大问题上，起着关键性的保护、支持的作用。如：支持兄妹结婚；在议婚时，为了实现女娲提出的占卜性"测天意"的要求，用尾巴劈断龙门山梁；兄妹滚磨成亲时，让海神夜叉促使石磨相合；在解决兄妹结婚的住房时，它吐出火球，在山口西山壁上轰出洞房等。④洞房的别名叫"龛"，正是龙的子孙结婚居住的地方。因此，不论古今各地、各种人结婚的住室都叫"洞房"。因为这是人祖传下来的神圣婚俗，至今仍沿此俗。这是华夏族民俗传承的典型事象。⑤伏羲、女娲的子孙人多了，石壁上凿洞住不下了，就迁到河洛流域，后又迁至黄河流域，最后迁徙居住到大江南北去了。

总之，本篇对中华龙的传人的神话及中原华夏先民的发展、壮大，成为今天中华泱泱大国的进程，表现十分清晰。大量文献和考古、民俗印证，它是有可靠性和科学性的。因此,本篇在河洛地区(如登封,洛阳等地)流传很广。它又是我国远古神话的口承活化石。

150. 船 山 [新密市]

传说,伏羲、女娲兄妹的家,在中岳嵩山北面的洪荒沟里。

有一次,在神狮岭,大洪水到来以前,兄妹二人上山砍柴、放牧,碰见一个白胡子老人。老人对兄妹二人说:"现时,不久要天塌地陷了。你们要听我的话,啥时候见山上石狮子的眼红了,你们就到我跟前来,我搭救你们平安无事。"

伏羲、女娲兄妹回到家里,给人们说了,父老众人不相信。兄妹二人只好自己天天去山上看石狮子眼里的信号。

这一天,石狮子的眼果然红了。兄妹二人就赶紧去找神狮。神狮说:"你二人钻进这个石洞里去吧。"

伏羲、女娲钻进石洞一看,正好是安身的地方。二人就在里面住了下来。这个地方就是浮戏山。

在大洪水淹没的日子里,伏羲、女娲兄妹二人就在浮戏山上避过了洪水。二人就在浮戏山上居住下来。二人见世上什么都没有了,没法生活,神狮说,你们滚磨成亲,人类才得以生存下来。

二人住的浮戏山很高,上面又宽敞、平展;洪水中这山就像船一样,载浮躲避。所以后人就叫这座山为"船山"。其实就是浮戏山,也叫伏羲山。

采录人:陈志忠,男,河南省农林厅退休干部
采录时间:1992年10月
采录地点:新密市浮戏山

【点评】

本篇是流传在河南新密市浮戏山一带的关于伏羲、女娲兄妹婚神话的经典真品,接近民间口承形态。

其中的文化价值为:①它是解释"浮戏山"名称的神话遗存。②它的核心是伏羲、女娲兄妹在此山上避过洪水后长期居住在山上生存下来的伟大主题。③中原河洛文化的腹心地带就在这里。④浮戏山宽大平敞,山高林密,适于生存。浮戏山如同海上

的船,载浮二人在洪水之中。"戏"与"羲"字相通,故此山也叫"伏羲山"。其文化价值在于证明这里正是"羲皇故里"。⑤新密市在三皇时代是伏羲的"补国"。因此,此篇的产生时代也在八千年前的伏羲、女娲时代。⑥裴李岗文化考古发掘出一男一女合葬墓穴,可以证明伏羲、女娲时代已经出现从"族内婚"向"族外婚"过渡并确立了一夫一妻婚姻制度,具有重大社会学意义;这是中国"洪水后遗民再殖人类"神话的源头意义。不论从时限上或空间上讲,它的权威佐证价值,毋庸置疑。

本篇与巩义的《阴阳石》为同题、同地的神话异文。《阴阳石》中无主人公姓名,本篇明确为伏羲、女娲兄妹。①《阴阳石》中无兄妹上浮戏山情节,此篇无兄妹滚磨成亲一事。当是讲述人的不同讲述的差异(另有说主人公是张央等的,可能与传入西南苗族的洪水神话有关)。②此两篇可能为正续篇关系。③浮戏山上的"祖始庙"(或"始祖庙"),也叫"伏羲女娲庙"。山下钟沟也叫"红石沟",是女娲炼石补天处。浮戏山主峰也叫"天柱山""天皇山""密儿山"。天柱山东为"人皇山",西面的叫"地皇山"。南边牛店乡便是三皇时代封为补国的都城。而补国的第一代君主便是伏羲。

由以上材料可以确定浮戏山就是伏羲山,也是"羲皇故里"的标志。

151. 虎 为 媒 [新密市]

传说,荒古时候,浮山岭住着伏羲女娲两兄妹。

有一天,二人上山打柴,碰见一只老虎变的一个老头儿。老人对伏羲、女娲说:"马上要天塌地陷了,你们赶快回去烙多些馍,来了钻进老虎肚里,就能避过灾难。"

伏羲、女娲照办了。等天气大变时,二人背上好些馍,来到一只老虎跟前,老虎把嘴一张,二人钻了进去。外面天塌地陷了,兄妹俩在老虎肚里吃烙馍。不知过了多少天,外面平静了,老虎让兄妹二人出来了。

伏羲、女娲出来一看,啥都没有了,咋办哩?老虎说:"恁二人结为夫妻吧。"兄妹二人不同意。

老虎说:"天下没人咋办哩?你们滚磨吧。从山上往下滚,到山下合一起了,就结婚。合不到一起,不结婚。"

伏羲、女娲各自背一扇磨,上到浮山岭上,一齐向下滚磨。磨扇滚到山坡下,合在一起了。

伏羲、女娲兄妹就结为夫妻了。从此以后,生儿育女,从此有了华夏民族。后辈儿孙都尊戴女娲为"人根之祖"。千百年来,浮山岭上都建有"伏羲女娲祠",当地人叫"娘娘庙"。每年三月十八日有庙会。

讲述人:张央,男,82岁,浮山村人;张仓,男,81岁,浮山村民
采录:河南大学"中原神话调查组"
采录时间:2002年4月14日

图 4.151.1 新密的伏羲女娲娘娘祠(2007年程健君摄)

图 4.151.2 新密的伏羲女娲娘娘祠内的伏羲女娲塑像(2007年程健君摄)

【文献选录】

密邑东三十里浮山岭有伏羲女娲之祠。……夫伏羲古之继天而帝者也,当洪荒之世,文明未开而始画八卦、造六书、作甲历、正大婚之礼、制歌咏之乐,非特万古文明之祖,实开天成务之举也。女娲与之同母而相佐之泊焉,功业不减矣,是乡有来氏名登者,兴名登高者,皎发无子,祷于其祠,不越五载,生子二人,迎谋于卢氏名登者,兴名字书者。伏羲女娲之祠建立盖有年矣,历以岁月兼于风雨颓乎将倾,吾今安所祈,而安所报也。

（《重修伏羲女娲祠记》,明代万历二十四年浮山岭存此碑石）

伏羲女娲之为灵昭昭也,画卦开文字之始,炼石补造化之穹,载于史,著于传,杂见于众家彰矣。顾吾夫子删书独遗之,遗之者非谓其人之不足传信之,或可滋疑。盖谓远稽诸洪荒不如近质诸中天也。然而感人之沈,人人之久,虽历劫灰,经兵燹而精光不没常足以俎豆矣,一千秋密邑浮山之有其祠也,创之者,不知何方革之者,亦指不胜屈而广神道,以设教者,又旁塑送子诸像于其侧,盖无非欲阐大生广生之理,以助资始生之意也乎?乙酉春,卢孙张王诸子等倡众,重新谓诸子等欲邀神佑固非也,谓神之必无所庇亦未也,行义文教,兴生育,益遂其士风日趋于文明,芸生日见繁昌,岂不懿欤后之人,踵事增华,俾庙貌常见其辉煌,祷祀愈著其熙攘,

是又不著龟而可卜者矣,至于首事偏勤,募化分劳,捐资襄义,皆例得书名于其后。

丙子科举人候选知县邑人韩维屏撰文

邑生卢崇本书丹

大清道光六年岁在丙戌正月中浣谷旦立

(《重修伏羲女娲庙碑记》,清道光六年浮山岭伏羲女娲庙存此碑石)

【点评】

本篇是流传在河南新密市来集乡浮山岭一带的关于"洪水后伏羲女娲兄妹婚"神话的经典珍品之一。它属远古口承民间神话遗存。

其中的文化价值为:①浮山岭同属"羲皇故里"流传的伏羲女娲神话群。②浮山岭上的"伏羲女娲祠",也叫"娘娘庙",建立已年深久远。从其中的碑文来看,至少在明代成化、万历年以前这里便广泛流传着《伏羲女娲兄妹婚》的民间神话。③此庙曾多次被毁,至今仍然焕然一新,足见其"感人之深"。新密市境内此类庙宇至少五六处之多,可见其影响之大。④此篇的重要价值之一是其中的保护神是老虎,与洛阳龙门流传的《龙的传人》(原名《洞房的来历》)中的龙作为保护神,正好相呼应形成中华龙虎文化的完整观念。⑤其中涉及的伏羲、女娲夫妻关系及人祖地位从庙里二人同坐庙堂的塑像可证明"一夫一妻制"是从伏羲、女娲才确定下来,并被千代人民所认可的事实。其中根本不存在后世的兄妹婚"乱伦"的意识。其产生时间,无疑要早得多。它的时代在三皇时期,产生的空间在中原"河洛文化"的腹心地带的"羲皇故里"新密市("宓羲"之都)。

最可贵的还在于它从文献(碑文)、庙宇、塑像等实证上明证此神话是此类洪水神话的源头。

152. 玄武、女娲、伏羲和黄帝[沈丘县]

很古很古以前,中州的黄河岸边有座大山,山上有一个山洞,山洞里住着一族人。族人里有这么兄妹两个,女的叫女娲,男的叫伏羲。他们俩经常在一起上山采果子,打柴,放牛羊。

一天,兄妹俩经过河边,忽然见水面上一阵翻动以后,浮出一只大乌龟。一眨眼,这乌龟又变成了老人走上岸来。女娲、伏羲一见,吓得携手就跑。

老人在后面连忙喊:"喂!孩子们,不要跑,我有要紧的事跟你们说。"

女娲、伏羲听见老人喊叫,就停了下来。他们回头一看,见老人远远站在那里,和善地跟他们说:"不久就要天塌地陷、洪水横流,天下人要受大难。我想搭救人们,又只能救两个。从明天起,你们每天路过这里,每人都要给我带个馍馍,放在水边。等送到第九百九十九个馍的时候,你们就站在河边等我。千万不要忘了。"说罢,一眨眼,老人便不见了。水面上又浮出一只大乌龟,慢慢地潜入水底去了。

女娲、伏羲听了乌龟老人的话,虽说觉着半信半疑,还是女娲做主,按老人的话去办。从此以后,不论刮风下雨,天晴天阴,或是酷暑严寒,兄妹俩给老人送馍,从不间断。他们送一个馍,就在水边放一根木柴留作记号。一天一天过去了,木柴堆也越积越高,越堆越大。可是,送的馍却不知到哪里去了。

兄妹俩送到第九百九十九个馍时,果然地晃动,天裂纹,连天暴雨,天昏地暗,地上一片滚滚洪水。正当他俩焦急不安的时候,乌龟老人又准时出现了。老人连忙招呼兄妹俩走过去,他变成乌龟,把龟甲壳一张,说:"孩子!快躲进去,避三年洪水。不要害怕,饿了就吃你们放的馍馍。"

这时候,女娲和伏羲也不犹豫了,他们连忙跳进乌龟壳内,四下一看,只见里面如同房屋一样宽敞;馍馍堆得像小山一样,吃起来新鲜喷香。这样,他们就安心地随乌龟(玄武)到水里去了。

兄妹俩在乌龟肚里住了两年十一个月二十八天。女娲憋不住了,就央求乌龟(玄武)老人放他们回地面上去。乌龟老人经不住女孩缠磨,再算算,天地这时也已经差不多长好了,就将他们送回地面上来了。

女娲和伏羲到了地上,谢过乌龟老人,就拉着手,欢蹦乱跳地登上了一座山头。这时候,他俩看看地面上东南方向还没有长好,地上剩下的洪水,正在向东南流去。他俩看看天,见天上还有一条裂缝,和许多小漏洞。女娲就跟伏羲商量补天。伏羲愿意了,女娲就站在伏羲的肩上,用捡来的五色石子来填天上的漏洞,用骨针缝天上的裂纹。小漏洞被填住了,就成了后来天上的星星;裂缝被缝上了,就成了后来天上的银河。只有西北边还没长严实,当时女娲又没有发现,所以,以后一刮起西北风就特别寒冷。

天上的裂缝缝好了,漏洞也补好了。女娲和伏羲就在山洞里住下来。因为玄元就是黑龟,他们为了不忘乌龟老人救命的恩情,就把居住的山叫玄元山,居住的洞叫作玄元洞。后来,人们把"玄元"的音念转了,就成了轩辕山和轩辕洞。

女娲和伏羲在玄元山的玄元洞里住下了,白天出去打猎,采野果,晚上回来住宿。一天一天两个就慢慢长大成人了。

这时候,世上的人都没有了。女娲想造人。有一天,她就提出跟伏羲成亲。伏羲说:"咱们是兄妹呀!"女娲说:"你看地上的人都没有了,就留咱俩,咋办?成亲也是天帝的意思。"女娲这样说了,伏羲不得不依她。

兄妹俩结婚时,女娲要和伏羲滚石磨玩。于是,伏羲就和女娲拉着手跑到东山上,一人拿一扇磨,一齐向山下滚。两扇磨正好合在一起。女娲和伏羲都笑了起来。月老也笑了。地上为他们生出了五谷,山林为他们捧出了野果,百花为他们开放。兄妹俩的日子一天一天好了。

世上有了万物,还没有人烟。一天女娲就按自己的模样,捏了个黄泥人,往地上一放,泥人就活了。女娲非常高兴。她就把伏羲叫来,两人一起捏黄泥娃娃。后来,那些早先捏的泥娃娃又帮助他们捏泥人。泥人越来越多。

女娲和伏羲正捏泥人,忽然要下大雨。一些小泥人还在院子里玩耍。女娲来不及一个一个往洞里抱了,就拿起扫帚扫。当时,就有些泥人碰坏了。所以,后来世上就有的人瘸,有的人缺胳膊,有的人瞎,有的人聋。据说,黄种人就是这样来的。

黄泥人慢慢都长大了。女娲、伏羲就教他们捕鱼、打猎、放牧。

女娲和伏羲渐渐地老了。一天,女娲把全部黄土族人都叫到一起,把乌龟老人搭救自己和伏羲的事讲给他们听,告诉他们居住的山为什么叫玄元山,居住的洞为什么叫玄元洞,还嘱咐子孙们什么时候也不要忘了这个根本。女娲讲完了,便给子孙们分配各自的生活门路。女娲捏的第一个黄土人,因为聪明能干,心地又好,族里人就推选他当了黄土人全族的头领。

又过了些年月,女娲和伏羲都过世了。黄土人就推举黄帝为玄元(轩辕)黄帝,说明他们都是玄元山上的人。他们称伏羲、女娲为人皇玄母,都说自己是从玄武(乌龟)来的。

天帝知道乌龟搭救了人类,还在困难时,献出伏羲避难时画的八卦图,帮助大禹治水,立了功,就把乌龟封为天神真武帝,管理北方。这就是我们常见的玄武星。

现在,人们为什么朝北叩头呢?就是为了拜真武帝,据说,后来黄帝又成了道家的始祖,所以观庙里,祭祀真武,旁边放置乌龟的塑像,就是这个来历。

讲述人:耿如林,文盲,善讲故事,沈丘县刘庄店乡耿庄人
采录人:耿瑞,耿庄人,大学学生
采录整理:张振犁
采录时间:1983年5月

【点评】

本篇是流传在黄河南岸新密、郑州一带浮戏山的关于伏羲、女娲、黄帝族系神话遗存的珍品。它比较接近口承神话的原始形态。

其中所反映的中原华夏族系的确立,在神话意识中的表述清晰:①黄河南岸一座大山的山洞里(可能为新密市的浮戏山神仙洞),住的一族人中有伏羲、女娲兄妹俩(据考察,"浮戏"即"伏羲")。②乌龟(龟龙)是兄妹的保护神。他向兄妹指点送馍,告以将有洪水大灾,将来救他们。到九百九十九天,灾害降临。二人在龟壳里住下,避洪水二年十一个月又二十八天。③女娲、伏羲从龟肚里出来到岸上,见天上还未补好,有裂缝、洞洞。女娲站伏羲肩上,用五色石补天的洞,用骨针缝住裂缝。天上有了星星和银河,西北角被忘了没补的洞,刮西北风冷。补天创世。④二人把住的山叫"玄元山",洞叫"玄元洞"。"玄元"即乌龟,为了不忘乌龟的恩情。后来叫成"轩辕山"和"轩辕洞"。⑤女娲提出与伏羲结婚是天帝意旨。伏羲不能不依。可见当时已是由母系社会向父系社会过渡阶段。滚石磨只是好玩。⑥二人捏泥人。泥人又捏泥人,有了人类。⑦女娲让黄土人子孙不要忘了乌龟老人的功德,把山叫"玄元山",洞叫"玄元洞",让捏的第一个人做部族头领,叫黄帝。不忘本叫"轩辕黄帝"。敬祀玄武神。这是我国最早的图腾信仰,也是最早的向北方跪拜。这是民族的信仰的结晶。

总之,本篇是反映中华族系先祖的活历史。

153. 石狮子同伏羲和女娲[武陟县]

盘古开天辟地以后,生了九千九百九十九胎孩子,最后一胎是双胞胎。先生的是男性,取名伏羲,后生的是女性,取名女娲。这一对孪生兄妹白天一块儿玩耍,晚上一块儿睡觉,亲如手足,形影不离。

每天吃过早饭,盘古领着大孩子们去种地,家里只剩下伏羲、女娲这一对小兄妹。两人无处去,就骑在门口那个大石狮子上玩耍。

这天,他俩骑腻了,刚下来,大石狮子说话了:"喂,二位小兄妹,我饿了。你俩能不能给我搞点馍馍来!"

二人想起饭后还剩下十几个馍,随口答应:"能。"跑进屋里把剩的馍馍都拿了过来。

大石狮子说:"你俩喂我吃好吗?"他俩说了声"中",就把馍一个个都塞进大石狮子的嘴里。

盘古和大孩子们下晌了,有几个孩子饥了,不等盘古做成饭,就扒篮拿馍吃,谁知一个也没有了。他们就问伏羲和女娲。伏羲和女娲如实地告诉了他们。

兄妹们来到大石狮子跟前,看见它嘴唇上还沾着馍星,肚里黑咕隆咚的。他们从来没听过大狮子会说话,还知饥,于是猜想准是伏羲和女娲闹着玩,硬把馍往它嘴里塞,一怒之下,便把石狮子抬到了黄河沿。

第二天,盘古领着大孩子们又去种地了,伏羲和女娲来黄河沿把大石狮子往家抬。大石狮子说:"二位兄妹抬不动我。我在这黄河沿也好,一则免得兄妹讨嫌,二则我每天看看黄河倒也新鲜。只是你俩能每天坚持给我送干粮就中!"

从此,伏羲和女娲每天吃饭时都偷偷地装两个馍,等父亲和哥哥姐姐去地里干活后,就来到黄河沿喂大石狮子。日不间断,他俩整整坚持了七七四十九天。

这天,他俩又来给大石狮子送馍,刚到黄河沿,就起了大风,转眼间天空乌云密布,混浊不堪。大石狮子说:"天要塌了,你俩快钻进我肚里躲躲吧!"

他俩闻讯,麻利往里钻。刚钻进去,天空打了个忽闪,响起了"嘎巴嘎巴"的断裂声,紧跟着半边天就塌了下来。盘古和他们九千九百九十八个孩子均被砸成肉饼,伏羲和女娲因钻在大石狮子的肚里,才幸免于难。他俩喂石狮子的馍,石狮子都没吃,全存在肚子里。原来石狮子是等天塌下来后叫伏羲和女娲吃的。

过了七七四十九天,天空平静了下来。风停了,云散了,太阳也出来了,石狮子把他俩又吐了出来,说:"你俩的父亲和哥哥姐姐都被砸死了,普天下只剩你俩了。你们结为夫妻,繁衍人类吧!"

二人听了感激涕零,并肩跪在大石狮子面前,磕了一个响头。谁知当他俩抬起头来时,大石狮子却化成了一道土岭,那就是黄河北岸延绵在温县和武陟的青风岭。

讲述人:李待见,女,42岁,小学毕业,阳城乡郭下村农民
采录整理:王广先

【点评】

本篇流传在中原黄河北岸"龙源"的武陟县,是关于伏羲、女娲创世造人神话的珍品。它比较接近口承神话的原始形态。

其中提供了豫北济源盘古山神话区关于华夏族系,从盘古到伏羲、女娲等的口承神话的信息,为我们研究中原神话确立种源族系起到了佐证作用。

伏羲、女娲是盘古最小的双胞胎儿女,并在石狮子保护神保护下躲过灾难,而盘古的其他九千九百九十八个子女由于天塌被砸死。继而石狮化成黄河边青风岭,成为兄妹婚后捏晒泥人的场地。

伏羲、女娲造人的地点就在太行山和青风岭。这个地点的确定性和流传的扩布性,是该神话产生、形成的可靠依据。其生活基础就在如今的焦作市周围。

其中天塌地陷灾害证明：天是石头形成的，说明中国古代的"天石观"很普遍。石狮作为保护神，也几乎支持不住天上砸下的石头。

值得注意的是，其中说到伏羲、女娲结为夫妻，是由石狮子提出，兄妹并无异议或反对，相反却十分感激，叩头致谢。可见，本篇产生的时代最早，尚属族内婚时期的产物。当时的夫妻成婚，不需要任何"测天意"的婚仪举行。这一点在河南有一部分同类作品，其社会学、民俗学价值是很高的。

讲述人口述的资料来源于民间妇女之口，可知其相传播时间是古老的，地域是确定的，因而它也是神圣的和可信的。

154. 人从哪里来［武陟县］

从前，天塌地陷，世上只剩下伏羲和女娲兄妹两个人。为了繁衍人类，兄妹俩结成了夫妻。

可他们只生了两个孩子，一个叫黄帝，即有熊，一个叫炎帝，即神农。

一天，伏羲发愁道："这么大个世界，只有两个孩子，太少了！像这样繁衍下去，何时才能使人占有世界！"

女娲说："这还用愁，我有办法能使人迅速增加！"

伏羲说："你有什么办法？"

女娲说："捏泥人，一吹就能变成活人！"

伏羲淡淡地笑了。

女娲又说："不信？我给你捏个吹吹看看！"

说罢，女娲去黄河边挖了一块胶泥，捏了个泥人，用嘴一吹，嘿，泥人变成了肉人，活蹦乱跳，而且还会喊"妈妈、爸爸"哩！

伏羲乐了，就帮女娲捏起了泥人。

兄妹二人捏了很多很多泥人，据说从太行山根一直摆到黄河沿，青风岭上更是一个挨一个，有的还给他们涂上黑色和白色。这么多泥人，女娲吹不过来，可她会招风。她的手一抬，口中念念有词，一股风就刮来了。这些泥人经风一刮，都活了。他们走向了四面八方，遍布了世界各地。

据说，现在的缺胳膊少腿的人，都是那时捏的泥人被风刮折的。现在的白种人、黑种人，都是那时涂的白、黑两样颜色的泥人遗传的。

讲述人：秦秀花，女，71岁，北郭乡李后庄村农民
采录整理：王广先

【点评】

　　本篇是《石狮子与伏羲和女娲》的续篇,价值相同。其主要特点有:①伏羲女娲他们只生了黄帝、炎帝二人,传达出伏羲族系来自盘古,又传到炎、黄二帝。有很高社会人类文化内涵价值。②当时在先民的生殖意识里,男女交配生人与利用巫术(吹气)让泥人活起来是同样的,因而比较原始。③二人捏泥人,摆满了太行山和青风岭,女娲吹气来不及了,她就呼风吹遍太行山和青风岭,泥人都活了。它体现了女娲始母大神的巨大创世、造人本领。其活动地域就是辽阔、宏大的黄河、太行山之间,气魄极为雄大、气派。

　　女娲把泥人涂上黑白色,招来大风把他们吹活后,各自走向世界各地。世界人种起源在中原。

　　一些残疾人是在女娲招风吹来时刮折的。值得注意的是,本篇说捏的泥人是世界各种颜色的人种的先祖,就突出了我国古代先民的人种起源于中州的观念是明确的。同类神话在河南还有一些就是证据。

155. 伏羲峰和女娲山[沁阳县]

　　传说,伏羲和女娲原来不是两口,是兄妹俩,伏羲每天上山打猎、摘野果、采草药,女娲在家操持家务,日子虽苦,还算欢乐。

　　伏羲出去打猎,要走很远的路,天天都得带顿干粮。可每一回走到山口,就有一只小白龟从水坑里爬出来,向伏羲要干粮吃,伏羲回回都把干粮给它分一半。时间长了,伏羲就问:"小白龟,我见天打这儿过,你回回都问我要干粮吃,你自己就不会去寻点吃的?"小白龟说:"我问你要的干粮我没吃,我是给你炼葫芦哩。天地十万八千年一混沌,那时世界上就没有人了。我是想法搭救你免遭劫难哩!"

　　伏羲回到家,女娲问他:"哥,你出去打猎,带的干粮比过去多了,真好胃口呀。"伏羲说:"我带的干粮不是我一人吃的。北山口有个小白龟,它见天出来劫我的干粮,它说世界十万八千年一混沌,一混沌满地都变成水了,它用干粮炼葫芦哩,到时候好救咱俩走。"女娲一听,吓得浑身打颤,说:"你说的还怪哩,那我给你多带点干粮,你叫它好好炼!"

　　有一天,伏羲去山上打猎回来,白龟截住他,把自己的门牙掰掉一个,说:"你拿回家,快点种在当院里,出来后要好好管理,快混沌了,你可不敢大意呀!"

　　伏羲回到家,就招呼女娲一起把白龟的门牙种下。第二天,在种牙的地方长出一棵葫芦苗,不几天就结了一个大葫芦。

过了几天,伏羲又进山打猎,白龟拦住说:"你不要进山打猎了,时候到了,你快到家和你妹子一起钻到葫芦里,天要混沌了。"

伏羲赶紧跑回家,一进门就喊,女娲答应一声,葫芦忽然开了一个口子,伏羲女娲赶忙钻进去,葫芦口嘎巴一声合住了,里面有很多干粮。紧接着,轰隆一声震天响,平地起波,遮天盖地都成了水。那水越长越高,淹没了房屋,淹没了树木,淹没了大山……那葫芦漂在水面上,水高它也高,慢慢地那葫芦挨着天,堵住了南天门。把门神一看不好,赶紧启奏老天爷。老天爷发下一道圣旨,命水神赶紧退水。

那水神站在南天门口,左手按住大葫芦往北一推,右手挥动赶水鞭一拨拉,大水就退下了。大水越来越小,大葫芦也越来越低。后来大葫芦漂到了太行山顶边,伏羲就从葫芦里爬出来上到高山上。谁知伏羲爬出来时,脚一使劲,那葫芦又向东漂了漂,女娲爬出来,上到了东边另一架山顶。

后来,人们把伏羲住的那架山,取名叫伏羲峰,把女娲住的那架山取名叫女娲山。

采录整理:张俊兴　秦太昌

图4.155.1　沁阳神农山中的伏羲峰(始祖峰)和女娲洞(右侧山腰处)(2013年程健君摄)

【点评】

本篇是流传在黄河中下游北岸沁阳一带的"洪水后女娲、伏羲兄妹再殖人类"神话遗存的首段。它是接近原始神话形态（文字虽具有些知识分子味道）的品位很高的精品。

其中，伏羲兄妹过的是狩猎、采集生活。洪水到来之前的保护神是小白龟。这与河南中南部淮阳、信阳的情况是一致的（保护神多元中的主导一元）。

小白龟用它的一颗门牙保护伏羲、女娲兄妹避开洪水灾害，并让兄妹种出大葫芦钻入其中躲过洪水。这里透露出我国西南一带的葫芦文化不仅在中原同样存在，而且葫芦文化是由龟文化而生出的整体文化体系。这很可能是从中原迁徙西南时带去的。

156. 伏羲和女娲合婚［沁阳县］

上古时代那场洪水过后，千村荒芜，万户萧瑟，举目不见人烟，只剩伏羲和女娲二人了。为了治理洪灾，重建家园，兄妹二人商定各自东西，跋涉千山万水，去寻找幸存的人。

在一个晴朗的早晨，女娲迎着太阳往东，伏羲背着太阳向西，开始了艰难的寻觅。经过三百六十五次日出日落，经过十二个月缺月圆，兄妹俩又在紫金顶下碰了面——他们没有见到一个人。兄妹俩陷入忧郁茫然之中，难道人类将从此灭绝？

一天，伏羲提出要和女娲成婚，繁衍后代，缔造人类。女娲死活不同意，"哪有兄妹二人结婚的？"伏羲说："不这样有啥办法？"女娲想想也是，勉强说道："只要上合天意，下顺地理，中通人情，咱俩就结婚。""咋叫上合天意？"女娲提出：在东、西两山上点燃两堆山火，若燃起的青烟能合在一起，就算合了天意。

于是，女娲上了东山顶，伏羲上了西山顶，他们各自捡来一堆山柴，点燃起来。只见两股烟袅袅娜娜，徐徐上升，突然，一阵旋风把两股青烟搅到了一起，在云阳河上方互相缠绕，直冲云霄。天意已明，该轮到下顺地理了。女娲又提出滚石头，如两山上滚下去的石头能合在一起就算下顺地理。

兄妹二人重又登上两个山头，同时将两块大石头往山下推。两块巨石碰石碰树，滚坡落崖，犹如两条白龙游谷。在云阳河底，两块巨石相撞，发出轰隆一声响声，两块巨石牢牢地合在一起。

伏羲跑下山来，只见两块石头已紧紧地合在一起，中间有一条白线连着，就对女娲说:"妹妹,顺了地理,咱俩该结合了吧?"

女娲还是固执地说:"婚姻大事,非同儿戏,中间连个保媒人也没有,那成啥体统?"

伏羲说:"天底下就咱两个人,只要你同意,我同意,不就是中通人情吗?还要谁来保媒?"

正在这时,忽听水中有人说:"你们二人结婚,是天地之意,我来给你们当个媒人吧!"二人扭头一看,原来是救他们逃出洪水的小白龟。

女娲这时再没啥可说了,就搬到了伏羲住的洞里,同伏羲结成了美满的姻缘。

后来的人就仿照女娲的样子,一结婚,女方就搬到男家合为一家人。

为了纪念这件事,后人就把他二人滚的那块大石头,取名叫合婚石。还在合婚石两边半山腰上各修了一座庙宇,西边的叫伏羲殿,殿里供奉着人类的祖先——伏羲,东边叫老母殿,殿里供奉着人类的母亲——女娲。

采录整理:张天文　秦太明

【点评】

本篇是中原太行山区关于"洪水后伏羲兄妹再殖人类"神话的第二段。它表明是早期兄妹洪水后结婚生子(含捏泥人)的重要珍品之一。

其中透露出小白龟是二人结婚的主持者。在灾后面临人类灭绝的情况下,伏羲提出要和妹妹结婚,女娲虽有犹豫,当哥哥说明人类不能灭绝时,女娲提出三个要求:一是上山顶二人点火,烟合结婚,上合天意;二是滚石成亲,下合地意;三是要有媒人,小白龟做媒人,中合人意。

后来,男女结婚,女子到男子住处成家。像这样的远古习俗,流传至今,仍在沿袭。这样源远流长的远古民俗文化对人们起到规范作用和制约功能的生命力是很强的。由于其中婚前占卜仪式中第二项是滚石("合婚石"),比石磨显然要早。

157. 泥 人 场 [沁阳县]

伏羲和女娲成婚后,辛勤狩猎,生儿育女,要让人类成为世界的主人。可光凭女娲一个人能生多少孩子呢?俩人想想很发愁。

有一天夜里,女娲做了一个梦,梦见老天爷对她说:人也不用发愁,你可以挖些黄土，用云阳河水和成泥，抟土造人。第二天，女娲就叫伏羲在山洞前整了一块平地，挖了些黄土，舀些云阳河水，和成泥，动手捏泥人。老天爷又派黄帝、上骈、桑林等天神暗中帮助。这些天神来到云阳河滩，有帮助生四肢，有帮助生耳目，有帮助生精髓。女娲照着伏羲的样子，捏了好多好多泥人，放到伏羲整好的平地上晾晒。只要晒到七七四十九天，泥人就会变活。谁知道晒到四十八天头上，飞来一只野鸡，把泥人两腿当间的小鸡鸡，一个一个叼着吃了。叼了一半，女娲看见了赶紧把野鸡撵跑了。原来老天爷从天上看到女娲光捏男人没有女人，就赶紧派飞鸟下来，把泥人两腿中间的小鸡鸡叼掉，没有叼掉鸡鸡的为男人，叼掉的为女人，日后好生孩子传宗接代。

于是，女娲就将男女分开，还看各自的模样，两两配对，俏丽配英俊，高个合高个，胖人配肉墩……

老天爷得知女娲将人按丑俊配双，急派风雨雷电诸神下凡找女娲论理，没想到他们把"论理"错听成了"淋雨"，就一路忽雷闪电，带着狂风暴雨朝太行山奔来。

女娲见天气骤然变坏，就赶紧往洞里收泥人。拿不供，就大掐小掐往洞里掐，慌乱之中，就又把俊丑、高矮、胖瘦泥人混到了一块儿，还有的泥人被碰断了胳膊、跌折了腿、戳瞎了眼睛、弄歪了鼻。后来世上就有了四肢不全，鼻眼歪斜的人。

但是，不管怎样说，女娲抟土造人是一功劳。人们把晒泥人的那块平地称作泥人场。

采录整理：张子多　张正义

【点评】

本篇是太行山沁阳地区流传的"洪水后遗民再殖人类"神话的后段——"女娲造人"。它以实证表明此神话的神圣性和真实性。因此，它同其他前两段构成一个中原此类神话的整体。属于具有浓厚地方特色的神话珍品。

其中女娲捏泥人是因为只靠女娲生人太少，不能使人成为世界的主人。当时，原人的生殖意识还停留在男女生理生人与靠原始巫术外力让泥人活起来，并无什么区别的层面上。这种人类繁衍的观念是客观存在的。

本篇不同于其他同类神话的是：这种意识是寄托于天帝意旨的安排，并非世人所能完成，出现了道家神祇的介入：①托梦教女娲捏泥人；②天爷派黄帝、上骈、桑林诸神暗中帮助女娲给人造四肢、耳目、精髓；③女娲只照伏羲的样子捏男人，没有女人。天帝派神鸡叼去一半男泥人的生殖器，世上才有了女人（这一点在河南的汝南县有同样记录);④当女娲考虑按男女的丑俊、胖瘦、高矮等分开配对摆放晾晒时,天帝又认为那样人就无法生活,派水神、雨神与女娲"论理",但由于他们误听为"淋雨",才下雨淋泥人。在女娲搬泥人时,又混乱了不同人的配偶,出现了残疾人。这样的道教思想的渗入,既破坏了它的原始神话意识的真实可信性,也大大降低了女娲造人所表现的智慧和思维特征,贬抑了女娲大始母神在中国远古神话中的崇高地位。这些明显的由道教徒篡改原型神话的用心,无非为了树立道教头领——教主的权威。这种演变规律,无疑是中国封建社会的统治思想所起的很坏的作用。

尽管如此,几千年来人民还是不忘崇祀女娲造人、置婚姻的功业的。这便是泥人场传留至今的原因。

158. 龟 为 媒[信阳市]

洪水淹田的时候,天底下只剩下姐弟二人没被淹死。这姐弟二人就是女娲和她的弟弟。

有一天,弟弟提出来要跟姐姐成亲。女娲听了很生气,对弟弟说:"咱是一母所生,哪能成亲?不行!"女娲气得离开弟弟走了,弟弟在后边跟着。

女娲心生一计,对弟弟说:"我藏起来,你能找到,咱就成亲。"弟弟说:"行。"女娲说罢就跑,弟弟在后边追。

绕过一个山脚,女娲藏了起来。弟弟找来找去,不见女娲的踪影。

弟弟到处找,路上碰见一只乌龟,它对弟弟说了女娲藏的地方。弟弟一找就找到了。女娲问弟弟:"你咋知道我藏在这里?"弟弟说:"乌龟给我说的。"女娲恨这只乌龟,她对弟弟说:"我不信。走,咱去问问它。"他俩找到那只乌龟,女娲也不问,一脚跺下去,把龟盖跺成八十八块,然后又对弟弟说:"我再藏个地方,你能找到,咱就成亲。"说了又跑了。

弟弟见女娲把龟盖跺碎了,很可怜它,又一块一块地把龟盖对起来。现在龟盖上还留着花纹,看上去像是一块一块对起来的,就是这个缘故。

弟弟把龟盖对好了,又去找女娲。

他找呀,找呀,哪里也找不到。最后还是这只乌龟给他说了女娲藏的地方。弟弟一找,又找到了。女娲问弟弟:"你咋知道我藏在这里?"弟弟说:"还是那只乌龟给我说的。"女娲说:"我不信。那只乌龟早死了。"弟弟说:"它还活着。不信咱去看看。"他俩又找到那只乌龟。女娲一看,被她跺碎的龟盖又长到了一块儿,真的还活着。她说:"不死的东西,叫你多嘴!"飞起一脚,把乌龟踢了起来,落在好远好远的地方。这只乌龟正巧落在一块石棱上,把下甲摔成两节,至今鸡公山一带还有这种下甲是两块、可以活动的龟,名叫夹板龟。女娲踢开了乌龟,对弟弟说:"你找到我藏的地方,是乌龟给你说的,这不行。咱俩放火,你在东山头放,我在西山头放。火能烧到一块儿,咱就成亲。"弟弟说:"行。"

于是,姐弟俩分别爬上东西两个山头,点着了火。也怪,两个山上的火头,不管刮啥风,都不顺风跑,东山上的火头向西跑,西山上的火头向东跑,很快便碰了头,绕到了一块儿。女娲对弟弟说:"这还不行。咱俩滚磨,一个人滚一扇磨,同时从山上往下滚。两扇磨滚到山下,若能合在一起,咱俩就成亲。"弟弟说:"行。"

姐弟俩就滚磨。一个人搬一扇磨上了山,喊声一二,同时往山下滚。两扇磨滚到山下,严严实实地合在了一起。

女娲想:我藏起来,乌龟给弟弟指点;两个山头放火,火头不顺风跑,烧到了一块儿;从山上往下滚磨,两扇磨又合在一起,这样巧的事,除非天意,是绝对不可能的。至此,女娲也不再出难题了,就答应了弟弟的要求。女娲当时不知,乌龟就是来做"媒人"的。

姐弟俩成亲以后,他们就捏泥人。女娲捏一百个女的,弟弟捏一百个男的,捏好后吹口气,泥人都成了活人。后来男女婚配,人类又繁衍开了。

讲述人:丁广有,男,60多岁,原信阳县武胜关村党支部书记
采录人:张楚北 张书中
采录时间:1985年夏
采录地点:信阳县鸡公山

【文献选录】

昔宇宙初开之时,有女娲兄妹二人,在昆仑山,而天下未有人民。议以为夫妻,又自羞耻。兄即与其妹上昆仑山,咒曰:"天若遣我为夫妻,而烟悉合;若不,使烟散。"于烟即合。其妹即来就兄,乃结草为扇,以障其面。今时取妇,执扇,象其事也。

(唐·李冗《独异志》)

麟凤龟龙,谓之四灵。……龟以为畜,故人情不失。

(《礼记·礼运》)

复遥百劫,人民转多,食不可足,遂相欺夺。强者得多,弱者得少。地肥神圣,化为草棘。人民饥困,递相食噉。天知此恶,即下洪水荡除,万人死尽。惟有伏羲得存其命,进称天皇丞(承)后。

（敦煌写本［唐佚名］《天地开辟以来帝王纪》）

尔时人民死，惟有伏羲、女娲兄妹二人，衣（依）龙上天，得存其命，恐绝人种，即为夫妇。

（敦煌写本［唐佚名］《天地开辟以来帝王纪》）

伏羲、女娲因为父母而生。为遭水灾，人民死尽，兄妹二人，依龙上天，得存其命。见天下荒乱，惟金岗天神，教言可行阴阳，遂相羞耻，即入昆仑山藏身。伏羲在左巡行，女娲在右巡行，契许相逢，则为夫妇。天遣和合，亦尔相知。伏羲用树叶覆面，女娲用芦花遮面，共为夫妻。今人交礼，戴昌妆花，因此而起。怀娠日月充满，遂生一百二十子，各认一姓。六十子恭慈孝顺，见今日天汉是也。六十子不孝义，走入蒙野之中，羌敌（氏）六巴蜀是也，故曰：得续人位［伦］。

（敦煌写本［唐佚名］《天地开辟以来帝王纪》）

【点评】

本篇流传在河南信阳地区，是关于女娲姐弟"洪水后遗民再殖人类型"神话遗存的珍品。它基本上属原型神话，有文化史研究价值。

在古代文献上，记载此类神话的是唐代李冗的《独异志》。其中所说女娲兄妹因宇宙开辟后无人，两人上昆仑同对天起誓：二人点火，若烟合，结婚。但由于记录者的不够科学，并未能全面记录民间的口承神话原始形态，加上文言语词，因而有不足之处。

本篇就大不相同。它表明洪水后无人烟，弟向姐女娲提议结婚。女娲开始不同意，后提出占卜"天意"的四个办法（或仪式）：两次女娲藏后被找着；在两山点火烟合；滚石磨；最后成为夫妻，捏泥人有了人类。很真实、完整。两相对照，此篇更可贵。

特别是女娲姐弟的龟图腾保护神的参与，不仅富有戏剧性，而且具有很高的社会学、民俗学的科学价值。对照今天在民间尚有"夹板龟"的动物佐证，更富民间文化的情趣。

从本篇的产生情况看，是比较早的洪荒时期的劫后人类如何生存、发展的问题及所作出的抉择和斗争。虽然其中像同类作品一样，女娲姐弟的结合要遵从"天意"的安排，但二人的实际行动和乌龟保护神的协助，究其实质仍是人类的自我选择完成了自身存在和发展的重大问题。人的世界主体意识和驾驭自身命运的内蕴是清楚的。

159. 骚家伙龟［信阳市］

从前只有兄妹二人。他们一起耕种,一起生活。

他们随着年纪逐渐增大,越来越感到心里不安和烦闷,都觉得有话要说,但又难于说出来。

"咱们结婚吧。世界上只有我们两个人了。"哥哥终于大胆地向妹妹说。

"那不行,咱们是亲兄妹呀。"妹妹说。她想了想又说:

"这样吧,我躲起来,你找,要是找着了,咱们就结婚。"

她转过一个山嘴,躲了起来。

她哥哥跟着来找呀,找呀,到处都找不到。

一只乌龟爬了过来,向他挤眉弄眼,然后把头转向一棵树蔸。

他明白了,一找就在树蔸下找到了。

"你咋知道我躲在这里?"妹妹问。

"乌龟告诉我的。"哥哥说。

"那不算,那不是你找到的。"妹妹说。她想了想又说:

"咱们在两个山头上滚石磨。如果两块石磨合在了一起,咱们就结婚。"

"可以。"哥哥说。

他们在两个山头上同时放石磨,两块石磨滚到山脚恰巧合在了一起。

以后不说就知道,他们结婚了。

讲述人:彭业华,男,21岁,中学毕业,农民
采录人:张敦全,河南大学中文系1986级学生
采录时间:1987年2月
采录地点:信阳县浉河港乡
流传区域:信阳县西部

【点评】

本篇是流传在信阳不同地区的《龟为媒》的异文。

其主要情节基本相同。不同之处有三:①在占卜"天意"成婚仪式方面仅藏了一次,没有在两山头点火,烟合即结婚。②女娲藏在树蔸,而不是山脚。③乌龟参

与不多,也没受到女娲的报复。

但本篇的记录语言特别鲜明、质朴、生动,保持了口传的语言特色,十分可贵。

从题目看,讲述人及民间传承过程中,似有非议乌龟支持兄妹婚的意思。这已属后世的族外婚的观念。而《龟为媒》则是赞许保护神乌龟协助女娲姐弟婚姻行为的。

160. 女娲兄妹结亲的传说［涉县］

传说开天辟地的时候,尘世上只有女娲和她的哥哥伏羲两个人。这么大个世界儿,只有他俩咋行啊?应该有夫有妻,生儿育女才成。可是,兄妹两个,怎么能结夫妻呀?不行,不能结。兄妹就是兄妹。

这样不知道过了多少年,这么空空旷旷个世界儿,还是孤单单他们兄妹两个。哥哥伏羲就跟妹妹女娲商量,不如咱兄妹结成婚姻,生儿育女。女娲说,这是一件大事,不能任意妄为,应该问问天意,看上天对这件事是怎么安排的,同意不同意这样办。

"怎样问天意啊?"伏羲问女娲。

妹妹女娲说:"咱们滚磨扇吧。你在北山上,我在南山上,各自从山顶上滚下一只磨扇。要是两只磨扇合在一起,上天就是同意咱兄妹结成夫妻;要是两只磨扇合不在一起,那就是不同意。"

南山和北山,各有万丈高,南山距北山,要有许多里。两个山上滚下去的磨扇,能合在一起吗?

伏羲知道,两扇石磨是很难合在一起的。可是,妹妹提出了这种卜问天意的办法,他自然也就同意了。

兄妹俩各自扛了一扇磨,分别爬上了南山头与北山头。

哥哥伏羲跪在北山顶上,仰脸向天,虔诚地祈祷说:"皇天在上,盘古开天辟地死后,他的脑袋变成了大山,他的眼睛变成了日月,他的血肉变成了江海,他的毛发变成了草木。大地上从此滋生出万物。各种飞禽走兽,各种鱼虾大鳖,到处都有。可是,这么大的世界上,除了我们兄妹两个,连一个人也没有,这怎么行啊?为了生男长女,滋生后代,我们兄妹只有结成婚姻,但不知天意如何?"伏羲说完,拜过上苍,把磨扇扶正,准备滚向山下。

妹妹女娲跪在南山顶上,先拜上苍,然后说:"天地混沌,盘古开辟;有了天地就好像有了房子。可是,再好的房子没有人住,那又有啥用啊!上苍既然叫我们兄妹来到这世上,我们兄妹本该繁衍子孙。可是,兄妹同胞,怎能结亲?祈求上天明示:

如果上天命我们婚配,就令两扇石磨相合;如果婚配不得,就让两扇石磨各滚一方!"然后,再拜过上苍。

兄妹两个说完,同时把各自的那扇石磨滚下山去了。

那时的山坡上,树木丛生,荆棘遍野,豺狼虎豹无处不有。两扇石磨在南北两个山坡上隆隆滚着,真是越滚越快,草木向两边倾倒,猛兽急急跑开。石磨滚下山坡,继续在平地上滚动,跳过沟坎,滚过河流,隆隆地向前滚着。最后,两扇石磨竟合在了一起!

伏羲从北山上下来见了,心里很高兴,女娲从南山上下来了,顿时羞红了脸儿。

兄妹俩成亲的时候,女娲实在羞得不敢看哥哥。她就从地上采了蒲草,编织成扇子,把脸挡上。直到后来世人结亲,媳妇总爱拿扇子或手帕挡住脸儿,据说就是照着女娲奶奶当初那样做哩。

【点评】

本篇系涉县娲皇宫一带的兄妹婚神话。从其中的内容看,似从中原中部淮阳一带传来,几乎完全一致,很少有当地清漳河的风土人情特色。

据记录人讲,本篇只有女娲,而无伏羲的名字,后来由记录者吸收别处的传说写进去的。

从中原伏羲神话的分布情况看,主要在黄河北岸太行山以南到豫中淮阳、西华等地区。在安阳、林州以北,伏羲的传说很少。

因此,本篇有从南边移植于涉县的可能。其作为科学研究对象,宜慎重。

其中滚磨时的情景,鸟兽、草木似都有协助的人格化特色,值得注意。

161. 伏羲和女娲(一)[正阳县]

从前,天地是相连的,西过了昆仑山,东过了汪洋大海,就到了天河的两头,天河的南方、北方,各有一座关卡,叫作南天门和北天门,谁要是过了天河,或者进了南北天门,就到了天神的世界里了。

有一天,王母听说玉帝身子不舒服,就急忙离了瑶池,到玉皇宫来探病。只见玉帝双眉紧皱,唉声叹气不止,便问玉帝哪里不爽快,玉皇说:"唉!你看凡人越来越灵气了,总有一天,我这天帝的位置会坐不成。"王母安慰玉皇:"你不要多心过虑,凡人东渡不过大海,西翻不过琼山,南有司天圣帝守关,北有真武大帝把卡,他们如何上得天罗?"

"我的十盏天灯①被他们射灭了九盏,说不定哪天他们会将箭射到我的凌霄殿里来。"

"凡人五百年要遇一次劫,天神五百年要临一次凡,我替你到凡间去一趟吧!"

王母告辞了玉皇,来到人间,变成一个叫花婆婆,要试试凡人的善恶,看着玉皇是不是自寻烦恼,瞎操心。她讨到东家东家骂,讨到西家西家嫌,上屋里老倌子拿拐棍赶她,下屋里细仔子使狗咬她。她叹了一口气说:"凡间世上果然没有好人,凡人真的要遭劫了。"

她走到海河边,遇到两个没有父母、没有家的兄妹,哥哥叫伏羲,妹妹叫女娲,他们住在船上,靠叉鱼为生。伏羲见叫花婆婆可怜,要留她做自己的母妈;女娲见叫花婆婆可怜,拿米饭和鲜鱼款待她,她又叹了一口气说:"凡间还是有好人,人应该遭劫,但是不应该绝种。"她告诉兄妹两人说:"天要降灾了,你们快把柴米准备足,躲在船上莫下来,天灾来的时候,你们只能救畜生,不能救人,记住,记住……"嘱咐完了,她就离开了伏羲和女娲,来到困龙山。

困龙山洞里睡了一条大黑龙,它一觉睡五百年,一醒就要闯大祸。王母叫醒了它,命令它快去收尽世上的人,黑龙被吵醒了瞌睡,一肚子脾气当面不敢发,等王母走了,一下冲出洞来,驾起乌云,来到天河边上洗了个澡,一尾巴把天河打缺了一个口子,喘口气,又回山洞里睡觉去了。

伏羲和女娲刚装满了一船柴米,大雨就接连下了七七四十九天,洪水淹齐了天河缺口,小船在洪水里漂荡,有一个人漂到船边,兄妹两个人见他可怜,不顾王母的叮咛,把他救上船来,后来又救了一只乌龟和一条狗。小船漂到困龙山下,兄妹两个叫救出的那个人守船,自己带着乌龟和狗上山去找个安身的地方,那个守船的人是个没良心的家伙,等伏羲和女娲上了山,就偷偷把船开走了。

兄妹俩拿着鱼叉,找到了困龙山洞,认为是个安身的好地方,正打算下去把柴米搬进洞来,狗的鼻子灵,闻到了洞里有股怪味,就低声向兄妹说:"进去除妖怪吧,不杀了它,莫说住山洞,就连活也活不成。"

兄妹转身进了洞,见黑龙睡得熟熟的,两把鱼叉一齐下,女娲的叉刺进了黑龙的喉咙,伏羲的叉挑开了黑龙的肚皮,黑龙受了致命伤,负痛冲出洞来,向东南方滚去。霎时地动山摇,黑龙滚过的地方成了一条弯弯曲曲的泥水河,这条河就是黄河。洪水随着这条河,流进了东洋大海,黑龙滚下海里死了。王母说的"凡人五百年要遭一次劫"的话,不能兑现了。兄妹俩下山来搬柴米,哪晓得洪水不见了,小船也不见了。兄妹两个以为那个守船人被黑龙害死了,女娲还大哭了一场,然后他们带着乌龟和狗住进了山洞,靠上山打猎、下河叉鱼过日子。衣服破得不能穿了,热

---

① 天灯:指太阳。

天就用树叶子遮丑,冷天就用兽皮御寒。

一天,伏羲对女娲说:"世上没有别的人了,人会绝种的,我们成亲吧!"女娲说:"我是妹来你是兄,兄妹同胞一母生,哪怕世人会绝种,兄妹不可结成亲。"兄妹俩争不清,就叫狗来评理。狗说:"两朵花开分雌雄,一条藤子一条根,要想开花能结果,兄妹应该结成亲。"女娲不服,对伏羲说:"我们围着小山跑,你抓得到我,我就是你的妻子。"女娲在前面跑,伏羲在后面追,从太阳升起追到日头偏西,还没追得上。乌龟对伏羲说:"她跑你也跑,从少追到老,她跑你不跑,一把抓住了。"

伏羲听了乌龟的话,躲在山石后面不追了,等女娲跑近身边,就钻出来一把抓住女娲,兄妹俩成了亲。所以现在很多地方的夫妻们都还是以兄妹相称。女娲恨死了乌龟,骂乌龟:"不要脸的东西,以后不准你出头露面。"从此,乌龟常常把头缩进壳里,要等没人时,方敢伸出头来。她又骂乌龟:"多嘴的东西,以后不准你说话。"乌龟从此就变成了哑巴。

女娲的气还没有消,在乌龟身上撒了一泡尿,踏上一脚,再把它踢到河里去。乌龟的壳从此有了裂纹,身上也带尿气了。

讲述人:代星,男,56岁,上过私塾,农民
采录整理:代胜利,男,40岁,初中毕业,农民
采录时间:1987年9月

【点评】

本篇是流传在河南正阳县的中原"洪水后遗民再殖人类型"神话的另一特殊形态的典型。它是研究中原神话演变的极重要的材料之一。

第一,其中所表明的伏羲和女娲活动的时代,正是旧石器晚期和新石器早期的渔猎时期的实际生活。他们主要靠渔猎为生,这就比其他的农业生活背景早得多。

第二,从婚姻制度来看,已经在从"族内婚"向"族外婚"演变,但为了人类的繁衍,不致灭种,"天意"还是通融兄妹结婚的。狗说兄妹婚合乎自然发展的道理:花分雌雄,木藤连根,人亦应结婚。因此,乌龟才帮助伏羲追上女娲,使二人成夫妻。女娲为此惩罚了乌龟,不准它出头说话。这与信阳《龟为媒》相似。

第三,洪水的起因,已不是纯自然的灾害,而是已变为玉帝怕人类反抗和推翻他神权的宝座,而进行的惩罚手段。其中所叙述的道教天国已经形成一套严密的体系、制度。天国神祇各有分工,职责分明。这不是中国远古天神上帝与人的谐和关系。此时,已经出现了统治与被统治、镇压与反抗,惩罚的天神神职的观念。这

是较晚期附会的观念。

玉帝所说的凡人变聪明了,可能要造反,推翻他的神位;后羿射九日(天灯),对玉帝已构成威胁。因此,要发洪水消灭人类。

第四,其中的保护神王母取代了其他生物(龟、石狮……),目的是保护唯一劫后活下来的伏羲、女娲,是因为他们是好人,不能让人类灭种。因此,其中的让兄妹坐船,不救人,只救乌龟、小狗等避洪水的手段,也不再是藏保护神肚里、山洞里、树洞里等,而是让他们二人坐船避难。很有点像《圣经》中的诺亚方舟,但已经道教化了。

第五,伏羲、女娲兄妹议婚,举行婚仪占卜"天意",都比较原始。与唐代李冗的《独异志》所说正相吻合。特别是与信阳的《龟为媒》异文接近。此时,还没有出现滚石磨占卜方式。兄妹能否结婚,不是王母的主意,而是问狗就可以了。这当然更原始些。

总之,本篇的原始形态与"人为宗教化"的脉络十分清晰。狗和龟由原来的保护神变为一般动物,王母介入起了关键作用。其动机无非为了维持天国(道教神)的秩序,才改造原型神话遗存的。

162. 伏羲和女娲(二)[义马市]

传说伏羲和女娲是兄妹俩。父母早亡,家里很穷。伏羲整天在山上开荒种地,中午不回家,女娲就把馍饭送到山上。

有一天,女娲上山给哥哥送饭,快到山顶时,路过一个白胡子老头儿,向她伸着手说:"好心的姑娘,可怜可怜我,给点吃的吧!"女娲看老人可怜,就从篮子里拿出一个馍,给了他。

第二天中午,女娲上山送饭,老人仍在那个地方向她乞讨,还说一个馍吃不饱,再给点稀饭喝吧。女娲心肠好,又给他盛了碗稀饭。从此以后,每天的中午饭女娲就多做一点,路过时给老头盛一碗,再给他两个馍。老头只把稀饭喝了,说馍要留到晚上和明天早晨吃。

女娲很同情老人,就见天给他馍饭吃。

转眼间春去夏来,一天中午,伏羲刚吃完女娲送来的馍饭,忽然起了大风,抬头一看,见东南天边,黑云驾着雷电,滚滚而来,拇指大的雨点,噼里啪啦甩下来。兄妹俩赶紧收拾了碗筷农具,就急急忙忙往回跑。还等在路边的白胡子老头上前拦住他们说:"大雨已到,你们回不了家啦,赶快到那边石洞里去躲躲吧,这大雨要下七天七夜哩!"

一眨眼，老头不见了。

他俩跑进老人指给的石洞，见里面摆着大堆晒干的白馍。原来这是女娲送给那个老头的，他没有吃，全晒干放在洞里了。

天低云暗，雷鸣电闪。哗哗的倾盆大雨，一直下了七天七夜。

到了第八天，云散天晴。兄妹俩走出石洞一看，都惊呆了！只见山下洪水滔滔，成了一片汪洋，把人畜田庄全都淹没了。他们没了家，只好在石洞里住了下来。又过了七天七夜，洪水才落，可人间就只剩他们两个人了。

为了生存，他们每天早出晚归，把洪水冲毁的田地，重又开垦出来，种上庄稼。

日月如梭，转眼间七八年过去了。女娲看哥哥三十岁了，自己也已二十七八，都还是单身人。俩人要不结婚，就不能生养后代，他们死了，以后世上就没人了！她想，只有跟哥哥结婚，才能生儿育女，传宗接代。可是，哥哥不提这事，自己又不好开口，就整天闷闷不乐想心事。伏羲见妹妹愁眉苦脸，不言不语，就问她："你有病了，不舒服？"

女娲摇摇头说："不是！"

伏羲又问："你干活太累了？那你就歇歇吧！"

女娲又摇了摇头说："不累！"

伏羲说："那你到底是怎么啦？"

女娲到嘴边的话，又咽了回去，红着脸低下了头。

伏羲见女娲有话想说又不好意思，就开导她说，世界上只有我们兄妹俩了，你有话不跟我说，还能跟谁说？说得不对，我也不怪你。

女娲问："哥哥，你今年多大岁数了？"

伏羲说："快三十岁了。"

"俗话说，男大当婚，你这么大了，也该找个媳妇啦。"

伏羲听后笑了笑说："憨妹子，我到哪儿去找呀？世界上已经没有女人了！"

女娲连声说："有！有！有——怎么说没有？我看只怕是你憨了！"

"有？在哪儿？我怎么没有看见过！"

女娲调皮地说："你怎么睁着大眼说瞎话？明明天天看见，咋硬说没看见呢？"

伏羲又说："我真的没看见，你说到底在哪儿？"

女娲羞红脸说："就在你眼前！"

伏羲明白了，连忙说："不行！不行！自从盘古开天地，哪有兄妹结婚的规矩？"

"我们不结婚，没有子孙不就断种了？以后我们老了，干不动活了，叫谁养活？死了叫谁去埋？"

伏羲被问得张口结舌，可他还是认为兄妹不能结婚。女娲就说："那咱们去问问那边山洼里的青竹，看它怎么说。"

他们到山洼里问青竹,青竹说:"天下再没别的人,你们兄妹可成婚!"伏羲听了,用脚把青竹踩倒在地,摘下腰间的柴刀,唰唰唰,剁成一节一节的。当他起身要走时,见那青竹一节一节连接住,又直起了身。只是原先光溜溜的竹竿上有了节。从此以后,竹子的子孙后代,身上都有节了。

他们往回走的时候,遇见了一只大乌龟,就又问乌龟,兄妹能不能结婚,乌龟说:"天下再没别的人,你们兄妹可成婚!"伏羲听了,上前一脚,就把乌龟的壳踩碎了。可是乌龟没死,马上就又长好了,就是原先光光的脊背上,留下了一道道的伤痕。从此以后,乌龟的子孙后代,背上都有了遗传的伤痕。

哥哥不同意,女娲一赌气,也就不再提结婚这事儿。

日子一天天过去,不知不觉,就是十来年。

这年春天,伏羲带妹妹到田间去播种,女娲见田野里桃红柳绿,鸟鸣草长,再看看哥哥和自己,都日见老了,就对伏羲说:"哥哥,我看今后就不用播种了,让田里自己长庄稼吧!"

伏羲说:"憨妹子,不播种田里咋能长庄稼?不长庄稼我们吃啥?"

女娲说:"不长庄稼也没啥,我看今年咱的粮食也够吃了。"

伏羲说:"够今年吃也得播种呀!不然,明年不就断种了?"

女娲说:"人眼看就要断种了,还怕它庄稼断种,就是庄稼不断种,世上没人了,长出来粮食叫谁吃哩?"

伏羲知道了妹妹话里的意思,想了想又说:"人该不该断种,我们要问问天意!"

女娲问怎么个问法,伏羲说:"我到南边山上烧一堆火,你到北山上烧一堆火,要是两堆火升起的烟能合到一起,就说明这是天意,我们就结婚。"

女娲说:"那就试试看吧!"

南北山上两堆火都点起来了,女娲就跪在地上祷告:"天有意,烟做媒,保佑我俩结成婚,世间人类不断根!"

两堆火越烧越旺,两股青烟升上了天空,它们越升越高,越靠越近,渐渐地合成一股了。

伏羲看了,再也无话可说,兄妹俩就插草为香拜了天地,结了夫妻。婚后两人恩恩爱爱,生儿育女,繁衍了后代。

【点评】

本篇是流传在河南义马黄河边的"洪水后伏羲、女娲兄妹再殖人类"神话遗存的珍品之一。它保持了民间口头传承的神话原始形态,民间语言风格特色鲜明。

其中可贵的特点:第一,没有道教神祇的参与,具有神话活化石的价值。第二,保护神是老神人,保护方式是给二人要馍、饭,是中原食俗所独具。保护兄妹避过洪水的是山洞,符合当地的自然环境条件。第三,提出兄妹结婚的是女娲,系母系社会的遗俗。伏羲已有族外婚观念,因此女娲提议。第四,在占卜征求天意的仪式中,从问青竹,砍青竹,问乌龟,踩乌龟,又都是具有人格化的青竹、乌龟自身又复生的。同时,也是动植物特点解释,极感人。最后,伏羲提议二人在两山上点火,烟合结婚。这个仪式与唐代李冗的《独异志》中的记载完全相同。可见其传播时间的久远。古代民俗文化生命力的强大,这便是铁证。第五,从抵制兄妹婚的观念及只有男女结婚才能不致人类灭种的生殖意识特点来看,已超越了"捏泥人"的巫术信仰阶段。可能产生的时间比较晚些。第六,不用滚石磨占卜的方式,可能是接近原始形态的重要因素。第七,本篇留下来的婚俗"插草为香,拜了天地"始结为夫妻,传之久远,至今在民间仍盛行不衰,足见其影响后人程度之深、范围之广。

总之,这是一篇难得的经典神话遗存,为中原民俗文化增色。

163. 伏羲和女娲(三)[淮阳县]

在很古很古的时候,伏羲天天去打柴,路过河边,常常在河里玩耍。

有一天,伏羲正在河里边戏水,忽然听到有人喊他:

"伏羲!"

伏羲抬头一看,一个人也没有。他吃了一惊,还是继续玩水。

"伏羲,不要害怕,我在水里。"

伏羲朝水里一瞅,吓了一跳,原来是一个老龟。老龟身子方圆百丈,几乎遮住河面,眼睛像两盏灯,正伸长脖子,昂着头,瞅着伏羲。

伏羲有些害怕,朝后退了几步,心里想:这老龟咋知道我的名字?

老龟又说话了:

"伏羲,一百天后,天下有大灾大难,那时候,天塌地陷。从今以后,每天你给我送一个馍来,到时候我搭救你。"

伏羲听罢,心里直扑腾。

"真的?"

"真的,不许对外人说!"

伏羲眨眨眼睛,见水面起了一股清风,溅起一个漩涡,转眼老龟就不见了,河面平静了。从这天起,伏羲每天打柴,送给老龟一个馍。天长日久,拿馍的事被伏羲的妹妹知道了。伏羲的妹妹叫女娲,父母早年去世,就他兄妹两个。

"哥哥,不短你吃,不少你喝,天天你又拿个馍干啥?"

伏羲想对妹妹说明，又一想，老龟不叫对外人说。停了一会儿，他又一思忖：不，老龟说，不叫对外人说，妹妹不是外人。他想到这里，就原原本本地告诉了女娲。

以后，女娲也每天准时给老龟送一个馍，老龟也都一一收下了。

一百天后，果然如老龟所说，天上浓云翻卷，火龙乱窜，暴雷一个接着一个，大雨如瓢泼一样。这时候，又该送馍了。

伏羲和女娲顶风冒雨又来到河边。

狂风，暴雨，兄妹俩简直睁不开眼。

这时候，随着电闪雷吼，一声山崩地裂的巨响，伏羲和女娲只觉得一阵冷风吹来，身子站立不住，原来是老龟的口劲，张嘴把兄妹俩吞进了肚里。

"别怕，你兄妹俩拿的馍都放着呢，足够吃一百天。"

伏羲、女娲抬头一看，果然，两人拿的馍全堆在里面，兄妹俩既担心又高兴。

从此，兄妹二人就在老龟肚里靠吃馍生活，过日子。女娲拿的馍不到一百，伏羲饭量又大，不到一百天，藏的馍就吃完了，一顿两顿不吃，还能对付，天长日久，饿得前心贴后心。伏羲、女娲再也忍受不住了，和老龟说，要出来找点吃的。老龟很生气，把伏羲、女娲吵了一顿，训斥他兄妹不会过日子，就张开嘴，呼了口长气，兄妹俩被吐了出来。老龟一眨眼，头一低，转眼就不见了。

伏羲、女娲多日困在老龟肚里，憋得慌，一出来，觉得空气很甜，美美地吸了几口。抬头一看，天塌地陷过后，世界混混沌沌，黑蒙蒙的。天上的日月星辰还没有长好，地上山川树木毁得一片凄凉，河里的水黏糊糊。在西北方向，还有一块天塌了一个窟窿，冷风嗖嗖直吹。两个人都发愁了：这咋办呢？

伏羲跟女娲说了一声，出外找东西吃去了。

女娲望着西北天上的大窟窿，决心把天补起来。

女娲在大河里拣来了许许多多的五色石，用黏糊糊的河水把彩石粘了起来，一点点垒起，苍天上的大窟窿终于被补好了。

女娲担心天会再塌下来，就捉了一只小乌龟，逮住斩下了它的四条腿，顶住天的四方，当作支天柱子。柱子很结实，天再也不会倒塌了。

西北天上的窟窿因为是用河水粘石头补的，没有补严实，所以西北风一刮就冷。

伏羲回来了，他寻回了树皮、草根，见妹妹女娲补了天，很高兴，一边嚼树皮、草根，一边夸奖妹妹的本领大。

天补好了，天底下就剩他兄妹俩。伏羲和女娲四处寻人，翻过了九十九座山，过了九十九条河，过了九十九年，一个人也没找到。伏羲想跟妹妹结婚，女娲摇摇头，说："兄妹怎么能结婚呢？"

伏羲说:"那吧,咱用一盘磨,从山顶上朝山下滚。如果两扇磨分开,咱就还是兄妹;如果两扇磨分开又合在一起,咱就结为夫妻,好吗?"

女娲点头答应了。

两个人一起来到高山脚下,把一盘磨弄到高山顶上。

伏羲、女娲把磨放好,两个人一齐跪下,朝上天拜了一拜,同声说道:

"老天在上,俺兄妹结婚,顺天意,磨就合为一盘;逆天意,两扇分开。"

两人说罢,站起身,把一盘磨从山顶上用力朝下一推,一盘磨分成两扇向山下滚去。说也奇怪,眼看两扇磨齐下,到了山脚,就逐渐靠近,马上合在一起朝山下滚去了。兄妹俩手拉手追到山下,看着磨笑了,从此,兄妹结了婚。

这时候,天晴了,已经有了日月星辰。大地上有了各种牲畜庄稼,就是没有人。

女娲顺手从河边撮起一团黄泥,掺和了些水,在手里轻轻地揉着,很快就揉成了第一个娃娃。

女娲把小娃娃放在地上,娃娃迎风长,一会就活蹦乱跳,会喊"妈妈"了。

女娲和伏羲高兴地拉着小娃娃,亲的没个够。

找到了造人的法子,伏羲和女娲日夜捏泥人,一下子捏了许多许多。有的晾干了,跳着蹦着跑了。还有一部分没有晾干。

一天晚上,天快黑了,天空起了乌云,下起了大雨。一个个朝屋子里收,来不及了。伏羲急忙跑回屋里,拿来了一把大扫帚,呼啦呼啦地扫起来。这样一来,大部分被收进屋里,有的少了胳膊,有的断了腿,有的瞎了眼,有的少了耳朵。所以,后来世上有瞎子、瘸子、少胳膊短腿的。

因为人是泥捏的,所以人身上的灰尘总是擦不净。直到现在,淮阳的太昊陵二月古会上,还有卖各种各样泥人的。

采录人:杨牧
采录时间:1982年
采录地点:淮阳县文化馆

【点评】

本篇是中原伏羲、女娲活动中心地区之一淮阳的关于伏羲、女娲创世造人神话遗存的珍品。

从其内容和生活的自然环境来看,都比较原始。它符合当地水多湖大,多产鱼类、龟(龙)属鳞介类的生态环境特点。这一地区普遍以龟(或白龟)为保护神。

洪水灾害到来之前,龟指引并帮助兄妹避开灾难生存下来。时限100天,是特定的时间限数,虽比较神秘但也与中国数的极限有关。

本篇中龟叫兄妹送馍度灾,也符合中原习俗。

伏羲、女娲的主要功业:补天造人,婚姻制度都有反映。因此,本篇是比较完整、原始的记录。此时的测天意"滚石磨"与中原许多记录相同,并带有一定的普遍性和代表性。这是具有科学价值的神话遗存。

164. 伏羲和女娲(四) [沈丘县]

从前,有姊妹俩,弟弟照天①上学走时总是拿个馍。他天天拿,天天拿,他姐说:"哎,顿顿饭能没叫你吃饱吗?你天天还拉剩馍②弄啥哩!"他跟她姐说:"不是哩,上学路上河里有个大老鳖,它说天快塌了,地快陷了,留着叫我吃哩。"他姐姐一听:"哎,你说那呀,你还得给我捎一个哩,到时候咱俩好吃。"就这,他每次都拿去两个馍。

拿着拿着到时候了,这天,老鳖对他说几儿个③、几儿个该天塌地陷了。到了那一天,他俩都去了,老鳖张开嘴,他俩钻到鳖肚里,一看里面攒的都是馍。他俩就住在老鳖肚里,整天吃这些馍。

也不知过了多少时候,攒的馍吃得不差啥啦④,老鳖对他俩说:"天长得差不多了,你俩出来看看吧!"他俩出来一看,可不,天也有了,地也有了,就还剩下东北角子没长好。那咋弄哩?干脆哎,用块冰凌堵住吧!就这,拾块冰凌一贴把天东北角子堵住了。要不,为啥现下哩啥时一刮东北风就冷,东北冰天雪地哩,就是这个原因。

咋弄哎,得维持生活呀,没啥吃就吃树皮草根;没衣裳穿,就弄些树叶子裹在身上。时间一长,没人烟,老鳖就说啦:"你们俩结婚吧。""咦,天下哪儿有这事,俺是亲姊妹俩,不沾⑤!""那不沾咋弄哩,没人烟。这吧,弄一盘磨,山底下搁一扇,山顶上搁一扇,叫山上一扇往底下骨碌,要是两扇磨合到一起了,恁俩就结婚,合不到一起,恁俩就不成夫妻。"他俩想想,哪能正好到山下就合在一起?"中!就这么办。"结果一骨碌,正好合在一块儿了,他俩就结成夫妻了。

---

① 照天:方言,即每天。
② 拉剩馍:方言,即拿剩馍,剩馍是当地人对非饭时馍的俗称。
③ 几儿个:方言,即哪月哪日,啥时候。
④ 不差啥啦:方言,即快啦,差不多啦。这里是指馍快吃完啦。
⑤ 不沾:方言,即不行,不可。

他俩结亲后,还是没有多少人烟呀。咋弄哩,他俩就弄点泥,捏起泥人来,搁火里烧烧,拿出来就成了活人。你看,咱身上的灰用水咋洗咋搓也不净,就是因为人是从灰里烧出来的。有一天遇到阴天下雨,外面捏的泥人收拾不及,赶忙就用扫帚搋的搋,扫的扫。好啦,有的搋断了胳膊、腿,有的扫帚头子扎瞎了眼,戳烂了耳朵。从此,尘世上就出现了瘸子、瞎子和聋子。

搁到从前,因为他俩是姊妹俩成婚,尘世上的人都是姊妹俩成亲。后来,人多了才出现乱配婚,辱骂先人。再后来,天皇赐下日月星斗,地皇赐下五谷田苗,好啦,经前三皇后五帝,也有庄稼啦,也有衣裳啦,也有日月星斗啦。因为这,人们都叫这姊妹俩为人祖爷、人祖奶奶,就是淮阳太昊陵敬的伏羲和奶奶庙里的女娲。

讲述人:孙洪杰,男,67岁,文盲,沈丘县卡路口乡孙庄农民
采录人:孙如灵,沈丘县粮食局干部
采录时间:1986年10月
采录地点:沈丘县卡路口乡孙庄讲述人家里

【点评】

本篇是流传在淮阳沈丘县一带的"洪水后女娲、伏羲姐弟再殖人类"神话遗存之一,比较接近民间口头传承的形态。

其中主要情节与当地同类神话的记录相近,流传较广。其所具有的异文特点为:①老鳖直接做保护神,为姐弟做媒。②姐弟婚仪中的占卜"天意""滚石磨"不是从两山上两扇磨向一起滚,而是山下放一扇,山上放一扇。山上的那一扇石磨向下滚,合一起,结婚。可能喻义:山上一扇为天为阳,山下一扇为地为阴,天地相交,阴阳相合,而有人间的婚姻。③造人,捏泥人时,烧泥人(与商城同),人就活了,而不是吹气等。这可能与五行相生有关。④明确表明:婚俗最早为姐弟婚,后来人多了,出现乱婚(族外婚)。联系三皇五帝,天地人皇创造大千世界和人类。

165. 伏羲和女娲的故事[淮阳县]

很久很久以前,宛丘(今淮阳)还是一个山清水秀的树木荫盛的地方,一个广阔浩渺的大湖泊,如一颗巨大的宝石缀在宛丘地之央。就在这美丽的湖畔生活着兄妹俩,哥哥叫伏羲,妹妹叫女娲。

伏羲和女娲常常结伴到湖边玩耍，一天两人正玩得起兴，突然一道白光闪过，只见碧波荡漾的湖面上，升起一座白色的小岛，这小岛迅速地向他们漂移过来，近了他们才惊异地发现，这小岛是一只白龟，白龟到了他们近前稳稳地停了下来，兄妹二人非常害怕，转身要跑的时候，只听白龟说话了："伏羲、女娲你们不要惊慌，我是来救你们的，你们这里就要遭到天塌地陷的灾难了，只要你们二人每天各人送我一条鱼，一直送到第一百天，我可以在天塌地陷的时候保你们平安无事。"说罢，一闪就不见了，以后伏羲和女娲就每天按白龟所说到湖里抓鱼送给白龟。

到第一百天时，白龟又开口说话了："今天就要天塌地陷了，你们钻到我肚里就可以保你们平安无事。"这时，天突然暗下来了，大地一片昏黄，冷风嗖嗖地刮起来，白龟一张嘴把兄妹二人吞进了肚里，他们只觉得飘飘忽忽地一会儿就到了一个宽广明亮的地方。他们正感到迷惑，猛然听到一个瓮声瓮气的声音："你们记住，除了你们送来的鱼以外，其他什么都不能吃，灾难要一百天以后才能过去，所以你们每天一人只能吃一条鱼，多吃了，最后就要挨饿。"

他们又向前走去，看到在一个大石台上整整齐齐地摆着他们抓的鱼，以后他们严格按白龟的安排一天只吃一条鱼。可是日子长了，他们饿得没办法，伏羲就偷偷地多吃了一点，到九九八十一那一天，伏羲的鱼全吃完了，女娲不忍心让哥哥挨饿，就分出自己的一半。鱼吃完了，他们饿得头昏眼花。

正觉得快要饿死的时候，又听白龟说话了："外面的天地都长成了，你们可以出去了。"刚说完，他们就觉得忽忽悠悠地飘起来，不一会儿就来到了世界上。只见刚生成的天地一片昏暗，人都死完了，只剩下他俩。他们慢慢地走着，不多久太阳出来了，一切又都葱绿一片。他们又快乐地玩耍嬉戏起来。

一天女娲发现伏羲不理她，一个人闷闷不乐地坐在河边发呆，就上前问他怎么了，伏羲说："这天下就咱们两个人，太寂寞了，咱们不能结婚吗？"女娲一听，急忙反对："不行，不行，兄妹怎么能结婚？"伏羲说："天下就咱俩了，上天会答应的。"女娲没办法就告诉伏羲说："要是上天的旨意，咱们就结婚。这样吧，我们在两个山头上点燃大火，如果两股火头交叉在一起，就证明咱们结婚是天意。"

随后，他们各在两个山头燃起了大火。只见两山上火头猛窜，噼噼啪啪欢跳着向对方伸去，一会儿，两股火头缠到了一块儿。伏羲高兴得一跃而起，可是女娲又发话了："这样还不行，咱们各自在河两岸种一棵树，如果树枝交叉在一起，咱们就结婚。"说毕，就随即行动。

伏羲、女娲各自选了一棵挺拔的小树苗栽种起来，他们栽好后，刚浇上水，只见树枝树干伸展开腰肢，树叶也绽开了笑脸，树枝很快地直线延伸，带着绿莹莹的笑意，终于在河中间的地方，两棵树的枝条相遇了，然后就亲昵地交结在一起，这时河水喧哗了！伏羲得意得忘了形，谁知女娲又发话了："这一次也不行，咱们在两个山上滚石磨吧,如果这两扇磨能合在一块儿,我就再也不说啥了!"

于是伏羲又信心百倍地登上东山头,他朝着西山头喊道:"开始滚"。他们一松手,两扇磨就骨碌碌地朝山下奔去,它们一路欢笑着跳跃着,避开石头,躲开树木,轰隆隆、哗啦啦地奔跑着,眼看它们越来越近,两扇磨欢跳着像久别的朋友热切地迎接着对方,猛听"轰"的一声,两扇磨合到了一块儿,紧紧地牢牢地,丝毫不差完全吻合到了一块儿。伏羲激动得泪水横流,奔跑下山的女娲一头钻进了哥哥怀里。

伏羲、女娲结婚了,世人才得以在天地间繁衍下来,伏羲、女娲也成了人类的祖先。

采录人:梁露,河南大学中文系1988级学生

【点评】

本篇是流传在淮阳地区的"洪水后伏羲、女娲兄妹再殖人类"神话遗存的珍品之一。它接近此类神话的原始形态。

其中表现的地方、时代特色为:①伏羲、女娲生活在渔猎时代。其生活习俗符合淮阳远古的自然环境特点。②保护神白龟,在这里是生活在大湖中的龟(龙)鳞介类,从文献上也多有记载。③白龟让兄妹每天送一条鱼,才能到时避过洪水灾害(黄河边上也是如此)。④百天为避灾极限时间,属远古中原数的极限,虽有一定神秘色彩,但也有原人数值意识特色。

白龟要每人每天在龟肚里吃一条鱼,也是如此。值得注意的是,本篇的主题集中,主要反映"兄妹婚"繁衍人类的问题,而在另一篇《伏羲和女娲》异文中却有拼凑所有女娲伏羲功业的毛病。因此,本篇保存的如何解决兄妹婚的"非议"思想认识的关键是"测天意",就极其重要。

这里所说的"燃火堆、烟合""隔河岸种树树枝交结"和"滚石磨"等,就不仅古老、原始,而且在各地普遍流传。唐代李冗在《独异志》中的记载,就有相同之处(如点火堆)。可见口头传承生命力的强大。

166. 人祖爷和人祖奶奶[汝南县]

这人哪,都说是泥人,多白的人你赇洗了,再洗,还是浑水;再搓,身上还有泥。为这,老辈人都说人是泥孩儿。泥孩儿是人祖爷、人祖奶奶用泥巴捏的。

这话从哪儿说起哩？传说，这是混沌以前的事啦。一个村子里，有个十六七岁的男学生，到几里地以外的学校去上学，中间隔一条河。河上没有桥，有时有船，有时没船。

有一天，这个学生在河边等船的时候，看见水面上漂着一个大白龟，白龟口吐人言，对他说："哎！学生，你请从我身上过来，我不会咋着你的。可是，你早晚来呀，得孝敬我，给我拿个馍。"说完，白龟就叫学生站在它身上驮过了河。从那儿以后，这个学生回回上学都要给白龟拿个馍。他把馍扔给白龟，白龟一张嘴把馍吞下去，就驮着学生过河。

一天，白龟对学生说："有朝一个时辰，天塌地陷，洪水泛滥，山都要沉到海底下去了。天地混合，人也不能存在啦！你给我拿的馍，我给你放着哩，早晚还是你吃啊。到时候，你来找我，我能救你。这事儿你千万不要对外人说呀！"这个学生把白龟的话记在心里。

又有一天，吃过饭，这个学生上学走又拿馍时，他姐伸手拉住了他，问："你咋天天吃了饭拿个馍走啊？"他看看左右没有人，就把白龟的话一五一十地对他姐讲了一遍。他姐说："那你也给我拿个馍不中吗？"这一回他拿了两个馍。白龟问他："你这一回咋拿两个馍呀？""我把这事儿给俺姐说了，俺姐叫我也代她拿个馍。"白龟说："好、好。你可千万别再给谁说了，再多了我可救不了啊！"学生就再也不给任何人说了。

时候到了，天要塌地要陷了。雷雨风行，洪水泛滥。姐弟俩就冒着风雨跑到了河边。那个白龟在河边正张着大嘴等着他俩哩。姐弟俩从白龟的嘴里钻了进去。到白龟肚子里一看，咦！像一间房子那么大，里面亮堂堂的。屋角里还有一小荛子馍，不霉也不烂。这就是他姐弟俩回回给白龟拿的馍。大白龟驮着他姐弟俩游啊，游啊，也不知道过了多长时间，等到姐弟俩把荛子里的馍快吃完时，白龟对他俩说："混沌过去了，天地组合成了，我也不能帮你们啥忙了，你们俩快出去寻找方便，过生活去吧！"姐弟俩从龟嘴里爬出来一看，原来的山川、河流、田园，啥都完全变了模样，到处也没有人烟了。姐弟俩就走啊，走啊，来到了一个山上。见山上放着一盘石磨，弟弟就叹了一声，对他姐说："姐呀，现在世上没有人烟了，就剩咱姐弟俩啦，不管咋样，咱总得生活呀，这样吧，咱俩各推一扇磨，从山上往下滚，到了山下要是两扇磨合到一块儿，那就是天意，咱俩就在一起过日子，生儿育女；要是合不到一块儿，那咱就各讨方便。你说中不？"他姐想了想，点点头同意了。姐弟俩就各掀起一扇磨，轱轱辘辘滚下山去，就听见"吧嗒"一声，两扇磨合在了一块儿。姐弟俩就成亲做了夫妻，开始生儿育女。后人就称他俩为人祖爷、人祖奶奶。

姐弟俩嫌这样发展人口太慢，他们就用泥巴捏小孩放在山上晒，这些泥孩儿受了天地灵气、日月精华，就变成了活人。一天，他们正晒泥孩儿，被天上的神仙看见了。神仙说:"呃!这泥人有的捏得好,有的捏得不好,这不平等啊!"就把这情况禀告给玉皇大帝。玉皇大帝叫雷公电母下了一场大雨。姐弟俩慌了,赶紧收啊、收啊,收不及就用扫帚扫。结果把一些泥孩儿有的扫掉了胳膊,有的扫断了腿,有的戳破了耳朵。为啥世上有的人四肢不全,长的有好有歹,有瞎子,有聋子呢,据说就是从这儿引起的。为啥说人是泥人,也是从这儿来的。

过去上蔡县城东有一座"白龟庙",也称"祖师庙"。庙门口趴着一个石刻大白龟,庙里供奉着人祖爷、人祖奶奶的像。人们逢年过节、烧香祭祀。人祖的故事就这样一辈一辈地流传下来了。

讲述人:董清玉,70岁,汉族,曾上私塾7年,汝南县三门闸乡周屯村农民
采录人:魏建国,男,30岁,汉族,高中毕业,汝南县三门闸乡文化站专干
采录时间:1987年5月26日
采录地点:汝南县三门闸乡周屯村

[附记]人祖爷和人祖奶奶的故事,在汝南城乡流传得很广,收到的资料也很多,其内容情节基本相同。所不同的是,有的说是兄妹俩,有的说是姐弟俩;有的说救他俩的是白龟,有的说是老鳖,有的说是石狮子,有的说是蛤蟆。我们之所以选入此篇,一是故事完整、语言朴实,二是符合有地方风物"白龟庙"的事实。

【点评】

本篇是河南东南部以淮阳为中心的伏羲、女娲创世造人神话的珍品之一,它属于创世神话中"灾难重演型"的神话遗存。

其中所具有的该地区的地方特色为:①以白龟为保护神。灾难来时,姐弟躲进白龟肚里,在水上游动,避过灾难。弟弟上学时,白龟驮他,其他作用起不到。②伏羲、女娲姐弟成婚,二人均无顾虑或异议。"测天意"滚石磨不是保护神指点,而是由伏羲提出。可知其时已由"族内婚"逐渐过渡,但观念上仍无"非议"之举。③雨淋泥人是因女娲捏的泥人好坏不一,神仙认为不公平,想毁掉。二人捏泥人时,碰坏了的泥人成了残疾人。捏泥人是因男女生人慢。

其中的社会学、民俗文化内涵比较深厚,如关于人的生殖意识认为男女交配生人与捏泥人的效果相同,就比较原始。

167. 姐弟成婚［沈丘县］

听过去人讲,在咱这儿的天地以前,还有个天地哩。那时候天上也下雨,也刮风;地上也有山有水有桑田,男的耕,女的织,跟咱这儿差不多。

那时候,有姊妹俩,弟弟叫伏羲,就是咱淮阳太昊陵敬的人祖爷。姐姐叫女娲,就是太昊陵西边奶奶庙里敬的那个送子娘娘老奶奶。女娲生来手头巧,天天采桑织布,供养弟弟上学。

这天伏羲去上学,走到河沿,碰见个白胡子老头儿,白胡子可长。老头儿对他说:"孩子呀,天快塌了,地快陷了,你往后天天来上学,给我捎个馍,我给你放着,到时候还叫你吃。"伏羲怪听话,就这天天上学捎个馍。女娲哩,见弟弟天天上学捎个馍,怪奇怪,就问:"你天天去上学没吃饱吗,捎个馍干啥?"伏羲不哄她姐姐,就把白胡子老头儿给他说的那话给她说说。女娲一听,原来是因为这,就对伏羲说:"那吧,往后你再上学也给我捎个馍吧。"伏羲说:"那咋不中。"

赶明儿①,伏羲带两个馍去上学,走到河沿那儿又碰见那个白胡子老头儿,他把他姐叫替她捎馍的事一说,白胡子老头儿知道他姊妹俩心眼都怪好,也没说啥,把俩馍都接住了。

过了好几年,有一天,白胡子老头儿来到他们家,对他姊妹俩说:"孩子呀,天要塌了,地要陷了,恁俩别怕,快跟我走,我救恁俩。"他姊妹俩就跟那老头儿走,一走走到河沿那儿,白胡子老头儿一下子变个大老鳖,原来他是个老鳖精,专一来救他姊妹俩哩。老鳖精下到河里,嘴一张,像小屋那么大,叫他姊妹俩拱它肚里了,到里头一看,里头像个大房子,放有可多馍,还有一缸水。打这儿以后,他姊妹俩饿了就吃里头的馍,渴了,就喝缸里的水。馍吃没了,水喝干了,他俩慢慢就睡着了,一瞢眬睡了一万八千年,他俩醒了,这会儿门也开开了,他俩就走了出来。一看天又长好了,上面还有云彩;地也长全了,上面还有草,他姊妹俩算活下来了。世上任啥也没有,饿了吃啥哩?吃草籽野菜,渴了喝山上的泉水。衣裳烂得没法穿了,又没有布,咋弄哩?女娲怪巧,就想法用荷叶缝缝当衣裳穿。

又过了好几年,白胡子老头儿又来对他姊妹俩说,"天底下就剩恁俩了,我当媒人,恁俩成亲吧。"他俩一听就是不愿意。伏羲说:"那能中?谁家兴亲姊妹俩成亲呀?"白胡子老头儿说:"茫茫世界,无边无沿儿,就恁俩,恁不成亲不成事儿呀!要不人不绝了,咋生儿育女传宗接代哩?"俩人一听可不。就这,白胡子老头儿做媒,

---

① 赶明儿:方言,即第二天。

他姊妹俩就成亲了。后来,白胡子老头到了月宫里,成了月老,专管男女婚姻大事。

后来哩,伏羲和女娲生了七十二个儿女,长大后都成了亲,一代接一代,人算没有绝,世上又有了人啦。

讲述人:刘玉英,女,71岁,文盲,沈丘县范营乡董楼村农民
采录人:孔祥金,沈丘县范营乡董楼村业余作者
采录时间:1987年9月
采录地点:沈丘县范营乡董楼村讲述人家里

【点评】

本篇是流传在淮阳地区沈丘县的"洪水后伏羲、女娲再殖人类"神话遗存珍品之一。它属于"灾难重演型"神话,比较接近原始形态:情节完整,语言活泼、生动,风格古朴。

明显特色:①其中的保护神是大老鳖(龟)及其化身白胡子老头儿。它主动帮助(姐弟)避进它肚里的另一世界(近于宇宙层)。二人在其中睡一万八千年始出来。此神龟近于创造天地的巨神。②姐弟成婚,不需举行"测天意"仪式,似产生较早。③女娲姐弟婚后生了七十二个儿女,自相婚配,繁衍后代人类。这是文献上所说:"女娲七十化"的另一解释,比较合理。④大鳖(龟龙)化身的白胡子老头儿,由于给人祖伏羲、女娲做媒,让二人结婚,他后来成了月宫中的月老,专管人间婚媒职司。人敬月老盼做媒,最早始于乌龟图腾为姐弟做媒。敬龟习俗一直流传至今。

168. 女娲生子[沁阳县]

伏羲和女娲好不容易成婚之后,指望生儿育女,繁衍后代,造福人类。可女娲十月怀胎,生下了一个肉蛋。女娲十分生气,抡起菜刀就把这个肉蛋剁成了碎末末,把菜刀一撂,跑回山洞里大哭起来。

这时候,不知从啥地方飞来两只凤凰,啄、啄、啄!把那些肉末末叼走了。这两只凤凰飞到东,把肉末末丢下来一些;飞到西,把肉末末撒下来一些;飞到南,把肉末末丢一些;又飞到北,把肉末末撒下来一些……

过了九九八十一天,这些肉末末得日月的精华,受天地的灵气,一下子都变成了人。这时,天下人丁兴旺,处处充满了生机。原来,这一凤一凰是老天爷派来的,

那只雄凤撒下的肉末末都变成了男人,长得就像伏羲那样高大、健壮、顶天立地;那只雌凤撒下的肉末末都变成了女人,长得都像女娲那样美丽、温柔、心灵手巧。

女娲看见大地上人丁兴旺,这些人又都是自己身上掉下来的肉变成的,非常高兴。直到现在,女人们对自己的孩子,还是说:"你是娘身上掉下来的一块肉。"

后来,人们就把女娲剁肉的那块石板,取名叫分人石。

采录人:张崇祥 秦国

【点评】

本篇流传在黄河下游北岸沁阳一带,是关于"女娲生人"神话遗存的珍品。它属于原始神话形态。

其中的中心是解释人类起源的生殖观念,当属于"肢体化生"型神话,不是靠捏泥人施以巫术手段使之繁衍人类,而是借生理生人(肉团)被剁成肉末,然后又撒向四方,有了人类。实际是从女娲身体的生殖物转化实现的。这种"转化"又主要靠天神派雌雄凤凰的撒肉末来进行。我国西南部分少数民族也有此类生人神话。由于古代中原的民族迁徙到西南,才将此类神话传播到那里的。不同的是由始祖神自己把肉末撒向各种树上了。

女娲砍肉团用的石板,叫"分人石",可见传承久,影响深,有实证意义。

值得注意的是:西南少数民族的同类神话,将剁碎的肉末撒向各处树上,就成了各自的族姓,其中没有天神的意旨,而沁阳的此类神话却有明显天神指使的内容。如同其他神话中,女娲捏的泥人,没有女人,天帝派神鸡叼去一部分男泥人的生殖器,使世界上有了女人一样,这里的凤凰,雄的叼的肉末撒后变成像伏羲一样的男人,雌的凤凰叼肉末撒出变成像女娲一样的女人,从此有了人类社会,等等,都体现出女娲姐弟婚、生子捏泥人等都离不开天神的指使和参与。这正是远古"天人合一"观念和信仰的特点。

总之,"洪水后遗民再殖人类"神话,其全过程都反映了这个古代极重要的天人合一观。这正是中原神话的本质特征。

169. 女娲兄妹结婚的传说 [西华县]

以前,天底下的人比现在还多,还能,现在有的东西那时都有。

传说那时候有个小庄,庄上家家都是大瓦房。庄十字街有尊大铁牛,人们把牛当成神敬着,不管谁家添口人,或是有个啥喜事儿,都去给铁牛还愿。

这庄有个上学的小学生叫太昊,上学去时走到铁牛跟前就要擦干净铁牛身上的灰土。这天,太昊走到铁牛跟前,见铁牛两眼落泪,问铁牛说:"老铁牛,你哭啥咧?"铁牛"哞、哞"叫了两声说:"你不知道,快天塌地陷了。"太昊怪着急,铁牛说:"你别怕,到时候我救你。从现在起,你天天给我一个馍。"太昊问:"啥时候天塌地陷啊?"铁牛说:"你看见我眼珠红了,赶紧拱我肚里去,别给人家说。"太昊记着铁牛的话,天天上学去时给铁牛拿一个馍。

一天,太昊放学回家时,看见铁牛的眼红了,他赶紧跑回家,抱一摞子馍跑出去了。他妹妹女娲见他拿那么多馍慌慌张张往外跑,就去撵,姊妹俩跑到铁牛跟前,铁牛"哞"一声张开了嘴,太昊抱着馍拱到铁牛肚里去了,女娲也拽住哥哥的衣裳角儿拱了进去。一会儿听到外边"轰隆轰隆"地响,天塌地陷了。

不知过了多长时间,老铁牛说话了:"出去吧,天又升上去了。"姊妹俩问老铁牛这是啥时候了,铁牛说:"七七四十九天了,洞中一日,世上千年啊。"姊妹俩走出一看,外边啥也没任啥了,只剩下他姊妹俩,就住在山上,饿了吃草籽,冷了穿树叶。

后来,姊妹俩都长成人了,土地爷叫他俩成婚,妹妹不同意,土地爷说:"昆仑山上有盘磨,恁上山去,把那两扇磨滚下来,要是能擦到一块儿就成婚。"姊妹俩就跑上山,一人推一扇磨滚下山去。说也怪,滚到山下两扇磨合得严严实实哩。姊妹俩无话可说,只好成为夫妻。

打那儿以后,又开始有了人。

讲述人:张朋,男,39岁,中学毕业,农民
采录整理:郭延文,西华县聂堆乡文化站专干

【点评】

本篇流传在中原女娲故都西华县,是关于女娲兄妹结婚的神话遗存。它属于创世神话中"灾难重演型"神话。灾前人间已是美好的文明世界。

其明显特色是:①本篇中太昊(伏羲)上学时相遇的铁牛是女娲兄妹的保护神。②兄妹结婚滚石磨由土地爷指使、协助,已带有道教色彩。土地爷让二人到昆仑山上滚的石磨似与当地地理不符(可能泛称中原大山为昆仑山)。

兄妹在铁牛肚里的时间极长,四十九天,实际天上方一日,人间一千年,可知已有仙界意识渗入。有的记录,女娲避难一万八千年,近于此类仙话意识。

其中所说：灾前人间生活已很美好，灾后兄妹又回到原始社会状态，似与中国传统不合。此一问题在神话中相当普遍。

170. 太　昊［西华县］

从前，有俩小孩儿，下地里拾柴火的时候，在槐树底下歇着。正玩哩，看见个白胡子老头儿从树上飘下来，对他俩说："知道不知道啊，马上都要天塌地陷了，啥东西都得重做一遍。"

俩小孩儿吓坏了，哭了起来。

老头儿说："恁俩甭哭，恁俩想活呀，就天天给我拿个馍，等到时候还叫恁吃。不过恁得记着，这事不能叫别人知道。"

俩小孩儿说："好"。

这儿以后，天天俩小孩儿拾柴火里时候，拿个馍放篮子里，不叫大人看见，也不跟旁里小孩儿一起玩。天天那个老头儿在槐树底下等着，收一个馍说一声。

到了一百八十天头上，老头儿对他俩说："别拿了，恁俩也别回去了，就上我怀里吧，马上就要天塌地陷了。"

俩小孩儿说："那不中，俺想俺娘。"

老头儿说："好，恁俩回家再看一下，得记着别说话。"

俩小孩儿跑回家看了看，娘没在家，就拿了俩仨馍走了。

天摸黑①里时候，老头儿叫俩小孩儿闭着眼，叫睁开再睁开。

俩小孩儿晕晕地睡着了，也不知道啥时候，老头儿说："出来吧。"

老头儿说："恁俩成家吧，地上没人烟了，以后里人都靠恁俩了。"说着说着变了个大鳖滚到沟里去了。

她哥说："咱俩成家吧"。

妹妹说："那不中，姊妹们不兴成亲。"

她哥说："那吧，你藏去，我找着你了，就得成亲。"

妹妹说："好。"

一藏，找着咧。还藏，又找着咧。

妹妹还不愿意。哥就说："那吧，就最后一回啦，咱俩往天上扔石头，石头合一块儿了，就得成亲。"

一扔，合一块儿咧。

---

① 摸黑：傍晚。

俩人成亲咧,嫌人生里慢,用泥巴捏,用棍挑,捏里挑里都活咧。一到晚上,小孩儿光哭闹,俩人哄不及,就用唾沫把小孩里眼涂住,小孩儿闭着眼睡着了,就不哭了。所以,后来的人睡着后眼里就生眦麻糊。

一到白儿里①,小孩儿没事儿玩,光跑迷路。俩人又都把小孩儿的脚趾甲儿掐劈一半,小孩儿就老实了。

俩人年纪大了,就教小孩学做饭做衣裳,种庄稼。那时候里庄稼都在树上,一颗长的粮食够好几个吃哩。后辈人都称他俩叫人祖"太昊"。

讲述人:刘永民,28 岁,曾任民办教师
采录整理:高有鹏,河南大学学生
采录时间:1983 年 3 月 19 日

【点评】

本篇流传在西华县,是关于伏羲、女娲"灾后再殖人类"神话遗存之一。比较接近原始神话形态。

其中的地区特色,主要表现在:①保护神白胡子老人在槐树下要二人送馍、避灾。②其中要保护的除兄妹外,其母也可被保护,因未找到,就未活下来。似乎不一定只保护兄妹。③保护神让兄妹钻他怀中睡了一百八十天才出来。④保护神白胡子老人是乌龟变来救兄妹的,与本地区同属一个神话系统。⑤乌龟要二人成亲。在测天意仪式上,一次、二次伏羲追上女娲,女娲都不同意结婚。最后二人扔石头,合一起,结婚。

最后,女娲捏泥人,为泥人用唾沫糊眼,能睡着,把泥人的脚指甲劈两瓣,不乱跑,这属于"人的起源"(含人的特征)解释性传闻。此类神话传说,带有后人附会的因素。因此,可作"传闻"。

171. 人祖爷和人祖奶奶的来历[郸城县]

很久很久以前,有这样姐弟二人,父母早亡,弟弟正在念书,姐姐自然就是里里外外一把手了。

---

① 白儿里:白天。

有一天,弟弟背着书包上学,手里还拿着个馍,一路走一路吃,忽然,一位白胡子老头儿拦住路说:"把馍送给我吧?我快饿死了!"弟弟心想:"这一定是个饿坏了的叫花子吧!"他毫不犹豫地把馍递给了老人。

第二天,那要馍的老头儿又同样向他讨馍,第三天、第四天……弟弟都把馍送给他。时间一长,姐姐觉得奇怪,追问原因,弟弟就把此事告诉了姐姐。姐姐也是个善良姑娘,她说:"一个馍怎么能吃饱呢?以后,你就多带一个给他,就算这个是我送给他的。"老头每天就可以得到两个馍。

不知这样过了多少天,老人接过男孩子的两个馍说:"天塌地陷的日子到了,回去把你姐姐叫来,我要救你们这善良的姐弟俩。"弟弟闻听了,哪敢怠慢,姐弟俩来到老人面前听候吩咐。老人把他们领到海边,只见一个大老鳖精在那里等候。姐弟俩依照老人的吩咐,骑在鳖精的背上,闭上眼睛,耳边一阵嗡嗡的水声,姐弟俩被带进海底。到海底一看,原来他们送给老人的馍都原封不动地在这儿呢!于是他们就在这儿住下,每天吃这些馍充饥。

不知过了多久,馍也吃完了,眼看就得挨饿,姐弟俩就央求老鳖精把他们送上岸去。于是又坐在老鳖精的背上,又返回了海岸,恰巧白胡子老人又在那儿,他指着天对姐弟俩说:"天塌过后又长出来了,只剩东北面没有长严,就用冰补好了。"所以,逢到刮东北风就该冷了。

姐弟俩一看重新长出的天地,没有人烟,不知该怎么生活。白胡子老头儿告诉他们,南山有石磨二合,姐弟每人一合,从上往下滚,如石磨滚到下面合二为一,姐弟俩就可以成婚。姐弟俩无奈,就依照老人的话做。当二人把石磨滚下山时,居然合在了一起。从此,姐弟俩结为夫妻,每天丈夫到山上寻点山菜野果仁拿回来,两人就用石磨磨成面来度日。

据说这一男一女就是历来人们所敬的人祖爷和人祖奶奶呢!

讲述人:张登科,男,汉族,45岁,高中毕业,郸城县丁村乡文化站专干
采录人:张效连,男,汉族,38岁,高中毕业,郸城县法院干部
采录整理:任海萍,女,汉族,25岁,中专毕业,郸城县育红小学教师
流传地区:淮阳、郸城一带

【点评】

本篇流传在淮阳地区郸城县,是关于"伏羲、女娲灾后再殖人类"的神话遗存。它同属于该地区以龟为保护神在"灾难重演"后再生存下去的神话系统。

其中的特色主要有：①保护神乌龟似借白胡子老头儿作化身，帮助姐弟避灾联姻。但又好像不同体（其实为一体）。②乌龟（大鳖精）只是按老头儿的指点把姐弟送往海底。③这里的地理位置似在海边，而不是湖、河。这与远古河南属沼泽地带，靠近大海有关。避灾方式不是进龟肚子里，而是坐在龟背上进入海底。④姐弟滚磨由老人指点。滚下的石磨可以用来磨野果、草籽成面粉，从此生活下去。

总之，本篇在研究当地习俗、信仰方面有一定文化史价值。

172. 人祖奶奶造人〔郾城县〕

从前的人光知道娘，不知道爹，这是怎么回事呢？

传说天塌地陷了，天底下只剩下人祖奶奶一个人，她想想，就一个人过日子，也怪没意思。就问老天爷咋弄，老天爷说："想造人你就用泥巴捏吧，一刮一晒就成了。"人祖奶奶就黑里白里地捏，也不知道捏了多少，累得她瘦得不成样子。老天爷怪可怜她，就说："给你一根绳子，你绷吧！"她看了怪省事儿，就天天绷了起来，末了，她死了，人们逢年过节给她摆供，烧香叩头，纪念她的恩德。

现在人身上都有皱纹，就是绷的。

讲述人：李德富，文盲，郾城县空冢郭乡李岗村农民
采录整理：王永伟，漯河人，大学学生
采录时间：1982年8月

【点评】

本篇属中原郾城县流传的原始女娲（人祖）造人神话遗存，接近原始形态。

本篇主要有以下特点：①主要反映了在母系社会"只知有母不知有父"时代的婚姻状况。当时，世上最早只有女性。②人祖造人是天爷的意思。捏泥人太慢，天帝又让用绳子绷泥浆，造了很多人。③解释人身上有皱纹就是因绳子绷的。这属于对人的起源和人的生理特征解释性神话。④此类神话与古代文献中《风俗通义》的记载基本相同。所不同的是《风俗通义》中有捏黄土人是"贵人"，绳子绷的是"平庸人"的富贵平庸之分，显然这是封建意识的渗入。而本篇却无此情形。因此，本篇应更接近原型。

本篇的产生地点正与《风俗通义》相近。很可能《风俗通义》记录来自本地。

173. 女娲兄妹的故事［封丘县］

远古时候,有座山上住着兄妹俩,女的纺花织布,男的开荒种地,收获庄稼。

后来,男的年龄大了,可找不到媳妇。因为世上只有他和妹妹俩,从哪里找媳妇呢?他就和妹妹商量结为夫妻。但妹妹不同意这件事,可又不好不答应,只好想了个法子。他们门前有一盘磨,妹妹让哥哥竖起两扇石磨,同时向前轱辘,如果合在一起了,他们就结合,合不到一起就不结合。哥哥按妹妹的意见去办了,结果两扇石磨紧紧地合在一起了,妹妹只好同意和哥哥结婚了。

结婚之后,兄妹俩共生了一百个男的和一百个女子,就这样,人才一代代传下去。后人都说,哥哥叫伏羲,妹妹叫女娲,他们俩是人的老祖先。

讲述人:宁卓的姥姥
采录人:宁卓
采录时间:1989年12月
采录地点:封丘县

【点评】

本篇属于流传在中原黄河北岸封丘县的关于女娲兄妹婚神话原型的珍品。其内容单纯、古朴,无后世思想的渗入。语言也是简明、流畅、生动的民间语言。

其主要特征为:①不需保护神参与,关于婚事自己就可占卜"测天意",滚石磨。②女娲、伏羲兄妹的生殖意识很单一,不需捏泥人,靠巫术手段使泥人成活。③女娲与伏羲生了百男百女,后来自行婚配,传宗接代。这符合中原地区族姓百家的习俗源起的特征。

总之,本篇具有独特的中原神话文化的特质,加上讲述人是农村文盲农妇的身份,就更显示出它的科学价值。

174. 人祖爷捏泥造人［豫中一带］

人祖爷单身一人生在世上,感到很孤单,同时他看到世上有这么多的花、草、树木和飞禽走兽,可以让人无尽地受用,于是人祖爷便抓把地上的泥土照自己的形状捏造了泥人。人祖爷足迹踏遍高山,大海海滨,在他感到风景美好、物产丰富能造福于人的地方,他便捏造了泥人。人祖爷捏人的时候想到,这些人应该像走兽那样,一代代繁衍下去,要不我会死,人不最终也灭绝了,于是人祖捏人时捏出了男女。

人祖捏人,捏了许多许多,每每捏好就放在地上暴晒。有一天,天降大雨,眼看人祖爷所捏的天下人又要遭天覆灭,他说:这些泥人,赶快躲起来避雨吧。于是,泥人都活了,但由于泥人追着躲藏,有的被挤得掉胳膊少腿、缺眼睛,这就成了当今的残废人。

人从泥土来,所以是黄色的,并且死后还回到泥土里去。

采录人:王可栋,河南大学中文系学生

【点评】

本篇属中原一般造人神话。其主要特点是:①捏泥人是伏羲,而非女娲。他照自己的形状捏泥人,因为他认为人也应像花草树木、鸟兽一样能传下去,才捏了许多男泥人和女泥人。②泥人不需超自然的巫术手段就可活起来。要下雨时,只需伏羲喊泥人一声,要他们自己回洞里避雨。于是,在泥人相互拥挤时,碰残了一些泥人,成了残疾人。③中国人是黄种人,就因为是从泥土中来,死后还回土里去。这是我国人种学的重大问题在神话中的幻想解释。

总之,本篇有它的特殊性,对中国人起源的解释蕴含着深邃的哲理。

175. 人祖爷(一)[西华县]

原先,人祖爷和人祖奶不是两口子,人祖爷是弟弟,人祖奶是他姐。

人祖爷去上学,离家很远,中午得捎一顿馍。捎这一顿馍,没头搁,搁哪儿哩?路旁有一座碑,碑底下压个龟,时间长了,乌龟成精了。人祖爷回回把馍搁乌龟嘴里头,乌龟一回给他黑搂①起来一个。有一回,他问乌龟:"为啥回回我的馍不够数

---

① 黑搂:即"藏"的意思。

儿哩？我捎这三个馍,你回回都给我吃一个掉①两个？"

乌龟说："我没有吃,我给你保存着哩。地壳快变化了,十万八千年一变化,一混沌。"

"那咋办哩？"

"你回回都给我捎点馍,我给你保存着,到混沌的时候,地球都变成水了,你好跟我走。我是个乌龟,泥里水里都不怕。"

以后,人祖爷就回回给乌龟捎个馍。姐姐问他："你往日捎馍捎得少,这些时咋捎得恁多哩？"

人祖爷见瞒不住了,就从头到尾说了："我回回捎馍没头保存,都放到乌龟嘴里头,乌龟回回吃我个馍。我问它：'你为啥要吃我的馍哩？'它说：'我没吃,我给你都保存着哩。地球十万八千年一混沌,地球都变成水了。将来到时候了,我的眼珠子一红,你拱到我的肚子里,你可以吃这些馍。'"

他姐一听,说："一混沌,就没人没世界了。那我给你多烙点,你连我的也捎去。"

人祖爷也把姐姐的馍捎去了。捎的时候长了,时间到了,人祖爷拿着馍又往乌龟嘴里搁哩,乌龟说："你赶紧喊恁姐吧,时间到了！"

他一看,乌龟眼珠子都红了,就赶紧回去喊他姐。

他姊妹俩跑到了,乌龟张开嘴,他俩就拱到乌龟的嘴里,乌龟把嘴一绷,地球一混沌就变成水了,乌龟就浮在水上面。

后来,地球又长出来了,先长出来的是山。乌龟就爬到山上,张开嘴,他俩就出来了。

二人出来以后在山上过日子,吃啥哩？啥都没长出来。想喝点茶,也没有火烧,姊妹俩就钻木取火,烧点茶喝。还没啥吃,没有动物、鸟儿。刮大风,水里漂来了草籽。他俩就尝百草,尝尝哪儿好吃,就保存下来好种,哪儿不好吃就不种。麦呀、豆子、绿豆,这各样好吃的就是他俩保存下来的好种子。

有一天,不知从哪儿来个老头儿,要给他俩说媒,叫他俩结婚。哪有姊妹俩结婚的事儿？老头儿说："世界上还没长出来人,恁俩不结婚,旁的没有人。咋弄哩？这样吧,山上有两个小拐磨儿,从山上往下轱辘,要是合不到一块儿,就不结婚,合到一块儿,恁俩就结婚。"

姊妹俩就把小石磨朝山下滚。一滚,看好合到一块儿,俩人就成两口子了。

结婚后,没有地方住,俩人就在地下挖个圆洞,住在里头。干啥活儿哩？没啥活儿可干。每天捏泥人,晒干了拿屋里。泥人捏得过多,天下雨了拿不及,俩人就

---

① 掉：剩。

推的推,搋的搋,把泥人弄到了屋里。瞎子瘸子就是那时候被扎烂眼睛搋断腿的。

从此,天底下才有了人类。

讲述人:刘炎,60岁,农民,讨过饭
采录:河南大学"中原神话调查组"
录音整理:张振犁　程健君
采录时间:1983年11月4日
采录地点:西华县逍遥镇

【点评】

本篇是流传在中原地区西华县以淮阳为中心文化区的关于人祖伏羲、女娲姐弟婚的原型神话遗存的珍品之一。

其中的主要特色为:①属"灾难重演型"。灾前已是文明社会,有了学校,有了石龟驮石碑的文化崇祀物。②主人公是人祖伏羲、女娲(虽未说明,但该地区尽人皆知)。③中原风俗食烙馍。④保护神为石龟(属本地区原始先民的图腾物),人格化为活龟,尽庇护姐弟之责。⑤洪水后(天塌地陷),姐弟二人捞水里漂来的草籽儿,吃了充饥,还留下作种子种下去,有了庄稼收成,开始有了五谷杂粮,农耕经济开始有了发展。这是中原黄土地带农业生产的自然生态环境所决定的。⑥姐弟婚已不通行。保护神老人做媒,滚小拐磨,合一起,二人结婚,已有"占卜"测天意仪式习俗。⑦结婚的居室是在地上挖个圆洞,正是新石器时代的居室习俗(有的在山区打山洞)。⑧造人,不需施加巫术手段,泥人捏好后,放地上就活了。因下雨,搬泥人,有了残疾人。⑨当时先民的生殖意识还认识不到男女交配生人的科学道理。

总之,本篇是具有研究价值的材料。

176. 人祖爷(二)[西华县]

我小时候看麦,听老婆儿说,有姊妹俩上学,龟给他俩说:"要天塌地陷了,恁往哪儿去哩?恁给我拿馍,我给恁搁肚里保存着。到那时候,恁上这里好吃,过生活。"

果不其然,天塌地陷了,他俩得消息就进龟肚里不出来了。

后来天成了,地成了,姊妹俩出来了。他俩就是人祖、人奶。但世上啥也没有了。

人祖说:"有俩人两盘磨,咱俩死不了就结局了吗!"

姊妹俩要成亲。

这就结婚。结婚就滚这个磨,有两扇子磨,一个往东轱轮,一个往西轱轮,轱轮到一头儿,就成夫妻。那会儿有磨哩?吃啥穿啥?

结婚了。咋生这么些人嘞?他在水边看见自己的影子了,照着自己的影子捏小泥人,都活了。

活了,雨来了。往屋里收,回屋里就搧起来了。有的眼戳瞎了,有的腿瘸了。眼戳瞎了是瞎子,腿瘸了是瘸子。

讲述人:张慎重
录音:张振犁　程健君
采录时间:1983年11月3日
采录地点:西华县思都岗村

【点评】

本篇是流传在西华女娲城一带民间口头神话遗存之一。它接近原始形态。

其中具有:①最鲜明的口头活神话的特点:简明,生动,无积淀后世思想杂质。②保护神是活乌龟,让姐弟躲进自己肚里。③姐弟婚,自己滚两扇磨,无媒人。磨自己一个往东滚,一个往西滚,合一起,二人结婚了。④捏泥人才有了人类。无需施巫术(吹气等等),泥人就活了。因下雨,往屋里搬,出现了残疾人。⑤讲述人的神话来源于农村老太婆在看麦时,讲给孩子们听的。这些孩子长大了,又讲给人听。从其传承情况看,比较能保存口头讲述的特点。其中没有掺假、编造的成分,也没有出现宗教(佛、道等)化痕迹。从录音情况看,也比较能达到科学性要求。

177. 人祖爷(三)[项城县]

人祖上学,碰见水牛。水牛说:"你每天给我带个馍,天塌地陷时,我搭救你。"

从此,人祖天天拿一个馍,牛就吃了。

不久,天塌地陷了,人死完了。牛叫他俩钻进牛肚子里。馍还都在那里放着哩!他俩一个一个把馍吃完了。天塌地陷也过去了。

姊妹二人出来了,没人烟了。咋办哩?牛说:"没人了,就恁姊妹两个,成亲吧!"

当时,这座庙在山头上。水牛说:"恁从山头上滚石磨吧。从山尖上往下滚,滚下去合住了,恁俩成夫妻,合不住,不成夫妻。"

俩小磨从上往下一滚,小磨合一块儿了。二人也结婚了。

姊妹成夫妻。可是没有人咋办哩?发展人太慢,就用泥捏。捏成人的形状就晒,一晒天变了,天一变,一下雨,没办法了。往回搬多慢哩。干脆扫吧,两人就用笤帚扫起来了。所以有瞎子,有瘸子,各种各样,这是人祖爷留传下来的。

今天人身上再洗都有灰,说明人原是泥巴捏出来的。

讲述人:高老师,45 岁,项城一中教师
录音:张振犁　程健君
采录时间:1983 年 11 月 17 日
采录地点:项城县招待所

【点评】

本篇流传在以淮阳为中心的项城县,是关于人祖爷、人祖奶的神话遗存。它接近原始形态。

其中主要特色:①属"灾难重演型"姊妹婚神话遗存。②中原习俗。③保护神是水牛。④牛做媒人,让二人在山头上向下滚小石磨。⑤山头上已有神庙,可见姊妹婚是天神之意。⑥捏泥人是因为男女生人太慢。先民的生殖意识将人交配生人与捏泥人的观念并存。

本篇因录音效果好,接近原始形态。

178. 人祖爷(四)[沈丘县]

很久很久以前,有这样一个小孩,每天上学很早,晚上回家很晚,不怕干活。他因为这感动了上神。他每天上学走过白龟寺(白龟池)门口。每天经过这里,早去晚回。白龟觉得这个学生很好,勤奋好学,在家在学校都好。

白龟知道天文地理,它知道某一时间有洪水兴起。

有一天,小孩儿又经过这里,白龟就问他说:"你还去上学吗?"

"是。"

"我给你说个事儿你知道吗?某年某月有洪水。我看你很好。你每天回家给我拿一个馍,给我塞嘴里。"

从这儿以后,这个小孩儿天天拿一个馍。一直到后来,送了好多东西。

有一天,白龟说:"你不用去了。因为天气的变化,洪水要来了。到了开天辟地的冰河时期。洪水过后万物灭亡。因为你很诚实,一般神不会感动,你就躲进我的肚里。啥时候我叫你出来,你再出来。里头有馍,你赔吃啦!"

第二天,这个小孩儿就躲进了白龟肚里,吃他自己塞进去的馍。洪水泛滥,淹的是房倒屋塌,到处洪水丈八深。啥都没有啦。以后又猛一冷,来了个大的冰河。无论生物、动物、植物都没有了。

从这儿以后,又不知经过了多少时候,小孩在白龟肚里,馍也吃完了。他到外边出来一看,啥都没有了,吃啥也很难啦!衣裳穿烂以后,也没啥穿啦。人祖身披葫衣,赤着脚,冬天披兽皮。

这个孩子就是人祖爷。

淮阳是人祖爷文化发祥地,有太昊陵、人祖庙。

人祖姑奶奶,也叫人祖给她带给白龟一个馍。

讲述人:齐永全,男,40岁,农民
录音:张振犁　程健君
采录时间:1983年11月10日
采录地点:沈丘县赵德营

【点评】

本篇流传在沈丘县一带,是关于人祖创世神话遗存的珍品。它属原始形态。

其中的地域特色鲜明,朴实真切:①属"灾难重演型"神话;②白龟原来就是因为它是人祖爷和人祖奶繁衍人类的保护神,为后世所敬奉;③伏羲躲进白龟肚里避灾。

太昊陵的由来,即后人对伏羲女娲的信仰的表现。

179. 人祖爷(五)[沈丘县]

老人祖爷住(沙河)河北,前面靠一条河,上河南去上学。来回一天三趟去上学。上学咋弄哩,咋过去哩,有个大老鳖来回去驮他,上河南去上学。驮一崩子①了,说话了:"我只驮你,我还得吃饭,你得回家给我拿馍。""拿啥馍哩?""你得给我拿烙馍卷生葱。熟里都不中。不给我拿馍,我就不驮了,到河里就把你淹死。"

好,人祖回去给他姐说了。他姐姐给他烙烙馍,知道年轻人好吃生葱,给他卷生葱,天天携一携子,一天三趟。拿了一崩子,老鳖又给他说:"你拿这馍给我吃,啥时候天塌地陷了,世界都成了水,啥时候我一叫唤,你就跑来,钻到我的肚里。你有姐姐,也叫你姐来。"

好,他怪听它的话,回去给他姐一说,他姐说:"那你拿一份,也给我拿一份。"

那一个小孩儿上学,拿两份,携一大携子。携着去了,又拿了一崩子,老鳖说要天塌了,地陷了,是啥子叫唤了,他们就往那儿跑。跑到河边上,老鳖正张着嘴等着哩,它说:"赶紧来吧,钻我肚里就淹不死了。"

他姊妹俩都钻到老鳖肚里了。老鳖肚里面长着夜明珠,照得肚子里也明亮了。老鳖大肚子,肚里有一间房子那么大,里面堆着一大堆烙馍。姊妹俩在老鳖肚子里吃起来了。

吃了一崩子,也不知道啥时候了,老鳖说:"恁姊妹俩还不出去呀,天长好了,恁出去吧,出去看看。"

好,馍也吃好了。姊妹俩出去一瞧,这时也有天了,也有山了,也有地了,啥都有了。没有人了,咋弄哩,人祖说:"你是一个女,我是一个男,姊妹结婚也没法结。"她说:"咱俩成亲吧!"

人祖爷是她兄弟哩。他姐大些,他小些,就说:"那好,咋成亲?"这会儿都有说媒的,那会儿没说媒的,咋说哩。

"咱上山顶上,滚小磨儿。一人携一个小磨子,上到山头顶上。一顺坡儿往下轱轮。若小磨子能合到一块儿,咱就能成亲,合不到一块儿,不成亲。"

"好不嘞。"一个人携一个小磨儿,携到山头顶上,二人往下放开了,说放一齐放。往下一放,小磨子往下跑,跑着跑着,俩小磨滚到底下,小磨子一合,往处一对,一拨楞,歪那儿啦。一歪那儿,上扇子磨擦到下扇子磨上,小磨子合得好了。

成了亲了,姊妹俩过起来了。

姊妹俩每天捏泥人,捏了一大片。老天爷刮南风,下点雨,淋不坏;一刮东北风,泥巴孩儿不大干的,一冻一酥,都烂了。这咋弄哩?一瞧,原来天东北角还有个大窟窿哩。这大窟窿真冷,刮大风,都冻坏了,咋弄!

人祖爷说:"我给它补住。用啥补住哩?我搬块大冰冰碴子。"

人祖爷搬块冰冰,把大窟窿堵住了。

---

① 一崩子:方言,即一会儿,一阵儿。

把窟窿一堵住,风小了些,泥巴孩儿好些了。可是,天还要下雨,天一下雨,就没法弄了。两个人就想办法。想啥办法哩!那时候,两人刚出去,庄稼没庄稼,啥没任啥儿。有些草末末子,秋稞稞子。两人拾一把,绑绑缠缠,赇搋了。就这东西,跟那扫帚一样,搋开了。连搋带扫,往一块儿弄。一搋,枝里巴杈的,有的腿搋断了,有的胳膊搋掉了,有的把眼扎瞎了。就这搋到一头儿,泥巴孩儿刚一干,他两口子挑这个照照,拿那个看看,嘴一吹,就活了。吹口气,活一个。吹口气,活一个。几吹几不吹,都吹活了。小泥巴孩儿都活了,掉胳膊的就残坏了,掉腿的就是瘸子了,扎两眼的就是瞎子了。

小泥巴孩儿都吹活了,人祖爷就叫他们下去安民去了。

搋那儿起,地里也没有东西,天气还冷。人祖爷他俩也没有衣裳穿,就衬些藕叶子,围着身子,赤巴着脚,挠着头。

讲述人:耿玉璋,60岁,农民
录音:张振犁　程健君
采录时间:1983年11月
采录地点:沈丘县刘庄店

【点评】

本篇流传在沈丘县,是关于人祖灾后再殖人类的神话遗存之一。属同地区同题异文。

其中的地方特点是:①人祖从沙河北到沙河南上学,为"灾难重演型"神话。②人祖为弟,人祖奶为姐。③保护神是大老鳖,来往驮人祖过河上学,要他送烙馍(中原习俗)。保护姐弟避灾,灾后让二人"滚磨成亲",但却是姐提出滚石磨。④捏泥人,刮南风,与泥人无关(暖和)。刮北风冷,泥人被冻酥。二人用冰块补住东北方向的天上窟窿。泥人晾干,吹口气就活了,要施巫术。当时,当无男女生人的生殖意识。⑤下雨淋泥孩儿。姐弟用树枝子扫,有了残疾人。人祖和人祖奶拣好的泥孩儿,让他们去安天下,创世界。⑥人祖让泥孩儿用藕叶子围腰间,做衣裳,从此有了人类社会。

此篇记录真实,口语特色鲜明。生活气息很浓,有地方乡土色彩。其中的大老鳖性格个性化明显。它明明是保护神,却故意世俗化,"不送烙馍它吃啥","不拿烙馍卷大生葱,把人祖要扔河里淹死",令人喜爱,贴近生活。

总之,这是一篇有科学价值的神话资料。

180. 人祖爷(六)[沈丘县]

人祖上学,上学来回挨这儿走。有个老头儿,在河沿跟前股蹲着。有天,跟人祖说:"你这个学生,上学跟我拿两个馍来。"人祖天天跟他拿馍。他姐见了,问他为啥拿馍?人祖一说,他姐说:"你也给我拿个。"一天六个,俩人十二个。拿多了,时候大了,老头儿说:"恁俩来吧,来我跟前。我算着恁俩都该来了,马上该天塌地陷了。"来了,老头儿说:"你们到我跟前来,挤住眼儿,扳住我的肩膀头。"扳住他的肩膀头了,他往水里一扣。两人一睁开眼,看看地里会冒白,都是楼房。他们的两堆儿馍放着还没吃了哩,老头儿叫他俩在里头吃馍,不叫出来。他不想等,老头儿说:"东北方天还没长成哩,不长成,恁出去咋弄哩!""那俺也要出去。"还是非要出去不中,两人就出来了。

出来了。东北天冷,都是冰凌,冰凌掩着哩。说实话,人祖才苦哩,穿衣没衣,穿啥没啥,赤着脚,泥巴着腿,人祖才受罪哩!如今人祖塑的像,你看看还是赤着脚,泥巴着腿,浑身披着藕莲叶。

二人光捏泥巴孩儿,捏着晒够一百天都会跑,不得了。这一回晒的不够一百天,大雨来了。咋弄,也收拾不供,掌扫帚扫、搋,搋的瞎的瞎、瘸的瘸。没晒成的成了这样。

末的了,老头儿让姊妹俩成亲,说啥也不行!老头儿让姊妹俩滚磨成亲。一个人想:滚磨,石磨从山上往底下轱轮,就能成亲啦?两扇子磨就正好能合一头啦?他想想,就那样了。

二人弄两扇子磨,一齐往下轱轮,一松,后来,一直到底了,两扇磨扑棱一下子合一坨啦。这咋说法哩。就那样了,两人就成亲了。

两人成亲后,光捏泥巴孩儿。捏的时候大了,两个人看地势,人祖看的陈州,他姐看的马来蛋(马郎店)。

马来蛋北边八里地在小沟里,东一拐西一拐,拐的净弯子。到里头起个大冢子,盖个方三丈客屋,一个老婆儿专门伺候着她。她不下来,送着让她吃,现在还在这儿哩。乡下人管她饭,管她穿,送的饭、衣裳。老婆也成了半仙之体了。

这是他姊妹俩的事。

人们挖城海子,挖了个人头八斤半。有能人说是人祖爷的头。用称治(称称),正好八斤半。埋在陈州北关,坟地方圆五顷四。人祖爷可灵啦!烧香去,谁也不敢说诳话。从前多灵呀。这会儿不行啦!那时候,谁说句诳话就不得了。

那时候,烧香,香灰像小粪堆一样。香火可旺了。

讲述人:乔振帮,87岁,文盲,农民
录音:张振犁　程健君
采录时间:1983年11月13日
采录地点:沈丘县乔庄

【点评】

　　本篇是流传在沈丘县的人祖神话异文。它与同类神话基本相同,比较接近原型。

　　其不同之处:①保护神是神奇老人。②救助姐弟为避灾,每天二人拿十二个馍,拿了很多。③神人让二人扳住老人肩膀躲进水里,里面有楼房、馍。④二人出来后,生活极为艰苦,没衣,没鞋,赤脚。⑤人祖和人祖奶捏泥人,晒一百天就活了。⑥滚磨成亲。婚后又捏泥人(婚前捏泥人是误记)。⑦人祖住陈州。人祖奶住马郎店,人们敬奉人祖。⑧后人挖城海子,挖出伏羲头,埋陈州,叫太昊陵。

　　此篇讲述的人误记了不少,有点凌乱。

181. 人祖的传说［项城县］

　　话说从前有俩小孩儿,是姐弟俩,春天挖个野菜,捋个桑叶儿,秋里拾把柴火,扳个干扒①。坡里有棵大槐树,他俩夏天呆到底下躲躲阴凉避避雨,冬里跑到树洞里暖和。

　　槐树洞里有个大老鳖精。

　　有一天,老鳖精出来对姐弟俩说:"我出来恁俩别怕。马上啊,天快塌了,地快陷了。恁俩想不想活?"

　　他俩说:"想活呀,那咋弄哩?"

　　老鳖精说:"你别急。要活呀,只准恁俩知道这事儿,谁也别给说。"

　　俩小孩儿说:"中"。

　　老鳖精说:"你俩呀,再出来,天天往我嘴里搁馍,我给恁俩放着。"

　　从前的人不知道过年,光知道做了吃,吃了做。过了一百八十天,二人拿来三百六十个馍。

---

　　① 干扒:干树杈、干树枝。

到一百八十天头上,老鳖精对姐弟俩说:"恁俩一个人再回家拿俩馍,赶快钻我肚里来吧。"

他姐多拿了一个馍,正好三百六十五个馍。

他俩在老鳖精肚里晕晕乎乎地睡着了。一醒来,老鳖精就说:"你俩出来吧。天长严了,地长圆了。"

姐弟俩出来了,光想娘。老鳖精对他俩说:"恁俩呀也别哭了。嗯,地上的人就剩下恁俩了,恁俩就成亲吧。"

姐弟俩说:"那不中,亲姊妹不行。"

老鳖精说:"那好吧,恁俩从山上往沟里放两扇子磨,要是滚下去合到一块儿了,恁俩就得成亲。"

石磨一滚,滚到一块儿合上了。

他俩说:"那还不中。"

老鳖精说:"好吧。恁俩闭着眼,一个拿针,一个拿线,对着脸走,要是线插到针眼儿里了,恁俩就得成亲。"

姐弟俩一弄,线就穿到针眼儿里了,还得成亲。他俩还是不答应。

老鳖精说:"那,就再试最后一回吧。恁俩往天上扔石头,石头长到一块儿了,恁俩就得成亲。"

姐弟俩一弄,石头长到一块儿了。

姐弟俩结婚后盖房子,生孩子。一天一天过去了,馍正好吃完。姐姐说:"这就算一年吧。"一天吃一个馍,正好一年三百六十五天。馍吃完了,揪树叶子吃,没树叶子了就接着吃草。老鳖精说:"吃完了又该挨饿了,恁俩种点庄稼。"庄稼就是从那时候种的。

姐弟俩嫌人烟太少,就用泥巴捏泥人,捏好了,一晒就好啦。有时候下雨了,收不及,姐弟俩就扫到一堆儿。因为没照顾好,泥人就有的瞎,有的瘸,有的是聋子,有的是哑巴。

儿女多了,都光着身子不好看呀,兄弟抓藕莲叶遮着肚子,姐妹扯草叶子遮着。不信,你看看,太昊陵老人祖爷腰上有个莲花子,人祖奶下身围草叶子,就是这个意思。

老鳖救过人,老人祖爷封它大水淹不死,大旱旱不死。鳖也就不会绝种了。

讲述人:高李氏,81岁,农民
采录整理:高有鹏,河南大学学生
采录时间:1983年春节
采录地点:河南项城县高寺

【点评】

本篇是流传在中原以淮阳为中心的文化区项城县的关于人祖"伏羲、女娲洪水后遗民再殖人类型"神话遗存的珍品。它是从口头讲述录音而来的原始形态,保存了民间风格。

其中的重要特征为:①伏羲、女娲姐弟,住树洞,生活原始。②保护神老鳖精(乌龟图腾)。属原发灾异型。③让保护神乌龟保存了三百六十个馍(一人一百八十天,送一百八十个馍),又拿五个馍,恰好三百六十五个。二人一天吃一个馍,吃了三百六十五天,女娲说算一年了。中国最早创造历法"过年",从此开始。④姐弟在鳖肚里一直睡。"天长严,地长圆",二人出来。出来后鳖做媒,让二人结亲。⑤结婚要占卜"测天意",保存完整的仪式:滚石磨、闭眼穿针线、扔石头。这是最原始的占卜婚事程式。"族外婚"意识较强。⑥姐弟婚后生人太慢,捏泥人。⑦二人无法生活,老鳖让二人种庄稼,中原农耕从此开始。⑧女娲伏羲从光身子到伏羲身上腰间披莲叶,女娲腰间遮草叶子,从此人类有了衣裳。

182. 人头爷 [沈丘县]

从前,有姐弟二人,因父母死得早,姐姐只好供养弟弟上学。弟弟每天到庄外的白龟寺里去念书。这座白龟寺门口有一眼井,弟弟上学、放学来回都从井旁走过。

一天,弟弟刚放学走到井旁,就见从井里伸出个白龟头来,朝他说道:"小孩儿,要不多长时间就天塌地陷了,你读书也是白搭。"弟弟问道:"那怎么办呢?"白龟就说:"你天天给我拿个馍来,我给你攒着。到天塌地陷的时候,我对你说,你就钻到我肚里来,那馍还是你自己吃,我不要你的。"弟弟便答应了。

天天,他拿一个馍去上学,从来没有不拿过,姐姐感到奇怪,问他:"弟弟,你天天拿馍!天天拿馍!给谁吃?"弟弟便把这事儿告诉了姐姐。姐姐一听,马上说:"那也给我拿一个吧!"弟弟便带着两个馍去上学。白龟见他拿两个馍,觉得奇怪,就问他为啥拿俩,他又把姐姐要他捎馍的事讲了一遍,白龟同意了。

就这样,一直拿了三百六十四天,白龟对他说:"就要天塌地陷了,你快回去再拿两馍来。"弟弟赶紧往回跑,一进屋,看见姐姐正烙馍,他二话没说,抓起烙好的馍就急忙朝外跑,姐姐慌忙喊他,他头也不回。姐姐气呼呼地追了上来。到了井旁,白龟正等着呢,看他来了,一张嘴,把他吞进肚里,刚一合嘴,他在肚里喊道:"别合嘴,俺姐还在后头哩!"等姐姐一到,白龟也把她吞进肚里。

也不知过了多久,积攒的馍吃光了。白龟对他俩说:"现在馍吃光了,出来吧!天已经补好了三边。只剩下东北角没有补好,用冰冰碴哩!"姐弟二人出来一看,天真的补好了,万物也都长了起来,只是人死绝了,怎么办呢?白龟对他们说:"山上有两扇磨盘,你俩一人推一扇,朝山下滚,合到一块儿,就可结为夫妇了。"两个人到山上把磨盘朝下一滚,正好合上,于是他们就结婚了。

可是,因为东北角的天没补好,一刮东北风就冻得撑不住。没办法,弟弟只好到水里采些荷叶,用藤蔓一穿,护着身子。身上好一些了,脚仍没鞋穿,有时候,蒺刺一扎,疼得直掉眼泪,只好少走动,坐在家里捏泥人。姐弟俩整天捏,晴天里泥人很快晒干了,看着很好;大雨一来,晒的泥人收拾不及,就用扫帚扫、搣,这样以来,有的眼瞎了,耳聋了,有的腰驼了,嘴歪了,少胳膊掉腿的都有。现在世上好好的人,都是晴天晒的,残废的都是下雨天晒的。

他们二人后来有了儿子,又有了孙子。在野地里找到了棉花,才穿上了衣裳。因为他们姐弟俩造出了人类,所以后世就尊他们为人头爷,人头姑奶奶。至今,陈州还有人头爷坟,人们还常去那里烧香哩!

讲述人:齐永利、齐风运及其父
采录整理:齐春旺
采录时间:1982年4月
采录地点:沈丘县刘庄店

【点评】

本篇流传在以淮阳为中心的文化区沈丘县,是关于"洪水后女娲伏羲姐弟再殖人类"的神话遗存之一。比较接近原始形态。

其中与同地区同类神话大同小异,多属异文。它的特色有以下几点:①属"灾后重演型"。②保护神为白龟寺前一口井里的白龟(与淮阳的白龟是同类性质)。③白龟让姐弟避灾是把二人藏在肚子里。④二人出来,由白龟教导,用冰块补住东北天的一角。⑤白龟让二人滚磨成亲。⑥捏泥人不需巫术即可活起来。后人奉二人为人祖和人祖奶奶。⑦黄种人在过年过节来祭祀人祖和人祖奶求子。⑧人祖教人用荷叶围腰间,并在野地里找到棉花,从此有了衣服。⑨此篇尚无人生理交配生人的生殖意识。唯一繁衍人类的方法是靠捏泥人。

183. 亚当和爱娃［沈丘县］

有姊妹俩，家里四口人，还有他爹他娘。兄弟上学，叫个亚当，姐叫爱娃。有天兄弟上学，放了学，有个老头儿叫他拿个馍，天天给他拿馍，问他："拿馍弄啥？"老头儿说："拿馍，天塌地陷我管救你。"

天天上学拿个馍，拿多了，他姐有点烦："我天天做饭，你吃罢饭还拿哩？给谁吃呀？"

弟弟说："我给老头儿吃，老头儿说该天塌地陷了，到时救我。"

"救你，那你也给我捎个吧。"

"好，拿俩。"

他天天上学拿俩馍，一天去几趟，拿俩馍。老头儿说："这是谁的？"

"俺姐的，俺姐叫给她捎的。该到天塌地陷时她还来哩。"

一攒攒两芡子馍馍。老头儿说："石狮子眼红了，恁往这儿来。"

门口蹲着有个把门狮子。一看狮子眼红了，他就赶回家叫他姐来了。姐来了一看，也不见老头儿了，只见个大天门。姊妹俩就往里挤，里头还有瓦楼房，啥都有。进到里头，看有两芡子馍。老头儿说："啥时候天长平了，你俩啥时候出来。"

两芡子馍也吃了，天也长平了。一出来，天上就剩东北角还没长好哩。姊妹俩就搬来冰凌碴住。以后刮东北风就冷。

这时，天底下就他姊妹俩。他姐说："你正东，我正西，咱俩装着不认哩。"

后来，两人走的时候长了，还是走到一堆儿了。就他俩，天底下没人。

他姐说："咋弄哩，就咱俩。咱俩上山轱轮磨吧。俩磨合到一堆儿了，咱就是夫妻，就是一家人家儿。"

"好。"从山头上一轱轮，一盘磨"乓"一下子合一堆儿啦。姊妹俩没话说了。

"咱俩就一块儿捏泥巴孩儿吧。"捏泥巴孩，捏好了，就搁那儿晒着。

雨来了，好往屋里携。撮不及了就往屋里搚，搚得少胳膊没大腿的，还有瞎子、瘸子。

姊妹俩也不知道身丑。

后来，长虫叫亚当吃无花果，他不吃。长虫说："亚当，你咋不吃这果子呀？"

他说："上神不叫我吃，我敢吃？"

长虫说："爱娃你吃呀。"

她伸手摘了个无花果，吃了半拉，给亚当留了半个。她吃了半拉果子，知道身上丑了。

天神叫她:"爱娃,爱娃,你咋不来,不见我呀!"

"我身上很丑,没法见你。"

"你咋知道身上丑哇?"她天天把无花果叶子束在腰里,束在身上。

天神一看无花果少了一个。问她:"谁叫你吃这?"

"长虫叫我吃的。"她说。

长虫犯了错,就把长虫腿弄没有了。到这早晚都怕长虫,谁见了长虫就跑。

以后,老人祖爷都是身披葫叶,脚无鞋。

讲述人:黄乔氏,女,78岁
录音:张振犁　程健君
采录时间:1983年11月12日
采录地点:沈丘县新集乡乔庄

【点评】

本篇是流传在沈丘县的关于"人祖爷、人祖奶"神话的遗存。它属于中外神话复合体的变异形态之一。

其中的主要内容,与当地的同类神话记录相同。因此,可以说是一种"异文"。

其间吸收西方《圣经·创世纪》之处有:①主人公借用男孩为亚当,女孩为爱(夏)娃。②二人结婚后,没有穿衣服,也不知丑。③天神让长虫(蛇)看无花果(近似伊甸园),长虫教二人吃无花果(一人一半)后,爱娃知道自己丑了,不敢去见天神。天神知道长虫教二人吃了无花果,犯了罪,除掉蛇的腿。长虫恨人,见人就咬,人见蛇就跑。以上全是从《圣经·创世纪》中移植过来的。中原本土的洪水姐弟婚神话与《创世纪》复合后,产生新的异态。在中原也不止此一篇。

爱娃摘无花果叶子遮身,人类从此有了衣服。这恰与别的记录说伏羲用藕莲叶遮体的情景相同。

这种移植复合,可能与基督教影响有关。

184. 兄妹成婚［息县］

很古的时候,有两个十多岁的小孩,男的叫伏羲,女的叫女娲,是一对亲兄妹。

一天,兄妹二人上山砍柴。回家的路上,在河边碰见一个老汉从树上飘下来,对他们兄妹二人说:"不久要天塌地陷了,所有的人都要被淹死。"兄妹二人一听吓哭了。老汉叫他们别哭,要帮他们想法保护起来。伏羲问有啥法?老汉对他们说:"你们兄妹二人从明天起,每天各带一个馍来,放在小河边。要记住,一天也不能少。等带够一百个馍的那天,你们就在这里等着,我来救你们。千万不要给别人说,要不,就救不成你们了。"兄妹二人急忙跪下叩头谢恩。可他们一抬头,却不见老汉了,兄妹二人知道这是天上的神仙来救他们的,再次叩头拜谢。

第二天,兄妹二人各带一个馍送到小河边,天天如此,一日不少。说也奇怪,每天送来的馍不知弄哪里去了。到一百天的那天,兄妹二人早就站在河边等着。不一会儿,河水里漂来一个乌龟,一眨眼,那乌龟变成了老汉,这才知道救他们的那个老汉是乌龟变的。那老汉对伏羲兄妹二人说:"请你们闭上眼睛,我不叫你们睁眼千万别睁眼。"兄妹二人听了老汉的话,都把眼睛闭得紧紧的。不一会儿,老汉叫他们睁开眼。伏羲和女娲睁眼一看,原来他们钻进了乌龟肚里,像个大屋子,里面还放有两堆馍,正是他们兄妹二人送来的馍,仍是暄腾腾的。他们兄妹二人饿了就啃馍吃。也不知过了多久,兄妹二人急了,就请乌龟把他们放出去。乌龟说:"天还没长好,不能让你们出去。"又过了一段时间,伏羲和女娲又要出来,乌龟只好把他们兄妹二人放了出来。他们出来一看,大地像洪水淹过一样,什么也没有了,就剩下他们兄妹二人了。

几年后,兄妹二人长大成人,对自己的婚事也就有了考虑。可是,天底下没人了,跟谁成亲呢?正当兄妹二人暗思婚事时,那乌龟又变成老汉来劝他们兄妹成婚。伏羲说:"我们是一母同生的亲兄妹,怎么能成婚呢?"老汉说:"天底下就剩你们二人了,你们去世后,世上就没人了,到那个时候该咋办呀?"兄妹二人也觉得乌龟老汉说得有理,可又觉得兄妹成婚实在羞耻,伏羲就跪下对天说道:"天若能许我兄妹结为夫妻,空中的两块烟雾就合在一起;若不许,烟雾立即散开。"谁知,话音刚落,那烟雾马上合在一起了。伏羲和女娲觉得这是天意,兄妹二人就结为夫妻了。这就是兄妹成婚的传说。

讲述人:戴金声,男,65岁,息县中渡店农民
采录人:戴丽新
采录时间:1986年
采录地点:息县中渡店

【点评】

本篇是流传在以淮阳为中心的文化区息县的关于"洪水后伏羲、女娲再殖人

类"的神话遗存。

其中的主要内容与同类神话相同：①属"灾难原发型"，比较古老。②主人公兄妹伏羲、女娲，靠砍柴为生。③灾难为天塌地陷，洪水滔天。④保护神乌龟让兄妹躲乌龟肚里避灾，灾前送一百个馍。⑤灾后，乌龟授意让二人结婚。伏羲提出要测天意。占卜仪式是空中的两股烟雾合在一起。结果实现天意，二人结为夫妻。

值得注意的是，这一带的水多，乌龟作保护神，自然与山区不同。豫西和豫中则多为石狮子等。这是由地域特色决定的。

185. 捏 泥 人 [息县]

相传，女娲与伏羲成婚后，一心想多生些孩子，可又不能生那么多。一天，她用黄泥巴比着自己的样子捏了个泥人，放在阳光下晒一晒。谁知，那泥人被晒干后，果然会走动了，成了个真人。她见捏的泥人活了，心里高兴极了，就把伏羲叫来一起捏泥人，一下子捏了很多很多。

一天，捏的泥人还有一些没晒干，突然下起大雨来，女娲和伏羲急忙把没晒干的泥人往山洞里捡，可又来不及，就用树枝往山洞里扫。这一扫不当紧，把一些泥人碰坏了，有的少了胳膊，有的断了腿，有的少耳朵，有的糊住了眼睛，所以后来世上的人有瞎子、聋子、瘸子、少胳膊断腿的。

因为人是泥捏的，所以人身上的灰尘总是擦不净，即使一时擦净了，过了一会儿灰尘又出来了。你若不信，可在自己身上试一试。因为人是黄泥巴捏的，后世人就称自己是黄种人。

讲述人：涂金玉，男，65岁，农民
采录整理：戴金瑛
采录时间：1989年
采录地点：息县

【点评】

本篇为流传在息县的《兄妹成婚》的续篇。其造人神话遗存，流行普遍。

其中所反映的伏羲、女娲婚后"捏泥人"的原因是两人生理生人太慢，才用捏泥人来补充。当时的原人生殖意识中两者的效果是相同的。捏的方式，二人女娲捏女,伏羲捏男。出现残疾人是因下雨搬泥人进山洞时撞残的。此类记录,遍存河南各地。因中原黄河之滨为黄土地带,泥人黄色,所以黄种人乃由中原繁衍生息而来。

186. 磨为媒 [息县]

远古时候,天下遭到特大洪水,淹得天塌地陷。洪水过后,天底下没人了,就剩下伏羲和女娲兄妹二人。

伏羲和女娲四处寻人,翻过七七四十九座山,越过九九八十一条河,一个人也没找到,兄妹二人就在山上生活下去。

后来,兄妹二人长大成人了,觉得世上没人也不行,伏羲就向妹妹提出要结为夫妻,好繁衍人类。女娲却不同意,说道:"就你会瞎想!兄妹成婚,老天也不允!"伏羲说:"天下就咱兄妹二人了,咱们死后哪儿还有人呢?"女娲一想也是,世上没人咋办?可又觉得这是逆天意,就没有答应。伏羲猜透了妹妹的心思,就对妹妹说:"这样吧,山顶上有盘磨,把两扇磨滚到山底下,如果两扇磨合在一起了,咱兄妹就成婚,如果合不一块儿去,咱就还是兄妹。"妹妹点头答应了。

兄妹二人来到山顶上,一齐跪下,向天拜了拜,说:"苍天在上,俺兄妹成婚,以磨为媒,顺天意,两扇磨就合在一起,逆天意,两扇磨分开。"说罢,二人站起,一起来到山头,同时各把一扇磨从山顶上滚下。说也真怪,两扇磨滚到山下真的合在一起了,兄妹二人就结为夫妻。

讲述人:涂金玉,男,64岁,农民
采录整理:戴金瑛
采录时间:1988年
采录地点:息县

【点评】

本篇是流传在息县"洪水后遗民再殖人类"神话遗存的典型。它比较接近民间口承原型。此类神话在中原流传相当广泛,有一定的代表性。

其中所蕴含的文化价值有:①属"灾难原发型"。②主人公兄妹伏羲、女娲是我国远古最早的创世大神。③灾难原是洪水灭世。④无保护神出现。⑤灾后,伏羲向女娲提出结婚,女娲不同意,怕"逆天意"。⑥伏羲提出滚磨,二人祈祷有祷词:"苍天在上,俺兄妹成婚,以磨为媒,顺天意,两扇磨就合一起,逆天意,两扇磨分开。"二人一齐在山顶上跪下,拜天地,始含祷词。滚磨合在一起。二人结为夫妻,无捏泥人活动。完全是男女自然生人。

187. 兄妹成婚[武陟县]

很古很古的时候,有一天天塌了,世上只剩下伏羲和女娲兄妹二人了。

一天,女娲对伏羲说:"哥,咱俩都不小了,咱俩成婚吧!"

伏羲一听大怒道:"咱俩是亲兄妹,怎么能办那样的事?亏你想得出来!"

女娲不以为然,反问:"天下只剩咱兄妹俩人了,咱俩若不成婚,世上的人种不就绝了吗?"

伏羲被反问得张嘴结舌,停了一会儿,说:"你说的是事实,可咱的行为总不能违背天意呀?"

女娲说:"什么天意地意的,人是万物之灵,天地的主宰;能繁衍人类,不使人种绝灭,这就是最大的天意!"

伏羲理屈词穷了,可他总觉得不能盲目行动,得报告一下天神。于是他又说:"这样吧,明天,咱俩上山滚石磨,看看天意如何?如果两个磨扇滚在一起,合在一块儿,说明合天意,咱俩就成婚,滚不到一起,合不在一块儿,说明不合天意,咱俩绝不能成婚!"

女娲说:"那也中!"

第二天,伏羲背着上扇石磨上了太行山,女娲背着下扇石磨上了青风岭。伏羲喊了声一二三,一齐往下滚,石磨在他们的家门口(据说在现在的妙乐塔附近),滚在了一起,也合在了一块儿。

女娲说:"哥哥,合乎天意了吧?"

伏羲半信半疑地说:"恐怕是偶然的巧合。咱们再试试,一人拿一把香,你还上青风岭,我还上太行山,同时点燃,香烟升上天空后,如合在一起,就是合乎天意;香烟升上天空后若合不在一起,就是不合天意。"

女娲又说:"那也中。"

于是,女娲拿把香又上了青风岭,伏羲拿了把香又上了太行山。伏羲喊一二三,两人同时点燃,香烟升上天空,在他俩的上空合在一起了。

女娲说:"哥,你还有啥可说?"

伏羲说:"看来,兄妹成婚,合乎天意,那么,咱俩就成婚吧!"

于是,兄妹俩拜了天地,结成了夫妻。

现在武陟一带,夫妻俩在一块儿亲热的时候,女的总爱喊男的为哥,男的总爱喊女的为妹,据说是伏羲和女娲传下来的。

讲述人:王百贞
采录整理:王广先

【点评】

本篇流传在中原黄河北岸武陟县,是关于"伏羲、女娲兄妹洪水后再殖人类"神话遗存的珍品。它属于原始形态的口承故事文本。

其中的重要文化信息在于:①灾后,伏羲、女娲二人自己议婚,没有保护神参与。②女娲提出与伏羲结婚符合文献上唐卢仝《与马异结交诗》中说的"女娲本是伏羲妇"的记载。这一点仍带有母系社会的妇女为主的先民意识。③文献上说:伏羲与女娲原为兄妹,后为夫妻,就是从灾后的成婚说的。④议婚时,女娲认为男女结婚,繁衍人类,就是天意。伏羲提出占卜仪式,滚石磨和燃香烟"测天意"都是原始民间信仰习俗的反映。它具有权威裁决作用,也符合原始宗教的认识。⑤伏羲、女娲在太行山和青风岭"测天意"的地理位置的确定性,证明此类神话的真实可信程度和神圣程度是无可置疑的。在河南焦作地区与沁阳一带的大量伏羲、女娲神话的流传,就说明华夏族系的确立,不是偶然的事,而是太行山这一文化区在中原神话中的地位的极端重要性。从盘古、女娲、伏羲到黄帝、大禹等族系的完整文化遗存,正是中原原始部族发展状况的真实记录。